지리의 복수

『지리의 복수』에 보내는 찬사

방대한 자료에 기초한 로버트 카플란의 이 중요하고 매혹적인 신작은 지리야말로 파라오 시대의 이집트로부터 아랍의 봄이 폭발한 중동과 북아프리카에 이르는 국가들의 운명을 결정지은 지배적 요소였다는, 오랜 진실을 일깨워준다.

– 헨리 키신저

로버트 D. 카플란은 지리를 해부용 메스처럼 능란하게 다루어, 세계화로는 설명할 수 없는 국제 관계와 분쟁들을 낱낱이 파헤친다. 『지리의 복수』에는 작금의 세계가 어떻게 형성되었는지, 그리고 그 과정이 미래에는 어떤 의미를 갖게 될지가 날카롭게 분석돼 있다. 지난날의 상황과 현재의 상황을 접목시켜 각 지역 단위로 형세를 분석한 서술 방식으로 인해 『지리의 복수』는 수준 높은 연구 내용과 재미있으면서도 알찬 정보로 가득한, 결코 놓칠 수 없는 읽을거리로 자리매김했다.

– 이언 브레머, 『리더가 사라진 세계Every Nation for Itself』의 저자 겸 유라시아 그룹 회장

로버트 카플란이 이 비범한 작품에서 중심 논제로 삼은 것은 역사 형성 과정에서의 지리의 중요성이다. 수백 년에 걸친 인간 승리와 투쟁의 역사가 담긴 이 작품에는 저자가 지난 30년간 갈고닦은 학식과 여행의 내공이 고스란히 반영돼 있다. 그런 저자의 광범위한 분석의 핵심에는 지금이나 앞으로나 지리는 인간의 행동에 지속적 영향을 미치리라는 믿음이 자리하고 있다.

– 제임스 F. 호지 주니어, 미국외교협회 고문

지리는 운명이다. 지당한 말씀이다. 역사도 운명이다. 하지만 아쉽게도 21세기가 역사의 완성이 아닌 역사의 반복이 될 것이라는 사실을 아는 사람은 드물다. 로버트 카플란의 『지리의 복수』에는 지난날의 단층선들이 어떻게 다시금 모습을 드러낼 것인지가 설득력 있게 묘사돼 있다. 카플란은 "21세기에는 미국에서 메스티소가 섞인 폴리네시아 문명이 등장할 것"이라는 주장까지 거침없이 쏟아낸다. 미국의 전략 사상가들은 어째서 미국이 직면하게 될 진정한 도전들을 예측하지 못했는가? 카플란의 『지리의 복수』는 그들의 경각심을 불러일으키는 소중한 책이다.

– 키쇼어 마부바니, 『거대한 융합The Great Convergence』의 저자

지리와 역사의 절묘한 조합이 돋보이는 이 탁월한 작품에서 로버트 카플란은 예리한 통찰력으로 전 세계의 미래에 결정적 요인으로 작용할 경제와 정치적 추세를 전망한다. 완숙한 필치에 예지력과 역사적 사실들로 가득한 이 수작은 세계 전략에서 지리가 차지하는 중심적 역할을 다시금 생각하게 하고, 미국이 그와 관련해 얻게 될 이익을 평가할 방법을 제시해준다.

– 발리 나스르, 『시아파의 부활The Shia Revival』『이슬람 자본주의의 흥기The Rise of Islamic Capitalism』의 저자

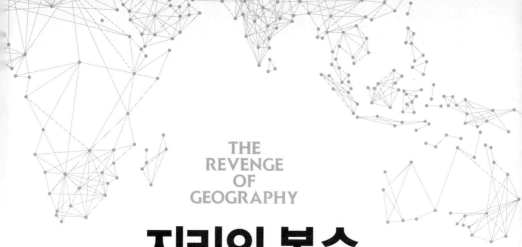

THE
REVENGE
OF
GEOGRAPHY

지리의 복수

지리는 세계 각국에 어떤 운명을 부여하는가?

로버트 D. 카플란

이순호 옮김

필라델피아 외교정책연구소 소장

하비 시셔만 박사를 추모하며

그러나 인간의 조건에는 별로 기대할 것이 없다는 바로 그 점 때문에, 행복했던 시대, 부분적인 진보, 다시 시작해 계속하려는 노력 같은 모든 것들이 내게는 그 숱한 재난과 패배, 태만과 과오를 보완해주는 적지 않은 기적들로 보이는 것이다. 재앙과 파멸은 찾아들 것이고, 무질서도 승리하겠지만, 질서가 이길 때도 있는 것이다.

– 마르그리트 유르스나르

『하드리아누스 황제의 회상록』(1951년) 중에서

| 차례 | THE REVENGE OF GEOGRAPHY

국경지대

현재를 이해하고 미래를 가늠하려면 될 수 있는 대로 천천히 현장을 다녀볼 일이다.

떡갈나무와 마가목류가 우거진 높이 3,000미터의 중앙 산괴가 우뚝 서 있는, 저주받은 반구형 구릉들의 맨 아랫단이 이라크 북부 사막에서 출렁이듯 지평선 위로 모습을 드러내자, 나를 안내하던 쿠르드인 운전기사가 파이 껍질 같은 거대한 평원을 흘끗 뒤돌아보고는 못마땅하다는 듯 입맛을 쩝 다시며 "아라베스탄"*이라고 퉁명스레 말했다. 그러고는 구릉들 쪽으로 다시 시선을 돌리더니 "쿠르디스탄" 하고 중얼거렸다. 그 말과 함께 찌푸려졌던 그의 얼굴도 환해졌다. 때는 사담 후세인〔1937~2006년〕의 강압 지배가 절정에 달

---

* 일명 후제스탄. 고대 엘람 왕국의 중심지였다.

했던 1986년이었다. 하지만 감옥처럼 답답한 골짜기와 아슬아슬한 협곡들로 깊숙이 들어서자 도처에 있던 후세인의 대형 광고판과 이라크 군인들은 어느새 자취를 감추고, 헐렁한 바지를 허리띠로 졸라매고 머리에 터번을 두른 쿠르드 민병대peshmerga〔페쉬메르가〕가 모습을 드러냈다. 정치 지도상으로는 여전히 이라크 영토 내에 있는 것이었지만, 산맥은 그곳이 극단적 조치로써만 정복 가능한 사담 후세인 지배의 한계선임을 말해주고 있었다.

그 사실을 입증하듯 지난 1980년대 말 사담 후세인은 궁극적으로는 산맥이 부여해준 자유를 쿠르드족이 수십, 수백 년 넘게 누리는 것에 분개하여 이라크령 쿠르디스탄에 전면적 공격(악명 높은 알 안팔al-Anfal 작전)을 단행, 민간인 10만 명을 학살했다. 그렇다고 산맥이 그 비극적 드라마가 발생한 결정적 요인은 아니었지만 그것의 배경막—본질적 사실—이 되었던 것은 사실이다. 쿠르디스탄이 현재 이라크와 상당한 정도로 분리돼 있는 것도 알고 보면 산맥 때문이다.

산맥은 때에 따라서는 평지도 성가시게 만드는 맹렬한 현대화 이념들에 맞서 토착 문화를 좁은 골짜기들 안에 지켜주는 보수적 힘이기도 하다. 우리 시대에는 산맥이 마르크스주의 게릴라들과 마약 조직들의 은신처가 되기도 했다.[1] 예일대학교 인류학과 교수 제임스 C. 스콧도 "산악 민족들은 지난 2,000년간 강 유역에서 벌어진 국가 건설의 중압감을 견디지 못해 달아난 탈주자, 도망자, 유배자 집단들로 가장 잘 이해될 수 있다"고 그에 부합되는 말을 했다.[2] 니콜라에 차우셰스쿠 공산 정권의 악랄한 착취의 대상이 되었던 것도 평지의 주민들이다. 나도 1980년대에 카르파티아산맥을 몇 차례 올라보았지만 그곳에서는 집단화 흔적을 찾아볼 수 없었다. 중부 유럽의 뒷문임을 선언한 카르파티아산맥이 루마니아 공산주의 체제가 선호했던 콘크리트나 고철이 아니라 목조 및 자연석 가옥들로 확연히 구별되고 있었던 것이다.

이렇게 보면 루마니아를 에워싸고 있는 카르파티아산맥도 쿠르디스탄의 산맥 못지않게 경계선 역할을 톡톡히 하고 있는 셈이다. 칠흑처럼 검은 흙과 연녹색 풀밭이 물결처럼 일렁이는 헝가리 대평원의 광활한 푸스타〔초원지대〕 그 서쪽에서 카르파티아산맥으로 들어가면 옛 오스트리아-헝가리제국의 유럽 세계는 모습을 감추고, 경제적으로 낙후된 옛 오스만제국의 영역이 서서히 모습을 드러내기 시작했다. 무계획적인 헝가리의 구야슈 공산주의*보다 몇 배나 더 억압적이었던 차우셰스쿠의 동양적 전제주의도 이 카르파티아산맥이라는 성벽이 있었기에 가능했던 것이다.

그렇다고 카르파티아산맥이 난공불락이었던 것은 아니다. 상인들만 해도 수백 년 동안 물건과 고급문화의 전달자로 카르파티아산맥의 수많은 통로들을 오가며 번영을 구가했고, 부쿠레슈티와 〔불가리아 북부의 도시〕 루세 등 카르파티아산맥에서 많이 떨어져 있는 유럽 남동부의 크고 작은 도시들에 중부 유럽의 매혹적인 외형이 뿌리내릴 수 있었던 것도 그 덕분이었다. 하지만 종국에는 아라비

---

* 어울리지 않는 재료들을 섞어 만든 헝가리의 전통 스튜인 구야슈처럼 마르크스주의에만 매몰되지 않고 다양한 여러 이데올로기를 합체시킨 헝가리 특유의 공산주의를 가리키는 말.

아사막 및 [투르크메니스탄의] 카라쿰사막에서 끝맺게 될 동쪽에서 일어난 일련의 변화, 그 점진적 변화의 첫 단계가 된 것이 산맥이었던 것은 분명하다.

지난 1999년 나는 야간 화물선에 몸을 싣고 카스피해 서쪽 연안에 위치한 아제르바이잔의 수도 바쿠에서 카스피해 동쪽 연안의 투르크메니스탄 도시 크라스노봇스크로 향했다. 기원후 3세기 사산 왕조 시대의 페르시아인들에게는 투르키스탄으로 알려졌던 곳의 시발점으로 향한 것이다. 그리하여 밤새 항해한 끝에 잠에서 깨어보니 추상적인 해안선이 어렴풋이 눈앞에 나타났다. 임시 병영들이 칙칙한 점토색 낭떠러지를 배경으로 서 있는 모습도 희끄무레하게 보였다. 잠시 후 선객들에게 게이트 앞에 일렬로 줄을 서라는 지시가 떨어졌다. 섭씨 38도의 무더위가 맹위를 떨치고 있는데도 페인트칠이 벗겨진 그곳 게이트에서는 달랑 경찰관 한 명이 여권 검사를 하고 있었다. 여권 검사가 끝나자 이번에는 푹푹 찌는 살풍경한 병영으로 들어가 짐 검사를 받아야 했다. 그곳에도 또 다른 경찰관이 있었다. 그런데 그가 내 짐 속에 든 펩토비스몰 소화제를 보더니 다짜고짜 나를 마약 밀수업자로 몰아붙였다. 손전등에 들어 있던 1.5볼트 배터리도 빼내 더러운 바닥에 내팽개쳤다. 그곳 경치만큼이나 거칠고 표독스럽게 생긴 경찰관이었다. 병영 너머에서 손짓하는 소도시도 물질문화의 표상인 건축학적 징후라고는 찾아볼 수 없는, 색조도 높낮이도 느껴지지 않는 펑퍼짐한 곳이었다. 그 모습을 보고 있자니 불현듯 바쿠 최초의 석유왕들이 카르파티아산맥, 흑해, 드높은 캅카스산맥도 완전히 소멸시키지 못한 서구의 허식을 좇아 프리즈와 가고일*로 장식한 꿈의 궁전들과 12세기의 페르시아 성벽과 바쿠가 그리워졌다. 동쪽으로 여행하는 동안 유럽은 이렇듯 내 눈앞에서 하나둘씩 모습을 감추고, 카스피해라는 자연적 경계가 마지막 무대인 카라쿰사막이 가까워졌음을 예고하고 있었다.

그렇다고 지리가 투르크메니스탄의 가망 없음을 나타내는 것은 아니다. 그보다는 무방비로 노출된 지형이다보니 파르티아, 몽골, 페르시아, 제정러시아, 소비에트러시아, 투르크 제족諸族들의 끊임없는 침략에 시달려온 투르크메니스탄 역사의 패턴을 알아가는 지혜의 첫걸음일 따름이다. 투르크메니스탄에 문명이 거의 존재하지 않았던 것도 그 세력들 가운데 어느 누구도 문명이 뿌리내릴 수 있을 정도로 충분히 오랫동안 정착하지 못했기 때문이다. 내가 투르크메니스탄에서 받은 첫인상도 이것으로 얼마간 설명할 수 있을 것이다.

지면이 부풀어오르더니 방금 전까지만 해도 단일한 사암 덩어리처럼 보였던 것이 돌연 어두운 카키색의 움푹 파인 하천 바닥과 습곡들이 어지럽게 뻗어나간 미로처럼 변했다. 산꼭대기들에도 서로 다른 각도에서 더 높고 더 가파른 경사면을 비추는 햇볕의 조화에 따라 적색 또는 황토색 선들이 만들어졌다. 버스 안으로 한 줄기 시원한 바람이 불어들었다. 파키스탄 북서쪽 변경에 자리한 도시 페샤와르를 엷게 감싸고 있던 열기를 경험한 뒤에 처음으로 맛보는 신선한 공기였다.3 카이바르 고개**는 최고봉의 높이도 2,100여 미

---

* 기괴한 모양의 낙숫물받이 홈통.

터에 지나지 않고 경사도 가파르지 않아, 규모 자체로 보면 인상적일 게 없다. 그런데도 1987년 나는 고작 한 시간 동안 그곳을 통과하면서 험한 바위산과 굽이치는 협곡들의 밀폐된 지옥을 빠져나오는 듯한 경험을 했다. 마치 신록 우거진 열대성의 인도 아대륙에서 머리털이 빠져 민머리가 된 듯한 중부 아시아의 황무지로, 흑토와 대담한 건조물, 기름기 많고 향신료가 듬뿍 들어간 요리의 세계에서 모래와 싸구려 양모, 염소 고기의 세계로 이동하는 느낌이었다.

그러나 상인들에게 뚫린 카르파티아산맥과 마찬가지로 아프가니스탄-파키스탄 국경을 이루는 이런 지리 역시 우리에게 색다른 교훈을 안겨준다. 그 점은 하버드대학교의 수가타 보세 교수가 영국인들이 처음 "북서 변경North-West Frontier"으로 부른 지역은 "역사상의 변경"이 아니라 "인도-페르시아"와 "인도-이슬람" 연속체의 "중심"이었다고 말한 것에서도 드러난다. 그에 따르면 아프가니스탄과 파키스탄이 유기적 통일체를 형성하고 있으면서도 별개의 국가를 이루는 지리적 모순에 빠져든 것도 그 때문이었다.[4]

그보다 인위적인 경계들도 있다.

베를린장벽이 대표적인 예다. 베를린장벽이라면 1973년과 1983년에 나도 두 차례 넘어본 적이 있다. 꼭대기에 넓은 도관이 설치된 3.6미터 높이의 콘크리트 장벽을 사이에 두고, 서독 쪽에는 흐릿한 흑백 풍경을 자아내는 가난한 터키와 유고슬라비아 이주민 지역이,

---

** 아프가니스탄과 파키스탄을 잇는 고개들 중 최북단에 위치해 있으며, 이를 통해 카불과 페샤와르가 연결된다.

동독 쪽에는 2차 대전의 상흔으로 얼룩진 황폐한 건물들이 자리하고 있을 때였다. 낙서가 그려진 서독 쪽 장벽에서는 거의 어디든 걸어다니며 벽을 자유롭게 만져보는 것이 가능했던 반면, 동독 쪽 장벽 주변에는 온통 지뢰밭과 감시탑뿐이었던 것도 양쪽의 차이점이었다.

당시에는 그 모습이 마치 도시 경관 속의 교도소 앞마당 같은 초현실적 느낌을 주었다. 그런데도 도덕적인 부분 외에 그것이 문제시되지 않았던 것은 언제까지고 지속될 것 같은 냉전이 그 시대 최고의 지상 가설이었기 때문이다. 냉전 시대에 자라나 2차 대전에 대한 기억은 전무한 나 같은 사람들에게는 특히 베를린장벽이, 아무리 무자비하고 독단적이라 해도 산맥만큼이나 영속적인 존재로 보였다. 그러다 1989년 잡지사 일거리를 맡아 본에 자리 잡은 처음 몇 달간, 전적으로 우연히 입수한 독일 관련 서적과 역사 지도들을 살펴보면서 나는 비로소 진실을 알게 되었다. 책과 지도들을 통해 내가 알게 된 내용은 이랬다.

독일 역사가 골로 만*에 따르면, 북해와 발트해와 알프스 사이에서 유럽의 중심을 차지하고 있는 독일은 예나 지금이나 탈출하고 싶은 "거대한 감옥" 속에 갇힌 동력이었다. 하지만 북남쪽은 바다와 산맥으로 가로막혔기 때문에 독일이 감옥에서 탈출할 수 있는 길은 지리적 장애물이 없는 동서쪽뿐이었다. 골로 만이 오토 폰 비스마르크의 세력 확대와 양차 대전으로 특징지어지는 1860년대부터 1960년대까지의 격동기를 가리켜 "무정형성과 무신뢰성이야말

---

* 독일 소설가 토마스 만의 셋째 아들.

로 그 100년 동안의 독일의 특징이었다"고 쓴 것도 그런 맥락에서였다.[5] 그렇다고 그것이 100년 동안의 격동기에만 해당하는 것은 아니었다. 그것은 독일 역사를 통틀어 지도상에 나타난 독일의 크기와 형태에도 해당하는 말이었다.

기원후 800년 샤를마뉴[카롤루스 대제]가 건설한 제1제국(신성로마제국)만 해도 영토의 변화가 심해 어느 땐가는 오스트리아는 물론이고 스위스, 프랑스, 벨기에, 네덜란드, 폴란드, 이탈리아, 유고슬라비아의 일부 지역까지 제국에 포함되었을 정도다. 마치 지금의 독일에 해당하는 나라의 통치를 받는 것이 유럽의 운명인 것처럼 여겨질 만한 상황이었다. 그러다 한참 뒤 마르틴 루터가 등장하여 종교개혁[16세기]을 일으키면서 서구 기독교권은 구교와 신교로 분리되었고, 그 바람에 독일은 30년전쟁[1618~1648년]의 주 무대가 되고 중부 유럽은 황폐해졌다. 그 뒤에 일어난 복잡다단한 일들, 다시 말해 18세기에 [호엔촐레른가의] 프로이센과 합스부르크가의 오스트리아제국이 독일을 둘러싸고 주도권 싸움을 벌인 것, 19세기 초 프로이센 주도로 독일의 여러 주가 독일관세동맹을 체결한 것, 19세기 말 비스마르크가 프로이센 주도로 독일을 통일하여 독일제국[제2제국]을 성립한 것에 대한 내용도 읽으면 읽을수록 베를린장벽은 계속되는 영토 변형 과정의 또 다른 국면에 지나지 않는다는 사실만 뚜렷이 인식시켜줄 따름이다.

베를린장벽 붕괴에 이어 실각한 공산 정권들—체코슬로바키아, 헝가리, 루마니아, 불가리아 등—에 대해서도 나는 일과 여행을 통해 알 만큼은 알고 있었다. 당시 내가 가까이서 지켜본 그 정권들 모두 서슬이 시퍼렸고 기세가 등등했다. 그런 정권들이 한순간에 몰락한 것에서도 귀중한 교훈을 얻을 수 있다. 모든 독재국가들의 저변에는 불안정성이 내재해 있다는 것, 그리고 영원히 지속될 것 같은 현재의 강력한 권세도 일장춘몽에 지나지 않는다는 것이 그것이다. 영원한 것은 지도상에 나타난 인간의 입지뿐이다. 격동의 시대에 지도의 중요성이 날로 커지는 것도 그래서이다. 정치적 입장은 상황에 따라 급변할 수 있지만, 지도는 결정적이지는 않아도 다음에 무슨 일이 벌어질지를 역사적 논리로 파악하게 해주는 출발점이 될 수 있는 것이다.

한반도의 남북을 가르고 있는 비무장지대DMZ에서 압도적으로 느껴지는 것은 폭력이다. 2006년 내가 그곳을 찾았을 때 남한 병사들은 주먹을 불끈 쥐고 팔에 잔뜩 힘을 준 태권도 준비 자세로 북한 병사들의 얼굴을 노려보며 얼어붙은 듯 서 있었다. 남한과 북한 모두 키도 제일 크고 가장 위압적인 병사들을 선별하여 DMZ 철책을 지키는 임무를 맡겼다. 그러나 철조망과 지뢰밭 양쪽에서 분출되는 이런 형식적 증오감도 결국에는 예측 가능한 내일의 역사 속으로 사라지게 될 것이다. 20세기의 분단국들이었던 독일, 베트남, 예멘의 경우에서 보듯, 분단이 얼마나 오래 지속되든 통일의 힘은 결국 예기치 않게, 또 때로는 폭력적이고 매우 빠른 속도로 개가를 올릴 것이기 때문이다. 그 점에서 한국의 DMZ도 베를린장벽과 마찬가지로 지리적 논리와는 상관없는 임의적 경계, 적대적인 두 군대가 멈춰 선 곳에서 민족국가가 둘로 갈라진 임의적 경계라고 말할 수 있다. 그렇다면 남북한도 통일 독일처럼 통일 한국Greater Korea을 기대하거나, 아니면 적어도 그에 대한 대비책을 세워둘 필요가 있을 것이다. 그리고 이 경우에도 문화와 지리의 힘은 어느 시점에서 다시금 효력을 발휘하게 될 것이다. 자연적 국경지대와 일치하지 않는 인위적 경계는 특히 취약할 수 있기 때문이다.

나는 요르단-이스라엘 국경, 멕시코-미국 국경 역시 넘어보았다. 하지만 그곳과 다른 접경지들은 뒤에 더 다루기로 하고 지금은 일단 수십 년, 아니 몇몇 경우에는 수백 년의 간극을 뛰어넘어 지금까지도 영향을 끼치고 있는, 정선된 역사와 정치학 관련 서적들로의 또 다른 여행을 떠나보려고 한다. 그것과는 철저히 다른 여행을 하려는 것이다. 그 책들에는 지리의 중요성이 강조돼 있으므로 기복지도relief map에 대한 이해력을 높일 수 있고, 그 지식을 바탕으로 명확하지는 않더라도 미래 정치의 형세를 가늠해볼 수 있을 것이다. 그간 다수의 국경지대를 넘나들며 지나쳤던 곳들에 대해 가졌던 나의 맹렬한 궁금증을 풀어보려는 것이다.

지난 30년간의 취재 활동에서 내가 얻은 확신은, 여론을 주도해가는 엘리트들이 몇 시간 단위로 대양과 대륙들을 넘나들게 되고, 그것을 기회로 〈뉴욕 타임스〉의 저명한 칼럼니스트 토머스 L. 프리드먼*이 '평평한 세계'라고 부른 것에 대해 거침없는 입담을 늘어놓는 시대, 요컨대 제트기와 정보 시대에 접어들면서 잃어버리게 된 시공간에 대한 감각을 우리 모두 되찾을 필요가 있다는 것이다. 내가 **지리가 이제 더 이상 중요하지 않다**는 관점에 심각한 경고음

---

* 『렉서스와 올리브 나무』의 저자.

을 내는 일군의 사상가를 독자들에게 소개하려는 것도 그래서이다. 이 여정의 전반부에서는 그들의 견해를 어느 정도 심도 있게 제시하고, 후반부에서는 그들의 지혜를 이용해 유럽에서 대중동^{Greater} ^{Middle East}과 인도 아대륙을 거쳐 중국에 이르기까지 유라시아 전역에서 벌어진 일, 그리고 앞으로 벌어질 개연성이 있는 일을 논해볼 생각이다. 물리적 현실에 대한 우리의 관점이 무엇을 놓쳤는지, 그리고 그 이유는 무엇인지를 밝혀낸 뒤, 여행과 관찰의 속도를 조금 늦춰 지금은 고인이 된 석학들의 풍부한 학식으로 그 잃어버린 부분을 되찾으려는 것이다. 그것이 이 색다른 여행의 목적이다.

"지구에 대한 서술"이라는 의미의 그리스어 'geographia'에서 파생된 지리^{geography}는 종종 운명론과 관련지어지는 불명예를 뒤집어쓴다. 지리적으로 사고하면 인간의 선택이 제한을 받게 된다는 생각이 그런 판단을 불러온 것이다. 하지만 내가 여기서 사용하는 기복지도나 인구학 같은 도구는 기존의 외교정책 분석에 또 하나의 복잡성을 더해 깊이 있고 설득력 있는 세계관을 정립하려는 것일 뿐, 그 외의 다른 의도는 없다. 지리의 중요성을 알기 위해 지리적 결정론자까지 되지는 않겠다는 이야기다. 현재의 사건들에 얽매이면 개인과 개인의 선택이 마냥 중요해 보이지만, 몇백 년의 기간을 조망하면 지리의 역할이 부각되는 것을 알 수 있는 것이다.

중동이 그 대표적인 예다.

내가 이 글을 쓰고 있는 순간에도 모로코에서 아프가니스탄에 이르는 지역의 중심 권력은 심각한 위기에 처해 있다. 구질서인 독재정치가 유지되기 어려워진 만큼이나 견실한 민주주의로 나아가는 길 또한 어렵기 때문이다. 그런데 이 격변의 첫 단계에서 지리는 새로운 통신 기술의 힘에 밀려 패하는 특징을 보였다. 위성 TV와 인터넷 소셜 네트워크를 통해 아랍 전역의 시위자들이 단일 집단을 형성하자 이집트, 예멘, 바레인 등 서로 공통점이 없는 나라들의 민주주의 옹호자들이 튀니지발 혁명에 감화된 것이다. 이들 나라의 정치 상황에는 결국 공통성이 존재해 있었던 것이다. 하지만 그것도 잠시, 봉기가 지속되자 이들 나라에서는 그들 특유의 내러티브가 만들어지기 시작했고, 그 내러티브에는 자연히 그들 나라의 오랜 역사와 지리가 영향을 미쳤다. 중동 국가들에 대한 역사와 지리를 알면 알수록 그곳에서 일어나는 사태들에 수긍할 수 있게 되는 것도 그래서이다.

튀니지에서 혁명이 시작된 것도 전적으로 우연의 소산만은 아니었다. 고대 지도에서 지금의 튀니지에 해당하는 지역에는 정주지들이 밀집해 있었던 반면, 나란히 붙어 있는데도 현재의 알제리와 리비아에 해당하는 지역의 인구는 상대적으로 희박했다고 나타나는 것도 그 점을 말해준다. 시칠리아 쪽의 지중해 연안으로 돌출해 있는 튀니지는 카르타고와 로마뿐 아니라 반달왕국, 비잔티움, 중세의 아랍과 투르크의 지배를 받을 때에도 북아프리카의 인구 조밀 지역이었다. 지리적으로 희미하게 표시된 서쪽의 알제리 및 동쪽의 리비아와 달리 튀니지는 오래된 문명국이었던 것이다. 리비아 서쪽의 [로마 속주에 속했던] 고대의 트리폴리타니아도 역사기 내내 튀니지를 지향했고, 동쪽에 위치한 키레나이카(벵가지)도 시종일관 이집트를 지향했다.

카르타고(지금의 튀니스와 대체로 일치하는 지역)와 가까울수록 발달 수준이 높아지는 현상은 2,000년 동안이나 지속되었다. 이렇게 2,000년 전부터 도시화가 진행된 튀니지에서 유목 생활에 기초한 부족적 정체성―중세의 역사가 이븐 할둔은 이것이 정치적 안정을 저해하는 요소라고 지목했다―이 약화되는 것은 당연한 이치다. 실제로 기원전 202년 로마의 장수 스키피오 아프리카누스는 자마 전투에서 한니발을 무찌른 뒤 튀니스 외곽에 포사 레기아$^{fossa\ regia}$ 라는 도랑을 파, 문명화된 지역과 비문명화된 지역을 가르는 경계로 삼았다. 그런데 이 포사 레기아가 현재의 중동 위기와도 연관성을 갖고 있는 것이다. 일부 지역에서는 지금도 볼 수 있는 포사 레기아는, 튀니지 북서 해안의 타바르카[타브라카]에서 남쪽으로 내려오다 동쪽으로 곧장 방향을 틀면 나오는, 튀니지 중동부에 위치한 지중해의 또 다른 항구도시 스팍스[사파키스]까지 이어져 있었다. 그것을 말해주듯 그 경계선 너머 도시들에서는 로마의 유적이 거의 발견되지 않았고, 지금도 그곳은 빈곤한 저개발 지역으로 남아 있다. 역사적으로도 그 지역은 다른 곳에 비해 실업률이 높았다. 2010년 12월 청과 노점상이 분신자살을 시도하여 아랍혁명[튀니지혁명]의 불길을 당긴 장소인 시디 부지드도 스키피오 경계선 바로 너머에 위치해 있다.

그렇다고 내가 운명론을 말하려는 것은 아니다. 나는 단지 최근의 사건들에 지리와 역사적 맥락을 부여할 따름이다. 민주적 아랍혁명이 시작된 곳[튀니지]은 역사적 관점에서 볼 때도 아랍권에서 가장 진보된 사회―물리적으로 유럽과 가장 가까운 지역―였던 것이다. 그런 반면 그곳은 고대 이후로 가장 소외되고 개발되지 않은 아픔을 겪은 나라이기도 했다.

이런 지식은 다른 지역에서 벌어지고 있는 일에도 깊이를 더해줄 수 있다. 튀니지와 마찬가지로 국가로서의 긴 역사를 지닌 데다 또다른 고대 문명국인 이집트, 산만하게 뻗어나간 산악지대의 특성상 중앙정부의 기능이 약해지고 그로 인해 부족주의와 분리주의 집단들의 중요성이 커져 통일에 애를 먹은 아라비아반도의 민주주의 중심지 예멘, 지도에 역피라미드로 나타나는 이면에 민족성과 종파성에 기초한 분열의 요소를 감추고 있는 시리아가 그런 곳이다. 자연적 응집력이 강한 튀니지와 이집트에 비해 리비아, 예멘, 시리아는 그렇지 못하다는 사실은 지리로도 입증된다. 온건한 형태의 독재정치만으로 나라를 결집시킬 수 있었던 튀니지나 이집트와 달리 리비아와 시리아가 보다 극단적인 정치체제를 필요로 했던 것도 그래서이다. 특히 예멘은 예로부터 줄곧 지리로 인해 통치의 어려움을 겪었던 곳이다. 20세기 유럽의 두 역사가 에른스트 겔너와 로베르 몽타뉴도 예멘을 산맥과 사막으로 갈라진 중동 지형의 결과물, 다시 말해 "분절segmentary" 사회로 불렀다. 몽타뉴의 말을 빌리면 중앙집권과 무정부 상태를 오락가락하는 이런 사회는 보통 "특유의 취약성 때문에" 영속적 제도를 수립하지 못하고, 따라서 "지역의 활력을 앗아가는" 정부를 갖는 특징을 보인다. 이런 곳에서 부족이 득세하고 중앙정부가 약해지는 것은 당연한 일이다.[6] 그런 사회는 자유주의 질서를 구축하기 위해 발버둥을 쳐도 그 현실을 벗어나지 못한다.

정치적 격변이 늘어나고 세계가 통제 불능으로 치달아가는 듯하며, 그에 따라 미국과 미국의 우방들이 어떻게 대처해야 하는지에 대한 질문이 끊이지 않는 지금, 지리는 적어도 그 의미를 파악할 수 있는 방법을 제시해준다. 내가 20세기 말을 시작으로 앞에 소개된 국경지대들의 실체를 규명한 것처럼, 예전 지도들을 참조하고 지난 시대의 지리학자 및 지정학자들을 거울삼아 21세기의 세계에 대한 실체적 진실을 파헤치려는 것도 그래서이다. 우리는 외태양계로 인공위성을 쏘아 올리고 금융시장과 사이버공간이 한계를 모르고 발전하는 시대에 살고 있지만 힌두쿠시는 여전히 난공불락의 장벽으로 남아 있기 때문이다.

1부

선각자들

一

1장

—

보스니아에서 바그다드로

지리에 대한 감각을 일깨우기 위해서는 먼저 감각의 상실이 가장 심했던 최근 역사의 특정 시기에 주의를 기울여 그렇게 된 연유를 밝히고, 그것이 우리의 세계관에 어떤 영향을 끼쳤는지를 점검해야 한다. 물론 감각의 상실은 서서히 일어난다. 하지만 그것이 가장 심하게 일어난 때를 꼽으라면 나는 베를린장벽이 붕괴된 직후라고 답하겠다. 베를린장벽의 붕괴로 지리와 기복지도에 대한 관심이 예전보다 높아지고, 인접한 발칸 지역과 중동도 그 지도로 예견 가능해졌을지는 모르지만, 인위적 경계였을망정 베를린장벽이 사라지자 우리는 진짜 지리적 장벽이 우리를 여전히 가르고 있고 우리를 여전히 기다리고 있다는 판단력마저 상실했기 때문이다.

독일에 세워져 있던 인위적 장벽이 허물어지자 우리는 별안간 인간이 만든 경계는 타파하지 못할 것이 없다고, 동유럽이 그랬듯 아프리카와 중동도 민주주의로 쉽사리 정복할 수 있다고, 얼마 안 있어 유행어가 된 세계화 역시 알고 보면 경제와 문화의 한 발달 단계에 지나지 않는데도 역사의 도덕적 지표와 국제 안보의 한 제도라고 착각하게 되었다. 전체주의 이데올로기가 정복되었으니 미국과 서유럽의 지역 안보도 더는 걱정하지 않아도 될 것 같았다. 도처에 유사 평화의 분위기가 팽배해 있었다. 미 국무부 정책기획실 차장을 지낸 프랜시스 후쿠야마도 일찌감치 이런 시대정신을 포착하고 베를린장벽이 붕괴되기 몇 달 전 「역사의 종언The End of History」이라는 논문을 발표하여, 인류에 최적인 정부 시스템이 무엇인지에 대한 논쟁은 자본주의와 자유민주주의의 성공으로 끝났으며, 따라서 전쟁과 반란이 지속된다 해도 헤겔적 의미에서의 역사는 종식되었다고 선언했다.[1] 세계의 형성이 인간의 상상 속에서, 때로는 미군의 배치를 통해 만들어지는 간단한 것으로 변한 것이다. 따라서 1990년대에는 군대 주둔으로 인한 재앙도 상대적으로 적었다. 그러나 탈냉전 시대에 찾아온 이 첫 번째 지적 주기야말로 알고 보면 "현실주의자"와 "실용주의자"라는 말이 상투적이고 협소한 뜻으로 이해되어 국익을 파악하기 어려운 곳들에서는 인도주의적 개입을 혐오하는 경멸어로 인식된, 망상의 시대에 지나지 않았다. 따라서 그런 시대에는 발칸의 인종 학살이 끝나기를 바란다는 이유만으로 선하고 똑똑한 사람 대접을 받은 신보수주의자 혹은 자유주의 성향의 국제주의자가 되는 것이 상책이었다.

미국에서 이상주의가 이렇게 폭발한 것이 처음 있는 일은 아니었다. 1차 대전에서 연합국이 승리한 뒤에도 미국은 "윌슨주의"의 기치를 펼쳤으니 말이다. 그러나 우드로 윌슨 대통령〔1856~1924년〕이 제창한 윌슨주의는 결과적으로 유럽 동맹국들은 물론 심지어 발칸과 근동의 현실도 도외시한 정책으로 드러났다. 1920년대에 일어난 사태들로도 알 수 있듯, 오스만제국의 전제주의를 타파하고 얻은 민주주의와 자유는 주로 술탄의 속국이었던 곳들에 좁은 의미의 인종적 자각을 고조시키는 결과만을 낳았기 때문이다. 서구가 거둔 냉전의 승리 역시 대다수 사람들로 하여금 "민주주의"와 "자유시장"경제의 기치 아래 자유와 번영이 찾아들 것으로 믿게 만드는 그와 유사한 현상을 불러왔다. 심지어 가장 빈곤하고 가장 불안정한 대륙이자 세계에서 가장 인위적이고 불합리한 국경선들이 그어진 아프리카마저 민주주의혁명의 직전에 와 있다고 판단한 사람들이 적지 않았다. 그들은 유럽 중심부에서 벌어진 소비에트제국의 붕괴가 TV로만 연결되었을 뿐인 수천 마일 밖의 바다와 사막으로 분리된 세계 최빈국들에게도 지고의 의미를 가질 것으로 생각했다.[2] 그러나 1, 2차 대전 이후에 그랬듯, 서방이 거둔 냉전의 승리도 민주주의와 세계 평화를 선도했다기보다는 오히려 겉모습만 바꾼 악이 새롭게 생존경쟁을 하도록 야기시킨 면이 컸다.

아프리카의 모든 지역에서 민주주의와 더 나은 정부가 등장하기 시작한 것은 사실이다. 하지만 그것은 무정부 상태(서아프리카 여러 나라), 반란, 극악함(르완다) 같은 요소들이 장기간 고개를 쳐든 힘겨운 투쟁을 거친 뒤에 일어난 일이다. 그 점에서 아프리카는 1989년 11월 9일부터 2001년 9월 11일에 이르는 기나긴 10년—베를린 장벽이 붕괴되고, 알 카에다가 세계무역센터와 미 국방부를 공격한 9/11 사태가 일어나기까지의 기간—을 규정하는 데도 도움이 될 수 있다. 그 12년의 기간이야말로 대량 학살과 뒤늦은 인도주의적 개입에 이상주의적 지식인들이 좌절한 시기였고, 심지어 그 개입이 거둔 궁극적 성공마저도 9/11 사태 이후 10년간 벌어진 일로 이상주의적 승리주의가 종말을 고하면서 퇴색했기 때문이다.

일이 그렇게 된 것은 1990년대에 발칸과 아프리카에서 명백한 요인으로 작용한 지리가 9/11 사태 뒤에도 영향력을 잃지 않은 채 근동에 대한 미국의 좋은 의도에 계속 강력한 요인으로 작용했기 때문이다. 그러다보니 보스니아에서 바그다드에 이르기까지의 여정, 다시 말해 공중전과 지상전을 제한적으로 전개한 구 오스만제국령 중 가장 발달한 서쪽의 발칸 지역으로부터, 보병에 의한 대규모 침공을 실시한 오스만제국령 중 가장 낙후된 동쪽의 메소포타미아 지역에 이르기까지의 여정에서 자유주의적 보편주의는 한계를 드러내게 되었고, 그 과정에서 기복지도에 대한 중요성도 새롭게 부각되었다.

탈냉전도 알고 보면 베를린장벽이 붕괴되기 전인 1980년대에 "중부 유럽"이라는 말이 새롭게 부활하면서 시작된 것이다. 다만 **중부 유럽**Metteleuropa은 영국의 역사가 티모시 가턴 애시〔1955년~〕가 후에 "소비에트 '동방'과 구별되는 정치 문화적 특징"[3]으로 규정한 것에서도 드러나듯 현실로서의 지리가 아닌 개념으로서의 지리에 가까웠다. 자갈 포장된 거리, 박공지붕, 감칠맛 나는 포도주, 빈의 카페들, 고전음악, 선이 날카롭고 혼란스러운 모더니즘 미술과 사상이 스며든 점잖은 인도주의 전통을 연상시키는, 강렬하면서도 기분 좋게 어수선한 낭만적 유럽 문명에 대한 추억으로 형성된 개념으로서의 지리에 가까웠다는 얘기다. 이마누엘 칸트와 네덜란드의 유대인 철학자 바뤼흐 스피노자 같은 유명인들에 대한 열렬한 찬사와 더불어 서서히 형성된, 오스트리아-헝가리제국과 구스타프 말러〔오스트리아 작곡가〕, 구스타프 클림트〔오스트리아 화가〕, 지그문트 프로이트 같은 인물들을 떠올리게 하는 개념으로서의 지리였던 것이다. 실제로 "중부 유럽"은 여러 요소들 중에서도 특히 나치즘과 공산주의가 파괴의 맹위를 떨치기 전 위태위태하던 유대인의 지적 세계를 떠올리게 하는 말이었다. 또한 2차 대전 전에는 벨기에보다도 산업화 수준이 높았던 보헤미아에 대한 강렬한 추억을 떠올리게 하는 경제 발전을 의미하는 말이었다. 그런가 하면 중부 유럽은 온갖 타락과 도덕적 결함을 지니고 있었던 제국, 관대하기는 했지만 날이 갈수록 기능장애를 일으킨 오스트리아 합스부르크제국의 보호 아래 여러 민족이 상대적으로 관용의 혜택을 누린 지역을 의미하기도 했다. 냉전이 마지막 단계에 접어들었을 때의 중부 유럽은 칼 E. 쇼르스케*의 차가우면서도 난해한 고전 『비엔나 천재들의 붉은 노을Fin-de-Siècle Vienna: Politics and Culture』**과 이탈리아 저술가 클라우디오 마그리스가 쓴 탁월한 기행문 『다뉴브Danube』에 절묘하게 포착돼 있다. 마그리스는 중부 유럽이 "모든 전체주의적 계획에 맞서 개별성을 지켜주는" 감수성을 의미한다고 보았고, 헝가리 작가 콘라드 죄르지와 체코슬로바키아 소설가 밀란 쿤데라에게 중부 유럽은 정치적 여망을 마음껏 펼칠 수 있게 해주는 "숭고한" 그 무엇, 정치적 여망의 제약을 풀어줄 수 있는 "해결의 열쇠"였다.[4]

---

* 1915년~. 프린스턴대학교 교수이자 문화역사가.
** '세기말의 빈'이 원뜻이지만 독자들의 편의를 돕기 위해 국내 번역본 제목을 그대로 옮겼다.

1980년대와 1990년대에는 "중부 유럽"이, 산맥이나 구 소련의 탱크가 그 자체로 지리를 의미했듯 문화도 어느 모로 보나 지리를 나타낸다는 의미로 해석되었다. 중부 유럽이라는 개념에 모스크바의 통제를 받는 유럽의 반쪽, 곧 공산권 "동유럽"이라는 용어가 생겨나게 한 냉전의 지리를 질책하는 듯한 의미가 담겨 있었기 때문이다. 그러므로 이 논리에는 동독, 체코슬로바키아, 폴란드, 헝가리도 중부 유럽에 속하므로 공산주의와 바르샤바조약기구*의 감옥에 가둬두어서는 안 된다는 주장이 담겨 있다. 그러나 몇 년 뒤 유고슬라비아에서 인종 전쟁이 벌어졌을 때는 아이러니하게도 "중부 유럽"이 통합이 아닌 분단의 용어가 되었다. 사람들 마음속에 "발칸"이 중부 유럽에서 분리되어 사실상 새로운 근동 혹은 옛 근동의 일부로 자리매김한 탓이었다.

발칸은 발전을 저해하는 산맥에 가로막혀 있고, 유럽 중심부에 위치한 옛 합스부르크제국 및 프로이센제국들의 영역에 비해 짧게는 몇십 년, 길게는 몇백 년이나 생활수준이 뒤떨어졌다는 점에서 유럽보다는 오히려 옛 오스만제국이나 비잔티움제국에 더 가까웠다. 실제로 루마니아와 불가리아 같은 남쪽의 발칸 국가들은 공산주의 치하에 있었던 몇십 년 동안, 소비에트제국의 절반에 해당하는 북쪽의 "중부 유럽"에는 알려지지 않은 극심한 빈곤과 탄압에 시달렸다. 내막은 물론 복잡했다. 동독의 경우 소련에 직접 점령되

---

* 1955년 초반 소련이 위성국들에 대한 지배를 강화하기 위해 폴란드, 체코슬로바키아, 동독, 헝가리, 루마니아, 불가리아, 알제리와 체결한 군사동맹 조약기구. 이 중 알제리는 1968년 탈퇴했다.

지리의 복수

었던 곳인 만큼 소련 위성국들 중에서도 가장 경직된 공산주의 제도가 시행되었던 반면, 유고슬라비아는 바르샤바조약기구의 회원국이 아니었던 관계로, 특히 도시들에서는, 가령 체코슬로바키아 같은 나라에는 알려지지 않은 자유를 얼마간 누리기도 했다. 그렇지만 전체적으로 볼 때 옛 오스만과 비잔티움 제국령에 속했던 유럽 남동부의 국가들은 공산 정권 치하에서 동방적 전제정치와 다를 것 없는 여러 요소가 음산하게 뒤섞인 급진적 사회주의 포퓰리즘의 고통을 당했다. 그보다 해악은 덜했지만, 몽골족이 중부 유럽을 두 번째로 침입했을 때 주로 가톨릭계의 옛 합스부르크왕가 지배하의 유럽 국가들이 당한 피해를 방불케 하는 고통이었다. 그런 점에서 비록 공산주의의 지배를 받기는 했지만 다른 공산국가들에 비해서는 상대적으로 자유로웠던 카다르 야노시** 지배하의 헝가리에서 니콜라에 차우셰스쿠가 지배한 전체주의국가 루마니아로의 여행은 상징성이 컸다. 이것이 내가 1980년대에 주로 이용한 여행의 노정이었다. 기차가 헝가리에서 루마니아로 접어들면 건축 자재의 질이 갑자기 확 떨어지고, 관리들이 짐을 쑤석거리며, 타자기 휴대를 트집 잡아 뒷돈을 요구하고, 화장실에서 휴지가 사라지며, 불빛도 흐릿해졌다. 이렇듯 발칸은 중부 유럽의 영향을 깊숙이 받은 것 못지않게 그곳에 인접한 중동의 영향도 깊숙이 받고 있었다. 황량한 공공장소와 메마른 초원—모두 아나톨리아로부터 유입된 요소이다—이 코소보와 마케도니아의 삶의 특징이 되어, 두 곳 어디에서도 프

** 1912~1989년. 헝가리 총리(1956~1958년, 1961~1965년), 헝가리 공산당 제1서기(1956~1988년)를 지냈다.

라하와 부다페스트에서 느낄 수 있는 문화적 활기를 찾기 힘들었다. 이렇게 보면 폭력의 발생지가 단일 인종국인 중부 유럽의 헝가리나 폴란드가 아니라 인종 구성이 복잡한 유고슬라비아였던 것은 놀랄 일이 아니며, 폭력이 전적으로 사악한 인물들 때문에 벌어진 것이 아니라는 사실 또한 알게 된다. 역사와 지리도 폭력 발생에 모종의 역할을 하는 것이다.

그럼에도 티모시 가턴 애시—지난 10년간 활동한 지식인들 가운데 가장 설득력 있는 논리를 펼친 인물 중 하나—와 같은 자유주의적 지식인들이 중부 유럽을 지리적 대상이 아닌 도덕적, 정치적 대상으로 바라본 것은 유럽에 대한 관점과 더불어 차별적이 아닌 포용적 세계관을 함께 제시하기 위해서였다. 따라서 그 관점에 따르면 발칸은 저개발이나 미개함의 범주에 들어가지도 않고, 아프리카와 같은 지역에도 포함되지 않는다. 베를린장벽의 붕괴는 독일에만 영향을 끼치는 데 그치지 않고, 중부 유럽의 꿈을 전 세계로 확산시킨 것이기도 하기 때문이다. 그리고 이런 인도주의적 접근법이야말로 자유주의적 국제주의자와 신보수주의자들이 1990년대에 표방한 세계주의의 본질이었다. 폴 월포위츠*가 이라크전쟁을 지지한 것으로 알려지기 전, 좌파 성향의 잡지 〈뉴욕 리뷰 오브 북스〉에 실린 가턴 애시 같은 자유주의자의 기고문에 사실상 동조하여 보스니아와 코소보에 대한 군사개입을 지지했다는 것도 상기할 필요가 있다. 이렇게 보면 바그다드로 가는 길도 결국은 현실주의자와 실용

---

* 1943년~. 인도네시아 주재 미국 대사, 미 국방부 부장관, 존스홉킨스대학교 폴니츠고등국제학대학원의 학장을 역임했다.

주의자들이 반대한 1990년대의 발칸 개입에 뿌리를 둔 것임을 알 수 있다. 구 유고슬라비아에 대한 이 군사개입도 물론 명백한 성공으로 끝이 났다.

보스니아와 코소보의 무슬림들을 구하려는 희망과 중부 유럽을 회복시키려는 여망은 이렇듯 두 곳 모두 도덕성과 인간성만이 아름다울 수 있음을 보여준 현실의 장소이자 관념의 장소라는 면에서 불가분의 관계에 있었다(가턴 애시도 중부 유럽을 이상화하려는 노력에는 회의적이었으나, 그 이상화가 도덕적 용도로 이용될 수 있다는 점은 인정했다).

1990년대의 지적 정신은 이사야 벌린Isaiah Berlin**의 인도주의적 저작들에 잘 포착돼 있다. 티모시 가턴 애시가 젊은 시절 동독에 머물 때 겪은 일을 르포르타주 형식으로 기록한 잊을 수 없는 회고록에 "이사야 벌린 같은 자유주의자를 뜻하는 'ich bin ein Berliner'라는 말을 습관처럼 되뇌고는 했다"고 쓴 것에서도 그 점이 드러난다.[5] 게다가 이제는 공산주의가 퇴출되고 마르크스주의적 유토피아도 거짓으로 판명났으니, 이사야 벌린이야말로 지난 40년간 학계를 매혹시켰던 일원적 이론들의 해독제가 되기에 충분했다. 전 생애를 20세기와 함께한 전직 옥스퍼드대학교 교수 이사야 벌린은 정치 실험보다는 부르주아적 실용주의와 "고식적 타협"을 시종일관 옹호했으며,[6] 지리적·문화적 결정론은 물론 어떤 형태의 결정론도 혐오했고, 인간의 삶을 운명에 내맡기는 것 또한 거부했다. 평생 동안 발표한 기고문과 강의에 드러난 그의 견해, 때로는 황야에 울려

** 1909~1997년. 영국의 정치 이론가, 철학자, 역사가.

퍼지는 학자의 고독한 발언이 되기도 했던 그의 견해는 공산주의와
도 대비되고, 자유와 안보는 일부 사람들을 위한 것일 뿐 여타 사람
들을 위한 것은 아니라는 관점과도 대비되는 데에도 사용된, 정연
한 이상주의의 완벽한 총합을 이루고 있었다. 그 점에서 그의 철학
과 중부 유럽에 대한 이상은 완벽하게 부합했다.

  그러나 설사 확대된 중부 유럽이 설득력 있고 사려 깊은 이런 지
식인들의 발언처럼 실제로도 훌륭한 대의, 앞으로 내가 보여주려고
하는 모든 서방 국가들의 외교정책에서 오래도록 일익을 담당할 훌
륭한 대의라 해도, 중부 유럽 앞에는 그 사실과 더불어 내가 함께
제시할 수밖에 없는 장애물이 놓여 있는 것 또한 사실이다.

  그것은 고양된 그 관점에는 역사를 통틀어 중부 유럽의 개념을
종종 비극적 요소로 바꿔놓기도 한 찜찜한 구석이 남아 있기 때문
이다. 요컨대 중부 유럽은 기복지도에 표시된 현실이 아니라는 얘
기다(가턴 애시도 그것을 직관으로 알아차리고 "중부 유럽은 존재하는
가?"라는 기고문을 발표했다).[7] 지리적 결정론자들도 이사야 벌린의
점잖은 발언과는 비교할 수 없을 정도의 심한 독설을 중부 유럽의
개념에 퍼부었다. 에드워드 7세 시대의 영국 정치지리학자였던 핼
퍼드 J. 매킨더Sir Halford J. Mackinder[1861~1947년]와 그의 제자였던 제
임스 페어그리브James Fairgrieve[1870~1953년]는 특히 중부 유럽의 개
념을 "치명적인 지리적 오류"라고 규정했다. 두 사람에 따르면 중
부 유럽은 "바다의 중요성"을 강조한 해양 유럽과도 어긋나고, 대
륙의 중요성을 강조한 "유라시아 심장지대"와도 어긋나게 놓여 있
었다. 간단히 말해 전략적인 면에서 중부 유럽이 들어설 "여지는

없다"는 것이 매킨더와 페어그리브의 주장이었다.[8] 매킨더와 페어그리브의 글에는 중부 유럽에 대한 찬사와 자유주의 지식인들이 그곳에 보이는 타당한 관대함이 지정학에 대한 직무 유기 또는 최소한 그것을 바라는 욕망으로 암시되어 있다. 그러나 베를린장벽이 붕괴했다고 지정학이 끝난 것은 아니며, 끝날 수도 없었다. 끝나기는커녕 베를린장벽의 붕괴로 지정학은 새로운 국면으로 접어들었다. 지도 위에서 벌어지는 나라와 제국들의 투쟁은 떨쳐버리고 싶다고 간단히 떨쳐버릴 수 있는 것이 아니기 때문이다.

매킨더의 이론, 특히 그의 "심장지대"론은 나중에 좀 더 심도 있게 다루기로 하고, 여기서는 먼저 그가 100여 년 전에 개진한 이론이 1차 대전, 2차 대전 그리고 냉전과도 놀랄 만한 역학 관계에 있다는 점만 짚고 넘어가기로 하자. 논리적으로 속속들이 파고들면 양차 대전은 결국 독일이 독일 동쪽에 위치한 유라시아 심장지대를 지배할 수 있느냐 없느냐의 문제와 관련돼 있었고, 냉전은 매킨더의 심장지대 서단에 위치한 동유럽을 소련이 차지할 수 있느냐 없느냐의 문제와 관련돼 있었다. 그런데 문제는 소련의 지배를 받던 동유럽에 포함된 동독이 전통적으로 동쪽으로의 영토 확장 정책을 추구한 역사상의 프로이센을 좇아 심장지대를 지향했던 반면, 나토 NATO(북대서양조약기구)의 해양 동맹에 포함된 서독은 역사적으로 가톨릭을 신봉하고 산업적이고 상업적 기질이 강해 북해와 대서양 쪽을 지향했다는 점에 있다. 냉전 시대 연구의 전문가인 미국의 저명한 지리학자 솔 B. 코언도 "동서독을 가르는 국경 지역은…… 역사적으로 가장 오래된 경계지 중의 하나", 다시 말해 중세의 프랑크족과 슬라브족을 가르는 경계지 중의 하나였다고 주장했다. 그것을 달리 표현하면 동서독 간의 국경에는 인위적 요소가 거의 없다는 의미였다. 코언에 따르면 서독은 "해양 유럽을 뚜렷이 반영하고 있었던" 반면, 동독은 "대륙의 육지세력권"에 속해 있었다. 그러므로 "지정학적으로도 옳고, 전략적으로도 필요하다"는 이유에서 그는 독일의 분단을 지지했다. 해양 유럽과 심장지대 유럽 간의 끊이지 않는 투쟁을 안정화시키기 위해서도 그것이 필요하다는 얘기였다.[9] 매킨더도 1919년 예지력을 발휘하여, "독일을 가르는 선은…… 또 다른 이유에서 우리가 전략상 심장지대와 연안지대를 가르는 선과 다를 바 없다"고 썼다.[10] 그렇다면 베를린을 가르는 경계는 인위적일 수 있지만, 독일을 가르는 경계는 그보다 덜 인위적인 것이 되는 것이다.

코언은 중부 유럽을 "지정학적 실체가 없는 단순한 지리적 표현"이라고 주장했다.[11] 이 논리에 따르면 독일의 통일도 중부 유럽의 부활로 이어지지 않고 유럽을 둘러싼 새로운 투쟁, 즉 유라시아 심장지대를 두고 벌이는 새로운 투쟁으로 이어지게 되는 것이다. 그리고 이 경우 독일이 동쪽과 러시아 쪽을 지향하면 폴란드, 헝가리, 그 밖의 구 소련 위성국들에 큰 영향을 미치게 되겠지만 그러지 않고 만일 서쪽과 영국, 미국 쪽을 향하면 해양세력이 될 공산이 크다. 탈냉전이 아직 초기 단계에 머물러 있으므로 그것이 어느 방향으로 전개될지는 누구도 알 수 없다. 그러나 코언과 그와 맥을 같이 하는 다른 학자들이 직시하지 못했던 점은 지금의 통독이 독일 문화 속에 깊숙이 내재된 "군사적 해법에 대한 혐오감"으로 인해, 상황에 따라 유럽 대륙의 안정에도 기여할 수 있고 불안정에도 기여할 수 있는 "주화主和적" 특성을 갖게 되었다는 사실이다.[12] 독일은 육지세력으로 중부 유럽을 점유했다는 것 때문에, 지리와 전략을 언제나 생존 메커니즘으로 강하게 인식하고 있었다. 따라서 순간적인 유사 평화주의를 뛰어넘어 그 특성을 되찾을 개연성 또한 상존해 있다. 실제로 자유주의적 통독이 자력으로—대서양과 유라시아 심장지대 사이에서—균형화 세력이 되고, 그리하여 중부 유럽 문화에 대한 새롭고 대담한 해석이 자리매김하면 중부 유럽의 개념에 지정학적 무게 추가 달릴 개연성도 없잖아 있다. 그리고 그렇게 되면 매킨더와 코언보다는 가턴 애시와 같은 학자들의 주장이 설득력을 얻게 될 것이다.

문제는 관용과 고도의 문명을 상징하는 중부 유럽이 과연 새롭게 전개될 권력투쟁에서 살아남을 수 있느냐는 것이다. 유럽 중심부에서 권력투쟁이 일어날 것은 자명한 일이고, 게다가 20세기 말의 관점에서는 매혹적으로 보이지만 19세기 말의 활기찬 중부 유럽 문화는 어차피 비감정적이고 구체적인 제국적·지정학적 실체, 곧 합스부르크 오스트리아의 결과물이기 때문이다. 자유주의도 궁극적으로는 힘이 있어야 가능하다는 이야기다. 자비로운 힘도 힘은 힘이니까.

물론 그렇다고 해서 1990년대의 인도주의적 개입을 옹호한 사람들이 권력투쟁에 대해 무지했거나 혹은 중부 유럽을 유토피아적 환상으로 그렸던 것은 아니다. 그러기는커녕 그들에게 발칸에서의 대량 학살 중지를 통한 중부 유럽 회복은 냉전 승리의 의미를 지키기 위해 쳐든 서구의 군사력을 올바로 사용하자는 조용하고 지적인 슬로건이었다. 냉전의 의미도 결국은 개인의 자유를 위해 세계를 안전하게 만드는 데 있었기 때문이다. 이사야 벌린의 전기를 집필한 사상사 전문 역사가 마이클 이그나티에프가 자신과 같은 지식인들이 발칸에 보이는 열정을 가리켜 "자유주의 성향의 국제주의자들은 보스니아내전을 우리 시대의 에스파냐내전으로 본다"고 기록한 것에서도 그 점이 드러난다.[13]

그들의 마음속에서도 인간의 힘—그리고 결정론의 패배—에 대한 요구는 이렇듯 절박했다. 제임스 조이스의 『율리시스』에서 레오폴드 블룸이 "수많은 사람들의 생명을 앗아간 전염병", "파멸적 홍수", "지진"과 같은 자연의 "법칙이 만들어낸 보편적 상황"에 탄식하는 장면을 떠올릴 법한 정황이다. 그러나 또 다른 등장인물 스티븐 디덜러스가 그에 대해 보인 반응은 단순했다. "지각 있는 합리적 동물로서의 자신의 중요성을" 단언하는 데 그친 것이다.[14] 그렇다. 잔학 행위는 일어나는 것이고, 그것이 세상의 이치다. 하지만 그렇다고 해서 그것을 당연시해서는 안 된다. 인간에게는 이성이 있고, 따라서 고통과 불의에 맞서 싸울 수 있는 능력 또한 갖추고 있으니 말이다.

이렇게 중부 유럽에서 길이 트이면, 보스니아를 시작으로 코소보, 그다음에는 바그다드까지 남쪽으로 향하는 길도 무난히 열리리라는 것이 인도주의적 개입을 원한 사람들의 생각이었다. 물론 보스니아 개입을 원한 지식인들 중에도 이라크 개입에 반대하거나 회의적인 사람들이 적지 않았다. 하지만 그것도 신보수주의자들과 여타 사람들의 입장을 변화시키지는 못했다. 뒤에 상술하겠지만 발칸은 개입 시기가 늦기는 했지만 병사들의 희생이 적었고, 따라서 많은 사람들로 하여금 미래에는 손쉬운 승리를 거두는 전쟁을 해야 한다는 환상, 다시 말해 개입주의에 대한 일종의 환상을 심어놓았

지리의 복수

기 때문이다. 애시도 홍분하여 썼듯이 1990년대는 이렇듯 뒤늦은 개입으로 인해, 위스턴 휴 오든$^{W. H. Auden*}$이 "저급하고 불성실한 10년"이라고 지칭한 1930년대와 같은 시대가 되고 말았다.[15] 그러나 또 다른 의미에서는 그것[뒤늦은 개입]이 한층 수월하기도 했다.

1990년대에는 과연 역사와 지리가 가차 없이 고개를 쳐드는 듯했다. 베를린장벽이 붕괴된 뒤 채 2년도 지나지 않은 시점에 일어난 그 모든 비역사적이고 보편적인 소란 속에서 전 세계 언론이 졸지에 옛 오스트리아제국과 오스만제국의 변경들, 다시 말해 나치 이래 처음 보는 잔혹함이 판을 친 슬라보니아**와 크라이나에서 이름을 발음하기도 힘든 마을들의 연기 자욱한 폐허, 산더미처럼 쌓인 돌무더기, 찌그러진 금속 더미 사이를 헤집고 다니며 취재를 하게 되었기 때문이다. 그러자 지식인들의 토론 주제도 공허한 세계통합을 벗어나 빈에서 판노니아 평원까지 차로 불과 몇 시간 거리인 중부 유럽 내의 복잡다단한 지역의 역사로 바뀌었다. 당시의 기복지도에는 사바강에 인접한 크로아티아 남동부가 유럽 평지의 남쪽 경계로, 사바강 너머엔 발칸산맥으로 알려진 산맥이 자리한 것으로 표시돼 있었다. 또한 프랑스에서 러시아까지(피레네산맥에서 우랄산맥까지) 내처 녹색으로 칠해져 있던 지형이 사바강의 남안南岸에서 돌연 지형의 험준함을 나타내는 황색으로 바뀌었고, 황색은 다시 갈색으로 바뀌어 남동쪽의 소아시아까지 계속 이어졌다. 발칸

---

* 1907~1973년. 영국 태생의 미국 시인.
** 현 크로아티아의 22퍼센트를 차지하는, 크로아티아 동부에 있는 역사적 지역.

산맥이 시작되는 지점과 가까운 그곳이 바로 오스트리아 합스부르크제국군과 오스만제국군이 오락가락 보초를 서고 있던 국경지대이자 서구의 기독교권이 끝나고 동방정교회와 이슬람권이 시작되는 곳으로, 그곳에서 크로아티아와 세르비아가 충돌한 것이었다.

세르보크로아티아어로 "국경지대"를 뜻하는 크라니아^{Krajina}는 16세기 말 오스트리아가 오스만제국의 세력 확장을 막기 위해, 술탄의 전제정치를 피해 달아난 크로아티아와 세르비아인 난민들을 오스트리아 쪽 국경지대로 유인해 설치한 군사 지역이었다. 그런 이유로 그곳은 다인종 지역이 되었으나 1차 대전의 패전국인 오스트리아제국이 해체된 뒤에는 다시금 단일 인종 지역으로 바뀌는 우여곡절을 겪었다. 세르비아와 크로아티아도 양차 대전 사이의 기간에는 세르비아-크로아티아-슬로베니아왕국*에 통합돼 있었으나, 2차 대전 중 추축국들이 유고슬라비아를 점령 분할한 뒤 나치가 크로아티아에 세운 파시스트 괴뢰 국가[크로아티아 독립국]가 강제수용소의 세르비아인 수만 명을 학살한 일로 인해 원수지간이 되었다. 그러다 2차 대전 직후 티토의 전체주의적 공산주의 지배 아래 두 나라는 또 한 차례 통합되었으나, 1991년 유고 연방이 해체되자 세르비아는 기다렸다는 듯 세르비아 국경 너머에 위치한 슬라보니아와 크라니아를 공격, 크로아티아인들에 대한 인종 청소를 자행했다. 그러다 나중에 이 지역은 다시 크로아티아에 수복되었고, 그러자 이번에는 또 세르비아인들이 그곳에서 쫓겨났다. 이런 복잡한

---

* 1918년 12월 1일에 세워져 1941년 4월까지 존재했으며, 1929년 유고슬라비아왕국으로 국호가 바뀌었다.

지리의 복수

사연으로 세르비아와 접경한 크로아티아 지역에서 시작된 전쟁이 보스니아까지 번져나가, 수십만 명의 인명이 끔찍하게 목숨을 잃는 결과를 낳은 것이다.

따라서 이곳에서도 역사와 지리는 넘쳐났다. 그런데도 그것은 의식 있는 언론인들의 주목을 거의 받지 못했다. 물론 그들의 주장에도 일리는 있었다. 아니 일리 이상의 의미가 있었다. 그들에게서 나온 첫 반응은 전율과 혐오감이었다. 다시 가턴 애시의 말을 들어보기로 하자.

구 유고슬라비아의 지난 10년을 통해 우리가 알게 된 것은 무엇일까?…… 인간성은 변하지 않는다는 것이다. 유럽은 20세기 말에도 유대인 학살을 자행한 20세기 중반과 다를 바 없는 만행을 저지를 수 있음을 보여주었다…… 20세기 말 서구의 정치적 모토가 "통합", "다문화주의", 아니 좀 더 고답적으로 말하면 "도가니"였다면, 구 유고슬라비아는 그것과 정반대, 빠른 회전축으로 버터와 크림을 분리시키는 대형 "분리기" 같았다…… 사람들이 거세게 돌아가는 대형 분리기 안에서 분리되면…… 필터에서는 피가 뚝뚝 떨어져내렸다.[16]

서구의 "유화책", 서구가 슬로보단 밀로셰비치에게 취한 유화책에 대한 비난은 이런 혐오감이 퍼진 뒤에야 나왔다. 베를린장벽이 붕괴한 뒤 그 자신과 그의 당이 정치적으로 살아남기 위해, 그들의 별장, 사냥용 별장, 그 밖의 특권을 계속 유지하기 위해 광적인 세르비아 민족주의자로 거듭 태어나 제2의 홀로코스트를 일으킨 사악한 공산주의 정치인 밀로셰비치에게 서구가 유화책을 쓴 것이었고, 그리하여 1990년대는 신속히 [체임벌린 영국 총리가] 히틀러에게 유화책을 제시한 1938년 뮌헨회담의 닮은꼴이 되었다.

뮌헨의 재탕이 될 수 있다는 우려는 사실 새로울 게 없었다. 사담 후세인이 쿠웨이트를 침공하자 1991년 서구가 걸프전쟁을 일으키기로 결정한 이면에도 또 다른 뮌헨이 될 수 있다는 두려움이 깔려 있었으니까 말이다. 쿠웨이트에서 사담 후세인을 막지 못하면 사우디아라비아가 그의 다음 침공 목표가 될 수 있었고, 그렇게 되면 세계의 석유 공급 통제권이 후세인의 손에 들어갈 뿐 아니라 그 지역의 인권 또한 처참한 수준으로 떨어질 것이었기 때문이다. 이랬던 서구가 1991년과 1993년 사이에 진행된 크로아티아와 보스니아에 대한 세르비아의 공격에는 적절히 대처하지 못해 뮌헨을 결국 국제 사회의 진정한 논쟁적 용어로 만들어놓은 것이다.

뮌헨의 재탕은 보통 전쟁의 고통이 추상적으로 느껴질 만큼 평화가 오랫동안 유지된 뒤에 일어나는 특징이 있다. 미국도 그 점에서는 예외가 아니어서 1990년대에는 아시아에서 행해진 더러운 지상전(베트남전)이 20년이나 지나 기억이 가물가물한 상태였다. 하지만 뮌헨은 보편성, 세계와 타인들의 생명을 돌보는 것과 관련돼 있었다. 1994년의 르완다내전 중에 발생한 집단 학살을 막지 못했을 때도 그런 말이 자주 회자되었다. 그러다 보스니아와 코소보 사태 때 뮌헨의 재탕[유화책]에 대한 우려는 마침내 최고조에 달하여, 나토도 늦기는 했지만 1995년에 보스니아, 1999년에는 코소보에 군사개입을 해 성과를 거두었다. 베트남전의 재연을 들먹이며 발칸 개입에 반대한 사람들도 있었지만 결과적으로 나토가 발칸의 진구렁에 빠지는 일은 벌어지지 않았고, 그리하여 베트남전의 망령도

지리의 복수

1990년대의 발칸에서 완전히 떨쳐버릴 수 있었다. 아니 그것이 당시에 생각되고 기록된 방식이었다.[17]

베트남전 당시에는 증오의 대상이었던 군사력도 이제는 인도주의의 동의어가 되었다. 〈뉴 리퍼블릭〉*의 문학 편집인 리언 위젤티어가 "전쟁은 분노와 싸우는 것이므로 대량 학살에 맞선 전쟁도 분노를 터뜨리며 싸워야 한다"고 쓴 것에서도 그 점이 드러난다. "대량 학살을 막는 것이 목적인 전쟁에서 폭력의 사용은 최후의 수단이 아닌 최초의 수단이 되어야 한다"는 것이다. 위젤티어는 이에 그치지 않고 인도주의적 개입자들이 말하는 출구전략의 필요성에 대해서도 독설을 퍼부었다.

〔클린턴 대통령의〕 비뚤어지고 소심한 국가 안보 보좌관 앤서니 레이크는 1996년 "출구전략주의"를 명문화할 정도로 극단적인 인물이다. "미군의 해외 파병은 철수 방법과 시기를 먼저 정해놓고 실시해야 한다"는 것이 그의 논점이다. 레이크는 모든 것을 알아야 한다는 것을 미군 사용의 필요조건으로 만들어놓았다. 그러나 "출구전략"주의야말로 좁게는 전쟁의 성격, 넓게는 역사적 행위의 성격을 본질적으로 오해한 것이다. 신중함의 이름으로 인간사의 우연성을 부정하는 처사인 것이다. 처음부터 결과를 알 수는 없는 것이다.[18]

위젤티어는 1994년의 집단 학살 때 투치족 100만 명이 살해된 르완다내전을 그 예로 들었다. 설사 진구렁에 빠졌다 해도 서방군이

---

* 1914년 창간된 미국의 저명한 진보적 평론지.

내전에 개입하여 학살을 막는 편이 나았으리라는 것이 그의 주장이었다. 가턴 애시와 마찬가지로 1990년대에 가장 설득력 있는 도덕적 논리를 개진한 지식인들 중 한 명이었던 위젤티어는 나토가 밀로셰비치의 추방과 몰살에 직면한 코소보의 알바니아계 무슬림들을 구하기 위해 뒤늦게 제한적인 공중전을 실시하는 것을 보고 느낀 좌절감도 글로 토로했다. 개입을 원한 인도주의자들은 나토가 세르비아의 도시들과 마을들에 공습을 가했지만 정작 필요했던 건 지상군을 투입하여 코소보 마을들을 해방시키는 것이었다고 생각했다. 클린턴의 어정쩡한 개입 방식도 대규모 피해를 불러온 요인으로 작용했다. 위젤티어의 말을 빌리면 "이상주의가 한 일은 기껏 구조와 구출 그리고 재앙의 결과에 관심을 기울인 것뿐이었다. 총탄을 보냈어야 할 곳에 담요를 보낸 꼴이었다". 위젤티어는 클린턴이 "미국인이 죽지 않는" 전쟁, "……여론조사와 양심은 건드리지 않을, 정밀한 기술에 의한 비겁한 전쟁"의 종류를 알아냈다고 썼다. 그러고는 이렇게 전망했다. "이 면책의 시대가 영원히 지속되는 않을 것이다…… 머지않아 미국은 죽거나 부상의 고통을 당하게 될…… 지역으로 병력을 파견하게 될 것이다. 그리고 그때가 되면 목적의 위험성 여부가 아닌 목적의 타당성 여부가 중요해질 것이다."[19]

적시에 그리고 적절한 대처만 이루어지면—다시 말해 지상군을 투입하면—미군이 역사와 지리의 힘에 맞서서도 무적으로 간주되던 1990년대에는 실제로 이라크 침공 자체가 하나의 목적으로 부상하기 시작했다. 브렌트 스코크로프트와 헨리 키신저* 같은 현실주의자들이 냉정하다는 비웃음까지 받으며 군사력 사용의 억제를 주장하는데도 소말리아, 아이티, 르완다, 보스니아, 코소보에서의 군사력 사용을 열렬히 촉구한 사람들도 다름 아닌 이상주의자들이었다.

하지만 전체적으로 볼 때 1990년대는 병력보다는 공군력에 의존한 시기였다. 1991년 쿠웨이트에서 이라크군을 물리치는 데 결정적 역할을 한 것도 공습이었다.** 비가 거의 내리지 않는 단조로운 사막에서 전개된 작전이었던 만큼 지리도 물론 하이테크 전쟁을 수월하게 해준 면이 있기는 했지만 말이다. 공습은 그로부터 4년 뒤 보스니아전쟁을 종식시키는 데도 일부 요인으로 작용했고, 겉으로 드러난 그 모든 한계점에도 불구하고 그 4년 후 코소보 전투에서 나토군이 밀로셰비치의 세르비아군에 승리를 거두게 한 일등공신이기도 했다. 이듬해인 2000년 밀로셰비치가 완전히 실각하여 알바니아 난민들도 마침내 고향인 알바니아로 돌아갈 수 있게 되었다. 처음에는 미 군부가 '우리는 산지에는 가지 않는다We Don't Do Mountains'며 보스니아와 코소보 파병에 반대 의사를 나타내기도 했지만, 공군력을 보유하고 있는 한 육군은 **산지에도 너끈히 갈 수 있는 것으로** 판명되었다. 발칸에서 고개를 쳐들었던 지리도 공군력에 힘이 꺾였다. 그다음에는 공군과 해군 전투기들이 이라크의 비행 금지구역을 날아다니며 1990년대와 2000년대 초반 내내 사담 후세인을 꼼짝 못하게 묶어두었다. 그러자 일부 지식인들도 이렇게 막강한 힘을 과시하는 미군의 기세에 놀라 군사력만 적시에 사용했다면 (르완다

---

* 브렌트 스코크로프트는 포드 대통령과 아버지 조지 H. W. 부시 행정부에서 백악관 국가안보보좌관을 지냈고, 헨리 키신저는 리처드 M. 닉슨과 제럴드 R. 포드 행정부에서 국무부 장관을 지냈다.
** 사막의 폭풍 작전.

내전 때 학살된 100만 명은 말할 것도 없고) 발칸인 25만 명이 학살되지 않을 수도 있었을 거라며 조지 H. W. 부시와 클린턴 행정부에 도덕적 분노감을 갖기 시작했다. 몇몇 사람들을 모험주의로 이끌고 또 실제로 모험을 하게 만든 것이 이 사고방식이었고, 그리하여 2000년대에는 뮌헨의 닮은꼴도 일부나마 수그러들고, 1990년대에 사라졌던 지리에 대한 관심도 얼마간 회복되었다. 1990년대에 공군력으로 인해 2차원으로 축소되었던 지도도 산악지대인 아프가니스탄과 위험한 샛길이 즐비한 이라크에서의 전쟁을 통해 이내 3차원을 회복했다.

1999년에는 자유주의 지식인들이 자신의 감정을 숨김없이 드러내는 것이 거의 일상화되었다. 위젤티어도 이렇게 썼다.

이 악당〔슬로보단 밀로셰비치〕의 제거를 전쟁의 목적에 포함시키지 않은 클린턴의 조치에서 진정으로 주목할 점은, 그것이 또 다른 악당의 제거를 전쟁의 목적에 포함시키지 않았던 전임 대통령의 결정을 물려받은 조치였다는 것이다. 조지 부시도 1991년 이라크에서 몇백 킬로미터밖에 떨어지지 않은 곳에 50만 명의 미군이 주둔해 있었는데도 바그다드로의 진군 명령을 내리지 않았다. 장군들이 사상자 발생을 두려워했기 때문이고, 게다가 그들은 결점 없는 전쟁을 막 끝낸 참이기도 했다. 장군들은 이라크가 붕괴되면 이라크로 인해 북쪽의 쿠르드족과 남쪽의 시아파가 겪어야 했던 불행이 닥치기라도 할 것처럼, 이라크 "영토 보전"의 중요성에 대해서도 언급했다.[20]

지리의 복수

이는 마치 중부 유럽의 가상 경계가 메소포타미아까지 뻗어나간 듯한 형국이었다. 물론 상황은 그런 식으로 흘러가지 않았지만 말이다. 그러나 2차 걸프전쟁이 끝나고 이라크가 붕괴된 뒤, 사담 후세인이 자국민들에게 휘둘렀던 폭력 못지않게 유혈 낭자한 종파 분쟁에 휩싸인 2006년 무렵에는 위젤티어도 용기를 내 "오만함에 대한 불안"을 느꼈다고 속내를 털어놓았다. 이라크전쟁을 지지했음에도 그것을 정당화시킬 유용한 말을 찾지 못했음을 인정한 것이다. 그는 이렇게 이라크 침공을 지지해놓고 애써 그것을 변명하는 글을 쓴 사람들 축에는 끼지 않았다.[21]

나 역시 글을 통해, 그리고 부시 행정부에 이라크 침공을 촉구한 집단의 일원으로서 이라크전쟁을 지지했다.[22] 발칸전쟁에서 드러난 미국의 힘에 경도된 데다, 사담 후세인이 직간접적으로 밀로셰비치보다 더 많은 사람을 죽인 것은 물론 대량살상무기를 보유한 것으로 여겨지는 전략적 악이라고 간주했기에, 당시에는 군사개입이 정당하다고 생각했다. 게다가 나는 실상을 가까이서 접한 저널리스트이기도 했다. 1980년대에 이라크에서 취재 활동을 하는 과정에서 사담의 이라크가 하페즈 알 아사드[1930~2000년]의 시리아보다 훨씬 더 억압적이라는 사실을 알게 되었고, 그래서 사담의 제거를 열망하게 되었던 것이다. 나중에는, 이라크전쟁을 지지한 사람들을 움직인 주요인이 이스라엘에 대한 염려와 이스라엘 영토 확장에 대한 옹호였다는 주장이 제기되었다.[23] 하지만 그 무렵 내가 신보수주의자 및 일부 자유주의자들을 겪어본 결과, 그들의 마음속에는 이스라엘보다 보스니아와 코소보가 더 크게 자리 잡고 있었다.[24] 발칸 개입은 전략적 이득을 가져다주기도 했으므로 외교정책에 대한 이상주의적 해법도 정당화될 수 있었다. 1995년의 보스니아 개입은 "나토의 존재 여부"에 대한 논쟁을 "나토의 확장 여부"로 바꿔놓았고, 1999년의 코소보내전 역시 9/11 사태와 별반 다르지 않게, 흑해로까지 나토의 확장을 불러왔으니 말이다.

따라서 적잖은 이상주의자들에게 이라크전쟁은 1990년대 열정의 연속이었다. 하지만 수많은 사람들이 미군의 힘에 압도된 것에서 알 수 있듯이, 잠재의식 속에서 이라크전쟁은 지리의 패배가 아니라 지리에 대한 철저한 무시를 나타내는 상징이었다. 1990년대에는 라이베리아와 시에라리온과 같은, 가공할 폭력이 자행되고 제도적으로도 이라크에 한참 뒤진 서아프리카 국가들조차 민주국가 후보국들로 간주되었다. 이런 보편주의 개념을 지형과 그곳에 사는 사람들의 역사적 경험보다 한층 중요하게 만든 숨은 손이 바로 군사력, 그중에서도 특히 공군력이었다.

뮌헨도 발칸 못지않게 9/11 사태 이후 사담 후세인이라는 딜레마를 다룰 때 하나의 요인으로 작용했다. 미국은 진주만 공격에 비견될 만한 본토 공격을 당하기는 했지만 [베트남전 이후] 25년 동안 지상전을 치른 경험이 거의 없었고, 치렀다 해도 뒷맛이 그리 나쁘지는 않았다. 게다가 사담 후세인은 그냥 또 하나의 독재자가 아니라, 많은 사람들이 히틀러와 스탈린에 비교할 만큼 메소포타미아의 고대에서 곧장 튀어나온 듯한 압제자이자 대량살상무기를 감춰둔 것으로도 여겨지는 인물이었다. 그러므로 9/11의 관점—뮌헨의 관점—에서 볼 때 군사행동을 취하지 않았다면 역사가 우리를 용서하지 않았을 것이다.

반면에 뮌헨이 도를 넘으며, 일찌감치 극복되었다고 여겨졌던 또 다른 닮은꼴, 베트남의 닮은꼴로 결과가 나타났다. 탈냉전의 두 번째 지적 주기는 그렇게 시작되었다.

21세기의 첫 10년 그리고 힘겹게 치른 이라크전쟁 및 아프가니스탄전쟁의 시기와 대체로 일치하는 이 지적 주기에서는 미국이 메소포타미아에서 처음 모험을 시작할 때부터 회의적이었던 인물들, 다시 말해 "현실주의자" 및 "실용주의자"라는 말이 중요성을 가진 반면 "신보수주의자"는 조롱의 대상이 되었다. 1990년대에는 세계의 머나먼 곳들에서 벌어지는 인종 분쟁과 종파 분쟁이, 선한 사람들이 애써 극복해야 할―또는 "운명론자" 혹은 "결정론자"로 낙인찍힐 위험을 감수해야 할―장애물로 인식되었다. 그런데 21세기 초의 10년 동안에는 그런 집단적 증오가 군사행동을 하지 말라는 경고의 의미로 받아들여졌던 것이다. 그런 식으로 뮌헨의 닮은꼴이 베트남의 닮은꼴로 확실히 교체된 때가 바로 알 카에다의 수니파 극단주의자들이 시아파 성지인 사마라의 알 아스카리야 사원〔황금사원〕을 폭파함으로써 미군도 멈추지 못한 극렬한 종파 분쟁을 야기한 2006년 2월 22일이었다. 그로 인해 미 지상군이 졸지에 원초적 증오와 무질서가 맹위를 떨치는 와중에 속수무책인 무력한 세력으로 비쳐졌으니 말이다. 파나마 침공〔1989년〕과 1차 걸프전쟁 때 생겨나 소말리아내전〔1993년 모가디슈전투〕 때 조금 손상을 입었다가 아이티, 보스니아, 코소보에서 그 명성을 회복해 승승장구하던 전능한 미군에 대한 신화는 그렇게 미군의 지지 기반인 이상주의와 함께 한동안 산산조각이 났다.

보편주의, 그리고 머나먼 곳들에 사는 타인들의 생명과 세계를 보호하는 것과 관련되었던 뮌헨과 달리 베트남은 정서상 미국의 국내 문제였다. 미군 5만 8,000명이 전사한 전쟁으로 자국민 보호와 관련된 문제였던 것이다. 비극을 피하려면 비극적으로 생각하라는 것이 베트남전이 미국에 남긴 교훈이었다. 같은 맥락에서 일을 그르칠 수 있으므로 끝없는 열정도 피해야 할 특성이었다. 미국을 남아시아에서 일어난 그 전쟁에 휘말려들게 한 것도 따지고 보면 이상주의적 사명감이었다. 당시 미국은 2차 대전 이후에 찾아온 번영의 절정에서 평화를 만끽하고 있었다. 그런데 20세기가 낳은 소름 끼치게 무자비하고 단호한 베트남 공산주의자들은 미 정규군이 그곳에 도착하기도 전에 10만 명 이상의 동족을 살해했다. 따라서 그보다 더 의로운 전쟁도 없었다. 지리, 거리, 60년 전인 20세기 초에 필리핀의 밀림에서 또 다른 비정규전을 치렀던 끔찍한 경험도 그 무렵에는 사람들 마음속에서 유야무야 사라지고 없었다.

베트남의 닮은꼴은 국가적 트라우마를 겪은 뒤에 더욱 기승을 부렸다. 현실주의는 멋지지 않았다. 현실주의가 존중받을 때는 현실감을 상실하여 상황이 나빠질 때뿐이었다. 이라크전만 해도 미군 사망자 5,000명(중상자도 3만 명에 달했다), 이라크군 사망자가 10만 명이나 나오고, 물경 1조 달러를 퍼부은 전쟁이었다. 따라서 설령 이라크가 제법 안정된 민주주의 사회로 진입해 미국의 암묵적 동맹이 되었다 해도, 다른 사람들이 언급했듯, 그것을 위해 치른 대가를 고려하면 그 성과에서 윤리적 가치를 찾기는 힘들었다. 일부 사람들의 관점에서 볼 때 이라크는 미국의 힘이 투사되는 곳에서는 반드시 도덕적 결과가 나와야 된다는 기본 원리를 훼손한 전쟁이었다. 반면에 어떤 사람들은 어느 국가가 됐든, 설사 그것이 미국과 같이 자유를 사랑하는 민주주의국가라 해도 억제되지 않은 힘을 사용할 때는 도덕적이지 못할 수도 있다는 것을 이해했다.

이렇게 현실주의를 중시하게 되면서 새롭게 주목받게 된 인물이, 두려움이 주는 도덕적 유익성을 찬양하고 폭력적 무질서를 사회에 대한 주요 위협으로 본 17세기 영국 철학자 토머스 홉스였다. 홉스는 폭력적 죽음에 대한 두려움이 계몽된 이기심의 토대가 된다고 보았다. 그리고 이런 폭력적 죽음에 대한 두려움―모든 것을 포괄하는 공통의 두려움―을, 법을 위반하는 사람만 느끼는 두려움으로 대체하기 위한 수단으로 만든 장치가 바로 국가의 수립이었다. 이것은 오래전에 자연 상태와 결별한 도시 중산층으로서는 납득하기 힘든 개념일 것이다.[25] 그러나 이라크에서 일어난 끔찍한 폭력의 양상을 보면 반드시 그런 것만도 아니라는 것을 알게 된다. 몇 가지 점에서 그 폭력은 르완다나 보스니아와 같은 조직화된 죽음의 기계가 아닌, 많은 사람들로 하여금 인간의 원초적 상태를 떠올리게 하는 질서의 파괴에서 비롯된 것이기 때문이다. 그런 면에서 홉스도 탈냉전의 첫 번째 지적 주기를 만들어낸 벌린처럼 탈냉전의 두 번째 지적 주기를 형성한 철학자가 될 만했다.[26]

그리고 그것은 바로 탈냉전이 우리를 각성시킨 인식, 2차 대전 이후 몇십 년간 우리가 맞서 싸웠던 전체주의도 적지 않은 경우 책임지지 않는 상황보다는 오히려 나을 수 있다는 인식이었다. 공산주의보다 더 나쁜 것도 있는 법이고, 이라크에서는 우리가 그것을 초래한 장본인이었던 것이다. 이것은 정권 교체를 지지한 사람으로서 하는 이야기이다.

2004년 3월, 나는 쿠웨이트 사막 한복판의 캠프 우다리에 있었다. 미 해병 제1사단의 잔여 병력과 함께 육로를 통해 바그다드와 이라크 서부로 가서 그곳의 육군 제82공수사단을 대체할 예정인 해병대 1개 대대를 동행 취재하는 종군기자로서였다. 캠프 우다리에는 천막, 침상, 운송 컨테이너, 식당 들이 빼곡히 들어차 있었다. 7톤 트럭과 다목적 군용차들도 하나같이 모두 북쪽을 향한 채 수평선을 따라 길게 줄지어 서 있었다. 미국의 이라크전 참전의 서사적 규모가 한눈에 감지되는 순간이었다. 모래 폭풍이 휘몰아치고, 차가운 바람이 불고, 비가 올 조짐이 보였다. 차량들도 고장을 일으켰다. 불과 몇 년 전 사담 후세인을 무너뜨리는 것은 슬로보단 밀로셰비치를 무너뜨리는 것의 연장선상에 불과하다며 일도 아니라고 콧방귀를 뀐 바그다드로의 700킬로미터 행정을 시작하지도 않았는데 이런 일이 터진 것이다. 석유와 가솔린 냄새를 풍기는 자갈밭의 미로들이 북쪽으로 가는 차량 수백 대의 정비와 수천 명 해병대원들의 식사를 책임지게 될, 도급업자가 연변에 지어놓은 트럭 휴게소들 중의 첫 번째가 가까이 있음을 알려주었다. 어둠 속에서 엔진과 발전기들이 날카로운 비명을 질렀다. 그렇게 장장 며칠에 걸친 복잡한 병참—생수병에서부터 전투식량, 연장통에 이르기까지 모든 것을 차량에 실어 운송하는 과정—을 거쳐 우리는 마침내 적지 사막을 가로질러 바그다드 서쪽 팔루자에 도착했다. **고작 수백 킬로미터 거리였는데 그토록 오랜 시간이 걸린 것이다.**[27] 게다가 그것은 이라크 전역에서 진행될 미군 점령 과정 중에서도 비교적 수월하고 비폭력적인 부분에 속했다. 물리적 지형이 더는 중요하지 않다는 말은 헛소리였다.

지리의 복수

2장

—

지리의 복수

이라크가 초기에 붕괴한 여파로, 어느 주어진 장소에서 거둘 수 있는 성과를 진정으로 제한하는 요소들은 지리, 역사, 문화적 유산이라고 믿어 1990년대에 이상주의자들의 비난을 샀던 현실주의자들의 견해는 탄력을 받았다. 그러나 현실주의자들도 이라크전에 반대하기는 했지만 베트남의 닮은꼴을 지나치게 물고 늘어지지는 않는 신중함을 보였다. 베트남의 재탕만 강조하다보면 유화책과 더불어 고립주의를 불러올 개연성이 있었고, 중동의 학자 푸아드 아자미〔1945년~〕의 말을 빌리면 일어날 개연성이 낮은 일에 쉽사리 말려들 우려 또한 있었기 때문이다. 네빌 체임벌린 같은 현실주의 정치인이 1차 대전이 끝난 지 25년 뒤에 열린 뮌헨회담에서 히틀러에게 유화책을 제시한 것도 대량 살상을 불러온 그 같은 전쟁의 재연을 피하려는 일념에서였다. 하지만 그런 유화책이야말로 또 다른 전쟁에 대한 두려움을 모르는 나치 독일 및 일본제국과 같은 전제 국가의 책략에 휘말려들기에는 안성맞춤인 것이다.

베트남이 한계와 관련된 것이라면, 뮌헨은 한계의 극복과 연관이 있다. 두 닮은꼴 모두 그 나름의 위험성을 안고 있다는 의미에서다. 따라서 최상의 정책은 그 둘의 무게중심을 적절히 맞출 때 나올 수 있다. 현명한 지도자라면 자국의 한계를 정확히 인식하되, 위험한 선을 넘지 않는 한도 내에서 벼랑 끝 전술을 펴는 것이 정치의 기술임을 알고 있을 것이기 때문이다.[1]

이것을 달리 표현하면 진정한 현실주의는 학문이기보다는, 정치인의 지력 못지않게 기질 또한 중요한 역할을 하는 기술이라는 이야기이다. 이런 현실주의의 뿌리를 찾자면 지금으로부터 2,400년 전 인간의 행동에 대한 미망 없는 통찰력을 보여준 투키디데스의 『펠로폰네소스전쟁사』로 거슬러 올라갈 수 있고, 현대에는 시카고 대학교에서 교편을 잡았던 독일 망명가 출신의 한스 J. 모겐소Hans J. Morgenthau가 쓴 『국제 관계론Politics Among Nations: The Struggle for Power and Peace』에 가장 포괄적으로 정리돼 있다. 그래서 나도 지리에 대한 폭넓은 논의를 하기에 앞선 준비 작업으로 모겐소의 『국제 관계론』을 여기서 잠시 논해보려고 한다. 현실주의야말로 지도의 올바른 이해를 위해서는 반드시 필요하고, 또 현실로 직접 이끌어주는 요소이기도 하기 때문이다.

모겐소는 세계가 "인간 본성에 내재한 힘의 결과물"임을 인지하는 것으로 논의를 시작한다. 그리고 투키디데스의 말을 빌리면, 두려움(phobos), 이기심(kerdos), 명예(doxa)가 인간의 본성을 움직이는 요소들이다. 모겐소는 그러므로 "세계를 개선시키기 위해서는

지리의 복수

이 요소들에 맞설 것이 아니라 협력해야 한다"고 썼다. 현실주의자들이 불완전하더라도 〔어느 주어진 장소에서〕 바로 가까이에 있는 인간적 요소를 받아들이는 것도 그래서이다. "현실주의는 추상적 원칙이 아닌 역사적 선례에 호소하고, 완벽한 선이 아닌 조금 덜한 악을 실현하는 것을 목표를 삼기" 때문이다. 그것을 이라크 사례에 적용하면, 현실주의자들은 전체주의 정권이 붕괴한 뒤의 이라크를 바로 이끌어가기에 적합한 정체政體의 종류를 찾고자 할 때, 서구 민주주의가 주는 도덕적 훈계가 아니라 지도와 민족군들의 분포로 설명되는 이라크 역사를 참조하게 되는 것이다. 결국 모겐소의 논점은 좋은 의도와 긍정적 결과는 별 상관이 없다는 것이다. 모겐소는 체임벌린 역시 영국의 대다수 다른 정치인들과 달리 자신의 개인적 힘을 별로 고려하지 않은 채 관련 당사자 모두에게 평화와 행복을 안겨주기 위해 유화책을 썼다가 결과적으로 수백만 사람들에게 고통을 안겨주었다고 설명했다. 반면에 윈스턴 처칠은 그 자신의 개인적 힘과 국가의 힘을 노골적으로 염두에 둔 정책을 취했는데도 훌륭한 도덕적 성과를 거두었다고 평가했다(미국의 전 국방부 부장관 폴 월포위츠도 이라크의 인권 상황이 크게 개선될 거라는 매우 바람직한 의도로 이라크전쟁을 지지했으나 결과는 그와 정반대로 나타났다). 이 논리를 확대 적용하면 민주주의국가라고 해서 반드시 독재 정권보다 개화된 외교정책을 펼치는 것은 아니며, 그 까닭은 모겐소에 따르면 "대중의 정서를 좇다보면 외교정책의 합리성을 잃기" 때문이다. 민주주의와 도덕성은 함께 가지 않는다는 이야기다. "모든 나라들은 그들의 열망과 행동을 인류의 도덕적 목적으로 겉꾸림하고 싶은 유혹을 느끼며, 그 유혹에 오랫동안 저항할 수 있는 나라도 드물다.

국가들이 도덕률을 지켜야 한다는 것을 아는 것과, 국제 관계 속에서 선악을 확실히 구분할 수 있는 것처럼 가장하는 것은 별개의 문제인 것이다."

개인들보다 도덕적 압박이 심한 세계에서 움직여야 하는 것도 국가가 지닌 한계다. 모겐소의 말을 빌리면 "개인은 스스로에게……'인류가 멸망해도 정의는 실현되어야 해'라고 말할 수 있지만, 국가는 보호해야 할 국민의 이름으로 그런 말을 할 권리가 없다"는 것이다.[2] 개인은 자신이 사랑하는 사람들만 책임지면 되고, 따라서 의도가 좋으면 실수도 용서받을 수 있지만, 국가는 정책이 실패할 경우 양해를 기대할 수 없는 국경 내 수많은 이방인들의 안녕을 지켜주어야 하는 것이다. 국가가 개인보다 한층 교활해져야 하는 것도 그래서이다.

인간의 본성—투키디데스의 만신전에 모셔진 두려움, 이기심, 명예—은 끝없는 분쟁과 강압의 세계를 만들어낸다. 따라서 모겐소 같은 현실주의자들은 분쟁이 있을 것을 예측하고 그것을 피할 도리가 없다는 것 또한 알기 때문에, 이상주의자들보다는 분쟁에 대해 덜 과민한 경향이 있다. 요컨대 그들은 모든 인간들의 상호작용, 특히 국가 간의 상호작용에는 본질적으로 지배하려는 경향이 있다는 사실을 알고 있는 것이다. 모겐소는 "권력을 제한할 수 있는 것은 권력뿐"이라고 한 로어노크의 존 랜돌프*의 말을 인용해 그것을 설명했다. 따라서 국제기구들도 그 자체로는 평화 유지에 중요한 역할을 하지 못한다는 것이 현실주의자들의 생각이다. 그런 기구들은

---

* 1773~1833년. 미연방 상원의원.

어차피 최종 분석을 통해 평화냐 전쟁이냐의 문제를 결정하는 개별 국가들의 힘의 균형을 반영한 것에 지나지 않는다고 보기 때문이다. 게다가 모겐소에 따르면 힘의 균형 체계는 그 자체로도 불안정하다. 각 나라들이 힘의 균형을 오판할 개연성을 염두에 두고 그에 대한 대비책으로 힘의 우위를 점하려 하기 때문이다. 1차 대전도 따지고 보면 합스부르크왕가의 오스트리아, 빌헬름 황제의 독일, 차르 체제의 러시아가 자신들에게 유리하도록 힘의 균형을 도모하다 심각한 오판을 하여 벌어진 것이었다. 모겐소는 전쟁을 누군가가 시행한 외교정책의 자연스러운 확장이 아니라 "자연적 재앙"으로 보는 도덕적 양심의 편재만이 전쟁의 발발을 궁극적으로 막을 수 있다고 보았다.[3]

2003년부터 2007년 사이의 이라크 분쟁 뒤 우리 모두는 한동안 현실주의자가 되었다고 주장하거나 혹은 현실주의자가 되었다고 스스로에게 말했다. 그러나 그것이 과연 모겐소가 정의한 현실주의와도 부합하는 것이었을지는 의문의 여지가 있다. 가령 현실적 이유로 이라크전에 반대했던 사람들이 민주주의와 도덕성은 별개라는 사실에도 동조할지는 의문이라는 이야기다. 윤리와 국가적 이익 모두를 고려해 베트남전에 반대했던 모겐소는 우리가 가장 편안히 느낄 수 있는 현실주의자라는 점도 유념할 필요가 있다. 키신저나 스코크로프트 같은 현실주의자들과 달리 그는 권력이나 지위를 탐한 적 없이 평생 연구와 지적 탐구에만 매진한 학자였다는 말이다. 그의 저술 또한 절제되고 거의 평면적 문체로 기술돼 있어, 키신저나 새뮤얼 헌팅턴의 글에 나타나는 세련미가 없다. 이 말은 현실주의에는, 심지어 모겐소의 현실주의에도 사람을 불안하게 만드는 요소가 있다는 뜻이다. 국내 문제보다는 국제 문제를 다룰 때 더욱 비관적이고 제한된 현실의 지배를 받다보니 나타나는 현상이다. 합법한 정부는 힘의 독점적 사용이 가능하고, 따라서 국내 정책도 법률로 규정할 수 있지만, 전반적으로 세계는 불공정을 벌할 수 있는 홉스적 리바이어던[국가]이 없는 자연 상태에 놓여 있기 때문이다.[4] 실제로 문명의 허울을 들춰내면 그 밑에는 인간의 열정이라는 가장 황폐한 힘이 놓여 있다. 누가 누구에게 무엇을 할 수 있겠는가?Who can do what to whom?[5] 이것이 외교적 측면에서 현실주의자들의 주요 질문이 된 데는 그럴 만한 이유가 있는 것이다.

"현실주의는 미국의 전통과 맞지 않습니다." 카네기국제평화재단의 선임연구원 애슐리 J. 텔리스가 언젠가 내게 한 말이다. "타락한 세계에서 가치보다는 이익에 치중함으로써 대놓고 비도덕을 지향하기 때문이지요. 그렇기는 하지만 현실주의가 사라지지는 않을 겁니다. 국가들이 입으로는 그럴듯하게 가치 기준을 이야기하면서 행동은 다르게 하는 것이야말로 현실주의니까요."

현실주의자들은 자유보다는 질서를 우선시한다. 질서가 수립되어야 자유도 중요해질 수 있다는 논리다. 이라크에서도 비록 질서가 전체주의 수준이기는 했지만 정권 붕괴 이후에 찾아온 무질서보다는 인도주의적이었다는 것이다. 사회를 개선시킬 수 있는 방법에 대한 본질적 합의가 이루어질 개연성이 없으므로 세계 정부가 들어설 일은 영영 없을 것이며, 따라서 세계는 종류가 다른 정권들의 지배, 몇몇 지역에서는 부족과 인종적 질서에 의한 지배를 받을 수밖에 없다는 것도 질서가 자유보다 중요한 이유로 꼽혔다. 고대 그리스와 중국으로부터 20세기 중엽의 프랑스 철학자 레몽 아롱Raymond Aron과 그와 동시대인인 에스파냐 철학자 호세 오르테가 이 가세트José Ortega y Gasset에 이르기까지 현실주의자들은 전쟁 또한 인류가 국가와 여타 집단들로 분리돼 나가면서 생겨난 본래적 특징이므로 막을 수 없다고 보았다.[6] 종주권이나 동맹만 해도 타 집단들과의 의견 충돌에서 나오는 것이지, 아무것도 없는 무에서는 나올 수 없다는 생각이다. 전통적 현실주의자들은 이렇듯 인류 통합의 요소에 주안점을 두는 세계화 신도들과 달리, 분열적 요소를 중시하는 특징이 있다.

문제가 지도로 귀착되는 것도 지도야말로 애당초 현실주의자들의 논제였던 인류의 분열이 공간적으로 표시된 것이기 때문이다. 그렇다고 지도가 진실만을 말해주는 것은 아니고, 글 못지않게 주관적일 때도 있다. 아프리카 지역에 붙은 유럽식 지명들만 해도, 영국 지리학자 존 브라이언 할리의 말을 빌리면, 지도가 "힘을 드러내는 것", 이 경우에는 숨은 제국주의의 힘을 드러내는 것이 될 수도 있음을 보여주는 사례였다. 메르카토르 투영법에 따른 지도에도 유럽은 실제보다 크게 그려져 있다. 지도에 나라들의 색깔이 선명하게 칠해진 것도, 반드시 그런 것은 아닌데도, 배후지들에 대한 획일적 지배의 의미를 담고 있다.[7] 지도는 물질주의적이고, 따라서 도덕적으로 중립적이다. 역사적으로는 지도가 영국의 교육보다 프로이센 교육에서 월등히 중요한 부분을 차지했다.[8] 지도가 위험한 도구가 될 수도 있음을 보여주는 대목이다. 그래도 지도는 세계 정치를 이해하는 데 없어서는 안 될 필수 요소다. 모겐소가 "국가권력의 피라미드는 상대적으로 견실한 지도 위에서 생겨난다"[9]고 쓴 것에서도 그 점이 드러난다. 현실주의란 본질적으로 가장 솔직하고, 불편하고, 결정론적인 사실들을 인식하는 것과 관련돼 있는데, 지도가 바로 그 사실들이기 때문이다.

그런가 하면 지리는 그 자체로 인간 역사의 배경이 되기도 한다. 지도의 왜곡에도 불구하고 지리에는 정부의 비밀회의뿐 아니라 정부의 장기적 목적이 드러날 수 있기 때문이다.[10] 지도에 표시된 국가의 입지는 심지어 국가의 통치 철학보다 먼저 그 나라를 규정하는 첫 번째 요소가 된다. 핼퍼드 매킨더는 지도가 "한번 훑어보는 것만으로도 일련의 사태를 개관할 수 있는" 자료가 되기에 충분하다고 설명했다. 인문학자가 소홀히 다룰 수 있는 환경적 요인을 역사와 문화에 대한 연구와 결부시켜 예술과 학문 간의 가교 역할을 하는 것이 지리이기 때문이라는 것이다.[11] 반면에 지도는 무엇이 되었든 검토하다보면 그 자체에 빠져들고 매료될 수 있지만, 현실주의가 그렇듯 지리를 수용하기란 쉽지 않다. 지도가, 여러모로 인간들의 불평등과 분열을 심화시켜 현실주의의 독무대나 다름없는 분쟁으로 나아가게 하는 지구상의 그 모든 상이한 환경들을 일깨워주는 도구가 됨으로써, 인류의 평등과 통합의 개념을 훼손시키기 때문이다.

지리는 정치학이 학문의 한 분야로 등장하기 전인 18세기와 19세기에 늘 공식화된 것은 아니었지만, 정치, 문화, 경제를 그 안에서 기복지도와 종종 연관시켜 설명하곤 하던 명예로운 학문의 한 분야였다. 이 물질주의 논리에 따르면 산과 부족들은 이론적 개념들의 세계보다 중요한 것이 된다. 아니 좀 더 정확히 말하면 산과 거기서 발전돼 나온 인간들이 현실의 일차적 질서가 되는 것이고, 개념은 아무리 고양되고 활기차다 해도 부차적 질서에 지나지 않다는 이야기다.

내가 말하려고 하는 것은, 설사 받아들이기 쉽지 않았고 받아들인 기간이 짧았다 해도 이라크전쟁의 와중에 우리가 현실주의를 받아들인 것은 부지불식간에 지리를 받아들인 것과 결국 같다는 것이다. 공공연하게 제국을 추구한 프로이센적 의미까지는 아니더라도 빅토리아 여왕과 에드워드 7세 시대적 의미로는 받아들인 것이다. 공군력과 인도주의적 개입으로 첫 번째 지적 주기가 막을 내린 뒤에 찾아온 탈냉전 시대의 두 번째 지적 주기는 이렇게 지리의 복수로 절정에 달했다. 그와 더불어 인간 존재에 필요한 기준도 다시금 낮아져, 우리가 일찍이 마음에 그렸던 착실한 진보가 아닌 또 다른 생존경쟁이 일어날 개연성을 인정하고, 그와 관련하여 메소포타미아와 아프가니스탄 같은 지역들이 우리에게 지우는 혹독한 지리적 제약도 받아들이게 되었다.

그러나 이런 슬픈 현실에서도 희망은 있다. 지도 해석에 능통하면, 아랍의 봄에서 입증되었듯 과학기술의 도움을 받아 지도의 한계를 넘어설 수 있기 때문이다. 그것이 내가 이 책에서 하려고 하는 일—지도를 올바로 이해하면 직관에 반하는데도 굳이 지도에 얽매일 필요가 없다는 것을 보여주는 것—이다. 편협성도 고립주의를 유발하지만 방책의 과도한 사용 또한 고립주의자들의 반발을 불러올 수 있기 때문이다.

하지만 그러기 위해서는 먼저 지리의 중심성을 인정할 필요가 있다. 영국의 지리학자 W. 고든 이스트가 "자연은 부과하고 인간은 실행한다"고 썼듯이 인간의 행동은 어차피 지리가 부과한 물리적 요소들의 제약을 받기 때문이다.[12] 반면에 지리는 지나치게 범주가 넓어 인간적 요인이 작용할 여지 또한 얼마든지 있다. 아랍인들은 어느 집단 못지않게 민주주의를 실행할 능력이 있고, 심지어 리비아의 부족과 예멘의 산맥이 배치된 공간적 상황은 두 나라의 정치 발전에 중요한 역할을 하게 될 것이 분명하다. 지리는 결정하지 않고 정보를 주는 존재라는 점에서 운명론과도 다르다. 그렇지만 경제 및 군사력의 분포와 마찬가지로 국가의 행동을 속박하는 요소는 될 수 있고, 그것을 촉발하는 주요 요소도 될 수 있다.

  2차 대전 초기에 활동한 탁월한 전략지정학자이자 예일대학교 교수를 지낸 네덜란드계 미국인 니컬러스 J. 스파이크먼도 1942년 "지리는 주장하지 않고, 다만 존재할 뿐이다"라고 쓴 다음 이렇게 덧붙여 말했다.

지리가 국가들의 외교정책에서 가장 기본적인 요소인 것은 그것이 영구 불변의 존재이기 때문이다. 장관들은 오락가락하고 독재자도 죽지만 산맥은 그 자리에 언제나 꿋꿋이 서 있다. 보잘것없는 군대로 13주를 버텨낸 조지 워싱턴에 이어 미국에는 대륙의 자원을 보유한 프랭클린 D. 루스벨트가 등장했다. 그러나 대서양은 여전히 유럽과 미국을 가르고 있고, 세인트로렌스강의 항구들도 겨울 얼음에 막혀 있다. 러시아의 차르 알렉산드르 1세도 일개 공산당원에 지나지 않는 이오시프 스탈린에게 권력과 더불어 바다로의 출로를 얻기 위한 끝없는 투쟁을 함께 물려주었으며, 카이사르와 루이 14세는 국방부 장관 앙드레 마지노와 총리 클레망소에게 프랑스-독일 국경에 대한 우려를 유산으로 남겼다.[13]*

혹자는 거기에 덧붙여 9/11 사태에도 불구하고 대서양은 여전히 중요하다는 말을 할 수 있을 것이다. 실제로 미국의 외교, 군사적 정책의 차이가 확연히 드러나는 곳도 유럽보다는 오히려 대서양이다. 같은 맥락에서, 13세기 몽골족의 침입을 받을 때까지 믿을 구석이라고는 오직 시간, 거리, 기후밖에 없어 수많은 외세의 공격에 시달렸던 러시아 또한 그때와 마찬가지로 여전히 방만하고 불안정한 육지세력으로 남아 있다. 동유럽도 그 점에서는 다를 바 없어, 베를린장벽이라는 인위적 경계가 사라지기는 했지만 유럽과 우랄산맥 사이에 심각한 지리적 장애물이 없는 탓에, 지난 수백 년간 그래왔던 것처럼 지금도 러시아의 위협 아래 놓여 있는 상태다. 프랑스도 미국 덕에 2차 대전이 종결되고 유럽이 평화를 얻기 전까지는 루이 14세 때에도 그랬듯 프랑스-독일 국경에 대해 줄곧 마음을 졸여야 했다.

이렇듯 지리는 인간사의 행로가 시작되는 출발점이고, 그 점에서 그리스의 크레타섬과 키클라데스제도가 유럽 문명의 주요 기원이 된 것도 우연은 아니다. "유럽에서 분리된 조각" 크레타섬만 해도 이집트 문명과 가장 가까이에 있는 유럽 지역이고, 키클라데스제도 또한 소아시아와 가장 가까이 접해 있으니 말이다.[14] 게다가 두 곳 모두 섬이라는 특수성에 힘입어 수백 년 동안 외세의 침략을 받지 않았고, 그 결과 번영을 누릴 수 있었던 것이다. 이렇게 보면 지리야말로, 지극히 기본적이다보니 당연하게 인식되었을 뿐 국제 문제

---

* 프랑스가 앙드레 마지노의 제창으로 독일 침공을 막기 위해 방어선을 구축한 것도 그 때문이었다. 마지노선이라는 명칭도 앙드레 마지노의 이름에서 따온 것이다.

와 관련된 사실의 기본 요소인 것이다.

그 점에서, 유럽 역사의 가장 기본적인 사실도 독일은 대륙 국가고 영국은 섬나라라는 점일 것이다. 자연적 방벽으로 삼을 수 있는 산맥 하나 없이 동서쪽이 뻥 뚫려 있어 군국주의부터 설익은 평화주의까지 온갖 병리 현상을 다 겪은 독일과 달리 영국은 바다를 지향하여 국경이 안전했고, 덕분에 주변국들보다 민주주의 제도도 일찌감치 발달시키고, 공통어를 쓰는 미국과도 대서양을 넘어 특별한 관계를 구축할 수 있었다. 조지 워싱턴 정부에서 초대 재무부 장관을 지낸 연방주의자 알렉산더 해밀턴도, 영국이 만일 섬이 아니었다면 유럽 대륙의 나라들 못지않게 막강한 군사력을 보유했을 것이고, "십중팔구 절대 권력자의 희생양"[15]이 되었을 거라고 썼다. 그러나 섬이라고는 하지만 영국도 유럽 대륙에 가까이 접해 있어 역사기 거의 내내 침략의 위험에 노출돼 있었다. 영국이 영국해협과 북해 건너편에 위치한 프랑스 및 저지대 국가와 수백 년 동안 특수한 전략적 관계를 유지하고 있었던 것도 그 때문이다.[16]

그렇다면 중국이 브라질보다 중요한 이유는 무엇일까? 지리적 위치 때문이다. 설사 경제가 동등한 수준으로 발전하고 인구 규모가 같다 해도 브라질은 중국과 달리 바다와 대륙을 이어주는 해상 교통로도 없거니와, 질병으로부터 비교적 자유롭고 기후도 쾌적한 온대에 속해 있지도 않다. 중국은 서태평양을 면하고 있는 데다, 석유와 천연가스가 풍부한 중앙아시아까지 내륙 깊숙이 영토가 뻗어나가 있다. 그러나 브라질은 이런 비교 우위적 이점 없이, 지리적으로 타 대륙과 동떨어진 채 남아메리카에 고립돼 있는 것이다.[17]

그럼 아프리카가 그처럼 빈곤한 이유는 또 무엇일까? 역시 지리 때문이다. 아프리카는 유럽의 다섯 배나 되고 세계에서 두 번째로 덩치가 큰 대륙이지만, 사하라사막 이남*의 해안선은 길이만 길 뿐 그 길이의 4분의 1 값어치도 하지 못한다. 게다가 그 해안선조차 아라비아반도 및 인도와 활발하게 교역을 하는 동아프리카 항구들을 제외하면 천연 항구들이 턱없이 부족하다. 열대 아프리카 지역의 강들은 내륙 고원에서 해안가 평지까지 일련의 폭포 및 급류를 이루어 쏟아지기 일쑤고, 그러다보니 바다에서 강으로의 항행이 거의 불가능해 내륙은 해안지대로부터 현저히 고립돼 있다.[18] 뿐만 아니라 사하라사막 이남은 사하라사막에 가로막혀 북쪽 지역과의 인적 접촉이 매우 오랫동안 단절된 결과로, 고대와 그 이후의 위대한 지중해 문명에도 노출되지 않았다.

기니만으로부터 콩고분지에 이르는 적도 양쪽 지역에도 폭우와 폭염이 기승을 부리는 울창한 삼림지대가 있다.[19] 그러나 이 숲들은 문명이 범접하기 힘들고, 자연적 경계가 되기에도 부적합한 것으로 볼 때 유럽 식민주의자들이 부득이하게 세운 인위적 경계임이 분명하다. 아프리카가 현대성으로 나아가는 길목에는 이렇듯 자연계라는 험난한 장애물이 가로놓여 있었다.

경제적으로 가장 취약한 지역들을 꼽아보노라면, 내륙 지역의 비율이 비내륙 지역보다 월등히 높다는 사실을 알게 된다.[20] 소득 수준이 가장 높은 나라들이 고위도와 중위도 지역에 편중돼 있는 것처럼 가난한 나라들이 전반적으로 열대지방(북위 23.45도, 남위 23.45도 사이의 지역)에 속해 있는 것도 또 다른 특징이다. 동서쪽을 지향

---

* 아랍 세계에 속하는 북아프리카와 구별한 개념이다.

하는 유라시아의 온대 지역이 북남쪽을 지향하는 사하라사막 이남
에 비해 부유한 것도 눈여겨볼 대목이다. 같은 위도상에 있다보니
기후 조건도 같아 기술 보급이 용이하고, 그에 따라 식물의 재배와
동물의 가축화에 일어난 혁신도 빠르게 확산되어 나타난 결과다.
이렇게 보면 토양의 적합성이라는 지리적 이점 탓에 높은 인구밀도
는 그럭저럭 유지되지만, 항구와 철도로부터 멀리 떨어져 있어 경
제 발전은 이루지 못하는 곳이 세계에서 가장 빈곤한 지역이 된 것
도 놀랄 일은 아니다. 인도 중부와 아프리카 내륙이 그런 곳의 대표
적인 예다.[21]

　지금은 고인이 된 영국 지리학자 폴 휘틀리도 지리적 결정론을
훌륭하게 요약한 글에서 "산스크리트어는 지상에서 500미터만 올
라가도 입에서 떨어지지 않았다"고 말하며, 인도 문화가 기본적으
로 저지대 현상이라는 소견을 나타냈다.[22] 지리가 알게 모르게 여
러모로 사람들의 운명에 지대한 영향을 끼친 사례는 그 밖에도 부
지기수이지만, 여기서는 이쯤 해두고 나머지는 이 책을 써가는 과
정에서 살펴보기로 한다.

　그래도 미국의 사례만은 다른 논제로 옮겨가기 전에 언급할 필요
가 있다. 미국의 번영이 유지되는 것도 그렇고, 미국이 추구하는 범
인도주의적 이타주의도 궁극적으로는 지리와 관련이 있을 수 있기
때문이다. 존 애덤스*가 "미국인을 위한 특별한 섭리는 없으며, 미
국의 자연 또한 다른 곳의 자연과 다를 바 없다"[23]고 쓴 것이나, 영
국의 역사가 존 키건이 미국과 영국이 자유의 투사가 될 수 있었던

---

* 1735~1826년. 미국의 초대 부통령, 제2대 대통령을 지냈다.

것은 두 나라 모두 바다가 있어 "육지로 둘러싸인 자유의 적들로부터" 보호받을 수 있었기 때문이라고 주장한 것도 그 점을 뒷받침한다. 20세기 중반까지 군국주의와 실용주의 정책을 취한 유럽에 대해 미국이 늘 우월감을 느꼈던 것도 미국의 특성 때문이 아니라 지리 때문이었다. 복작대는 대륙에서는 나라와 제국들이 오밀조밀하게 붙어 있어 경쟁을 할 수밖에 없지만, 미국은 그럴 일이 없는 것이다. 그러다보니 유럽 국가들은 만에 하나 군사적 오판을 해도 바다 너머로 병력을 철수할 길이 없고, 그런 이유로 보편주의적 도덕성에 기초한 외교정책도 세우지 못해 서로 간에 군사적 대립만 일삼다 결국 2차 대전 이후 패권국이 된 미국의 우산 아래 놓이게 된 것이다.[24] 그렇다고 대서양과 태평양이 미국에 이상주의를 추구하는 호사만 누릴 수 있게 해준 것은 아니었다. 두 대양은 미국이 정치, 상업적인 세계의 2대 동맥으로 곧장 진입할 수 있는 수단이 되어주었다. 대서양을 통해서는 유럽으로 진입하고, 태평양을 통해서는 동아시아로 진입할 수 있었던 것이다.[25] 게다가 양 대양 사이에는 아메리카 대륙의 부가 놓여 있기도 했다. 그런 반면 두 대양은 미국과 다른 대륙들과의 거리를 수천 마일이나 떨어뜨려놓음으로써, 미국이 지금까지도 지속되고 있는 치명적인 고립주의의 길로 빠져드는 원인이 되기도 했다. 실제로 미국은 아메리카 대륙의 자국 세력권 외에서는 거의 200년 동안 강대국 정치를 철저히 외면해왔다. 2차 대전 때만 해도 1940년에 유럽의 국가 체계가 무너졌는데도 군사개입을 하지 않다가, 1941년 진주만 공습을 받고 나서야 겨우 참전했고, 그러다 전쟁이 끝난 뒤에는 세계 문제에서 다시 손을 뗐다. 소련의 공격과 북한의 남침에 직면해서야 미국은 다시 유럽과 아시아로 병력을 보냈다.[26] 미국의 외교정책은 이처럼 냉전이 끝날 때까지 유사 고립주의와 이상주의적 개입 사이를 오락가락했으며, 이 모든 것의 원인 제공자가 바로 두 대양이었다.

존스홉킨스대학교의 야쿠프 J. 그리기엘 교수에 따르면 지리는 "정복된 것이 아니라 잊힌 것뿐이었다".[27] 영국과 미국 정부에서 오랫동안 군사전략 고문을 지낸 레딩대학교 교수 콜린 S. 그레이도 "기술이 지리를 소멸시켰다는 말은 그럴듯한 궤변에 지나지 않는다"고 썼다. 그레이는 이라크와 아프가니스탄에서도 드러난 사실이듯 "지속적 영향력이나 통제력을 행사하려면, 문제가 되는 지역에 병력을 주둔시키는 물리적 조치가 필요하다"고 주장했다. 그런데도 지리의 위상이 추락했다고 믿는다면 그것은 대규모 병력과 군수품을 한 대륙에서 또 다른 대륙으로 옮기는 병참의 과학을 모르고서 하는 소리이다. 지난번 내가 동행 취재했던 미 해병 1사단의 이라크 내 이동 과정도 북아메리카에서 수천 마일 떨어진 페르시아만까지 배편으로 인력과 장비를 옮기는 작업이 포함된, 병참의 조그만 일부에 지나지 않았다. 1999년 미국의 군사 전문 역사가 윌리엄슨 머리도 예리한 통찰력을 보여준 그의 글에서, 미국은 새로운 세기를 맞아 두 대양이 부과하는 "엄연한 지리적 현실", 다시 말해 머나먼 곳에 지상군을 파견하는 데 제약이 되기도 하고 천문학적 비용이 소요되게도 만들 혹독한 지리적 현실에 또다시 직면하게 될 것이라고 썼다. 물론 개중에는 특공대의 "기습"만으로 상황이 신속히 종결되는 전쟁과 구조 작전도 있을 수 있다(혹자는 1976년 이스라엘 특공대가 팔레스타인 테러리스트들에게 공중 납치된 인질을 1시간 만

지리의 복수

에 구출한 엔테베작전을 떠올릴 법도 하다). 하지만 그런 작전에서도 지형은 중요하다. 지형에 따라 작전의 속도와 전투 방법이 달라질 수 있기 때문이다. 아르헨티나와 영국이 벌인 포클랜드전쟁(1982년)만 해도 해상 여건으로 인해 전개 속도가 느려졌으며, 1991년 1차 걸프전쟁〔페르시아만전쟁〕 때 공습 효과가 컸던 것은 쿠웨이트와 이라크의 편평한 사막 때문이었다. 그러다 2003년 2차 걸프전쟁〔이라크전쟁〕 때 전역戰域이 인구밀도가 높은 방대한 지역으로 바뀌자 공군력이 한계를 드러내면서 미군 병력도 지리의 희생양이 되었던 것이다. 전투기는 폭격만 할 수 있을 뿐 물품의 대량 수송도 불가능하고, 지상에서 통제력도 발휘할 수 없기 때문이다.[28] 게다가 많은 경우 전투기는 근처에 기지가 있어야 사용이 가능하다. 심지어 대륙간 탄도미사일과 핵폭탄의 시대에도 지리는 중요하다. 모겐소도 지적했듯이 이스라엘, 영국, 프랑스, 이란 등의 중소 국가들은 미국, 러시아, 중국과 같은 대륙 단위 국가들과 같은 수준의 징계를 감당할 여력이 없기 때문에 핵 위협에 있어서도 신뢰도가 떨어질 수밖에 없다. 이것은 이스라엘과 같은 작은 나라들이 적들에 둘러싸이면, 생존을 위해 부득불 특별히 수세적이 되거나 특별히 공세적이 될 수밖에 없다는 의미다. 지리가 중요한 까닭이 여기에 있다.[29]

산맥 및 인간과 더불어 기복지도를 함께 수용한다고 해서 이 세계가 세계화에 역행하는 인종적, 종파적 분열로 치달아간다고 생각하는 것도 오산이다. 상황은 그보다 훨씬 복잡하다. 세계화 자체가 이미, 특정 지방에 고착돼 있어 기복지도와의 관계로 가장 잘 설명될 수 있는 인종적, 종교적 의식意識에 토대를 둔 지역주의의 부활을 불러온 것만 해도 그렇다. 매스컴과 경제 통합의 힘이 지리적 여건에 반하게 세워진 인위적 국가들을 포함하여 많은 나라들의 힘을 약화시켰기 때문이다. 그리하여 몇몇 위험 지역에서는 불안정한 구역이 조성되기도 했다. 개별 무슬림 국가들 간의 갈등에도 불구하고 범이슬람주의 또한 통신 기술의 발달로 아프리카와 아시아의 전 이슬람권에서 힘을 얻고 있다.

기복지도에는 아프가니스탄이 가장 취약한 나라로 나타나지만 지리적 측면에서 지중해와 인도 아대륙 사이에서 가장 불합리하게 세워진 국가들은 이라크와 파키스탄이다. 이라크가 붕괴한 것은 물론 미국의 침공 때문이지만, 그것의 원인을 제공한 사담 후세인의 폭정(1980년대에 내가 가까이서 경험해본 결과 그의 폭정은 아랍권에서도 단연 최악이었다)도 알고 보면 지리적 요인이 만들어낸 결과였다. 1958년의 군사 쿠데타로 군주제가 무너진 뒤에 등장한 이라크 독재자들이 하나같이 전임자보다 억압적인 정책을 편 것도 그래서였다. 인종 및 종파 간 의식으로 부글거리는 쿠르드족, 수니파 아랍인, 시아파 아랍인들을 가르는 자연적 경계가 없다보니 나라를 통합시키기 위한 수단으로 억압책을 사용할 수밖에 없었다는 이야기다.

그렇다고 그 점을 지나치게 강조할 필요는 없다. 쿠르디스탄과 이라크를 가르는 산맥과 중부의 수니파와 남부의 시아파 사이에 가로놓인 메소포타미아 평원이 민주주의에 대한 갈망보다 사태의 변화에 중요할 수는 있지만, 미래에 무슨 일이 벌어질지는 누구도 모르는 것이고, 이라크가 제법 견실한 민주주의를 시행하지 말라는 법도 없기 때문이다. 오스트리아-헝가리제국을 빈곤하고 후진적인 오스만제국과 분리시키고, 발칸의 복잡한 인종과 종교 집단들을 수세기 동안 분리시키는 데 일조한 산맥이 남동부 유럽에 있다고 해

지리의 복수

서, 그것이 파괴적 전쟁을 막기 위해 서구가 개입하는 것까지 막지는 못한 것과 같은 이치다. 지금 나는 인간성도 무력화시킬 수 있는 무자비한 힘을 말하고 있는 것이 아니다. 그보다는 외교정책에 나타나는 과도한 열정, 그 부분에서는 나 역시도 떳떳할 수 없는 열정을 누르기 위해서라도, 결국은 지리에 나타난 사실로 초래된 운명쯤은 얼마간 받아들여도 좋으리라는 점을 말하고 있는 것뿐이다.

이 열정을 누르면 누를수록 우리가 참여하는 개입의 성공률도 높아질 것이고, 개입의 성공률이 높아지면 앞으로 여론의 법정에 설 때 정책 입안자들이 갖는 재량권도 넓어질 것이다.

지리를 지나치게 강조하는 데서 오는 위험성은 나도 충분히 인식하고 있다. 내가 이 책을 쓰면서 이사야 벌린이 1953년에 강연하고 이듬해에 책으로도 출간한 『역사적 필연성Historical Inevitability』에서 경고한 말을 늘 염두에 두고 있었던 것도 그래서이다. 벌린은 지리, 환경, 인종적 특성과 같은 **거대한 비인간적 힘**이 우리의 삶과 세계 정치의 방향을 결정짓는다는 믿음은 비도덕적이고 비겁한 것이라고 질타했다. 그는 아널드 토인비와 에드워드 기번도 "국가"와 "문명"을 그것들을 구현한 개인들보다 "더 구체적" 존재로 보고, "전통"과 "역사"와 같은 추상적 요소를 "우리보다 더 지혜롭게" 본다는 이유로 비난했다.[30] 벌린에 따르면 중요한 것은 개인과 개인의 도덕적 책무고, 그러므로 그 또는 그녀는 그 또는 그녀의 행동—혹은 운명—에 대한 책임을 전적으로든 대체적으로든 지형과 문화 같은 요소들에 돌려서도 안 되었다. 벌린은 인간의 동기가 역사의 매우 중요한 요소라고 보았다. 인간의 동기는 더 커다란 힘을 언급하여 얼렁뚱땅 넘기는 환상이 아니라는 말이었다. 그 점에서 지도도 시작일 뿐이며, 과거와 현재를 해석해주는 끝은 아닌 것이다.

지리, 역사, 인종적 특성이 앞으로 벌어질 사태에 영향은 끼칠 수 있을지언정 그것을 **결정하는** 요소가 되지 못하는 것은 사실이다. 반면에 이사야 벌린이 모든 형태의 결정론에 전면적인 공격을 가할 때 얼핏 거부한 것처럼 보이는 그 요소들을 상당 부분 고려하지 않으면 현재 외교정책이 직면한 도전도 해결하지 못하고 현명한 선택을 내릴 수 없는 것 또한 사실이다. 비근한 예로 지리, 인종, 종파적 요소들을 고려했다면 냉전 뒤의 발칸과 2003년 2차 걸프전쟁 뒤 이라크에서 일어난 폭력 사태를 예측하는 데도 도움이 되었을 것이다. 그럼에도 벌린이 제기한 도덕적 도전은 미군을 어디에 파견하고 어디에 파견하지 말아야 할지를 두고 지난 20년간 벌인 논쟁을 정리하는 데 충분히 유효할 수 있다.

그렇다면 어떻게 해야 할까? 역사 형성 과정에서 드러나는 지리의 중요성과 그 점을 지나치게 강조하는 데서 오는 위험성을 아는 것 간의 차이는 어떻게 조정해야 할까? "인간의 선택은 늘 일정한 테두리 혹은 과거의 유산과 같은 제약을 받게 마련"이라면서 "'확률론적 결정론'의 진실에 바탕을 둔 엄정한 도덕"을 이야기한 레몽 아롱의 개념을 받아들이는 것도 그것을 해결할 수 있는 한 가지 방법일 수 있다.[31] 여기서 중요한 것이 "확률론적probabilistic"이라는 단어다. 그 말에는 지리에 집중해도 부분적 결정론 혹은 불분명한 결정론을 고수하면 집단과 지형 간의 차이만 인식하고 지나친 단순화를 피할 수 있어 다른 개연성의 여지도 많이 생긴다는 의미가 담겨 있기 때문이다. 영국 역사가 노먼 데이비스가 "인과관계는 결정

지리의 복수

론이나 개인주의 혹은 임의적 요소들로 형성되지 않고, 그 셋의 결합에서 나온다"[32]고 말한 것에서도 그 점이 드러난다. 자유주의 성향의 국제주의자들이 발칸 개입은 지지했으면서도 이라크 개입에는 반대한 데에도 미세하게나마 이런 명확한 구분이 반영돼 있다. 그러나 반대는 했지만 그들도 어렴풋이나마 지리에 내포된 본질적 사실은 직관으로 이해하고 있었다. 구 유고슬라비아가 중부 유럽과 가깝고, 따라서 구 오스만제국의 영역 중 가장 발달한 제국의 서단에 위치해 있었던 반면, 메소포타미아는 오스만제국의 지역 중 가장 무질서한 동쪽에 위치해 있었던 것이 지리에 내포된 본질적 사실이었던 것이다. 게다가 그것은 지금까지도 정치 발전에 영향을 끼치고 있으므로, 이라크 개입도 과거로부터의 연속일 수 있다.

　그렇다면 적당한 정도의 운명, 그 숨은 손으로 우리는 과연 어떤 미래의 계획을 세워야 할까? 개연성 있는 위험을 예측하려면 지도에서 무엇을 배워야 할까? 그것을 알기 위해 지금부터는 20세기의 몇몇 위대한 석학들의 시각을 통해 세계사의 거대한 양상에 지리가 끼친 영향을 면밀히 살펴보고, 그다음에는 고대 위인의 관점에서 지리와 인간의 개입을 검토해보기로 하자. 오랜 세월에 걸쳐 유효성이 입증된 현대의 도발적인 지정학 이론들을 살펴 그것들이 제시하는 앞으로의 세계를 명확히 이해하기 위해서다.

3장
—
헤로도토스와 그의 계승자들

한스 모겐소가 시카고대학교 정치학과에서 강의하던 20세기 중후반, 또 다른 교수 두 명이 같은 대학교의 역사학과에서 걸출한 학문적 업적을 쌓아가고 있었다. 윌리엄 하디 맥닐^{William Hardy McNeill}과 마셜 G. S. 호지슨^{Marshall G. S. Hodgson}이 그들이다. 시카고대학교에는 물론 그들 외에도 쟁쟁한 학자들이 많았으므로 세 사람만 언급한다고 해서 다른 교수들을 홀대하는 것은 아니며, 현실주의를 바라보는 관점의 차이를 나타내려는 것뿐이다. 앞에서도 언급했듯이 모겐소는 현대의 현실주의를 주된 연구 분야로 삼았다. 반면에 맥닐과 호지슨은 지리가 논제에서 빠진 적이 거의 없는, 헤로도토스적 시야를 지닌 방대한 작품들을 중심으로 전자는 세계 역사의 측면에서, 후자는 이슬람 역사의 측면에서 현실주의를 바라본 특징을 지니고 있다. 맥닐과 호지슨이 주제의 선택 면에서 보여준 이런 과감성은 분야가 점차 세분화되고 있는—지식이 다량으로 축적되는 시

지리의 복수

대니만큼 그것은 필연적인 일이다—작금의 학계 풍토에서는 충분히 찬사받을 만한 일이다. 그래서인지 맥닐과 호지슨의 책을 읽노라면 마치 학자들의 시야가 무한대처럼 넓어 보였던 그리 오래되지 않은 시대를 관조하는 듯한 느낌마저 든다. 분야의 세분화도 그 나름으로 독특하게 학문을 꽃피운 면이 있지만, 학계가 두 사람의 방식에 보다 유연해질 필요가 있는 것도 그래서이다. 두 사람이 보여준 것처럼 지리만 해도 그 자체로 생각의 지평을 넓히는 수단이 될수 있는 것이다.

캐나다의 브리티시컬럼비아주에서 태어난 맥닐이 800쪽이 넘는 대작 『서구의 발흥The Rise of the West: A History of the Human Community』을 출간한 것은 그가 사십 대 중반이던 1963년이었다. 책의 전반적 초점은 영국 역사가 아널드 토인비와 독일 역사가 오스발트 슈펭글러의 견해를 반박하는 데 맞춰져 있다. 각 문명은 개별적으로 운명을 만들어갔다고 본 두 사람과 달리 맥닐은 문화와 문명은 지속적으로 영향을 주고받았으며, 따라서 이 상호작용이 세계 역사의 핵심 드라마라고 주장한 것이다. 그는 지구 전역에서 벌어진 거대한 인구 이동으로 자신의 주장을 설명해나갔다.

북쪽에서 일어난 인구 이동의 결과로 기원전 4500년에서 기원전 4000년 사이 중서부 유럽에 이른바 도나우강 경작자들이 들어왔다. 남쪽에서도 초기의 목동과 농부들이 북아프리카에서 지브롤터해협을 넘어와 "도나우강의 홍수와 맞닥뜨리고 그것에 순응하며 사는 법을 터득"했다. 하지만 그렇다고 유럽의 예전 수렵인들이 절멸한 것은 아니며, 따라서 인구와 문화의 융합이 일어났으리라는 것이 맥닐의 논점이다.[1] 『서구의 발흥』은 이 핵심 논제로부터 시작된다.

지중해의 북쪽과 남쪽에서 일어난 이 두 인구 이동은 주로 지리적 요인에 의해 정치적 불안정이 야기된 비옥한 초승달 지대와 아나톨리아에서 비롯되었다. 프랑스 태생의 영국 기행 작가 프레야 스타크가 "이집트는 인간의 교통로와 평행하게 자리 잡고 있어 평화를 유지할 수 있었으나, 이라크는 초기부터 인간의 예정된 길과 직각을 이루어 분쟁에 휘말리기 쉬운 변경지였다"[2]고 쓴 것에서도 그 점이 드러난다. 맥닐도 지적했듯이 실제로 메소포타미아는 역사상 가장 피비린내 나는 이주로들 중 하나를 가로지르는 곳에 위치해 있었다. 수마일에 걸쳐 관개용수를 날라다준 티그리스-유프라테스강 계곡 하구에 위치한 완만한 경사지였던 관계로 "평원의 도시들이 번성하기 무섭게 주변 야만족들이 탐내는 약탈의 표적이 되었던" 것도 그래서였다. 게다가 메소포타미아 대부분 지역이 관개가 가능한 경작지가 되자 공동체들의 농지 접촉이 일어나고, 그런데도 영역 간 분쟁을 해결하거나 관개용수가 부족해질 때 그것을 분배해줄 중앙 권력이 없다보니 전쟁 또한 만성화되었다. 아카드의 사르곤(기원전 2400년) 같은 정복자들이 경작지 주변에서 메소포타미아로 진출한 것도 이런 유사 무정부 상태가 계속되는 와중이었다. 반면에 맥닐에 따르면, 정복자들은 강력한 중앙 권력을 수립할 수 있었음에도 정복이 끝나면 "안락하고 호화로운" 도시적 삶에 빠져들어 군인의 삶을 포기했고, 이런 현상은 새로운 정복자가 등장할 때마다 되풀이되었다. 바야흐로 역사의 반복이 시작된 것이다.

14세기에 활동한 튀니스 출신의 아라비아 역사가 겸 지리학자 이븐 할둔도 이 모든 양상을 떠올리게 하는 글을 썼다. 호화로운 생활은 국가의 정통성을 조장하는 방식으로 처음에는 나라를 강하게 만들 수 있지만 세대가 거듭될수록 타락으로 이어지고, 그 과정에서 지방 지도자들이 치고 올라와 쇠약해진 나라를 침략하고 새 왕조를 열게 된다는 것이다.[3] 고대 이라크의 문명이 무자비한 폭정으로 발전해간 것도 기실 이러한 내부로부터의 정권 붕괴를 막기 위한 일종의 방편이었다. 잔학함, 과대망상증, 대규모 추방으로 악명을 떨친 티글라트 필레세르 1세(재위 기원전 12~11세기), 아슈르나시르팔 2세(재위 기원전 9세기), 센나케리브(재위 기원전 8~7세기) 등을 비롯한 아시리아 왕들이 그런 폭군들이었다.[4] 그리고 그것이 바로 사담 후세인으로 정점을 맞은 이 지역의 패턴, 침략과 붕괴가 손쉽게 일어나고, 그러다보니 역사기 거의 내내 상당한 정도의 폭정을 필요로 한 이 지역의 패턴으로 굳어진 것이다. 그렇다고 성급한 결론을 내리는 것은 금물이다. 1921년부터 1958년〔군사 쿠데타로 군주제가 무너진 해〕까지는 이라크도 그럭저럭 기능하고 있던 의회 제도를 경험했고, 따라서 바뀐 상황에서나마 의회 제도가 지속될 여지도 있었기 때문이다. 맥닐, 할둔, 스타크는 이렇게 역사와 지리적 추세를 함께 언급함으로써 결정론자가 되는 책임을 피해갔다.[5]

가공할 수준의 폭정과 관료정치를 낳게 한 메소포타미아에서와 달리 이집트에서는 지리가 압제를 완화시키는 요인으로 작용했다. 맥닐은 "윤곽이 뚜렷하고 방어하기 쉬운 경계지가 된 사막과, 자연적 등뼈와 신경계가 되어준 나일강이 있었던 것"을 이집트가 메소포타미아와 같은 수준의 억압을 필요로 하지 않았던 이유로 꼽았다. 그러고는 이렇게 말했다. "따라서 이집트 왕에게는 외부인의 침략을 막기 위한 국경의 방어가 그리 심각한 문제가 아니었다.” 실제로 이집트는 이주로적인 면에서 메소포타미아보다 유리한 곳에 위치해 있었던 덕에, 서쪽의 리비아인과 동쪽의 아시아인 유입이 큰 문젯거리가 아니었다. 나일강 양쪽이 벌거벗은 사막지대여서 남쪽과는 단절돼 있었고, 북쪽 역시 지중해가 자연적 경계 역할을 하고 있었으니 말이다. 이집트는 어쩌면 4,000년 동안 “침략군을 구경도 하지 못했을” 개연성마저 있었다.[6] 나일강 항행도 북쪽으로 갈 때는 배가 강의 흐름을 따라가면 그만이었고, 남쪽으로도 바람이 대체로 북남 방향으로 불었으므로 돛을 쓰면 어려울 게 없었다. 이것이 바로 이집트 문명을 탄생시킨 힘이었다. 맥닐에 따르면 “그와 달리 메소포타미아의 지배자들에게는 중앙 집중적 권력을 지켜줄 자연적 방어물이 없었던 탓에, 지리가 이집트에 부여해준 자연적 방편에 대한 인위적 대체물로 (압제적) 법과 관료 정부를 서서히 고통스럽게 발전시켜간 것이었다”. 메소포타미아의 압제적 관료정치는 또 이집트의 나일강과 달리 범람 주기가 일정치 않아 관개시설 운영에 애를 먹인 티그리스강과 유프라테스강의 변덕스러움에도 대처해야 했다.[7] 그렇다면 이집트와 이라크 모두 오늘날까지도 계속되고 있을 만큼 오래도록 독재 정권에 시달렸음에도, 이라크의 독재가 이집트보다 훨씬 심했던 것도, 고대와 지리가 그것에 얼마간 영향을 미쳤기 때문이라고 이해할 수 있을 것이다.

중동 너머에도 “고대의 문명화된 세계 언저리”에 위치해 있어 맥닐이 “변두리” 문명들이라고 부른 인도, 그리스, 중국 문명이 자리해 있었다. 이 중 앞의 두 문명은 인더스 문명과 크레타의 미노아 문명으로부터 대부분의 생명력을 얻었으나, 그것과 별개로 세 문명

지리의 복수

모두 만족 침략자들과 상호작용을 일으킨 공통점을 지니고 있었다. 반면에 그 문명들을 조금이나마 침략자들로부터 지켜준 것이 바로 지리였다. 그리스와 인도만 해도 북쪽 산지가 "효과적으로 막아주어 스텝 기마민족의 직접적 영향을 받지는 않았고", 중국 또한 중국 문명의 발원지인 황허강 유역이 황량하고 편평한 사막, 고산준봉, 그리고 원거리로 인해 중동 및 인도 중심지와 수천 마일이나 떨어져 있었기 때문에 그리스와 인도 문명보다 더 고립돼 있었던 것이다. 그리고 그것이 결과적으로 문화가 점차 획일적으로 변해간 북아프리카에서 투르키스탄까지의 '대大사막 중동'과는 확연히 다른 독창적인 세 문명이 탄생하는 배경이 되었고, 그 점은 특히 중국 문명에서 두드러졌다.[8]

맥닐은 그리스, 중동, 인도 문명 사이에 위치한 변경지들이 고전 시대 내내 부침을 겪는 과정에서 유라시아의 문화적 균형이 미묘하게 유지되었고, 그러다 훗날 중세의 몇백 년을 거치는 동안 북쪽의 스텝 민족, 특히 몽골족이 쇄도하면서 그 균형이 깨어졌다는 점도 함께 지적했다.[9] 그는 13, 14세기에 실크로드가 번성함에 따라 유라시아 문명이 태평양에서 지중해로 유입되어 그곳 문명과 보통 수준의 접촉이 이루어진 것도 몽골족 때문이라고 보았다. 하지만 그런 와중에도 중국은 서쪽 문명들과 비교했을 때, 모두가 중국을 지향하면서도 다양한 수준으로 그 나름의 독특한 문명을 발전시킨 티베트, 몽골, 일본, 한반도와 더불어 지리적으로 별개의 영역을 형성하고 있었다. 그런데 이들 중 "티베트와 몽골"이 "원原문명 이상을 발전시키지 못한 것은 고지대 사막 환경이라는 심각한 장애물 때문이었다는 것"이 맥닐의 생각이다. 맥닐은 티베트의 라마*들이 "티베트 불교의 뿌리는 인도에 있다는 사실을 늘 의식하면서" 사실상 중국화에 반대하여, 중국과 경쟁하는 이웃 문명의 전통에 호소하는 것도 그와 연관이 있다고 보았다.[10] 그는 역사가 겉으로는 안전해 보이고 지리적으로 정돈된 것처럼 보이지만 내막은 다른 흐름을 연구하는 학문이라고 보았다. 게다가 이 세계는 소소한 변천과 문화적 교류가 끊임없이 일어나는 상태에 있는 것이다.

앞서도 언급했듯이 맥닐은 『서구의 발흥』에서 문명들 간에 일어나는 상호작용을 역설함으로써 슈펭글러와 토인비가 주장한 문명의 개별성과 나중에 새뮤얼 헌팅턴이 내세운 "문명의 충돌" 이론을 반박했다. 그와 더불어 대부분이 지리로 형성되는, 다시 말해 선명하게 구분지어진 지형에서 생겨나 그 나름의 정체성을 획득하고, 그다음에는 다른 문명들과 영향을 주고받으며 새로운 혼성 문명을 만들어내는, 문명에 대한 총체적 개념도 함께 제시했다. 맥닐에 따르면 그것이 역사가 형성되는 과정이었다.[11] 그는 그 과정을 이렇게 비유적으로 설명했다.

문명은 가없는 지질시대에 솟아나 불가항력적인 침식작용에 의해 주변과 같은 수준으로 서서히 가라앉는 산맥에 견줄 수 있을 것이다. 물론 인류의 역사기는 지질시대와는 비교할 수 없을 만큼 짧다. 그러나 아무리 짧다 해도 상황이라는 특별한 별자리가 진보를 가로막아 부식을 일으킬 수도 있고, 주변 민족이 문명의 성과를 차용하거나 그것에 감응하여 새로운 문화의 절정을 맞을 수도 있는 것이다.[12]

---

* 티베트 불교에서 스승을 지칭하는 말.

지리의 복수

여기서 중요한 것이 부식과 차용의 개념이다. "땅과의 깊은 유대"를 최상의 고급문화를 규정하는 말로 사용한 20세기 초 독일 철학자 슈펭글러의 순수성을 훼손하는 것이 바로 이 개념이기 때문이다. 슈펭글러는 제식祭式과 교의가 내적 변화를 겪어도 그것들이 탄생한 지역이 사람들을 계속 매료시키는 것은 "땅과 분리되지 않은 유대감" 때문이라고 보았다. 그는 고급문화가 "도시 형성 이전의 지방"에서 시작되어, "세계 도시들"에 나타난 "물질주의적 피날레"로 정점에 다다랐다고 주장했다. 그 점에서 현란하고 매혹적이며 깊이도 있지만 솔직히 말해 영어 번역문으로는 이해하기 쉽지 않을 때도 있는 이 음울한 낭만주의자에게 있어 세계시민주의 cosmopolitanism는 땅과의 유대가 없는 뿌리 없음의 본질이었다.[13]

그렇다면 세계 문명으로 변형되고 있고 그에 따라 땅에서 점점 멀어지고 있는 도시적 서구 문명의 발흥과 그것의 궁극적 운명에 대한 의문이 생겨날 법도 하다. 하지만 그것은 책의 뒷부분에 다시 나오므로 그때 다루기로 하고, 지금은 일단 그 모든 논점에 대해 슈펭글러보다 훨씬 더 많은 것을 섭렵했고, 따라서 그보다 한층 이해하기 쉽게 기후와 지리를 논한 맥닐의 이론을 살펴보기로 하자.

맥닐은 아리아인들이 지중해 쪽 유럽에서보다 인도의 갠지스 평원에서 덜 호전적인 문화적 특성을 발현시킨 것도 명상과 종교적 앎을 추구하기에 알맞은 아대륙의 숲과 계절풍 주기에 기인한다고 보았다. 그에 따르면 고대 그리스 식민지였던 이오니아가 "일찍 꽃 핀 것" 역시 소아시아 및 오리엔트에 가까이 접해 있어 그곳들과의 밀접한 접촉이 있었기 때문이다. 하지만 이렇게 설명하면서도 맥닐은 이 부분에서도 선명한 결정론적 입장을 취하지는 않았다. 그리스가 소규모 정치체, 다시 말해 도시국가를 구성하기에 유리한 산악 지형이기는 했지만 "〔산악지대에〕 접한 기름진 평야 또한" 도시국가들로 분리되었던 사례가 많다는 점을 들어, 지리도 하나의 요인일 뿐이라는 견해를 나타낸 것이다. 그 점은 특히 주요 종교들(특히 힌두교와 불교)에 나타난 지리적 연속성의 논리를 완전히 거스르는 양상을 보인 유대인의 역사에서 두드러진다. 로마가 기원후 1~2세기에 일어난 유대인 반란을 진압한 결과로 유대의 유대인 공동체가 철저히 파괴되었으나, 놀랍게도 유대교는 사라지지 않고 2,000년에 걸친 지리의 명령을 거스르는 이산〔디아스포라〕을 통해 서구 도시들에서 발전하고 번성함으로써 사상과 인간의 행위 또한 물리적 지형 못지않게 중요할 수 있음을 보여주었다는 의미에서다.[14]

　반면에 유럽의 초기 인류 역사로 거슬러 올라가면 지리가 으뜸가는 요소였음을 보여주는 사례도 있다. 맥닐도 지적했듯이 서유럽은 이른바 〔중세〕 암흑시대의 기술 발달 정도면 충분히 활용 가능한 뚜렷한 지리적 이점을 갖고 있었다. 넓고 비옥한 평원, 훌륭한 천연 항구의 입지 조건이 되는 톱니 모양의 해안선, 그 평원들을 가로질러 북쪽으로 흐르고 지중해 유역보다 한층 광대한 교역지로 뻗어나간 항행 가능한 하천들, 풍부한 목재와 금속이 그런 이점들이었다.[15] 반면에 혹독하게 춥고 축축한 기후는 유럽이 가진 악조건이었다. 그러나 맥닐 못지않게 결정적인 수준으로 운명론에 대해 거부감을 갖고 있던 토인비가 "편안함은 문명에 불리하다…… 환경이 편해지면 문명에 대한 자극도 그만큼 약해진다"[16]고 썼듯이, 유럽은 살기는 힘들었지만 교통과 상업의 자연적 요충지들을 가진 지리를 이용해 발전을 이룰 수 있었다. 문명이 여러모로 자연환경[도전]에 대한 강력한 응전일 수 있음을 보여준 것이다. 스칸디나비아 반도와의 근접성과 그로 인해 서유럽 해안지대에 초래된 군사적 압박으로 영국과 프랑스가 국가로서의 뚜렷한 정체성을 갖게 된 것도 환경에 용기 있게 맞선 또 다른 사례였다. 게다가 영국은 유럽 대륙의 봉건 왕국들보다 규모도 작았다. 그런데도 토인비가 말했듯 "윤곽이 뚜렷한 국경지대를 가질 수 있었고(어찌 됐든 섬이었으니까)", 그 결과 주변국들에 비해 봉건적 정체와 대비되는 전 국가적 정체를 훨씬 일찍 발전시킬 수 있었던 것이다.[17]

물론 북극지방처럼 지형이 극도로 험난하여 문명이 붕괴하거나, 탄생은 했으되 문명의 성장이 멈춘 곳들도 있었다. 토인비는 그 정체된 선행 문명을 동절기에 얼음 위에서 지내면서도 바다표범 사냥을 할 줄 알았던 에스키모의 기술, 다시 말해 문화적 기술 단계로 설명했다. 생존 기술을 터득하는 데 그쳤을 뿐 환경을 지배하여 어엿한 문명으로 발전시키는 수준에는 도달하지 못했다는 점에서다. 캘리포니아주립대학교[UCLA] 교수인 지리학자 재러드 다이아몬드와 마찬가지로 토인비도 그린란드의 바이킹, 이스터섬의 폴리네시아인, 미국 남서부의 아나사지, 중앙아메리카 정글의 마야인들의 중세 문화에 나타난 문명적 고난과 붕괴를 환경문제와 결부 지은 다수의 글을 썼다.[18] 환경적 어려움이라면 유럽도 온대 북부에 속했던 만큼 만만치 않게 겪었다. 반면에 유럽은 아프리카, 중동, 유라시아 대초원, 북아메리카와 지리적으로 상당히 가까이 접해 있었다. 그리하여 수백 년 동안 항해술과 기타 분야의 기술을 발전시키는 과정에서 급속히 발전한 교역 패턴의 이점을 최대한으로 이용할 수 있었으니,[19] 환경적 어려움도 유럽인들에게는 더 위대한 문명의 고지에 오르라는 도전이었던 셈이다. 포르투갈의 항해가 바스쿠 다 가마가 인도양의 계절풍에 정통했던 탓에 유라시아의 외곽 지대를 유럽이 지배하는 세계 해로의 중심이 되게 한 것만 해도 그랬다. 그럼에도 맥닐은 여전히 서구의 발흥을 이끈 요인이, 힘겨운 물리적 여건 속에 이룩한 유럽의 물질적 진보뿐 아니라 "미개한" 공간들의 폐쇄에도 있다고 보았다.[20]

맥닐은 그 폐쇄를 "전적으로 순탄하지만은 않았던, 미개함에 대한 문명의 무자비한 잠식"으로 표현했다.

수효도 많고 내용도 다양한 전 세계의 개별적 문명들을 만들어내고, 그들 간 접촉의 빈도를 늘림으로써 지난 삼사백 년 사이에 일어난 대규모 세계 통합의 기틀을 마련한 것이 다름 아닌 이 잠식이었다.[21]

주로 온대의 상대적으로 인구 희박한 지역들에서 일어난 이 같은 문명적 폐쇄는 기본적으로 다 가마, 콜럼버스, 마젤란 등이 수행한 탐험에서 시작되어 산업, 수송, 통신 분야에 일어난 익히 알려진 혁명의 단계를 거쳐 지금 우리가 겪고 있는 세계화까지 계속되고 있는 현상이다. 러시아, 중국, 합스부르크의 오스트리아제국이 상대적으로 인구 희박한 중부 유라시아 평원과 고원지대를 분할해 스텝 민족들이 최종적으로 붕괴되고, 북아메리카 대륙 서부 변경의 원주민들이 백인들에게 땅을 강탈당하고 학살되며, 사하라사막 이남의 아프리카가 유럽 식민주의자들에게 점령된 것도 그 과정에서 일어난 일들이다.[22] 그리하여 세계는 마침내, 맥닐의 표현을 빌리면 대

지리의 복수

체로 서구적이고 도시화된 문화 아래 통합된 것이다. 기독교 동방 정교권에 전체주의를 확산시킴으로써 자유주의를 모독한 공산주의가 여태껏 산업화된 서구의 이데올로기 중 하나로 남아 있는 것이나, 치솟는 인플레이션과 급속한 현대화가 낳은 일종의 병리 현상으로 나치즘이 고개를 쳐든 것도 같은 맥락으로 이해할 수 있다. 그렇다고 맥닐이 정치적 통합을 말했던 것은 아니다. 그는 다만 문화, 지리, 인구에 나타난 광범위한 추세를 언급했을 뿐이다.

그러나 무인 지대들의 폐쇄가 아무리 『서구의 발흥』의 중심 논제라 해도 그것은 어디까지나 상대적 의미만 가질 수 있다. 반대 방향에서 출발한 두 철도선이 만나 부딪쳐도 그 사이에는 여전히 무인 지대나 인구밀도가 희박한 주거 공간이 남아 있을 수 있기 때문이다. 형식적으로 국경지대를 폐쇄해봐야 인구밀도와 전자電子적 상호작용이 가파른 증가세를 보이고 있는 상황에서는 그것이 별 의미가 없다는 얘기다. 게다가 이 증가세는 지금 우리가 살고 있는 세계에서 정치 드라마의 형성을 도와주는 요소이기도 하다. 맥닐은 문명화된 지역 간의 연결에 몇 주 정도는 걸리는 세계 통합을 염두에 두고 그 말을 했겠지만,[23] 아무리 오지라 해도 며칠 혹은 몇 시간이면 닿을 수 있게 된 지금은 지정학적 상황이 많이 달라진 것이다. 어떤 면에서 세계는 18~19세기에 통합되었다고도 볼 수 있다. 그러나 인구와 기술적인 면에서 21세기 초의 세계와 그 세계는 거의 관련이 없어졌고, 따라서 이 시대의 핵심 논제도 공간을 착실히 메워감에 따라 국가와 군대가 숨을 곳이 점점 줄어드는, 진정으로 폐쇄된 지리를 만드는 것이 되었다. 1세기 전만 해도 초창기의 현대화된 군대는 기계화만 되었을 뿐 장거리를 이동해야 적과 교전할 수 있었다. 그러나 이제는 서로 미사일을 쏠 수 있으므로 그럴 필요가 없어졌다. 이렇듯 지리는 사라지기는커녕 전보다 오히려 더 중요해졌다.

그럼 이번에는 이 문제를 다른 식으로 접근한 관점을 알아보기 위해 모겐소로 돌아가보자. 모겐소는 18~19세기에 인구밀도가 비교적 낮은 아프리카, 유라시아, 북아메리카 서부의 지리적 공간에서 벌어진 제국적 팽창이 강대국 정치의 방향을 지구의 변방으로 이끌었고, 그것이 결과적으로 분쟁의 감소를 불러왔다고 주장했다. 한 예로 러시아, 프랑스, 미국이 머나먼 땅에서 제국주의 팽창에 열을 올리느라 서로에 대한 관심이 줄었고, 어떤 면에서는 세계가 그로 인해 더 평화로워졌다는 것이다.[24] 하지만 19세기 말, 서구의 민족국가와 제국들이 통합 정리됨에 따라 각국은 상대국을 희생시키지 않고서는 영토를 획득할 방법이 없어졌다는 것이다.[25] 모겐소는 그것을 이렇게 설명했다.

힘의 균형―지금은 세 대륙에 편중된―이 세계적 현상이 되면서, 강대국 권역과 그 권역의 핵심지, 강대국 주변과 그 너머의 무인 지대로 나뉘지던 이분법도 이제는 사라졌다. 힘의 균형 주변부가 지구의 경계와 일치하게 되었기 때문이다.[26]

긴장이 심했던 냉전 초기에 글을 써서인지 모겐소의 관점에서는 위기감이 느껴진다. 반면에 냉전이 조금 안정기에 접어들었을 때 책을 쓴 맥닐의 관점에서는 희망이 감지된다.

지리의 복수

고대 중국의 한나라는…… 관제를 수립하여 전국戰國들로 어수선한 나라의 혼란을 잠재웠다. 이 관제가 간혹 중단도 되고 알맞게 수정되기도 하면서 대체로 오늘날까지 이어져왔다. 20세기의 전국들도 이 같은 방식으로 분쟁을 해결하는 쪽으로 나아가고 있는 듯하다.[27]

맥닐이 이런 낙관주의를 갖게 된 데는 1989년의 베를린장벽 붕괴도 한몫했을 것이다. 그러나 세계는 냉전 때와 마찬가지로 여전히 위험한 상태에 놓여 있다. 지도가 다양한 방식으로 계속 폐쇄되고 있기 때문이다. 마오쩌둥이 명백히 큰 희생을 치르고 현대 국가로 통합시킨 중국이 (속도는 느리지만) 경제적, 군사적 강국이 되어 모겐소가 상상했던 것 이상으로 유라시아의 체스판을 가득 채우고 있는 것만 해도 그렇다. 세계에서 가장 후미진 지역들도 도시화가 진행되어, 땅과 농촌 생활이 버려짐에 따라 슈펭글러가 예견한 것처럼 문화가 퇴보하고 있으며, 방만한 도시 밀집 지대의 형성 또한 맥닐이 직관으로 알아차렸듯 활력은 넘치되 우려스러운 방식으로 종교와 정체성의 변화를 일으키고 있다.[28] 땅에 기초한 전통 종교로서의 특성이 약화되고, 대가족과 친족은 거의 찾아볼 수 없는 거대하고 비개인적인 슬럼가를 통제하느라 엄격하고, 때에 따라서는 이념적으로 변질되기도 한 이슬람교가 그것의 대표적인 예다. 그 여파로 중동은 도시의 거대화와 시골의 도시화가 야기되어, 가난하지만 범죄율은 낮은 곳이 된 반면, 세계는 테러리즘으로 요동치게 되었으니 말이다. 기독교도 미국 남서부에서 교외 생활을 강조하게 된 이유로 예전보다 이념적이 되었고, 심지어 유럽 도시들에는 유럽연합이라는 초국가가 상류층 이외의 사람들에게 추상적 의미밖에 갖지 못하게 된 결과로, 전통적 민족주의를 대신한 느슨한 형태의 환경적 이교성마저 뿌리내리게 되었다. 전쟁도 18세기 유럽에서와 달리 이제는 "왕들의 오락"이 아니라, 나치 독일의 경우처럼 규모가 크든 알 카에다처럼 규모가 작든 간에 상관없이 민족주의자와 종교적 광신주의자의 수단이 되었다.[29] 국가와 준국가적 수준의 급진화된 엘리트층이 보유한 가공할 핵무기도 같은 범주 안에 포함시킬 수 있을 것이다. 그리고 이 모든 불쾌하고 소란스러운 변화의 와중에 고전적 지리는 다시금 머리를 쳐들고 서구, 러시아, 이란, 인도, 중국, 한반도, 일본 등지에서 긴장을 조성하고 있다. 이렇게 보면 문명들 간의 상호작용을 논한 맥닐의 논제가 지금보다 더 잘 부합하는 때도 없을 것 같다. 그렇다고 근래의 세계 문화를 정치적 안정과 동일시하는 것은 잘못이다. **공간**—갈수록 혼잡해지고, 따라서 예전보다 값어치도 높아진—은 여전히 중요하고, 그 중요성도 커지고 있기 때문이다.

맥닐이 전 지구적 관점에서 역사를 논했다면, 마흔여섯 살의 나이에 유명을 달리한 마셜 호지슨은 대중동을 주된 연구 분야로 삼았다는 점에서 맥닐보다는 시야의 폭이 좁았다. 그러나 그가 세상을 뜬 지 6년 뒤인 1974년에 출간된 세 권짜리 『이슬람의 모험The Venture of Islam: Conscience and History in a World Civilization』을 보면 독실한 퀘이커교도였던 호지슨의 야망이 얼마나 컸는지를 잘 알 수 있다. 호지슨은 저명한 중동 역사 전문가인 프린스턴대학교의 버나드 루이스나 조지타운대학교의 존 에스포시토의 그늘에 가려 이름이 덜 알려졌을 뿐, 맥닐의 말을 빌리면, 호지슨의 『이슬람의 모험』은 세계

사라는 거대한 흐름의 문맥에서 지리, 문화적으로 이슬람을 정리한 기념비적 걸작이었다. 문체가 다소 딱딱하고 불명료한 점은 있지만 그것만 잘 참고 넘기면 이슬람이 출현하여 뿌리내리고, 그다음에는 놀라운 방식과 때로는 빠른 속도로 전파되어 아라비아와 북아프리카는 물론 인도양 연안과 피레네산맥에서 톈산산맥에 이르는 지역으로까지 확산되는 과정을 일목요연하게 파악할 수 있는 기쁨을 누릴 수 있다.[30]

호지슨이 『이슬람의 모험』의 대부분을 집필한 시기가 언론의 관심이 온통 유럽의 냉전에 쏠려 있을 때인 1950~1960년대라는 사실도 간과하지 말아야 할 중요한 요소다. 그런 시기였는데도 호지슨은 『이슬람의 모험』 1권에서 유럽 중심적 시각은 초기의 지도제작 관례에서 비롯된 편견으로, 예나 지금이나 그릇된 관점이라는 점을 분명히 했다.[31] 그러면서 "그 불합리한 편견이 가려질 수 있었던 것은, 북부 지역을 강조함으로써 인위적으로 구획된 '유럽'을 '아프리카' 전체보다 크게 보이게 하고 유라시아의 반도인 인도는 왜소하게 만드는 메르카토르 투영법에 따라 눈에 뻔히 보일 정도로 심하게 왜곡된 세계지도가 폭넓게 사용되었기 때문"이라고 주장했다. 그런 다음 호지슨은 독자들의 지리적 관심을 고대 그리스어로 "사람이 사는 모든 땅"을 뜻하는 오이쿠메네Oikoumene, 다시 말해 북아프리카에서 중국 서부의 경계지까지 미치는 온대의 아프리카-아시아 대륙, 그가 "나일강에서 [중앙아시아] 옥수스강까지"의 영토지대라고도 부른 지역으로 이끌어간다.[32] 그러나 이 지리적 정의는 서로 모순이 일어나기도 하는 등 모호한 측면이 없잖아 있다. 그가 말하는 나일강-옥수스강 영토 지대만 해도 이집트를 서단으로 하는 지역의 의미가 내포돼 있으나, 오이쿠메네는 사실 그보다 훨씬 서쪽의 지중해 아프리카 연안에서 시작되는 영토를 의미할 수도 있기 때문이다. 하지만 이것은, 그가 책을 쓰고 있던 냉전기는 그 시대 특유의 엄정함으로 중동을 아나톨리아 및 인도 아대륙과 뚜렷이 구분 지을 때여서, 지형과 문화로 경계를 정한 호지슨의 유기적 지리—유럽 문명과 중국 문명 사이에 위치한 대체로 메마르고 거대한 지역, 그가 사실상 세계사의 의문을 풀 수 있는 열쇠로 제시한 헤로도토스의 세계—와 맞지 않아 벌어진 일일 뿐이다.

게다가 지금은 세계화의 여파로 경계, 지역, 문화적 구분이 사라지고 있으므로, 거대하고 융통성 있는 호지슨의 지리적 개념은 상당히 유용할 수 있다. 기복지도가 굵은 선으로 표시된 고정된 경계선들에는 성가신 존재일 수 있음을 말해주고 있기 때문이다. 호지슨은 이런 식으로 중국과 인도가 지금처럼 대중동(옛적의 오이쿠메네)에서 경제적 영향력을 높이는 가운데 이슬람이 출현하고, 페르시아만 족장국들도 아프리카에서 그와 동일한 행동을 함으로써 우리가 알고 있는 인위적 경계들이 사라지는, 고대 후기의 유동적 지리를 독자들이 머릿속에 상상할 수 있게 해주었다. 그러면서 이렇게 말했다.

"이슬람 문화가 형성될 지역은 그리스어와 산스크리트어 전통의 뿌리가 없고, 종국에는 그곳에서 유럽어와 인도 제어諸語 지역이 생겨나게 되는 잔여 영토 지대로, 대체로 부정적으로 정의될 수 있다…… 그 점에서 이슬람 지역도, 축의 시대Axial Age(카를 야스퍼스가 정의한 기원전 800~200년의 기간)에 유럽어와 인도 제어에 비해 그리스어와 산스크리트어는 고작 지역적 발전이나 과도기적 발전밖에

지리의 복수

이루지 못했던 지중해와 힌두쿠시산맥(아프가니스탄) 사이의 영토로 구성된 것이다." 그런데 호지슨에 따르면, 온대 아래쪽 5,000킬로 미터 남짓 뻗어나간 이 광활한 대중동 지역의 두 가지 지리적 특성이 고급문화를 촉진시켰다는 것이다. 오이쿠메네의 양 끝에 위치한 교역로라는 측면에서, 특히 아라비아와 비옥한 초승달 지대라는 중요한 상업적 입지와 그 지역 특유의 건조성이 그것이다.

이 중 건조성에 대해서는 약간의 설명이 필요할 것 같다. 호지슨은 전반적인 물 부족이 농업으로 얻을 수 있는 부를 감소시키고, 그에 따라 비옥한 땅의 집중적 보유가 드물어져, 농촌 생활이 오아시스에서의 도시 생활보다 불안정해지고 가치가 떨어졌다고 보았다. 그러다보니 돈과 권력도 원거리 중동 교역로들이 만나는 접점에서 활동하는 상인들 손에 집중되었다. 주요 교역로들이 특히 홍해, 아라비아해, 페르시아만의 해로 가까이 접해 있어 유동량 많은 인도양 교역지로 아랍 상인들이 접근할 수 있게 되었기 때문이다. 게다가 그곳은 교역과 계약이 이루어지는 세계이기도 했으므로 경제활동을 안정적으로 하기 위해서는 윤리적으로 행동하고, "상행위도 공정하게" 할 필요가 있었다. 북쪽의 비잔티움제국과 사산왕조가 아나톨리아와 페르시아에서 고전을 면치 못하는 동안, 아라비아와 비옥한 초승달 지대에서 단순히 "농사 계절의 순환"을 보장해주는 차원을 넘어 건전한 윤리관까지 강조하는 종교가 출현할 수 있는 무대는 이렇게 조성되었다. 이렇게 보면 이슬람은 사막의 종교로서뿐 아니라 상인들의 종교로서도 출현한 것이 된다.[33]

중서부 아라비아에서 가장 중요한 교역지는 홍해에 인접한 헤자즈 지방의 메카였다. 메카는 주요 교통로 두 곳이 만나는 교차로에 위치해 있었다. 예멘과 인도양의 항구들이 시리아와 지중해로 연결되는 남북 교통로와 홍해 건너편 해안의 아프리카의 뿔*이 페르시아만의 이란과 연결되는 동서 교통로가 그것이었다. 또 메카는 페르시아, 이라크, 소아시아의 도시 종교와 사상—조로아스터교, 마니교, 헬레니즘, 유대교 등등—에는 노출돼 있었으나, 사산왕조의 영향을 받지 않을 정도로 이란과는 멀리 떨어져 있었다. 규모가 큰 오아시스는 없었지만 낙타들에게 먹일 정도의 물은 있었고, 구릉이 있어 홍해의 해적으로부터도 안전했다. 또한 메카에는 그 지역 일족의 성물聖物이 수집돼 있고, 세계 각지의 순례자들이 찾는 성소 카바도 있었다. 그것이 바로 존경받는 지역 상인이자 무역업자였던 예언자 무함마드가 그의 나이 삼십 대에 의롭고 순수한 삶을 살기 위해 사색하다 돌연 깨달음을 얻었던 지정학적 배경이다. 요컨대 메카는 사막의 오지가 아니라 활기 넘치는 코즈모폴리턴적 도시였던 것이다.[34]

그렇다고 호지슨의 복잡한 지리적 태피스트리로 이슬람을 궁극적으로 설명할 수 있는 것은 아니다. 종교는 본질적으로 형이하학이 아닌 형이상학적 존재이기 때문이다. 그렇기는 하지만 지리가 이슬람이 출현하고 확산되는 과정에서 종횡으로 뻗어나간 사막 지형의 산물인 상인과 베두인족에 고착되도록 하는 데 기여한 것은 사실이고, 호지슨이 보여주려 한 것이 바로 그 지리의 작용이다.

그에 따르면 베두인족의 생활 터전인 아라비아는 세 곳의 농경지—북쪽의 시리아, 북동쪽의 이라크, 남쪽의 예멘—로 둘러싸여

* 아라비아해 쪽으로 돌출해 있는 소말리아반도.

있었다. 세 곳은 또 모두 기원후 6, 7세기에 그곳을 각각 지배한 고지대, 곧 "정치적 배후지"와 연결돼 있었다. 시리아는 아나톨리아의 고지대, 이라크는 이란의 고지대, 예멘도 미약하나마 아비시니아(지금의 에티오피아)의 고지대와 연결돼 있었던 것이다. 그런데 훗날 이 대부분 지역이 이슬람에 정복되었을 때 농업 문명권이던 비옥한 초승달 지대의 두 지역, 특히 시리아와 이라크가 그들 고유의 대립적 정체성을 발현시켜 이슬람 세력의 경쟁적 중심지가 되게 하는 데 지리가 일정 부분 영향을 미쳤다는 것이 호지슨의 논점이다.[35]

호지슨의 서사적 대작 『이슬람의 모험』 1, 2권에 포괄적으로 정리된 고대 후기와 중세의 역사를 보면, 현대의 중동 국가들 또한 서구 식민주의의 산물로 알려진 것과 달리 과거와 연결돼 있고, 그러므로 생각보다는 인위적 요소가 덜한 것으로 나타나 있다. 바다와 아틀라스산맥에 둘러싸인 모로코는 물론 이집트, 예멘, 시리아 그리고 고대 카르타고를 계승한 튀니지 모두, 편평한 사막 가운데 그어진 경계선들은 인위적일 수 있지만 정통성 있는 고대 문명의 보루들을 조상으로 둔 국가들이라는 말이다. 토인비는 "보편적 이슬람 국가가 들어서기 전" 서구화가 "주도권을 잡은 것"이 분할의 요인이었다면서 아랍권의 분할을 애석해했지만,[36] 이슬람이 세계 문명의 한 요소라고 해서 이슬람이 반드시 하나의 국가를 이루어야 하는 것도 아니다. 호지슨이 보여주었듯, 이슬람 문명에는 이슬람 이전에 존재한 풍요로운 역사를 보유한 상이한 민족 집단들이 다수 연관돼 있고, 그것이 탈식민 시대에도 영향을 미친 것이다. 호지슨의 책에는 이란의 고지대만 해도 본질적으로 메소포타미아의 정치 및 문화와 늘 관련이 있었던 것으로 나타난다. 이런 현상은 2003년 미국의 이라크 침공으로 이란이 이라크로 재진입할 수 있는 길이 열렸을 때도 뚜렷이 나타났다. 지금의 이라크 한가운데에 위치한 유프라테스강만 해도 언제나 들쭉날쭉했던 페르시아-메소포타미아 간 경계선 역할을 오랫동안 하고 있었으나, 아랍인들은 무함마드가 메카에서 메디나로 도주한 사건, 요컨대 세계사에서 이슬람 시대의 시작으로 보는 헤지라(622년)가 일어난 지 고작 22년째 되는 해인 기원후 644년에 이란고원 중앙에 자리한 사산왕조의 페르시아제국을 정복했다. 반면에 아나톨리아 고지는 원거리와 방만함, 따라서 어느 정도는 지리 탓에 그 400여 년 뒤인 1071년에야 셀주크투르크족이 만지케르트전투에서 비잔티움을 격파하고, 이슬람을 위해 그곳의 중심지를 점령할 수 있었다.[37]

셀주크족은 유라시아 내륙 출신의 유목민이었다. 따라서 아나톨리아에도 동쪽으로부터 침략해 들어갔다(만지케르트도 아나톨리아 동부에 위치해 있다). 그러나 아랍인들이 아나톨리아의 산속 요새들을 결코 완전히 점령하지 못한 것처럼, 그곳 성채들에 깊숙이 틀어박힌 셀주크족도 헤자즈와 남쪽의 아라비아 사막지대는 물론 이슬람권의 두 중심지―비옥한 초승달 지대와 이란고원―에 대해서도 견고한 지배권을 유지하지 못했다. 그리고 이 부분에도 지리가 영향을 미쳤다(셀주크족을 계승한 오스만투르크족도 아랍 사막지대를 정복하기는 했지만 그곳에 미친 지배력은 미미했다). 투르크족의 지배력이 인도 아대륙 동단의 벵골까지 미쳤던 것도 알고 보면 광활한 유라시아 동-서 온대 지역에서 진행된 남쪽으로의 인구 이동이 가져온 결과였을 따름이다. 그 무렵에는 투르크 유목민도 악명 높은 몽골군의 지휘를 받는 부족 집단에 지나지 않았기 때문이다(몽골족의 엘리트층도 두텁지 않기는 마찬가지였다). 몽골족과 그들의 지정학적 중요성에 대해서는 나중에 다시 논하기로 하고, 여기서는 일단 결론적으로 몽골족과 투르크족의 기마 유목성이 아랍인들의 낙타 유목성보다는 역사에 절대적으로 중요했다는 흥미로운 관점을 호지슨이 지녔다는 사실만 언급하기로 한다. 말이 중동 사막의 건조함을 견디지 못하고 유목민과 함께 옮겨 다니는 양들의 먹잇감 또한 부족하다보니, 몽골족 군대가 머나먼 아라비아를 피해 그보다 거리도 가깝고 환경적 여건도 좋은 동유럽, 아나톨리아, 북부 메소포타미아, 이란, 중앙아시아, 인도, 중국을 공격 목표로 삼았다는 것이다. 이곳들을 하나로 합쳐 생각하면, 화약에 의한 전쟁이 출현하기 직전 유라시아 지도에서 전략적 중요성이 매우 큰 곳들이었음을 알게 된다. 그 점에서 몽골족-투르크족 침략은 지난 1,000년 동안의 세계 역사에서 가장 중요한 사건이었고, 그것에 많은 영향을 끼친 것이 지리와 밀접한 관련을 지닌 특정 동물들이었다는 게 호지슨의 생각이다.[38]

　『이슬람의 모험』이 지역 편향적 작품이 아니라는 사실은 이렇듯 호지슨이 몽골족을 논한 점으로도 확연히 드러난다. 같은 맥락에서 호지슨을 아랍 애호가 혹은 이슬람교도로 부르는 것도 그를 부정확하게 폄훼하는 처사다. 그의 책에서 이슬람은 고대의 오이쿠메네가 중심이 된 구세계 전역, 다시 말해 아프리카-유라시아 지역들에 가장 중요한 영향을 미친 지적, 문화적, 지리적 양상을 보여주기 위한 도구로만 이용되고 있을 뿐이다. 『이슬람의 모험』도 본질적으로는 지리를 다룬 작품이 아니다. 호지슨은 지형을 강조한 것 못지

않게 지적, 종파적 전통은 물론 이슬람교의 신비주의 분파인 수피즘을 설명하는 데도 책의 많은 부분을 할애하고 있고, 그 논의에 지리를 결부시켜 정치 및 이데올로기와 지리가 어떻게 상호작용을 일으켜 역사의 바탕을 이루게 되었는지를 논증해 보이고 있기 때문이다. 그리고 그 사례로 그가 제시한 것이 13세기 말 아나톨리아에서 셀주크족을 대체한 오스만투르크족이었다. 오스만의 "획일적 군대 계급 제도"가 결국 러시아는 물론 원시적인 몽골족의 그것과도 다르게 그 지역 "고유의 지리적 경계"를 오스만 지배하에 둘 수 있었던 요인으로 파악한 것이다. 오스만은 황제^{padishah}가 항상 임석해 있는 단일 대군을 이루고 있었고, 군사행동도 술탄의 방만한 관료 조직이 몰려 있는 제국의 단일한 수도, 흑해 옆 지중해 북동쪽에 위치한 콘스탄티노플을 중심으로 전개되었다. "그러다보니 주요 전쟁도 1년에 한 차례, 원정이 가능할 때만 수행되었다." 오스만이 북서쪽의 빈과 남동쪽의 모술을 육지세력 팽창의 견고한 지리적 경계로 삼은 것도 그래서였다. 물론 때에 따라서는 병참상의 커다란 곤경에 빠지면서도 소피아나 알레포에서 월동하며 군대의 활동 범위를 넓히기도 했다. 그러나 전반적으로는 개인적, 관료적인 면에서 모든 권력이 수도에 집중된 전제주의로 인해, 콘스탄티노플의 지리적 요건이 모든 것을 결정하는 요소가 되었다. 인간적 힘을 거역하는 방향으로 나아간 것이었고, 그것이 결국 오스만이라는 군국주의 국가가 쇠퇴하는 일부 요인으로 작용했다. 군대가 지리적 경계에 도달하면 군대의 포상이 없어지고, 그에 따라 의욕도 저하되었기 때문이다. 오스만이 만일 그보다 좀 더 느슨한 중앙집권적 정책을 취했다면 지리의 지배를 받지 않게 되어 제국을 안정적으로 영위

할 수 있었을 것이다. 그렇다고 오스만의 전제주의가 육군에만 미친 것도 아니었다. 해군도 전제주의의 여파로 장소의 중요성이 지나치게 강조되었고, 그러다보니 함대도 본국과 가까운 흑해와 지중해 해역에 주로 몰려 있었다. 오스만 해군이 인도양에서 포르투갈과 대립하다 거둔 승리는 "일시적" 현상에 지나지 않았다.[39]

호지슨은 시카고대학교의 역사학과 동료였던 맥닐과 마찬가지로 동시대적 의미에서 보았을 때 교수라기보다는, 아마도 그가 지닌 퀘이커교도 특유의 강렬함에서 비롯되었을, 엄격한 과학적 태도로 끊임없이 탐구하는 옛날식 지식인에 가까웠다. 따라서 어떤 논점을 깊이 있게 파고들어도 전체적 맥락을 놓치는 법이 없었다. 그런 호지슨이 주 무대로 삼은 곳이 바로, 우연치 않게 맥닐이 다룬 세계 역사의 주요 부분과도 일치하고, 기원전 5세기 헤로도토스가 쓴 『역사Histories』의 주 배경이기도 했던 고대 그리스의 오이쿠메네였다. 이렇게 보면 동지중해와 이란-아프가니스탄 고원지대 사이에 위치한 그 지역이 오늘날 뉴스의 헤드라인을 장식하고 있는 것도 놀랄 일은 아니다. 오이쿠메네야말로 홍해와 페르시아만을 통해 인도양으로 이어지는 출구가 다수인 탓에 이주의 양상이 매우 복잡하고, 그러다보니 인종적, 종파적 충돌이 일어나는 것은 물론 중요한 전략지가 되기도 한 유라시아와 아프리카 대륙이 수렴되는 곳이었기 때문이다. 헤로도토스의 『역사』에도 이 끝없는 난맥상이 잘 포착돼 있다.

헤로도토스는, 21세기에 맥닐과 호지슨 간의 관련성을 주장하는 나의 논제의 중심인물이기도 하다. 기원전 490년과 484년 사이의 어느 무렵 페르시아 지배하에 있던 소아시아 남서부의 할리카르나

소스에서 태어난 이 그리스인이야말로, 그리스-페르시아 전쟁*이 일어나게 된 원인과 그 과정을 기록한 『역사』에서 지리와 인간이 내린 결정 사이의 균형감을 완벽하게 유지하고 있기 때문이다. 요 컨대 그는 우리 모두가 필요로 하는 **부분적**partial 결정론을 개진시킨 인물이었다. 인간 개개인의 열정으로 인해 치명적인 정치적 결과가 빚어진 상황에서도 기복지도—그리스와 페르시아 그리고 두 나라 가 근동과 북아프리카에 보유한 **이민족** 지역—가 배경에서 어른거 리는 세계를 함께 제시해, 우리로 하여금 생각의 균형을 유지하도 록 해준 것이다. 그 점에서 헤로도토스는 앞으로 다가올 세계에 놀 라지 않기 위해서라도 우리 모두가 되찾아야 하는 지각을 나타내는 상징이다.

헤로도토스가 핀다로스**의 시에 나오는 "풍습이 모든 것의 으뜸 이다"를 『역사』에 인용한 것도 나름의 이유가 있었다. 고양이의 죽 음을 애도하여 눈썹을 미는 풍습이 있었던 이집트인, 머리를 한쪽 만 길게 기르고 다른 쪽은 잘라내며 몸에 주홍색 칠을 하는 풍습이 있었던 리비아 부족, 사람이 늙으면 "친척들이 모여 양, 염소와 함 께 그 노인을 죽인 뒤 세 가지 고기를 함께 푹 삶아 잔치를 벌인" 카스피해 동쪽 지역(지금의 투르크메니스탄)에 살고 있던 마사게타이 족을 설명할 때, 처음에는 지형만 존재하다가 그곳에 거주하는 사 람들의 역사적 경험이 생겨나고, 그 경험에서 풍습과 관념이 생겨

---

* 기원전 492~448년 진행된 페르시아전쟁.
** 고대 그리스의 서정시인.

났다는 것을 이야기한 것이다. 헤로도토스는 문명들, 문명들이 일어난 지리, 신화, 우화는 물론 그것들과 불가분의 관계를 가진 거짓말까지도 기억한 역사의 보존자였다. 그런가 하면 그는 정치 지도자의 **상황 파악 능력**이 뛰어날수록 비극적 실수를 할 개연성도 줄어든다고 주장하면서, 아르타바누스***의 경고를 무시하고 스키타이족을 상대로 원정을 벌였다가 실패한 페르시아의 다리우스 1세 대왕을 그 예로 제시했다. 겨울에는 불이 없으면 진흙을 이기지 못할 만큼 혹한의 날씨를 보인 크림반도의 보스포루스왕국 저편에 살고 있던 스키타이족은 농토도 도시도 없는 뜨내기 유목민이었고, 따라서 공격 목표가 뚜렷하지 않아 잘 무장된 대군이 정규전을 벌이기에는 부적합한 상대였다는 것이다.[40]

그러나 헤로도토스의 뛰어난 장점은 역시 인간이 능히 믿을 것이 무엇인지를 강하게 일깨워준다는 점에 있다. 고대인들은 과학기술이 없는 세상에 살았던 만큼 보고 듣는 태도가 현대인들과 많이 달랐다. 따라서 시각과 청각에 무척 예민하게 반응했고, 믿음도 거기서 나온다는 얘기다. 지리가 고대인들에게 현대인이 상상하는 것 이상으로 큰 의미를 지닌 것도 그래서였다.

헤로도토스가 그 사례로 제시한 것은 마라톤전투가 벌어지기 전 아테네가 도움을 청하기 위해 스파르타에 전령으로 보낸 달리기 선수 피디피데스[페이디피데스, 필리피데스]의 일화였다. 피디피데스는 아테네로 돌아오던 중 파르테니온산에서 판 신****을 만난다. 판 신

*** 다리우스 1세의 형제로 그의 조언자 역할을 했다.
**** 그리스신화에 나오는 목신.

은 그에게 아테네인들에게 이런 말을 전해달라고 청한다. "그대들은 왜 과거에도 여러 차례 도움을 주었고, 앞으로도 도움을 주게 될 좋은 친구 판 신에게 주의를 기울이지 않는가?" 피디피데스가 아테네인들에게 이 말을 전하자 그들은 그 말을 믿었고, 나중에 운이 트인 뒤에는 아크로폴리스 언덕 아래에 판 신의 신전까지 지어주었다.

이 일화에는 재미있는 이야기 이상의 의미가 담겨 있다. 헤로도토스는 이 말을 아테네인들로부터 전해 들었다. 따라서 사실일 개연성이 높다. 피디피데스도 아마 판 신을 보았다고 믿었을 것이다. **아니 그는 실제로 판 신을 본 것이다.** 그의 신앙 체계에 내재한 만신전, 인간들이 더는 느끼지 못하게 된 경이로움으로 가득한 물리적 요소에 대한 두려움이 피로에 지친 그의 눈앞에 판 신의 환영으로 나타났을 거라는 말이다. 러시아 소설가 보리스 파스테르나크가 『닥터 지바고』에서 고대 세계는 "정주지가 드문드문 세워져 있었기 때문에 자연이 인간에게 압도되지 않았다"면서 "인간의 눈을 정확히 맞히고 목덜미를 우악스럽게 낚아채는 것으로 볼 때 그때만 해도 자연은 아직 신들로 가득 차 있었던 것 같다"고 쓴 것에도 그 점이 드러난다.[41] 이것이 말해주는 것은 결국 합리성과 세속주의를 앞세우다보면 피디피데스가 본 것에 대한 상상력을 발휘하지 못하게 되고, 그렇게 되면 계몽주의를 후퇴시키고 오늘날의 지정학에도 영향을 미치는 종교운동들 또한 이해할 수 없게 되며, 그 결과 종교운동들에 맞서 우리 스스로도 보호할 수 없게 된다는 것이다. 지구의 공간이 가득 차고 자연계도 더는 예전의 자연계가 아니게 되는 동안 슬럼가와 판자촌, 이도저도 아닌 경관으로 이루어진 새로운 지리 또한 그 못지않게, 색다른 경로를 통해 인간들에게 막대한 심리적 영향을 끼치게 될 것이기 때문이다. 그리고 이 새로운 지리, 그로 인해 중요성이 커질 공간, 그것이 가져올 심리적 효과를 이해하는 데도 헤로도토스가 묘사한 고대의 지리를 가장 먼저 살펴보는 것이 이로울 수 있다.

그 점에서 페르시아와 소아시아의 험준한 고원지대 너머 서쪽, 문화의 용광로를 이루고 있던 그리스 군도群島야말로 헤로도토스 『역사』의 요체라 할 만하다. 동쪽의 아시아인들과 서쪽의 그리스인들이 수천 년 동안 다툼을 벌이다 현대에 그리스와 터키 사이의 긴장 관계로 정점을 맞음으로써 지리적 결정론이 확대되었다는 의미에서다. 1920년대에 끝난 그리스-터키 전쟁 이후에는 두 나라가 공공연하게 전쟁을 벌이지 않은 것도, 당시에 진행된 대규모 인구 이동*으로 두 나라가 단일한 민족국가를 이루게 되었기 때문이다. 요컨대 평화는 지리의 명령에 따른 인종 청소가 끝난 뒤에야 얻어졌다는 얘기다. 그러나 이것도 헤로도토스가 말하려고 한 궁극적 논점은 아니었다.

그는 가슴〔심장〕의 영역과 인간의 계략이라는 부수적 특징들을 이해하는 감수성을 중시했다. 다리우스 1세의 부인 아토사를 통해 인간이 추한 열정에 사로잡히면 이기심이 어떻게 발현되는지를 설명한 것에서도 그 점이 드러난다. 아토사가 베갯머리송사로 남편 속에 내재한 남자 특유의 허영심을 부추겨 그리스를 침략하도록 한 것도 결국은 그녀 가슴의 종양을 치료해준 그리스 의사, 고향을 다시 찾고 싶어한 그 의사의 소원을 들어주기 위해서였다는 것이다.

---

* 두 나라 간 주민 교환.

이것은 셰익스피어의 주제가 될 때까지는 전적으로 지리에 관련된 문제였다.

헤로도토스의 『역사』도 가장 심오한 수준에서 보면 운명의 복잡다단함, 그리스어로 "운명을 결정하는 사람"을 뜻하는 모이라^{Moira}를 이해하는 것에 관련된 책이었다. 그리고 운명을 이기는 것은 영웅이므로 헤로도토스의 책에서도 영웅은 상위 개념을 형성하고 있다. 호지슨 역시 『이슬람의 모험』 서론에서 이렇게 말한다.

헤로도토스가 역사를 쓴 것은, 그에 따르면, 그리스와 페르시아인들이 행한 위대한 공적의 역사, 두 번 다시 되풀이되지 않을 것이기에 영원히 우리의 존경을 받을 가치가 있는 공적의 역사를 보존하기 위해서였다. 경쟁의 대상으로 삼을 수 있고, 어떤 면에서는 그것을 능가할 수도 있겠지만, 똑같이 모방할 수는 없는 그런 공적 말이다. 그들에 필적할 공적을 세우지 못하는 사람을 위대하다고 말하지 못하는 것은 지금도 마찬가지다.[42]

호지슨이 이것을 『이슬람의 모험』 서두에 쓴 것은 인간에게는 본질적으로 운명을 통제할 힘이 있다는 것을 말하기 위해서였다. 세 권짜리 대작을 쓰는 과정에서 때로는 개인들의 힘이 미치지 못하는 거대한 역사적, 환경적 추세가 있다는 사실을 접하면서도 그는 그 신념을 포기하지 않았다. 개인의 투쟁이 허용되지 않으면 역사 연구에 인도주의가 들어설 여지가 없다고 보았기 때문이다. 같은 맥락에서 그는 이슬람 역시 "도덕적, 인간적 견지에서 타당성 있는 전통들의 복합체"로, 글로벌한 힘의 특성을 갖게 되었지만 그것의 출발점이 된 것은 메카에 있는 개인들의 행동이었다고 이야기했다.

　그리하여 우리는 다시금 운명과의 싸움으로 되돌아왔다. 하지만 걱정할 것은 없다. 지정학과 지정학에서 파생된 유사 결정론이라는 지극히 험난한 지형으로의 진입을 앞둔 시점에서 우리는 이미 헤로도토스, 호지슨, 맥닐 같은 사람들의 관점으로 단단히 무장하고 있기 때문이다. 역사의 대략적 윤곽은 이미 예견돼 있고, 또다시 예견될 수 있다는 것이 유사 결정론자들의 주장이다. 개인들도 역사를 바꿀 수 있다는 점에서 보면 그것은 매우 불편한 말이지만, 그래도 사실이다. 지금부터 내가 소개하려는 사람들도 자유주의적 인도주의자들이 매우 껄끄럽게 여길 만한 인물들이다. 철학자가 아니라, 지도가 거의 모든 것을 결정하므로 인간의 힘이 개입될 여지가 상대적으로 적을 것이라 믿는 지리학자, 역사가, 전략가들이 바로 그들이다. 그들은 군사적, 상업적 지배에 관련해서만 인간의 힘이 중요할 수 있다고 보았다. 그런데도 이들의 논점에 주목해야 하는 것은 이 세계에서 우리가 직면한 것은 무엇이고, 그 안에서 우리가 이룰 수 있는 것이 무엇인지에 대한 얼개를 수립하는 데 그것이 필요하기 때문이다.

4장

유라시아 지도

지리와 관련된 사고의 르네상스는 지구적 격변의 시대와 함께 찾아왔다. 정치 지도地圖의 영속성에 대한 가설을 시험하듯 전 세계적으로 격변이 일어나자 지리와 관련된 사고에도 르네상스가 일어난 것이다. 지리가 전략과 지정학의 바탕이 되는 요소이다보니 특히 그랬다. 나폴레옹이 정의한 바에 따르면 전략은 시간과 공간을 군사, 외교적으로 사용하는 기술이었다. 어느 나라든 전략을 짜려면 반드시 부딪히게 되는 외부 환경―다른 나라들도 생존과 이익을 얻기 위한 투쟁을 벌이는 상태―을 연구하는 것도 지정학이다.[1] 간단히 말해 지정학은 인간의 분열에 지리가 미치는 영향을 연구하는 학문인 것이다.[2] 나폴레옹도 한 나라의 지리를 아는 것은 그 나라의 외교정책을 아는 것이라고 말했다.[3]

모겐소가 지정학을 "사이비 과학"이라 부른 것도 "지리적 요소를 절대적 존재"로 격상시킨다는 이유에서였다. 2차 대전 직후에 글

을 썼던 그는 영국의 위대한 지리학자 핼퍼드 매킨더가 20세기 초
에 발표한 이론이 2차 대전의 와중에 되살아나 나치의 손에서 독일
인의 "생활권^{Lebensraum}"을 정당화하는 도구로 악용되는 것을 보았
고, 그래서 그 영향을 깊이 받은 것이었다.[4] 아닌 게 아니라 지정학
의 목적이 힘의 균형을 얻는 것에 있었던 반면 나치가 획책한 것은
힘의 균형의 파괴였으므로, 매킨더의 견해가 나치에게 악용된 것
은 사실이었다. 그러나 기실 매킨더는 힘의 균형을 각 나라에 안정
을 가져다주는 자유의 기본 요소로 파악했던 인물이다.[5] 따라서 매
킨더에 대한 모겐소의 태도가 심했다고도 볼 수 있지만, 또 다른 시
각에서 보면 그가 매킨더에 반감을 느끼고 그의 이론을 신중하게
다루었다는 자체가 이미 서구의 지정학적 사고에 수십 년간 막대한
영향을 끼친 매킨더의 중요성을 말해주는 것이다. 매킨더가 그렇게
매도당하면서도, 미 지상군이 대중동과 동북아시아에 대규모로 주
둔해 있는 요즘 같은 시대에 특히 타당성을 인정받는 것도 그래서
이다. 간단히 말해 그의 저작에는 심기를 불편하게 하는 근원적 진
실이 내포돼 있는 것이다. 그것을 지나치게 강조하는 위험성 역시
존재하는 것이 사실이지만 말이다.

　매킨더는 명석한 인물이었다. 그런 그가 필생의 연구를 통해 이
루려고 했던 것이 바로 지리를 세분화된 학문에 대한 보편적 답이
되게 만드는 것이었다.[6] 1890년에 그가 독특한 예를 들어 지리적
지식이 어떻게 세계 정세로 생각의 지평을 넓혀갈 수 있는지를 설
명한 것에서도 그 점이 드러난다.

　가령 누군가가 내게 밀의 한 품종을 보여주면서 그것이 라호르산이라

고 했는데, 나는 라호르가 어디 있는지 모른다고 치자. 그러면 나는 지
명사전을 뒤적여 그곳이 〔파키스탄〕 펀자브주의 주도라는 사실을 알아
내게 될 것이다…… 만일 내가 지리에 문외한이었다면 라호르가 인도
에 있다고 생각했을 것이고, 그것으로 일은 끝났을 것이다. 반면에 지리
적 지식이 풍부했다면 펀자브라는 단어는…… 내게 많은 의미를 부여
해주었을 것이다. 라호르가 인도 북부 모퉁이에 위치해 있다는 것도 알
것이며, 여러 지류를 가진 인더스강의 한가운데, 눈으로 덮인 산맥 발치
의 거대한 평원에 자리한 모습도 머리에 떠올렸을 것이다. 계절풍과 사
막, 용수로를 통해 산의 물을 공급받는 것에 대해서도 생각했을 것이고,
기후, 파종기, 수확기에 대해서도 알았을 것이다. 카라치와 수에즈운하
도 내 마음의 지도에서 빛을 발했을 것이며, 그에 따라 화물이 연중 어
느 때에 영국에 도착할 수 있을지에 대해서도 머릿속으로 계산했을 것
이다. 펀자브는 인구와 영토 면에서 유럽의 주요 국가들인 에스파냐나
이탈리아와 맞먹는 곳이기도 했으므로, 영국의 수출이 가능한지에 대한
시장성도 따져보았을 것이다.[7]

매킨더의 개념과 논리 전개 방식은 실로 매혹적이었다.

모겐소가 그토록 경멸한 현대 지정학의 아버지 핼퍼드 J. 매킨더
경을 유명하게 만든 것은 책이 아니라, 런던에서 발행된 〈지오그래
피컬 저널The Geographical Journal〉 1904년 4월호에 실린 「역사의 지리
학적 중심The Geographical Pivot of History」이라는 논문이었다. 매킨더는 그
논문에서 중앙아시아를 세계 대제국들의 운명이 걸린 유라시아 심
장지대Eurasian Heartland의 중심으로 보았다. 산맥과 강들의 계곡 사이

로 자연의 동맥들이 뻗어나간 그곳의 지형이, 언명되었든 언명되지 않았든 간에, 국가가 아닌 제국들의 발흥을 촉진시켰다는 점에서다. 그럼 본래의 관점을 약간 비껴간 이 이론이 지정학을 설명하는 데 어떻게 사용될 수 있는지를 검토하기 전에, 매킨더가 그 결론에 도달하게 된 경위부터 먼저 살펴보기로 하자. 그의 논문이야말로 헤로도토스와 이븐 할둔의 작품을 연상케 하고, 문체상으로도 맥닐, 호지슨 그리고 프랑스의 역사학자이자 지리학자인 페르낭 브로델의 전조로 여겨질 만큼, 역사와 인류의 정주 양상 전체를 아우른 지리학의 원형이기 때문이다. 매킨더가 브로델과 유사한 논조로 "시작하는 것은 자연이 아닌 인간이지만, 통제하는 것은 주로 자연이다"[8]라고 말한 것에도 그 점이 드러난다.

「역사의 지리학적 중심」이 범상치 않은 스케일을 지닌 논문이라는 것은 첫 문장만 읽어보아도 알 수 있다.

> 만일 먼 훗날의 역사가들이 지금 우리가 지나치고 있는 몇백 년을 뒤돌아보며, 우리가 지금 이집트 왕조들을 요약하듯 그 시기를 요약한다면 아마도 지난 400년은 콜럼버스의 시대로, 그것이 끝난 시기는 1900년 직후로 정의 내릴 것이다.[9]

매킨더는 이것을 중세에는 유럽의 기독교권이 외부의 야만성에 의해 "협소한 지역에 갇혀 위협받았던" 반면, 콜럼버스의 시대—지리상의 발견 시대—에는 유럽이 "소소한 저항들을 물리치고" 대양들을 넘어 다른 대륙들로 세력을 팽창했기 때문이라고 설명했다. 하지만 탈콜럼버스 시대에 속하는 현재 이후로는(다시 말해 그가 논문을 쓴 1904년 이후에는) 유럽이 "다시금 폐쇄형 정치체제에 맞닥뜨리게 될 것이고", 이번에는 그것이 '전 세계적 규모'의 체제가 될 것이라고 예측했다. 그러고는 그 내용을 이렇게 상술했다.

모든 사회적 힘의 폭발은 미지의 공간과 야만적 무질서로 이루어진 주변 지역으로 흩어지고 마는 게 아니라 (그 후에) 지구 저편에서 날카롭게 되울리는 특징을 지니고 있다. 그리고 그 결과로 전 세계의 정치, 경제적 유기체의 허약한 요소들은 산산조각 나게 된다.[10]

매킨더는 이런 식으로 지구에는 유럽의 제국들이 팽창할 곳이 더는 없을 거라 믿었고, 따라서 유럽의 전쟁들 또한 전 세계적 규모로 진행될 것으로 파악했으며, 실제로 이 관점은 1, 2차 대전으로 현실이 되었다. 하지만 내가 연전에 포트레번워스의 미 육군 지휘참모대학에서 전해 들은 말은 '소모 전법은 결국 큰 변화를 일으킬 뿐이다'였다. 이 말을 달리 표현하면, 지리상의 발견 시대가 1900년 무렵에 끝나기는 했지만 폐쇄되고 혼잡한 지도, 아니 매킨더의 체스판은 20세기를 지나 현재에 이르기까지—그리고 특히 앞으로 다가올 시대를 예상해볼 때—인구는 물론 무기의 종류 면에서도 예전보다 더욱 빽빽이 채워졌다. 불과 50년 만에 농촌 사회에서 거대 도시들 중 하나로 변모한 중동이 대표적인 예이다. 내가 지난 30년간 외국 특파원 생활을 하는 과정에서 알게 되었듯, 오지 중의 오지였던 곳들도 이제는 도시로 변모했을 만큼 전 세계의 도시화도 맹렬히 진행이 된 것이다. 그러나 새롭게 혼잡해진 이 모든 지도들이 갖는 의미에 대해서는 나중에 좀 더 상세히 논하기로 하고, 지금은 일단 그 준비 단계로 매킨더와 그의 유라시아 중심 이론을 다시 살펴보기로 하자.

매킨더는 유럽 문명을 아시아인의 침략에 맞선 투쟁의 산물이라고 보고, 그러므로 유럽 역사를 아시아 역사에 "종속된" 것으로 파악했다. 그는 유럽이 문화적 현상이 된 것은 주로 지리 때문이라는 점도 맥닐보다 몇십 년 앞서 이미 지적했다. 동쪽에 자리한 거대하고 위협적인 러시아 평지를 배경으로 산맥, 계곡, 반도들로 복잡하게 구획된 유럽의 지형(이 지형에서 개별 국가들이 출현했다는 것이다)을 일이 그렇게 된 요인으로 지목했다. 그는 러시아 평지도 북쪽의 삼림지대와 남쪽의 스텝지대로 분리돼 있고, 러시아와 폴란드가 초기에 안전하게 수립될 수 있었던 것도 5세기부터 16세기까지 훈족, 아바르족, 불가르족, 마자르족, 칼무크족, 쿠민족, 페체네그족, 몽골족 등의 유목민들이 연달아 출현한 남부의 벌거벗은 스텝지대로부터 안전하게 보호받을 수 있는 북부의 삼림지대 덕이었다고 주장했다. 심장지대의 스텝지대가 광활한 데다 기후도 혹독하며, 모래와 강풍으로 인해 식물도 목초밖에 자라지 않는 데다 방어 수단 또한 변변히 없다보니 도중에 적을 만나면 분쇄하거나 혹은 자신들이 분쇄당하기도 하는 무자비한 종족밖에 출현할 수 없었다는 것이다. 그러다 프랑크족, 고트족, 로마 속주민들이 아시아 종족들에 맞서 힘을 합친 것이 결국 근대 프랑스가 탄생하는 밑거름이 되었다는 것이다. 매킨더는 베네치아, 교황령, 독일, 오스트리아, 헝가리, 그 밖의 유럽 신생국들도 그와 마찬가지로 아시아 스텝지대 유목민들과의 험악한 만남을 통해 출현하거나 성장한 것으로 보았다. 그러고는 그 상황을 이렇게 설명했다.

수백 년간 지속된 중세의 암흑기 동안 노르드인들〔바이킹〕은 북해에서 선박으로 해적질을 하고, 사라센〔이슬람교도〕과 무어인들*은 지중해에서 선박으로 해적질을 했다. 이렇게 적대적 해양세력에 가로막힌 기독교 반도의 중심으로 기마 민족인 아시아의 투르크족이 들이닥친 것이다. 이렇게 보면 근대의 유럽도 절구질 속에서 탄생한 것이고, 절구의 공이는 다름 아닌 유라시아 심장지대의 육지세력이라는 말이 된다.[11]

러시아도 호전적 종족들의 공격을 막아주는 삼림이 있었다고는 하나 13세기에 금장한국**의 희생양이 되었다. 그리고 그로 인해 유럽 르네상스로의 진입을 거부당해 러시아는 영원히 불안정한 나라라는 쓰디쓴 열등감을 갖게 되었다. 삼림 외에는 적의 침략을 막아줄 자연적 방벽이 없는 궁극적 육지 제국으로서 난폭하게 정복당하는 비참함을 뼈저리게 느꼈던 것이고, 그러다보니 영토를 확장 보유하거나, 그게 아니면 인접 지역이라도 지배해야 된다는 강박관념에 영영 사로잡히게 된 것이다.

그렇다고 러시아만 중앙아시아 출신의 몽골족 침략으로 절단이 나고 그리하여 운명이 바뀐 것은 아니었다. 터키, 이란, 인도, 중국, 아랍인들이 지배한 중동 북부 또한 그 못지않게 몽골족으로 인해 심한 피해를 입고 운명이 바뀌었다. 반면에 유럽의 많은 지역은 그 정도의 파괴를 당한 적이 없었고, 따라서 세계의 정치적 중심으로 부상할 수 있었다.[12] 실제로 콜럼버스 시대까지 이어진 유럽의 장

---

* 이베리아반도와 북아프리카에 살았던 이슬람교도의 총칭.
** 몽골 4한국의 하나이며, 일명 킵차크한국.

구한 운명은 매킨더에 따르면 대체로 아시아 스텝지대에서 벌어진 일에 따라 결정되었다. 그렇기는 하지만 그 일이 모두 몽골족 때문에 벌어진 것은 아니며, 10~11세기 심장지대 스텝 지역에서 발흥한 셀주크투르크족 또한 중동의 많은 지역을 황폐화시켰다. 매킨더가 유럽의 집합적 현대 역사의 시작으로 본 십자군도 알고 보면 셀주크투르크족이 예루살렘의 기독교 순례자들을 박해한 것이 발단이 되어 일어난 것이다.

매킨더는 계속해서 발전된 심장지대와 대비되는 유라시아의 또 다른 지역도 제시해 보여준다. 북쪽은 얼음, 남쪽은 열대 바다로 경계 지어지고, 그 끝단이, 중앙아시아의 거대한 중추 지역과 그곳의 몽골-투르크족 지배를 받는 네 개의 주변 지역으로 구성된 곳이었다. 그리고 우연치 않게 그 네 곳은 종교도 지리의 기능으로 파악했던 매킨더의 견해를 입증이라도 하듯 세계 4대 종교와도 연관돼 있었다. 태평양을 마주한 동쪽의 "몬순 지역"에서는 불교가 탄생했으며, 인도양을 마주한 남쪽의 또 다른 몬순 지역에서는 힌두교가 탄생했고, 서쪽의 대서양과 마주한 세 번째 지역인 유럽 또한 기독교의 중심이었던 것이다. 네 번째 지역인 중동에서도 이슬람교가 탄생했다. 다만 매킨더는 (그가 글을 쓴 1904년의 기준에서는) "근처의 아프리카에 습기를 빼앗기고, 오아시스를 제외하면…… 인구도 희박하다"는 이유로 중동을 네 곳 가운데 가장 취약한 지역으로 꼽았다. 숲도 없이 사막만 펼쳐져 있어 유목민의 침략과 그에 뒤이은 격변 및 혁명에 무방비로 노출되었을 뿐 아니라 만彎, 바다, 대양들과도 가까워 해양세력에도 속수무책이었다는 것이다(해양세력으로 인해 혜택을 받을 때도 그 점은 다를 게 없었다). 엄밀히 말해 매킨더의 전체적인 지리적 관점에서 볼 때 대중동은 지중해권, 인도 문명, 중국 문명 사이에 어정쩡하게 위치한 중간역 같은 존재, 따라서 권력정치의 커다란 소용돌이에 모두 휩쓸려본, 본질적으로 불안정한 곳이었다. 그 점에서 매킨더의 관점도 호지슨의 관점과 부합하는 것으로 볼 수 있다. 대중동을 3대 고백 종교(유대교, 기독교, 이슬람교)가 탄생한 곳이자 지정학의 중추적 역할을 계속한 고대 세계의 오이쿠메네로 묘사했으니 말이다.

그럼에도 거대 석유 업체, 송유관, 탄도미사일이 출현하기 전에 글을 써서인지 매킨더는 여전히 세계의 지리적 중심이 그보다 조금 멀리 떨어진 곳에 있다고 보았다. 따라서 논문에서도 중동을 무시한 채 그냥 넘어갔다.

매킨더는 콜럼버스의 시대를 희망봉을 돌아 인도로 가는, 따라서 중동을 건너뛴 채 인도로 가는 해로의 발견 시대라고 보았다. 중세에는 "남쪽의 통행 불가능한 사막, 서쪽의 알려지지 않은 대양……북쪽과 북동쪽의 얼음에 뒤덮이거나 숲이 울창한 황무지", 동쪽과 남동쪽의 "기마 민족과 낙타 민족 사이에 갇혀 있던" 유럽이, 그 중세를 벗어나자 졸지에 신세계에서 전략지들을 발견한 것은 물론, 인도양을 통해 남아시아 전 주변 지역으로 갈 수 있는 수단까지 얻게 되었다는 것이다.

한편 서유럽이 이렇게 "함대로 대양을 뒤덮고 있는 동안" 러시아는 "북쪽의 삼림지대를 벗어나" 카자크군으로 스텝지대의 몽골족에 맞서며 서유럽 못지않게 육지에서 맹렬하게 세력을 팽창하고 있었다. 포르투갈, 네덜란드, 영국이 희망봉을 의기양양하게 도는 동안 러시아 또한 시베리아로 진출, 남서 지역으로 농부들을 보내 밀밭을 경작하게 함으로써 이슬람교를 믿는 이란 권역의 측면을 에워 싸기 시작한 것이다. 매킨더는 이렇게 토인비와 그 밖의 몇몇 학자들이 수십 년 뒤에나 강조할 이런 논점을 1904년 무렵에 이미 언급했다.[13] 그러나 유럽 대 러시아라는 이 대결 국면도 알고 보면 아테네와 베네치아로 대변되는 자유주의 해양세력과 스파르타와 프로이센으로 대변되는 반동주의 육지세력 간의 대결이라는 오랜 역사를 지닌 것이었다. 머나먼 항구들로의 접근이 가능하여 코즈모폴리턴적 힘을 가질 수 있고, 자유주의와 민주주의가 뿌리내리는 데 필수 요건인 국경의 안전도 보장받을 수 있는 점이야말로 바다를 가진 자유주의 해양세력의 이점이었다(지금의 미국도 남부만 멕시코 인구의 위협을 받을 뿐, 동서쪽은 두 대양과 접하고 있고, 북쪽은 인구밀도가 희박한 캐나다령 북극지대와 접경하고 있어 사실상 섬이나 마찬가지다).

매킨더는, 19세기에는 증기력과 수에즈운하가 유라시아의 남쪽 주변지대에서 해양세력의 기동력을 높여주었으나 개발 초기만 해도 "원양 교역의 지선" 역할에 머물던 철도가 육지세력의 기동력을 높이기 시작했고, 그 혜택을 가장 많이 본 곳이 바로 예전에는 석재와 목재 부족으로 도로를 건설하지 못했던 유라시아 심장지대라는 점도 함께 지적했다.

그런 다음 마침내 본론으로 들어간다.

역사의 폭넓은 흐름을 이렇게 순식간에 조망해보니 어떤 생각이 드는가? 지리적 관련의 지속성이 느껴지지 않는가? 바다로의 접근로가 차단되고 고대에는 기마 유목민에게 노출돼 있었지만 지금은 철도망으로 뒤덮인 거대한 유럽-아시아 지역이야말로 세계 정치의 중추지대가 아니겠는가?

이 글에도 나타나듯 매킨더는 20세기 초의 확장된 러시아가 지닌 구심성이 결국에는 (지난 1,000년 동안) 세계 역사에 가장 지대한 영향을 끼쳤다고도 할 수 있을 몽골족의 구심성을 대체하게 될 것으로 보았다. 몽골족이 유라시아 변두리 지역의 관문들(핀란드, 폴란드, 터키, 시리아, 이라크, 페르시아, 인도, 중국)을 두드리고 때로는 부수기도 했던 것처럼, 러시아 또한 대륙 특유의 응집력과 근래에 개발된 철도의 도움을 받아 주변 지역의 관문들을 두드리게 될 거라는 말이었다. 매킨더가 "인간보다는 지리의 양을 측정하는 것이 수월하고, 지리가 인간보다 가변적 요소가 적다"고 쓴 것에도 그 점이 드러난다. 차르의 존재를 잊는다면, 그리고 그가 논문을 발표한 1904년에는 소련공산당의 인민위원도 아직 출현하기 전이었으므로, 그에게 지리나 과학 같은 심원하고 구조적인 힘에 비해 인간적 요소는 하찮게 보였을 것이다. 그렇다고 해서 그가 당시에 일어난 사건들에 경도되어 그런 견해를 밝힌 것도 아니었다. 매킨더가 그 유명한 강연을 한 지 2주도 채 지나기 전, 일본 함대가 러일전쟁의 첫 전투로 남만주로 들어가는 주요 항구인 포트아서[뤼순]를 공격, 이듬해인 1905년 쓰시마해전에서 러시아 함대를 격파하고 전쟁을 끝낸 것으로도 알 수 있듯이, 그가 육지세력의 중요성을 설파하고 있는 동안에도 해양세력은 여전히 20세기 초의 전쟁에서 세계 최대의 육지세력을 쳐부수고 있었기 때문이다.[14]

그럼에도, 폴 케네디*가 동유럽에서부터 히말라야산맥과 그 너머 지역에 이르는 매킨더의 "주변 지역"을 차지하기 위한 투쟁으

지리의 복수

로 이야기한 양차 대전과, 20세기 후반기에 소련이 등장하여 거대한 세력권을 형성한 것을 보면, 일견 결정론인 것처럼 보이는 매킨더의 관점은 여전히 설득력이 있다.[15] 러시아혁명이 일어난 때부터 소련이 붕괴되기 전까지 중앙아시아-시베리아 간 철도가 무려 7만 2,000킬로미터로 확장된 것이나,[16] 냉전 기간의 봉쇄 전략이 대중동과 인도양의 주변 지역 기지들에 크게 의존했던 것이 그것을 보여주는 대표적인 예다. 또한 아프가니스탄과 이라크 주변 지역으로 미국의 힘이 투사되고, 지정학적 중추 그 자체라 할 수 있는 중앙아시아 및 캅카스 지역을 둘러싼 미국과 러시아 간의 긴장도 매킨더 이론의 타당성을 입증해주는 예가 될 수 있다. 매킨더는 논문의 마지막 구절에서 중국이 러시아 영토를 정복할 수도 있는 위험한 상상을 불러일으키며, 만일 그렇게 된다면 지정학적 세력의 주도권이 중국으로 넘어갈 것이라고도 전망했다. 실제로 중국 이주민들이 인구적으로 시베리아의 일부 지역을 거의 점유하다시피 하고 있고, 그에 대한 긴장감을 반영하듯 동부 지역에 러시아의 정치적 통제가 가해지는 것을 보면 매킨더의 예측이 다시 한 번 맞아 떨어질 공산도 없잖아 있다.

매킨더는 결정론자의 대부이자 제국주의자라는 공격을 받았다. 하지만 두 주장 모두 상당히 불공평한 면이 있다. 무엇보다 그는 평생을 교육자로 산, 따라서 천성적으로 극단이나 이데올로기와는 거리가 먼 사람이었다. 그가 제국주의자였다는 주장도 영국이 전 세

---

* 『강대국의 흥망』을 쓴 미국 역사가.

계적으로 제국을 경영했던 당시의 상황에서 계몽된 애국자였던 그가 러시아나 독일의 영향권보다는 영국의 영향권 아래 있는 것이 인류의 발전 가능성—특히 민주주의—이 높다고 본 점에서만 옳은 말이었다. 요컨대 그는 그 시대의 누구나 가질 수 있는 편견을 가지고 있었을 뿐이다. 매킨더가 결정론자였다는 주장도 지리가 그의 전문 분야인 데다, 지리 또한 결정론적 특성을 지니고 있어 벌어진 일이다. 매킨더가 특히 소모적인 보어전쟁(1899~1902년)*이 끝난 뒤부터는 영국 제국주의를 보호하려고 노력했던 것은 사실이다.[17] 하지만 『민주주의의 이상과 현실Democratic Ideals and Reality: A study in the Politics of Reconstruction』에서는 그도 분명 지리적 요소는 인간적 요소로 극복될 수 있다는 점을 핵심 주제로 제시했다. 전기 작가 W. H. 파커도 "하지만 결국에는 환경적 힘과 조화를 이룬 인간이 환경적 힘에 맞서 싸운 인간을 이기게 될 것이다"라며 매킨더의 논점을 부연하는 글을 썼다.[18] 대부분의 사람들이 쉽게 동의할 수 있는 레몽 아롱의 "확률론적 결정론"의 본질을 이야기한 것이다.[19] 아롱도 매킨더가 지리는 기술혁신으로 정복될 수 있다고 믿었던 인물이라고, 다시 말해 자연과학자가 아닌 사회과학자라고 확신하고 옹호해주었다.[20] 매킨더도 마침내 그 문제에 도달했을 때는 모든 의혹을 불식시키는 말을 했다. 『민주주의의 이상과 현실』의 서두에서 이렇게 쓴 것이다.

지난 세기에는 사람들이 다윈 이론에 매몰된 나머지 자연환경에 가장

---

* 일명 남아프리카전쟁.

　　　　　　　　　　　　　　지리의 복수

잘 순응하는 조직의 형태만 살아남을 수 있다고 믿었지만, (1차 대전이라는) 혹독한 시련에서 벗어난 지금 우리는 그런 하찮은 운명론을 극복하는 것이 인간 승리의 요체임을 알게 되었다.[21]

매킨더는 모든 형태의 자기만족에 반대했다. 그리고 이번에도 『민주주의의 이상과 현실』의 서두에서 현저한 사례를 들어 그 점을 설명했다.

피로에 지친 인간들이 전쟁이 더는 없을 것이라고 결의했다는 이유만으로, (1919년**에는) 평화가 영원히 지속될 것으로 믿는 순간의 유혹에 빠졌다. 그러나 처음에는 서서히 진행되겠지만 국제적 긴장은 다시금 높아질 것이다. 워털루전투 뒤에도 평화가 찾아왔지만 결국에는 깨지지 않았던가? 빈회의***에 모인 외교관들 가운데 어느 누구도 장차 프로이센이 세계의 위협 세력이 되리라는 것을 간파하지 못한 탓이었다. 우리도 그와 마찬가지로 개울 바닥만 보고 폭우가 내리지 않을 것이라고 섣불리 예단해서는 안 된다. 그것이 후손들로부터 빈회의 참석자들보다는 욕을 덜 먹기 위해 우리가 수행해야 할 임무다.[22]

이로써도 알 수 있듯 매킨더는 단순한 운명론자가 아니었다. 지리와 환경은 극복될 수 있지만, 다만 그것은 우리가 풍부한 지식과

** 1차 대전을 종결지은 파리강화회의가 열린 해.
*** 1814~1815년. 오스트리아, 영국, 프로이센, 러시아 등 유럽의 4대 열강이 나폴레옹 전쟁 뒤 유럽의 재편을 논의한 국제회의.

존중감을 갖고 대할 때만 가능하다는 신념을 갖고 있던 것뿐이다.

마키아벨리의 『군주론』이 운명에 굴하지 않고 운명보다 강한 힘을 꺾을 수 있는 최상의 기략을 필요로 하는 사람들의 지침서가 됨으로써 시대를 초월한 영속성을 갖게 되었듯이, 매킨더도 운명론을 거부했다. 다만 논점과 화법의 강도가 세다보니, 자신의 주장을 넘어서도록 상대방을 자극하려는 특유의 서술 방식이 미리 정해놓은 사실을 받아들이도록 압박하는 것으로 비친 것뿐이다. 그러나 알고 보면 매킨더야말로 비극을 피하기 위해서는 많은 노력을 기울여야 한다는 것을 알고 있던 가장 탁월한 유형의 모호한 결정론자였다.

결정론에서는 어딘지 모르게 강력한 힘과 추세에 밀려 역사의 반전들에도 꿈쩍하지 않는 고착된 이론이라는 이미지가 느껴진다. 매킨더는 그와 정반대되는 사람이었다. 마치 무언가에 홀린 것처럼 "역사의 지리학적 중심"에만 천착하여 그것에 깊이와 통찰력을 더하고, 근래의 사건들이 그것에 미치는 영향에만 신경 썼을 뿐이다. 「역사의 지리학적 중심」이 진정으로 탁월했던 것도, 에드워드 7세의 시대적 사고가 유럽의 **대륙** 시스템에 고착돼 있을 때 **글로벌** 시스템을 예견한 데에 있었다.[23] 대륙 시스템이 「역사의 지리학적 중심」이 발표되기 거의 100년 전인, 나폴레옹 전쟁 뒤에 열린 빈회의에 연원을 두고 있고, 따라서 그 무렵에는 죽어가고 있다는 것을 매킨더와 몇몇 다른 학자들만 간파하고 있었던 것이다. 매킨더가 주장한 심장지대를 두고 다투는 이론도 「역사의 지리학적 중심」이 발표된 지 10년 뒤에 발발한 1차 대전으로 동부전선에서는 독일-프로이센 제국과 차르의 러시아제국이 맞붙고, 서부전선에서는 독일 육지세력과 영국-프랑스 해양세력이 대결을 벌였으니 얼마간 확인이 된 셈이고, 그와 더불어 이론의 복잡성과 조정도 함께 가해졌다. 그 점에서 파리강화회의가 열린 해에 발간된『민주주의의 이상과 현실』은「역사의 지리학적 중심」의 증보판이라 할 수 있다. 1차 대전으로 수백만 명의 인명이 희생되었지만 "해양세력과 육지세력 간의 문제는 완전히 해결되지 않았고, 튜턴족〔독일〕과 슬라브족〔러시아〕간의 대결도 끝나지 않았다"는, 매킨더가 베르사유조약 당사자들을 향해 경종을 울리는 내용이 담겨 있다는 면에서 특히 그랬다.[24] 단순한 이론에 머물렀던「역사의 지리학적 중심」과 달리『민주주의의 이상과 현실』은 선견지명적 경고의 의미를 지닌 개정 증보판 책자였던 것이다.

『민주주의의 이상과 현실』은 매킨더가 해양인과 육지인의 시각을 고루 반영하여 박식함, 주제를 비트는 절묘한 기술, 유창한 필치로 동시대 및 고대의 지리를 함께 조망한 책이다. 나일강 문명에 대해서도 그는 마치 뱃사람 같은 생각으로 동쪽과 서쪽이 사막의 보호를 받았던 반면 북쪽은 삼각주의 습지대가 있어 지중해 해적의 시달림을 받지 않았다고 하면서, 그것을 역대 이집트 왕국들이 특별한 수준의 안정감을 누릴 수 있었던 요인으로 이야기했다. 이집트 북쪽 동지중해에 위치한 크레타섬이 서방권의 "첫 해상 기지"가 될 수 있었던 것도 그곳이 그리스 섬들 가운데 가장 크고 비옥한 섬이었던 이유로 "선원들을 살지게 해주는 비옥한 땅이 어딘가에 있었기" 때문이라고 보았다. 매킨더는 이 크레타섬을 기점으로 선원들이 그리스 문명의 토대가 된 에게 "'해 공간sea chamber'"의 다른 지역들에도 정주했을 것이라고 생각했다. 그렇게 그리스 해양세력은 승승장구 번영을 누리다 페르시아 육지세력의 도전을 받았으나, 이

도전도 실패로 끝나 에게해는 결국 "그리스반도에 뿌리를 둔" 북쪽의 반*그리스계 마케도니아에 정복되었다는 것이다. 매킨더는 멀지도 가깝지도 않은 바다와의 거리가 마케도니아인이 탁월한 전사임에도 지배자에 순종하는 "육지인과 산악인"의 기질을 갖게 해주었고, 동시에 드넓은 세계에 대한 감각 또한 잃지 않게 해주었다고 하면서 그것이 바로 마케도니아가 에게해로 진출할 수 있었던 요인이라고 주장했다. 그리고 이 마케도니아 정복으로 에게해는 "폐쇄형 바다"가 되어—그리스와 페니키아는 근거지를 빼앗긴 반면—알렉산드로스 대왕은 대근동의 육지 정복길에 나설 수 있었다는 것이다. 매킨더의 지리적 기원에 대한 설명은 여기서 그치지 않고 로마제국과 그 이후의 제국들로 계속 이어졌다. 물론 그도 지리로 역사의 모든 것을 설명할 수 없다는 것은 알고 있었다. 지중해 남부의 사하라사막 출신인 사라센이 지중해 북부의 에스파냐를 정복한 것이나, 지중해 북부의 로마가 지중해 남부의 카르타고를 정복한 것 모두 인간의 의지가 비범한 해군력의 형태로 나타난 결과였다는 것이다.

그러나 인간이 아무리 뛰어난 업적을 이루었다 해도 인간의 문화에 작용하는 지리의 힘을 이길 수는 없다는 것이 매킨더의 생각이었다. 그는 표트르 1세〔재위 1682~1725년. 일명 표트르 대제〕가 "지리적 부적합함을 무릅쓰고" 상트페테르부르크를 러시아의 수도로 건설한 것을 그 예로 제시했다. 그렇게 해서 문화와 적극적인 인물들 덕에 이론상으로는 상트페테르부르크의 생존이 가능했고, 표트르 대제도 단기적으로는 승리를 거두고 2세기 동안 '허황되게 건설된 수도'에서 제국을 통치했으나, 종국에는 내륙 도시인 모스크

바—지리—에 수도 자리를 내주고 말았다는 것이다. 인간의 의지에는 결국 한계가 있었던 것이다.[25]

이어진 1차 대전 이후의 시대에 들어와서는 역사상 처음으로 "모든 육지에 정치적 소유권의 경계가 정해진" "폐쇄형 체제"가 매킨더 이론의 출발점이 되었다. 이 새로운 세계의 지리에서 육지는 영국제도와 이베리아반도에서 뻗어나와 불룩 튀어나온 남쪽의 서아프리카와 희망봉을 돌고, 그다음에는 인도양을 가로질러 인도 아대륙과 동아시아까지 뻗어나간 "거대한 곳", 아니 매킨더의 말을 빌리면 "세계 곶World-Promontory"으로 구성돼 있었다. 이런 식으로 유라시아와 아프리카는 10년, 20년, 시간이 감에 따라 더욱 응집력 있는 단위가 되고, 그리하여 "세계 섬World-Island"을 형성하게 된다는 것이 매킨더의 논점이었다.[26]

하나의 대양이 지구의 12분의 9를 차지하고, 하나의 대륙—세계 섬—이 12분의 2를 차지하며, 그보다 작은 다수의 섬들 가운데 북아메리카와 남아메리카가 실질적으로 나머지 12분의 1을 차지하게 된다.[27]

혹자는 이 글에 세계 부의 대부분, 세계 GDP〔국내총생산〕의 60퍼센트, 세계 에너지 자원의 4분의 3을 보유하고 있는 유라시아(아프리카는 말할 것도 없고)에 세계 인구의 75퍼센트가 살고 있다는 말도 덧붙일 수 있을 것이다.[28]

매킨더 이론에 함유된 가설은 유라시아가 지정학적 평가의 중심이 될 것이고, 유럽도 유라시아와 아프리카로부터 분리될 확률이 점점 줄어들게 된다는 것이었다. "구세계는 섬, 다시 말해 비교가 안 될 정도로 지구상에서 가장 큰 지리적 단위가 되었다." 나폴레옹 전쟁 이후에는 포르투갈령 모잠비크, 독일령 동아프리카, 네덜란드령 동인도(지금의 인도네시아)를 제외한 "세계 곶" 전체가 영국의 해양세력에 둘러싸여 있었다는 것이 그의 논점이다. 매킨더는 영국이 러시아제국의 침입을 막기 위해 인도 북서 변경에 영국군을 주둔시켜 인도양(세계 곶의 중심 바다)을 지배한 상황을, 라인강 국경지대에 로마군단을 배치하여 지중해 유역을 지배한 로마에 빗대어 설명했다.[29]

이처럼 유라시아와 아프리카를 하나의 유기적 단위로 묶을 수 있는 개연성을 제시한 매킨더의 "폐쇄형 체제"와 20세기를 지나고 있는 시점에도 시스템의 폐쇄는 여전히 지속되고 있었다는 점이야말로 내가 이 부분에서 말하고자 하는 핵심 내용이며, 이것으로부터 또 다른 논점이 파생돼 나온다. 하지만 그 못지않게, 가령 인도양이 소말리아에 매장된 석유와 천연가스를 중국으로 실어 나르는 유조선들로 인해 세계 경제의 중심이 되는 폐쇄형 체제 내에서도 지리적 작용에 의한 내적 분할은 얼마든지 일어날 수 있다는 것을 아는 것 또한 매우 중요하다. 실제로 폐쇄형 체제의 특성상, 가령 아프가니스탄의 거친 지형이 세계 섬 전체에 정치적으로 영향을 미치는 결과를 초래할 수도 있다는 점에서, 지리는 폐쇄형 체제 내에서 한층 중요한 요소가 되고 있다.

하지만 그 문제는 일단 제쳐두고 지금은 세계 섬의 운명에 크나큰 영향을 미치는 매킨더의 심장지대가 정확히 무엇을 의미하는지를 알아보기로 하자.

지리의 복수

그에 대한 매킨더의 생각은 거창하고도 간결한, 그리고 자주 인용되는 아래 문구에 잘 정리돼 있다.

동유럽을 통치하는 자가 심장지대를 지배한다.
심장지대를 통치하는 자가 세계 섬을 지배한다.
세계 섬을 통치하는 자가 세계를 지배한다.[30]

이것으로 우선 알 수 있는 것은 매킨더가 결정론자가 아니었다는 것이다. 결정론자였다기보다는 인간적 행위의 결과물인 사건들을 예측하고, 그 사건들에 반응을 나타냈다고 보는 것이 옳다. 「역사의 지리학적 중심」이 발표된 1904년과 『민주주의의 이상과 현실』이 발간된 1919년 사이 세계에는 대량 학살을 불러온 1차 대전이 일어났고, 종전 뒤 『민주주의의 이상과 현실』이 발간된 해에는 파리 강화회의가 개최되었다. 그리하여 1차 대전이 종결되면서 오스트리아-헝가리제국과 오스만제국이 붕괴하자 베르사유에 모인 각국 외교사절은 동유럽의 지도 재편을 회의의 주요 목표의 하나로 설정했고, 그래서 매킨더도 예전에 「역사의 지리학적 중심」을 쓸 때는 무시하고 넘어갔던 문제를 『민주주의의 이상과 현실』에서 새롭게 개진한 것이었다. "독일과 러시아 사이에 일련의 독립국가들을 세워야 할 필요성"이 그것이었다. 그는 그것이 필요한 까닭을 이렇게 설명했다. "〔영국과 프랑스로서는〕 러시아가 동유럽과 심장지대에서 반세기 동안이나 지배적이고 위협적 세력으로 존재했기 때문에 반╪독일적인 러시아의 차르 왕국을 용납할 수 없었고, 독일 역시 동유럽에서 러시아제국을 누르고 주도권을 잡은 나라였던 만큼

반항적인 슬라브족을 억압하고 동유럽과 심장지대를 지배할 개연성이 있기 때문에 독일의 황제 제국 또한 용납할 수 없었다." 1919년 무렵의 매킨더는 이렇듯 동유럽을 독일과 특히 러시아 육지세력이 시작되는 심장지대의 관문으로 파악했다. 러시아만 해도 "동인도의 육지 관문을 두드려" 그곳을 영국의 해양세력과 대립하게 만들고, 나아가 희망봉을 돌아 "중국의 해양 관문도 두드려", 종국에는 수에즈운하까지 뚫고 들어갈 개연성이 있다고 보았다. 매킨더가 에스토니아로부터 남쪽의 불가리아까지 동유럽의 독립국가들—"대보헤미아," "대세르비아," "대루마니아" 등등—로 방벽을 세울 것을 제안한 것도 그래서였고, 그렇게 함으로써 매킨더는 사실상 그와 페어그리브가 제기한 이른바 "분쟁지대crush zone", 특히 제임스 페어그리브가 1915년에 쓴 책에서 심장지대에서 비롯되는 육지세력 혹은 서유럽에서 비롯되는 해양세력 중의 하나로부터 침략받을 개연성이 있는 지역의 의미로 사용한 "분쟁지대" 개념에 또 다른 의미를 부여한 것이었다.[31] 새로운 독립국가들이 살아남으면 정신적, 지정학적 두 가지 면 모두에서 중부 유럽이 출현할 개연성이 있었다는 의미에서다. 매킨더는 나아가 동유럽의 동쪽 지역에도 일련의 국가들—벨라루스, 우크라이나, 조지아〔그루지야〕, 아르메니아, 아제르바이잔, 다게스탄—을 세워, 그가 "자코뱅적 차르 왕국"으로 칭한 볼셰비키 러시아의 기도 역시 좌절시켜야 한다고 주장했다. 그것을 입증하듯, 1991년 소련이 해체되었을 때는 실제로 매킨더의 제안과 놀랍도록 유사한 신생 독립국들이 들어섰다.[32]

그러나 매킨더의 이 이론도 적어도 처음에는 그릇된 것으로 판명되었다. 아마도 그것은 그가 민족자결의 원칙으로 경계가 정해진 유럽이—규모도 크고 지리적 위치도 좋을뿐더러 민족을 중시하는 다른 어느 국가보다 힘이 강했던—독일의 지배를 받을 개연성이 크다는 사실을 깨닫지 못했기 때문일 것이다. 실제로 독일은 1930년대와 1940년대에 동유럽을 정복했으며, 러시아는 그에 대한 반발로 매킨더가 완충지대로 만들자고 제안한 새로운 독립국들을 정복해 1945년부터 1989년까지 지배한 것이다. 그로 인해 정신적인 중부 유럽도 냉전의 마지막 세대에 와서야 비로소 육지세력인 러시아와 독일로부터 벗어날 수 있다는 희망을 가질 수 있었다. 그렇다면 매킨더는 왜 느닷없이 맹렬한 현실주의적 태도를 누그러뜨리고 "윌슨 대통령이 주창한" 민족자결의 원칙을 지지하게 되었던 것일까? 그것은 정치학자 아서 버틀러 두간[1910~1975년]이 말했듯이, 대담하고 결정론적인 이론을 개진하기는 했지만 매킨더도 어쩔 수 없이 "자신이 의식하는 것 이상으로 '여론의 풍조가 만들어낸 산물'", 다시 말해 그 시대가 낳은 "인물"이었기 때문일 것이다.[33]

매킨더는 뼛속 깊이 자유주의자였고, 그게 아니었다 해도 최소한 나중에는 자유주의자가 되었다. 다문화, 다민족 연합으로서의 영국 연방을 꿈꾼 것에서도 그 점이 드러나며, 같은 맥락에서 그는 민주주의 연맹이야말로 유라시아 심장지대의 제국적 초강대국에 맞설 수 있는 최상의 방어물이 될 수 있다고도 믿었다(나토와 소련과의 투쟁을 진즉에 예측하고 있었던 셈이다).[34]

그 점에서 『민주주의의 이상과 현실』에서 시작된 매킨더의 민족자결 원칙으로의 방향 전환이야말로 수정된 "심장지대" 이론의 핵심이라고 할 수 있다. 하지만 "심장지대"는 알고 보면 매킨더가 「역사의 지리학적 중심」에서 처음 사용한 용어가 아니라, 1915년 페어

그리브가 그의 저서 『지리와 강대국Geography and World Power』에서 처음 사용한 개념이었다. 1904년 「역사의 지리학적 중심」에서 매킨더가 사용한 용어는 중앙아시아의 중추 지역pivot areas이었고, 거기에 1919년 "인도와 중국의 큰 강들이 지나는 티베트와 몽골의 고원지대"와 동중부 유럽이 포함된 저 먼 북쪽에서 남쪽까지, 다시 말해 스칸디나비아반도에서 아나톨리아에 이르는 광대한 국가들의 영토 지대를 보탠 것이었다. 냉전 시대에 힘이 절정에 달했던 소비에트제국과 얼추 비슷한 수정된 심장지대는 그렇게 만들어졌다.[35] 아니 소비에트제국에 노르웨이, 터키 북부, 이란, 중국 서부를 보탰다고 말하는 편이 정확할 것이다. 중국 인구의 대다수가 서부가 아닌 연안의 몬순 지역에 거주했다는 점에서 매킨더의 심장지대도 대부분 상대적으로 인구가 희박한 유라시아 내륙 지역으로 구성되었고, 인구밀도가 높은 중국, 인도, 유럽의 반쪽인 서유럽이 그 옆에 위치해 있었기 때문이다. 인구밀도가 높지 않았고 심장지대도 아니었던 중동(특히 아라비아와 비옥한 초승달 지대)도 매킨더가 글을 썼던 1919년에는 아라비아반도 주변을 흐르는 몇몇 수역으로의 접근이 가능해지고 인구의 대다수가 서부가 아닌 연안의 몬순 지역에 거주했다는 점에서, 유럽에서 인도 제국諸國으로, 그리고 심장지대의 북부에서 남부로의 "통과 지역"이 됨에 따라, 세계 섬의 운명을 좌우하는 요지가 되었다.[36] 그러나 아라비아의 운명 또한 유럽과 마찬가지로 심장지대의 영향을 많이 받았으며, 아라비아와 가장 가까운 심장지대 지역이 이란이라는 사실 또한 이란고원이 갖는 중요성으로 볼 때 지금의 우리도 마음에 새겨두어야 할 요소다. 이 문제는 나중에 좀 더 자세히 다룰 것이다.

의외였던 것은 지리적으로 독일과 러시아 사이에서 독립된 완충국들의 일부가 되기에 충분했던 그리스가 1919년의 확대된 심장지대에서 제외되었다는 사실이다. 매킨더는 그리스의 영토 대부분이 바다로 둘러싸여 있어 해양세력의 접근이 용이했던 점을 제외의 요인으로 꼽았다. 실제로 그리스는 1차 대전 때 이 국가들 가운데 가장 먼저 독일의 지배권에서 벗어났다. 그리고 이 부분에서도 매킨더의 통찰력은 빛을 발했다. 그는 "그리스를 보유한 심장지대의 강대국이 세계 섬도 지배하게 될 것이다"[37]라고 썼는데, 이것이 거의 현실화된 것이다. 2차 대전을 전후해 그리스에서는 친서방파 게릴라와 공산주의 게릴라 세력 간에 격렬한 내전이 벌어졌다. 그런데 내전이 끝난 뒤 그리스는 다른 완충국들과 달리 소련의 세력권에 편입되지 않고 터키와 함께 나토의 전략적 남부 능선을 형성하게 된 것이다. 소련도 공교롭게 이후 냉전에서 패했다.

매킨더는 수억 명의 자급자족이 가능하고, 따라서 평화로운 발전이 가능하다는 점에서 인도와 중국이 유럽과 중동보다는 심장지대의 영향을 한층 덜 받을 것으로 보았고, 그것에 근거해 "인도와 중국의 몬순 지역"에 미래의 많은 부분이 달려 있다는 전망을 내놓았다.[38]

그렇다면 심장지대가 그토록 중요했던 이유는 무엇일까? 유라시아 내륙의 저지대와 평지를 지배하는 것이 세계열강에게는 진정 중요했던 것일까? 석유 및 전략적 광물과 금속이 풍부하다는 점에서는 그럴 수 있겠지만, 과연 그것만으로 중추적 요소가 되기에 충분했을까? 사실 매킨더의 생각은 극단적으로 기계적인 면이 있었다. 그렇지만 그 관점은 동반구 일대의 국가와 민족들이 공간적으로 배치된 양상을 이해하는 부분적인 도구가 될 수는 있다. 해안가의 변두리 지대가 아닌 유라시아 중심 지역을 평가 기준으로 삼으면 유라시아의 양쪽 관계를 설명하기가 한층 수월해지기 때문이다. 그 점에서 심장지대는 세계 섬의 결정 인자였다기보다는 세계 섬의 대표 세력이었다고 보는 것이 가장 타당할 것이다. 매킨더도 『민주주의의 이상과 현실』의 말미에서, 만일 소련이 독일보다 1차 대전을 먼저 딛고 일어선다면 심장지대에 군대를 주둔시킬 수 있는 힘을 이용해 "지구상에서 가장 강력한 육지세력이 될 것"이라고 내다보았다.[39] 그리고 그것을 보여주듯 소련은 1, 2차 대전 모두에서 독일보다 먼저 힘을 회복했고, 그리하여 매킨더도 암시했듯 세계 유수의 해양세력인 미국과 대결을 벌이게 된 것이다. 소련이 심장지대의 조그만 일부에 지나지 않았던 아프가니스탄을 침공한 것도 궁극적으로는 해양세력—다시 말해 인도양의 부동항—을 확보하기 위해서였다. 그러나 게릴라전의 수렁에 빠져들어 크렘린의 전 제국이 와해되고 만 것이다. 지금의 러시아도 규모가 확연하게 축소되긴 했지만 예전의 심장지대—벨라루스, 우크라이나, 캅카스, 중앙아시아—를 통합시키기 위해 안간힘을 쓰고 있다. 그 점에서 매킨더의 심장지대 이론이 나온 지 근 1세기 뒤에 나타난 이 모든 현상은 오늘날의 시대를 특징짓는 중요한 지정학적 드라마의 하나가 될 수 있다.

지리의 복수

5장
—
나치의 지정학적 왜곡

육지세력을 계승한 독일과 러시아는 해양세력을 계승한 미국과 영국보다 지리를 한층 의식하며 살아왔다. 그 세월이 수백 년에 달한다. 특히 러시아는 몽골족의 금장한국에 유린당했던 기억 때문인지 지리를 단순히 확장하지 않으면 타국에 침탈당할 위험이 있는 존재로만 이해했다. 따라서 영토에 대한 욕심을 거둘 줄 몰랐다. 냉전기에 소련이 동유럽 위성국가들의 제국을 수립하고, 군사력을 사용하며, 파괴 행위를 일삼고, 송유관 및 가스관로를 배치한 것 모두 근외 지역을 확보해 자국의 고질적인 불안정을 극복하기 위해서였듯 지금의 러시아가 옛 소련을 복원할 필요성이 있는 것도 그 때문이다. 독일도 그와 다를 바 없이 최소한 20세기 중엽까지는 러시아보다 더 지리를 의식하고 있었다. 중세부터 근대까지 유럽 지도에서 독일어권 지역의 모양이 같았던 적이 단 한 차례도 없었던 것이 그 사실을 말해준다. 그러다 1860년대에 오토 폰 비스마르크의 주도 아래 통일이 이루어지면서 독일도 마침내 육지세력 겸 해양세력으로 유럽의 중심을 차지하게 되어, 해양세력인 서유럽 및 러시아-동유럽 심장지대와 연결되었다는 연대감을 갖게 되었다. 독일이 덴마크, 오스트리아[프로이센-오스트리아 전쟁], 프랑스[프로이센-프랑스 전쟁]와의 전쟁에서 승리를 거둔 것도 궁극적으로는 예리한 지리적 감각을 지닌 비스마르크의 탁월한 전략, 독일의 한계를 인식해 동쪽과 남동쪽의 슬라브 지역에는 손을 대지 않았던 그의 탁월한 전략이 빚어낸 결과였다. 이랬던 독일이 1차 대전 때는 비스마르크의 신중함을 버리고 욕심을 부리다 결국 패전국이 됨으로써 전보다 더욱 통렬하게 지리적 취약성을 갖게 되었고, 그와 더불어 지리에 대한 가능성도 함께 의식하게 되었다. 독일은 침략당할 개연성과 확장의 개연성을 동시에 지닌 동서쪽의 평지와 더불어, 북쪽의 바다와 남쪽의 알프스산맥 사이에도 위치해 있었다. 따라서 역사적으로 늘 지도의 모양이 들쭉날쭉했다. 지리가 독일인들에게 삶이 되다시피 한 것도 그래서였다. 정치, 군사적으로 지배된 지리적 공간의 개념을 지닌 **지정학**Geopolitik이 생겨나 정교하게 발달한 곳이 독일인 것도 그와 무관하지 않다. 이랬던 독일이 2차 대전 이후 수세대 동안 지리와 지정학을 다시금 불신하게 된 것도, 매킨더에 많은 빚을 진 20세기 초의 지리학 이론에 원인이 있었다.

이론가들이 연이어 등장하여 전임자의 업적을 토대로 삼기도 하고 오용하기도 하는 과정에서 성쇠를 거듭한 **지정학**은, 19세기 말 생활공간Lebensraum이라는 용어를 창안해낸 독일의 지리학자 겸 민족지학자 프리드리히 라첼에 의해 본격적 연구가 시작되었다. 라첼은 19세기 초 미국으로 이민 온 프리드리히 리스트(신문사 편집인이자 대학의 정치학 교수였고, 투기 사업가였으며, 거대하고 주권적인 지리적 영역의 관념이 내포된 먼로주의*에서 영감을 이끌어낸 미국 정치가 헨리 클레이의 친구였다)에 뿌리를 둔 생활공간 개념을 처음 용어화한 것에 그치지 않고 찰스 다윈 저작들의 영향도 크게 받았으며, 그 결과로 국경은 주변 인간 집단들의 크기와 성격에 따라 진화를 거듭하는 유기적이고 약간은 생물학적이기도 하다는 지리적 관념을 발전시켰다. 일반인들이 국경을 불변성, 합법성, 안정성을 나타내는 정적인 존재로 파악하는 것과 달리 그는 국제 정세에 따라 서서히 확대되고 수축되며 변할 수도 있는 일시적 존재로 본 것이다. 따라서 지도도 살아 **숨 쉰다고** 생각했으며, 그 관점에서 자연법에만 확장이 표시되는 유기적, 생물학적인 국가의 개념을 도출해냈다.

"지정학"이라는 용어는 라첼의 제자로 스웨덴의 웁살라대학교와 예테보리대학교의 정치학 교수를 역임한 루돌프 셀렌Rudolf Kjellén[1864~1922년]이 처음 만들어냈다. 스웨덴의 열렬한 민족주의자였던 셀렌은 바닷물이 비교적 따뜻한 발트해를 얻기 위해 러시아가 세력을 팽창시킬 개연성에 두려움을 느끼고, 스웨덴과 핀란드도 러시아의 기도에 맞서 팽창주의 정책을 취하기를 바랐다. 그러나 그의 견해를 지지해준 것은 스웨덴이 강국으로 군림했던 구스타프 2세 아돌프**와 카를 12세*** 같은 왕들의 시대에 향수를 느끼는 귀족과

---

* 1823년 제임스 먼로 미국 대통령이 연두교서에서 발표한 미 외교정책의 기본 방침으로, 유럽 열강의 아메리카 대륙 식민지화와 주권 국가들에 대한 간섭을 거부하고, 대신 미국은 유럽 열강의 전쟁에 중립을 취하기로 한다는 내용이 골자이다.
** 재위 1611~1632년. 일명 구스타부스 아돌프스.

중상류층뿐이었을 뿐 대중의 반응은 싸늘했다. 19세기 말과 20세기 초에는 스칸디나비아반도의 나라가 강대국이 되려는 욕구가 이미 과거지사가 되어버렸던 것이다. 이에 셸렌도 방향을 바꿔 그가 특별히 혐오했던 러시아와 영국에 맞서기 위해 대독일^{Greater Germany}에 모든 희망을 걸었고, 그리하여 그가 짜낸 미래의 독일제국 계획에는 프랑스 연안에 위치한 영국해협 항구들, 러시아의 발트해 지역, 우크라이나, 소아시아, 메소포타미아(철도로 연결될 예정이었다)는 물론 중동부 유럽까지도 포함되었다. 셸렌은 라첼의 개념을 차용해, 활기차고 역동적인 민족이라면 특히 광대한 생활공간을 필요로 하게 될 민족^{Volk}적 개념으로서의 국가를 머릿속에 그리며, 인간 공동체들을 인종적, 생물학적으로 분류했다. 그런데 라첼과 셸렌의 사고에 깃든 이 허황된 개념을 후대의 살인자들이 자신들의 행위를 정당화하는 수단으로 이용한 것이다. 좋든 나쁘든 개념이 중요한 것은 그래서이고, 모호한 개념은 특별히 더 위험할 수 있다. 합리적 지리가 인간이 세계에서 어떤 도전에 직면해 있는지를 알려주는 것과 달리, 라첼과 셸렌이 제시한 것과 같은 비합리적 지리는 개인을 죽이고, 그 자리를 거대한 인종적 다수로 채우기 때문이다.

매킨더를 꾸준히 숭배했던 나치 시대의 지정학자 카를 하우스호퍼〔1869~1946년〕의 인생 초반부를 거의 지배하다시피 한 것이 바로 이 비합리적 지리였다. 하우스호퍼가 매킨더의 연구 성과를 비극적으로 왜곡한 내용과 나치의 지정학이 제기한 위험은, 지금은 대체로 잊힌 상태지만 그래도 여전히 정치학의 고전으로 남아 있

*** 재위 1697~1718년.

는 로버트 슈트라우스-휴페Robert Strausz-Hupé의 『지정학Geopolitics: The Struggle for Space and Power』(1942년)에 잘 기술돼 있다. 오스트리아에서 미국으로 이민 온 슈트라우스-휴페는 펜실베이니아대학교 교수를 역임했고, 냉전기 동안에는 (터키를 포함해) 4개국에서 미국 대사를 지낸 인물로, 나도 느슨하게나마 20년 동안 관계를 맺고 있던 외교정책연구소를 1955년 필라델피아에 설립했다. 그런 그가 2차 대전 중 전세가 아직 연합국 쪽으로 기울기 전, 미국인들에게 나치 지정학의 위험성을 알리고 지정학이 무엇인지와 그것이 중요한 이유를 설파하면서, 그러므로 나치와는 매우 다른 방식으로 지정학을 이용할 수 있는 길은 선善의 힘뿐이라는 사실을 일깨우는 작품을 집필한 것이다. 그런 식으로 그는 연합국의 승리를 위해 자신의 지적 본분을 다함으로써 개인의 힘도 보여주고, 추락한 매킨더의 명성과 지정학의 체면도 살려주었다.

1869년 뮌헨에서 태어난 육군 소장 출신의 대학교수 카를 하우스호퍼는 할아버지, 삼촌, 아버지가 모두 지도 제작과 여행 관련 저서를 집필했을 만큼 예술과 학문적 분위기가 물씬 풍기는 집안에서 성장했다. 이것은 그의 인생에 큰 영향을 미쳤다. 성인이 되어서는 바이에른왕국의 육군에 입대했고, 1909년에는 일본군 포병 교관에 임명되었다. 그리하여 일본에 체류하게 된 그는 일본의 군사적 진보에 매료된 나머지 독일-일본 동맹을 옹호했으며, 1차 대전 때는 여단장으로 종군했고, 그 과정에서 훗날 다수의 책을 헌정하게 될 나치당원 루돌프 헤스를 부관으로 두었다. 전후에는 뮌헨대학교의 지리학과 및 군사학과 과장으로 재직했으며, 헤스도 이 대학에 들어와 그의 제자가 되었다. 하우스호퍼가 "떠오르는 선동가" 아돌프 히틀러를 만난 것도 헤스를 통해서였다. 1923년에는 뮌헨 맥주홀 폭동의 실패로 란츠베르크감옥에 수감돼 있던 히틀러를 찾아가 지정학의 학문적 개요를 설명해주기도 했다. 당시 히틀러는 감옥에서 『나의 투쟁Mein Kampf』을 쓰고 있었고, 또 웬만큼 교육받은 인물이기도 하여 뛰어난 직관을 지니고 있기는 했지만, 현실 세계에 대한 이해의 필요성을 느끼고 있었다. 그러던 차에 마침 하우스호퍼가 나타나 지적으로 부족한 부분을 채워주었던 것이다. 그 점에서 나치의 외교정책과 생활공간에 대한 이상이 담긴 『나의 투쟁』 14장도 하우스호퍼의 영향을 받았을 개연성이 있다. 하우스호퍼는 라첼과 셸렌, 그리고 특히 세계의 역사는 언제나 동유럽과 유라시아 심장지대 부근에 위치한 육지 민족의 거대한 외적 힘의 폭발로 결정된다고 쓴 매킨더의 영향을 많이 받았다.[1]

그럼 지금부터는 하우스호퍼가 그와 동시대인이었던 매킨더의 어떤 사상에 매료되었는지를 슈트라우스-휴페의 저작을 통해 살펴보기로 하자. 슈트라우스-휴페에 따르면 매킨더는 육지세력에 집착하기는 했지만 그렇다고 해양세력의 중요성을 완전히 도외시하지는 않았다. 하지만 영국의 해양세력만으로 독일 육지세력의 심장지대 공격을 막기에는 역부족이라 여겼고, 그리하여 일단 독일이 심장지대를 점령하면 세계 섬 정복에 필요한 대규모 해군도 건설할 수 있을 것으로 보았다. 그러면서 매킨더는 20세기에는 산업화를 이용하기 위해서라도 해양세력이 그 어느 때보다 광대한 내륙 지역을 필요로 하게 될 것이며, 게다가 산업화 시대에는 강대국의 세계가 될 것이므로 허약한 국가는 강대국에게 희생될 수밖에 없다고

지리의 복수

도 주장했다. 그런데 매킨더의 이 이론을 하우스호퍼가 "그와 반대되는 독일의 관점으로" 받아들여, "독일이 세계 강국이 되려면 영국이 두려워하는 상황, 다시 말해 독일과 러시아가 힘을 합쳐 '거대 지역'을 형성해야 된다는 결론에 도달"했다는 것이다. 그러나 하우스호퍼가 묘사한 매킨더의 심장지대는 매우 상징적이고 불투명했다. "세계 정복자들의 요람", "'엘베강에서 [러시아 동부의] 아무르강에 이르는' 거대한 성채" 지역, 요컨대 독일의 육해군이 사방에서 공격하는 동안 독일의 주요 군수산업은 내륙 깊숙한 곳에 숨어들 수 있는, 독일 중부에서 만주를 거쳐 러시아 극동으로 이어지는 지역을 심장지대로 묘사한 것이다.[2]

하우스호퍼가 매킨더의 이론을 전도시킨 사례는 이 외에도 또 있었다. 매킨더가 윌슨주의의 영향을 받고 유라시아에서 힘의 균형을 유지해야 할 필요성을 느껴 1919년 동유럽에 일련의 독립국가들을 세울 것을 제안한 것과 달리, 하우스호퍼는 그 몇 년 뒤에 "그런 국가들의 소멸"을 부르짖은 것만 해도 그랬다. 그는 그 나라들을, 주민들의 사고가 "명백한 쇠퇴의 징조인" "좁은 공간"을 벗어나지 못한다는 이유로 "국가들의 지스러기……파편들"이라고 불렀다. 하우스호퍼는 그것도 모자라 영국제국을 해체하고 소련도 인종에 따른 지역들로 분리하여, 그가 민족자결의 권리를 누릴 수 있는 유일한 나라라고 본 대독일에 의존하게 만들 필요성을 제기한 "교묘한 논리"도 전개시켰다. 그의 말을 직접 빌리면 그것은 "독일 국민의 3분의 1이 독일제국의 경계지 밖에서 외국인의 지배를 받으며 살고 있기 때문이었다". 슈트라우스-휴페는 하우스호퍼의 그런 독일 **지정학**을 "이데올로기의 그네를 타고 재주를 부리지만 결말은 진부하

기 짝이 없는 곡예의" 세계라고 표현했다. 독일이 상정한 세계 질
서가 일본이 지배하는 대동아시아, 미국이 주도하는 "범아메리카",
"명목상 이탈리아의 지배를 받는 지중해-북아프리카 하위 지역"과
더불어 독일이 지배하는 유라시아 심장지대를 전제로 하고 있다는
점에서였다. 그러나 매킨더도 말했듯 종국에는 심장지대가 세계 섬
과 세계를 지배할 것이었으므로, 하우스호퍼에게는 그것도 중간 단
계에 지나지 않았다.[3]

슈트라우스-휴페는 심장지대에 대한 매킨더의 관점이 "에드워드
7세 시대 영국인들의 지극히 사적인 견해에도 물들어 있었다"는 점
을 함께 지적했다. 그에 따르면 매킨더와 같은 시대를 살았던 영국
인들에게 러시아는 근 1세기 동안 영국과 경쟁을 벌인 적대국이었
고, 따라서 영국 정치인들은 그 영향을 받아 러시아가 다르다넬스
해협과 오스만제국을 점령한 뒤 인도까지 쳐들어올지 모른다는 두
려움 속에 살았다. 매킨더가 러시아 내의 심장지대를 명백한 전략
적 방편으로 보고 러시아와 유럽의 해양세력 사이에 일련의 독립국
들을 세워 완충지대를 만들려고 한 것도 그래서였다. "매킨더의 그
런 견해는 독일의 국가적 병리 현상에 대해 많은 것을 설명해주는,
강국이 되거나 혹은 추락할 수밖에 없는 병든 철학과 찰떡궁합을
이루었다. 간단히 말해 매킨더의 주장에는 바그너풍의 사고방식을
희구하는 모종의 종말finality이 내포돼 있었던 것이다." 하지만 슈트
라우스-휴페도 말은 그렇게 했지만 종국에는 매킨더의 체면을 살
려주었다.

냉정한 초연함을 유지하면서도 폭넓은 역사적 관점을 놓치지 않는 점이

지리의 복수

야말로, 군대가 아직 전장에서 돌아오지 않은 시점에 집필된, 매킨더 저작이 지닌 탁월성이다. 그는 자신을 숭배하는 독일인들에게서는 찾아볼 수 없는, 개인에 대한 신뢰감도 가지고 있다. 역사의 형성에는 영웅적 행위가 중요하다고 역설하면서도 속으로는 보통 남녀들의 이름 없는 투쟁보다는 전장에서 행해지는 집합적 희생을…… 중시한 하우스호퍼와 그가 다른 점이 바로 이 부분이다.[4]

이로써도 알 수 있듯 슈트라우스-휴페와 매킨더는 인간적 힘, 개인의 신성함에 대한 믿음을 갖고 있었지만, 독일의 **지정학자들은** 인간적 힘을 신뢰하지 않았다.

심장지대 역시 매킨더는 그 개념을 지정학을 설명하는 훌륭한 도구로 사용했으나, 하우스호퍼의 손에서는 그것이 허황된 이데올로기로 변질되었다. 그런데도 슈트라우스-휴페는 하우스호퍼의 허황된 이론을 심각하게 받아들이고, 미국인들에게도 그에 대한 경각심을 불어넣었다. 하우스호퍼가 "아돌프 히틀러의 공허한 사고가 만들어내지 못한 어떤 것, 일관성 있는 제국의 독트린을 나치에 제공해주었다"고 쓴 것이다. 슈트라우스-휴페는 매킨더가 자유를 지켜줄 힘의 균형 관점으로 미래를 바라본 반면 하우스호퍼는 힘의 균형을 전복시키는 데 진력함으로써 지정학을 왜곡시켰다고도 주장했다. 그러면서 하우스호퍼가 매킨더뿐 아니라 조지 커즌*마저 왜곡한 것을 그 사례로 제시했다. 1907년 하우스호퍼는 "국경Frontiers"을 주제로 한 조지 커즌의 강연을 듣고 영감을 얻어 동명의 『국경

---

* 1859~1925년. 외무부 장관과 인도 총독을 지낸 영국 정치가.

^{Frontiers}』을 집필한 것까지는 좋았으나, 강연과는 정반대로 국경의
해체를 역설했다는 것이다. 하우스호퍼는 그 책에서 견고한 국경을
원하는 것은 쇠퇴하는 나라뿐이고, 영구 축성으로 국경을 보호하려
고 드는 것도 쇠퇴에 접어든 나라들뿐이라고 주장했다. 국경은 살
아 있는 유기체이며, 그러므로 힘 있는 나라들은 국경 강화에 힘쓰
기보다는 도로를 건설한다는 것이었다. 지배적 국가들에게 국경은
임시 정류소에 지나지 않는다는 것이 그의 생각이었다. 그 점에서
독일 **지정학**도 "공간"을 차지하기 위한 끝없는 전쟁에 지나지 않고,
그러므로 허무주의와 일맥상통한다는 것이 슈트라우스-휴페의 논
점이었다. 슈트라우스-휴페는 이런 말도 덧붙였다.

> 하지만 지정학이 이처럼 세계 평화를 위협하며 왜곡되게 사용된다고 해
> 서 다른 지정학 이론까지 모두 실효성이 없어지는 것은 아니다. 인류학
> 만 해도 인종차별 정책의 수단이 되기에는 손색없는 학문이다.[5]

문제는 하우스호퍼가 자신의 극렬한 세계관 내에서조차 일관성
을 가지지 못했다는 것이다. 하우스호퍼는 1939년 쉰 살 생일을 맞
은 히틀러를 가리켜 "클라우제비츠*의 피에, 라첼의 공간과 땅"이
결합된 "정치인"이라고 묘사했다.[6] 1939년 독일이 러시아와 독소
불가침조약을 체결했을 때도 그는 독일의 육지세력과 러시아의 육
지세력 간의 협력의 필요성을 강조하면서 쌍수를 들어 조약 체결을
환영하는 논설을 썼다. 이랬던 그가 1941년 히틀러가 소련을 침공

---

* 1780~1831년. 『전쟁론』을 쓴 프로이센의 군사학자.

지리의 복수

했을 때는 그것이야말로 독일이 심장지대를 점령할 수 있는 기회라면서 히틀러의 소련 공격을 찬양하는 또 다른 논설을 쓴 것이다. 물론 당시는 히틀러의 서슬이 시퍼렜던 시절이므로 누구도 감히 총통의 결정을 비난할 수는 없었을 것이다. 하지만 그것과 별개로, 하우스호퍼가 나치 특유의 전략적 관점을 대변하기는 했지만 히틀러와 그와의 관계도 과장된 측면이 있었다.[7] 그것을 보여주듯, 1944년 전세가 악화되자 그는 총통의 눈 밖에 나 다하우집단수용소에 감금되었고, 역시 지정학자였던 그의 아들 알브레히트도 군대의 반히틀러 음모에 가담했다가 발각되어 처형되었다. 하우스호퍼와 그의 가족이 수용소에 감금된 뒤에 벌어진 일이었다. 하우스호퍼의 아내도 유대계였으나, 1941년 평화협정안을 갖고 영국에 몰래 들어갔다가 전쟁이 끝날 때까지 그곳에 억류돼 있었던 헤스 덕에 나치의 인종법을 피해갔다는 사실 또한 기억할 필요가 있다. 하우스호퍼의 삶은 이렇듯 감당하기 힘든 모순에 가득 차 있었으며, 그가 나치가 일으킨 대량 학살과 파괴에는 자신도 일말의 책임이 있다고 서서히 자각하게 된 것도 어쩌면 그래서였을 개연성이 있다. 그 점에서 하우스호퍼의 생애는 사상가가 권력자의 환심을 사려고 혈안이 되면 얼마나 위험해질 수 있는지를 보여주는 극명한 사례가 될 수 있다. 하우스호퍼는 독일이 패전한 직후 전범 혐의자로 연합국의 수사를 받게 되자 아내와 함께 자살했다.

슈트라우스-휴페가 책을 쓴 것은 하우스호퍼의 평판을 떨어뜨리고 매킨더의 명성을 되살리기 위해서만이 아니라 미국인들이 지정학을 진지하게 받아들이도록 설득하기 위해서이기도 했다. 미국인들이 지정학을 진지하게 여기지 않으면 불순한 의도를 가진 사람들이 지정학을 진지하게 받아들이고 그 과정에서 미국을 정복할 수도 있다는 생각에서였다. 책의 말미에서도 그는 이렇게 말했다.

나치의 전쟁 기계가 정복의 **도구**라면, 지정학은 그 도구를 사용할 사람에게 정복의 대상과 방법을 알려주기 위해 고안된 **마스터플랜**이다. 지금도 늦었지만, 더 늦기 전에 **지정학**이 주는 교훈의 혜택을 누려야 하는 것도 그래서이다.[8]

슈트라우스-휴페는 철저한 현실주의자였다. 따라서 전체주의 국가가 세운 정복 계획의 지적 토대를 밝히는 것만으로는 성에 차지 않았고, 그렇게 끝내는 것은 학자로서 직무 유기라고 느꼈다. 불편한 진실이기는 하지만 매킨더의 이론에 중대한 흠이 있는 것 못지않게 하우스호퍼의 왜곡된 추론에도 나름의 현실적 근거가 있었던 것이다. 그가 책을 통해, 동서쪽으로 대양을 접하고 있어 영광된 고립의 삶을 살고 있는 미국인들에게 지정학의 중요성을 설파함으로써, 전후에 미국으로 하여금 하우스호퍼의 도움을 받아 나치가 뒤엎으려 했던 유라시아의 힘의 균형을 유지, 보전시키려 한 것도 그래서였다.

슈트라우스-휴페는 심장지대 이론에 관해서는 지극히 회의적인 시각을 갖고 있었던 만큼 공중세력—상업적, 군사적인 면에서 모두—만으로도 심장지대를 충분히 무의미하게 만들 수 있다고 보았다. 그렇기는 하지만 산업화 시대의 기술로 강국들이 혜택을 보았다는 점만은 그도 수긍했다. 대규모 공장, 철도선, 탱크, 비행기가

지리의 복수

주는 이점을 최대한으로 이용할 수 있었던 것은 광대한 영토를 지닌 국가들이라는 얘기다. "이 시대의 역사는 불행하게도 라첼, 슈펭글러, 매킨더가 예견한 제국과 초강대국을 지향하는 추세를 반영하고 있는 듯하다."[9] 물론 탈산업화 시대로 접어들면서 "소형화"—마이크로 칩, 이동전화, 플라스틱 폭탄 등—가 주목받게 된 결과, 강대국뿐 아니라 개인과 국적 없는 집단들도 힘이 생겨 지정학에도 긴장과 복잡성이 더해진 것은 사실이지만 말이다. 그러나 슈트라우스-휴페도 하우스호퍼가 커즌의 강연을 악용했던 사례를 들어 국경을 논한 것에서도 드러나듯 어느 정도는 그 점을 직관하고 있었다.

　슈트라우스-휴페는 또 하우스호퍼 이론에 허무주의가 내포되었는데도 그의 실체를 적나라하게 파헤칠 필요성은 느끼지 않았다. 국경 자체에 이미 정치, 군사적 경계들로 둘러싸인 세계의 의미가 담겨 있다고 보았기 때문이다. "주권국도 뿌리를 파고들면 결국 조직화된 힘이라는 결론이 나온다. 주권국의 역사는 전쟁과 더불어 시작되었고, 따라서 그것의 국경도—'좋든 나쁘든'—전략적 국경이라는 얘기다." 슈트라우스-휴페는 이렇게 쓴 다음 적절하게도 조지 커즌의 말을 인용해 "지구상의 거주 공간이 줄어들고", 그 결과로 "한 나라의 야망이 다른 나라의 야망과 격렬한 충돌을 일으켜"[10] 국경 전쟁의 수효도 늘고, 강도도 나날이 격화될 것으로 전망했다. 이렇게 보면 공간을 차지하기 위해 끝없이 전쟁이 일어날 것이라고 예견한 하우스호퍼의 지정학 가설도 전적으로 틀린 것만은 아니다. 설사 전쟁이 끝난다 해도 인간의 조건에 일어나는 비극은 멈추지 않을 것이다. 최근 몇십 년 사이에 지구가 극심한 혼잡을 이루게 된 것과 군사기술의 발달로 시간과 거리가 무의미해진 것 또한 세계

지도에 "공간"의 위기가 초래될 것임을 암시하는 징후일 수 있다.[11] 그리고 매킨더의 "폐쇄형 체제" 개념에서 나온 공간의 위기 역시, 미국은 강대국들의 세계를 대표하는 궁극적 선의 원천이므로 지정학에서 발을 빼서는 안 된다고 역설하는 슈트라우스-휴페의 논점에 절박감을 더해주는 요소가 된다. 지정학과, "공간"을 두고 벌이는 투쟁은 영원히 지속될 것이기 때문이다. 그러므로 자유주의국가들도 하우스호퍼와 같은 인물들에게 이용당하지 않으려면 철저한 대비책을 세워두어야 할 것이다.

6장
—
주변지대(림랜드) 이론

2차 대전 중에 미국인들을 향해 나치의 손에서 지정학을 빼앗아 그
것의 위상을 되찾고, 미국의 이익을 위해 그것을 이용해야 한다고
부르짖은 귀화 미국인이 비단 로버트 슈트라우스-휴페 한 사람만
있었던 것은 아니다. 니컬러스 J. 스파이크먼^{Nicholas J. Spykman}도 1893
년 암스테르담에서 태어나 미국으로 이민 온 네덜란드계 미국인이
었다. 스파이크먼은 네덜란드가 중립을 표방한 1차 대전 중에는 외
국 특파원으로 근동(1913~1919년)과 극동(1919~1920년)을 광범위
하게 여행한 경험이 있고, 종전 뒤에는 캘리포니아대학교 버클리
캠퍼스에서 학사와 석사 학위를 취득한 뒤 그곳에 계속 눌러앉아
교편을 잡고 있다가 예일대학교로 적을 옮겨 1935년에는 국제문제
연구소를 설립했다.[1] 그리고 그곳 학생들에게 국제관계학을 가르치
며 미국이 세계에서 직면한 위험과 기회를 평가할 수 있는 주요 수
단으로서의 지리의 중요성을 고취시켰다. 스파이크먼은 1943년 마

흔아홉 살의 젊은 나이에 암으로 세상을 떠났다. 매킨더의 저작보다도 탈냉전 시대의 세계를 더 일목요연하게 정리한『세계 정치 속에서의 미국의 전략America's Strategy in World Politics: The United States and the Balance of Power』은 그가 죽기 1년 전에 출간되었다. 어찌 보면 뒷세대를 살았던 그가 매킨더의 주장을 새롭게 갱신한 것으로도 볼 수 있는 저작이었다.

　스파이크먼 역시 자신들에게 피난처를 제공해주기는 했지만 위험할 정도로 순진해 보인 나라에 현실감을 일깨워준 슈트라우스-휴페, 모겐소, 헨리 키신저, 그리고 20세기 중반에 활동한 여타 유럽계 미국 학자들과 다를 바 없이 이상주의를 철저히 배격한 특징을 지니고 있다. 그에게는 지리가 모든 것이었다. 그는 미국이 강대국이 된 것도 미국의 사상 때문이 아니라 대서양 및 태평양으로의 직접적 접근이 가능한, "세계에서 가장 혜택 받은 곳에 위치해 있기" 때문이라고 보았다.[2] 스파이크먼에게 있어 지도는 언제나 냉혹한 존재였고, 따라서 공간을 두고 벌이는 투쟁도 끝없이 일어날 수밖에 없다고 믿었다. 그러므로 그에게는 "국제사회 역시…… 중앙권력 없이 법과 질서를 지켜야 하는 곳이었다". 국제사회는 무정부 상태나 마찬가지이므로 모든 나라들은 자위自衛를 할 수 있어야 한다는 말이었다. 스파이크먼은 정치인들이 정의, 공정함, 관대함과 같은 보편적 가치를 준수하기 위해 노력하는 것에 대해서도, 그가 생존과 동일시한 힘의 추구에 방해되지 않을 때에만 의미가 있다고 보았다. "도덕적 가치를 실현하기 위해 힘을 추구하는 것이 아니라, 힘의 달성을 돕는 일에 도덕적 가치를 써야 한다는 것"이 그의 지론이었다. 이것은 거의 카를 하우스호퍼를 방불케 하는 말이었고, 따라서 현실화되면 엄청난 비극이 초래될 수도 있는 위험한 발언이었지만, 그래도 두 사람 사이에는 뚜렷한 차이점이 있었다. 스파이크먼도 매킨더와 슈트라우스-휴페와 마찬가지로 지배가 아닌, "힘의 균형"에서 오는 "안정"을 믿었다는 얘기다. 그리고 이 차이점에서 다른 모든 이론이 쏟아져나왔다. 요컨대 스파이크먼은 "힘의 균형"이 평화를 유지시켜주기 때문에 "자연법 및 기독교 윤리"와 부합한다고 말한 것이다.[3]

스파이크먼과 슈트라우스-휴페의 다른 점은, 슈트라우스-휴페가 나치의 지정학 이론에 초점을 맞추고 그 과정에서 매킨더를 옹호한 반면 스파이크먼은 세계 지도에 초점을 맞추고 나치 지배의 개연성을 진단하면서 그와 더불어 암으로 세상을 일찍 뜨는 바람에 보지 못한 전후 세계에서의 힘의 배치도 함께 개관한 것이었다. 스파이크먼은 그런 목적을 가지고 미국이 강대국이 될 수 있었던 지리적 요인을 설명하는 것으로부터 이야기를 시작한다.

스파이크먼은 "역사가" 기후가 온화한 "온대, 온대 중에서도 육지 대륙이 거의 없는 남반구가 아닌 북반구에서 형성된다"고 썼다. 그렇다고 해서 사하라사막 이남의 아프리카와 남아메리카의 원뿔형 지역Southern Cone*이 중요하지 않다는 의미가 아니라, 교통과 통신 기술의 발달로 지역 간 상호작용이 활발하게 이루어지게 된 것이 비교적 근래의 일이고, 따라서 그곳들이 북반구, 북반구 중에서

---

* 남아메리카의 남단 지역으로 보통은 칠레, 파라과이, 아르헨티나, 우루과이를 지칭하지만, 좁은 의미로는 아르헨티나, 칠레, 우루과이만 가리키기도 한다.

도 특히 온대 북부에 속한 지역들보다는 세계에 미치는 영향이 크지 않다는 뜻에서 한 말이었다. 매킨더와 거의 동시대를 살았던 제임스 페어그리브는 열대 지방과 비교할 때 온대 지역은 태양 에너지가 턱없이 부족하고, 따라서 온대 지역의 사람들은 기후변화에 대처하기 위해서라도 열심히 일할 수밖에 없으며, 계절의 차이 또한 뚜렷하다보니 파종기와 수확기도 정확히 지킬 필요가 있었기 때문에 "승승장구 발전하게 된 것"으로 그 현상을 설명했다. 거대한 남극 대륙을 중심으로 바다에 둘러싸인 남극에 비해 북극이 북극해를 중심으로 인간의 생산성이 가장 높은 대륙*으로 둘러싸인 점도 북반구가 발전하게 된 또 다른 요인이었다. 슈트라우스-휴페는 그보다 더 구체적으로 북아메리카, 유럽, 대중동, 북아프리카, 러시아 대부분, 중국, 인도의 태반이 속하는 "북위 20도와 60도 사이"의 지역에서 역사가 형성된다고 말했다. 매킨더가 언급한 "미개 지역"도 심장지대와 그에 인접한 유라시아 주변지대에 속하므로 슈트라우스-휴페가 말한 북위 20~60도 사이의 지역과 대체로 일치했다. 그리고 이 개념을 미국과 연관 지어보면, 미국은 캐나다령 북극 지방 아래 위치하여 유럽의 계몽주의 시대가 도래하기 전까지는 아직 도시 문명이 뿌리내리지 않았던, 따라서 상대적으로 인구가 적은 최후의 거대 온대 지역이었다는 중요한 사실이 드러난다. 게다가 스파이크먼에 따르면 미국은 만입과 내포들로 "항구들이 들어서기에는 최상의 입지 조건을 지닌" 동해안이 있어 초기에 번영을 일굴 수 있었다.[4] 이렇게 보면 미국이 초창기에 자유를 지킬 수 있었던

* 그린란드, 북아메리카, 유라시아 등.

지리의 복수

것도 결국은 지리 때문이었다는 결론이 나온다.

미국이 현재 강대국 위치를 점할 수 있는 것도 스파이크먼의 말을 빌리면 "신세계 밖에서의 활동을 위해 비축해둔 힘"과 더불어, 동반구의 힘의 균형에 영향을 미칠 정도로 강력한 서반구의 패권국이기 때문이다.[5] 그것은 대단한 일이다. 그러나 그 힘의 원천이 라틴아메리카 지리에 있다는 점에서 보면 당연시할 수만도 없는 일이다. 미국이 세계의 그 어느 나라, 심지어 중국이나 러시아도 갖지 못한 반구적 크기의 주도권을 갖게 된 것도 라틴아메리카라는 지리가 있기에 가능한 것이기 때문이다. 스파이크먼이 매킨더가 대체로 무시하고 넘어간 남아메리카를 지정학 논의에 포함시킨 것도 이런 결과가 초래된 경위를 설명하기 위해서였다. 게다가 스파이크먼은, 유라시아와 특히 유라시아 심장지대에 초점을 맞춤으로써 냉전 시대의 지리를 이해하는 데 필수적 인물이 된 매킨더와 달리, 지구 전체에 대한 유기적 개념을 제시한 면에서 각 지역이 상호 영향을 주고받게 된 오늘날과 같은 시대를 이해하는 데는 더욱 적합한 인물이기도 하다.

스파이크먼은 멕시코만이 포함되는 대카리브해^{Greater Caribbean Sea}, 다시 말해 "아메리카 지중해^{American Mediterranean}"를 신세계의 전략적 지리의 중심으로 보았다. 아테네가 에게해를 지배함으로써 그리스 군도를 사실상 통제하게 되었듯이, 미국도 1898년의 미국-에스파냐 전쟁을 통해 유럽의 식민지 국가들로부터 "가운데 바다^{middle sea}", 곧 카리브해의 통제권을 거머쥐고, 그로부터 머지않아 파나마운하를 건설함으로써 세계적 강국이 되었다는 것이다. "카리브해 연안에서 미국의 입지에 심각한 위협을 제기할 수 있는 것은 아무

것도 없다. 중앙아메리카는 섬들의 크기도 작거니와, 지형 또한 발
칸반도와 마찬가지로…… 소규모 정치 단위가 유리한 특징을 지니
고 있기 때문이다. 멕시코, 콜롬비아, 베네수엘라와 같은 큰 나라들
도 지형, 기후, 전략적 원자재의 부족으로 대규모 해양세력이 될 수
있는 길이 막혀 있다." 게다가 미국은 카리브해의 동쪽 경계를 봉
쇄하여 그곳을 세계 시장과 단절시킬 수 있는 해군도 보유하고 있
으므로 그곳도 결국은 미국에 의존할 수밖에 없었다. 스파이크먼의
강점은 이 책에 소개된 다른 인물들과 마찬가지로 수세미처럼 복잡
한 시사를 꿰뚫어보고 그것을 관통하는 기본적 사실을 간파해내는
능력에 있었다. 그리고 그런 능력을 지닌 스파이크먼이 보기에 서
반구는 북아메리카와 남아메리카로의 분리가 아닌 아마존강 유역
의 열대 밀림 이북과 이남으로의 분리가 기본적 사실이었다. 그리
고 그 논리에 따르면 남아메리카 북부 해안에 위치한 콜롬비아, 베
네수엘라, 기아나는 기능적으로 북아메리카와 아메리카 지중해에
속하게 된다. 그들의 지정학적 세계는 카리브해이고, 그러므로 같
은 남아메리카 대륙에 속해 있기는 하지만 아마존 밀림 이남 지역
과의 연관성은 거의 없어지기 때문이다. 유럽의 지중해와 마찬가지
로 아메리카 지중해도 이렇듯 분리가 아닌 통합의 요소로 작용했
다. 북아프리카 지역이 사하라사막에 가로막혀 아프리카 본토와 단
절된 채 지중해권에 속하게 된 것처럼, 남아메리카의 북부 해안 지
역도 지리로 인해 남아메리카 본토와 단절된 채 카리브해권에 속하
게 된 것이다. 스파이크먼은 그 원인을 이렇게 설명했다.

안데스 산계에서 뻗어나온 산맥이 동쪽으로 휘어져 아마존분지와 마그

달레나강 및 오리노코강 유역을 가르며 기아나의 남쪽 경계를 형성하고, 그 너머에는 진입 불가능한 거대한 밀림과 아마존강 유역의 열대림이 우거져 있기 때문이다. 아마존강과 아마존강의 지류들이 북남 간에는 운송 수단이 되지 못하는 반면 동서 간에는 훌륭한 교통수단이 되는 것도 그것의 요인이 된다.[6]

스파이크먼에 따르면 남아메리카의 남쪽 절반이 지정학적 중요성을 상실한 것은 지리의 작용 때문이었다. 남아메리카의 서쪽 해안만 해도 중국과 인도 아대륙을 가르는 히말라야산맥, 카라코람산맥, 파미르고원을 제외하면 세계에서 가장 높은 안데스산맥과 태평양 사이에 끼어 있고, 안데스산맥의 계곡들 또한 아메리카 동부 연안의 통로 역할을 하는 애팔래치아산맥 계곡들에 비하면 수도 적고 폭 또한 협소하다는 것이다. 게다가 강들 사이의 항행 또한 불가능하여, 칠레와 페루 같은 나라들은 동아시아로부터는 태평양을 가로질러 1만 3,000킬로미터, 미국 동서쪽 해안으로부터도 수천 킬로미터 떨어져 있을 만큼 지구상의 주요 교통로 및 역사적 이주로와도 멀리 떨어져 있는 탓에 대규모 해군을 양성할 수도 없었다는 것이다. 남아메리카의 남쪽 지역 중에서는 칠레 중남부만 유일하게 온대에 속해 있으며, 헨리 키신저도 언젠가 빈정대며 말했다고 전해지듯 실제로 칠레는 남극 대륙을 겨누는 비수가 되고 있다. 남아메리카의 동쪽 해안도 외지고 고립되어 있기는 마찬가지다. 남아메리카 대륙은 북아메리카 대륙 바로 밑이 아니라 동쪽에 위치해 있다. 그러다보니 아마존의 밀림지대 아래 저 남쪽에 위치한 리우데자네이루에서 부에노스아이레스에 이르는 대서양 연안의 인구 밀집 지역에서 뉴욕을 가는 것이나, 포르투갈의 리스본을 가는 것이나 거리상으로는 별 차이가 없다. 미국이 아메리카 지중해를 장악하고, 원거리와 거대한 열대우림지대에 의해 남아메리카 중심으로부터도 분리된 채 서반구에서는 거의 아무런 도전을 받지 않는 무적의 존재가 된 것도 그래서이다. 그 점에서, 스파이크먼의 말을 빌리면, 남미의 원뿔형 지역도 미국에는 "대륙의 이웃 나라"라기보다는 오히려 "해외 영토"에 가까웠다.[7]

　그렇다고 그런 지리적 여건에 긍정적 측면만 있는 것은 아니고, 그 이면에는 부정적 측면도 있다. 카리브해 유역이 분리돼 있지 않고 통합돼 있는 탓에 코카인과 마리화나가 중앙아메리카와 멕시코를 거쳐 미국으로 흘러들고 있는 것만 해도 그렇다. 지금 서반구의 뒷마당에서 미국을 위협하고 있는 이른바 마약 전쟁이야말로 지리가 주는 교훈이라고 할 만하다. 급진주의적인 반미 포퓰리즘 정책을 시행했던 베네수엘라의 독재자 우고 차베스〔1954~2013년〕도, 단순히 러시아 및 이란과 동맹을 맺어서가 아니라 미국의 코앞에 있는 카리브해 유역의 나라 지도자로서 미국이 추구하는 지구 공동체적 이익에 감연히 맞서고 있다는 점에서 지리가 주는 또 다른 교훈이 될 수 있다. 차베스가 만일 원뿔형 지역의 아마존 열대우림지대 밑에 위치한 나라의 지배자라면 큰 위협이 되지 못했을 것이다. 미국으로서는 세계화—정보화 시대, 물리적 거리의 파괴, 인구상으로 젊은 나라에서 늙은 나라들로의 대규모 노동 이주—로 인해, 정치적으로 불안정한 카리브해 연안의 라틴아메리카와 의도하지 않게 밀접한 관련을 맺게 된 것 또한 위협을 가중시키는 요인이 된다. 그 결과로 지난날에는 미 해군에만 지배되었을 뿐 미국 사회의

지리의 복수

주요 흐름과는 차단되었던 카리브해 연안이 이제는 미국의 삶을 구성하는 요소가 되었기 때문이다. 구체적인 면까지는 몰랐겠지만 스파이크먼도 양상이 이렇게 전개될 거라는 점은 얼마간 예측하고 있었다.

스파이크먼도 슈트라우스-휴페와 마찬가지로 2차 대전이 진행될 때 전세가 아직 연합국 쪽으로 기울기 전에 책을 집필했다. 그러다 보니 나치가 제기한 세계적 위협에 온 마음을 빼앗겼고, 그래서 미국이 남아메리카에서 분리되는 것에도 상당한 지리적 중요성을 부여했다. 스파이크먼은 미국이 카리브해 유역을 지배해야 할 당위성 못지않게, 남아메리카를 지배하지 않는 것이 전략적 득이라고 보았다. 문제는 남아메리카가 유럽 적국의 위협을 받으면 미국의 특별한 지리적 이점을 잃을 수도 있다는 데 있었다. 게다가 남쪽의 리우데자네이루에서 시작되는 원뿔형 지역—스파이크먼이 '등거리 지역'이라 지칭한 곳—은 남아메리카 대륙에서 생산성이 가장 높은 농업 지역, 남아메리카 인구의 4분의 3, 남아메리카에서 가장 중요한 공화국들이었던 브라질과 아르헨티나의 주요 도시들이 위치한 곳이기도 했던 것이다. 따라서 스파이크먼으로서는 설사 유라시아보다는 지리적 중요성이 떨어진다 해도 원뿔형 지역이 유럽의 적대 세력이 추구하는 포위 전략의 일부가 될 수 있다는 점이 우려스러울 수밖에 없었다. 아메리카 대륙의 지리가 미국을 서반구의 패권국으로 만들어주었던 것처럼, 만에 하나 아메리카 대륙이 자유주의적 북부와 추축국이 지배하는 남부로 분리되면 그 지역에서 누리던 미국의 우위도 끝날 수 있었기 때문이다. 스파이크먼은 이렇게 썼다. "미국이 서반구 방어 정책을 쓰면 독일과의 충돌을 피할 수 있을 것으로 보고 대다수 고립주의자들은 그 정책을 받아들인 듯하지만, 그들이 간과했던 것은 그렇게 하면 유럽을 둘러싼 독일과의 전쟁은 피할 수 있을지 몰라도 남아메리카의 패권을 둘러싼 독일과의 전쟁은 피할 수 없다는 것이다."[8]

스파이크먼의 경고는 추축국이 전쟁에서 패한 뒤에도 얼마간 유효했다. 유럽, 일본, 중국이 무역을 통해 스파이크먼의 '등거리 지역'을 잠식해 들어간 데다, 미국과의 교역량이 전체의 20퍼센트가 안 되고, 뉴욕에서 부에노스아이레스까지의 비행시간이 미국에서 중동까지의 비행시간과 같은 11시간이나 되는 상황에서도 미국이 여전히 등거리 지역에서 지배적 외부 세력으로 남을 수 있을지는 미지수였기 때문이다. 스파이크먼은 이처럼 비록 전쟁의 승리에 대한 집착은 강했지만, 일편단심 지리에만 초점을 맞춘 채 지금 우리가 살고 있는 세계를 정확히 진단해주었다.

스파이크먼은 매킨더보다 한 세대 젊은 지리학자였다. 따라서 개념의 기본 틀과 영감도 그로부터 얻었다. 그의 주 관심사 역시 라틴아메리카라는 긴 옆길로 새기는 했지만 매킨더와 마찬가지로 유라시아였다. 앞서 언급했듯이 매킨더는 심장지대가 지배하는 육지세력이 유리한 입지를 보유한 가운데, 육지세력과 해양세력이 벌이는 투쟁을 핵심 논제로 삼았다. 스파이크먼은 해양세력과 육지세력의 중요성에 대한 평가는 달랐지만, 매킨더의 영향을 받았다고 인정했다. 아래의 글에도 그런 사실이 드러난다.

러시아는 표트르 대제 시대 이후 무려 200년 동안이나 러시아를 둘러싸

지리의 복수

고 있는 접경 국가들의 고리를 뚫고 바다로 진출하기 위해 각고의 노력을 기울였다. 지리와 해양세력에 끊임없이 고배를 마셨기 때문이다.[9]

스파이크먼은 심장지대를 소비에트제국과 얼추 비슷하게, 북쪽으로는 노르웨이와 러시아권 극동 지역 사이의 얼음으로 가로막힌 북극해와 접하고 있고, 남쪽으로는 루마니아의 카르파티아산맥에서 아나톨리아, 이란, 아프가니스탄의 고원들로 이어지다가, 거기서 다시 북동쪽의 파미르고원과 알타이산맥으로 방향을 돌린 뒤, 북동쪽의 만주와 한반도에서 마침내 끝이 나는 산악지대로 둘러싸인 곳으로 묘사했다. 그러고는 그곳을 앞으로 투쟁이 끊이지 않을 세계의 주요 지리로 파악했다. 산맥과 고원으로 이루어진 이 영토 지대의 북쪽과 안쪽에는 심장지대가 위치해 있고, 석유가 풍부한 중동과 더불어 인구가 조밀한 유럽, 남아시아, 동남아시아, 중국, 일본이 이 영토 지대의 남쪽과 외곽에 포진해 있는 형상이었다. 스파이크먼은 유라시아의 이 외곽지대, 그중에서도 연안지대를 주변지대Rimland로 부르고 세계 지배의 요체로 파악했다. 그가 이렇게 매킨더의 심장지대가 아닌 주변지대를 세계 지배의 요체로 본 것은 주변지대가 유라시아의 지배적 위치를 점하고 있을 뿐 아니라 바다 지향적이기도 하여 외부 세계와의 접촉이 용이하기 때문이었다.[10]

물론 매킨더도 심장지대를 통치하는 자가 주변지대를 지배할 확률이 가장 높고, 그것이 또 해양세력을 통해 세계를 지배할 수 있는 열쇠가 된다고 보았으므로, 결과적으로 두 사람이 하는 말은 같았다. 매킨더가 이렇게 쓴 것에도 그 점이 드러난다. "장기적으로 보면 단일 세력이 거대 대륙〔세계 섬〕의 대부분을 통합시키고, 그것을

발판 삼아 무적의 해양세력으로 등장하게 될 개연성이 높다." 이런
식으로 그는 소련의 꿈, 1980년대에 아프가니스탄을 침공하고, 파
키스탄의 정치적 불안정을 초래해 바닷물이 따뜻한 인도양에 진출
함으로써 해양세력과 육지세력의 결합을 도모한 소련의 야심을 정
확히 내다보았다.[11]

　그렇기는 하지만 이 부분에서도 주변지대를 중시한 스파이크먼
의 입지가 매킨더보다는 조금 유리하다. 대중동에서 격변이 일어
나고, 한반도와 남아시아 일대에서도 긴장이 야기되고 있는 작금
의 세계적 추세로 볼 때, 주변지대를 강조하고 지정학적 견해도 한
층 복잡하게 제시한 스파이크먼이 매킨더보다는 좀 더 동시대적으
로 느껴진다는 얘기다. 20세기 초와 1차 대전에 토대를 둔 매킨더
이론과 달리 스파이크먼의 이론은 심장지대가 연합국의 일원인 소
비에트 러시아의 수중에 있어 문제될 게 없었던 반면 주변지대는
추축국에 의해 위험에 빠져 있던 2차 대전에 토대를 둔 것이다보니
그렇게 된 것이다.

　추축국이 패전한 뒤에도 주변지대를 차지하기 위한 투쟁은 냉전
때까지 계속되었다. 심장지대의 거대 세력인 소련이 유럽의 주변지
대, 중동, 한반도, 그 밖의 지역을 위협하며 서구의 해양세력과 대
결을 벌인 것이었다. 미국의 외교관이자 러시아 전문가인 조지 F.
케넌[1904~2005년]이 1946년 모스크바에서 긴 전보를 보내 역설
한 "봉쇄containment" 정책에서 스파이크먼과 매킨더의 기미가 느껴
진 것도 그래서이다. 봉쇄야말로 심장지대 세력이 포위라 부른, 심
장지대 주변의 해양세력을 지칭하는 말이었기 때문이다.[12] 서유럽,
이스라엘, 아랍의 온건 국가들, 군주제가 붕괴되기 이전의 이란에

대한 방위, 아프가니스탄과 베트남에서 벌인 전쟁 모두 공산주의제국(소련)의 지배권이 심장지대에서 주변지대로 확산되는 것을 막기 위한 조치였다. 헨리 키신저가 젊은 시절인 1957년에 발간된 그의 걸작 『핵무기와 외교정책Nuclear Weapons and Foreign Policy』에서 "제한적인 전쟁은 수용 가능한 비용으로 소비에트권이 유라시아 주변지대를 장악하지 못하게 막는 수단에 지나지 않는다"고 주장하면서, 특히 심장지대 세력으로서의 소련이 "내륙의 병참선을" 보유하고 있어 "주변지대 어느 곳에서든"[13] 상당한 병력을 집결시킬 수 있다는 점을 그 이유로 꼽았던 것에도 그 점이 드러난다. 폴란드, 이란, 아프가니스탄, 베트남이 냉전기 내내 전쟁터가 되었고, 그 지역들 모두 공산주의 국가인 소련과 중국 주변에 위치해 있었던 것도 그것을 말해주는 또 다른 사례가 된다. 요컨대 그곳들은 매킨더의 세계이면서 또 스파이크먼의 지각이 머무른 지역이기도 했던 것이다.

스파이크먼은 1942년의 관점에서 2차 대전 이후를 전망하는 저작을 썼다. 그래서인지 그의 논점에서는 지정학적 역량을 총동원해 예견한 불안한 미래의 모습이 엿보인다. 연합국이 전쟁에서 지고 있고, 따라서 히틀러의 전쟁 기계를 완전히 파괴하는 것이 중요한 시점에서도 그가 독일의 비무장을 우려한 것이 대표적인 예다. 스파이크먼은 "우랄산맥에서 북해로 이어지는 러시아가 북해에서 우랄산맥으로 이어지는 독일보다 나을 것이라는 보장은 없다"고 주장하면서, 영국해협의 러시아 공군기지도 독일의 공군기지 못지않게 영국의 안전에 위협이 될 수 있다는 점을 그 이유로 꼽았다. 따라서 히틀러 이후에도 강력한 독일이 필요하다는 것이 그의 논점이었다. 같은 맥락에서 그는 2차 대전 중에 미국이 남태평양에서 일본군과 3년간 격전을 벌인 전력이 있는데도 대륙 세력인 러시아와 특히 강국으로 부상 중인 중국에 맞서 미국은 일본과 동맹을 맺어야 한다고 주장했다. 일본은 식량의 순 수입국인 데다 석유와 석탄 생산도 부족하지만, 미국에는 약점일 수도 있고 혜택일 수도 있는 위대한 해군 전통을 보유한 동아시아 연안의 큰 섬나라로서, 영국이 미국을 위해 유럽에서 하고 있는 것과 같은 역할을 극동에서 할 수 있을 것이라는 게 스파이크먼의 생각이었다. 그는 1940년대 초에는 특히 중국이 일본과의 전쟁으로 황폐화되어 허약한 상태에 있었는데도, 강력한 중국에 맞서 일본과 동맹을 맺어야 할 필요성을 역설했다.

> 현대의 중국이 새롭게 활력을 찾아 무장을 하면…… 일본뿐 아니라 아시아 지중해에서의 서구 세력 입지에도 위협이 될 것이다. 아시아 지중해 연안의 드넓은 지역을 통제하는 지극히 중요한 대륙 세력이 될 수 있기 때문이다. 그리하여 중국은 미국이 아메리카 지중해에서 누리는 것과 흡사한 지정학적 위치를 아시아 지중해에서 누리게 될 것이다. 중국이 강국이 되면 현재 진행되고 있는 그 지역으로의 경제적 침투 또한 정치색을 띠게 될 것이 분명하다. 그리고 그렇게 되면 영국, 미국, 일본의 해양세력이 아닌 중국의 공중세력이 아시아 지중해를 지배하게 되는 날이 오는 것도 충분히 가능한 일이다.[14]

그러나 스파이크먼의 관점은 역시 유럽에 관련된 문제에서 가장 돋보였다. 스파이크먼은 독일과 러시아에 의한 유럽 지배를 반대한 것 못지않게 유럽의 통합도 반대했다. 평화적이고 민주적인 절차에 의한 것이라 해도 유럽연맹보다는 유럽 내 국가들 간에 힘의 균형을 유지하는 것이 미국의 이익에는 더 부합된다고 보았다. "유럽이 연맹이 되면 힘의 응집 작용이 일어나, 대서양 세력으로서의 미국의 중요성이 일변하는 것은 물론이고 서반구에서의 미국의 입지도 크게 약화될 것이다." 물론 현재의 유럽연합European Union이, 강대국 지도자들이 통합을 추구하면서도 궁극적으로는 개별 외교정책을 쓰는 발전의 중간 단계에 머물러 있는 것으로 볼 때 스파이크먼의 옳고 그름을 판단하기는 아직 시기상조인 감이 있다. 그렇지만 유럽 통합이 단단해질수록 유럽과 미국 사이의 긴장이 높아질 것이라는 점은 분명히 알 수 있다. 실제로 군대를 보유하고 단일한 외교정책을 쓰는 진정한 초강대국이 유럽에 등장하면 미국뿐 아니라 남아메리카 등거리 지역의 지배적 외부 세력에도 강력한 경쟁국이 될 것이다[15](현재 유럽이 겪고 있는 금융 위기로 보면 가능성은 높지 않지만 말이다).

매킨더 및 냉전 기간의 봉쇄정책과 스파이크먼이 뚜렷이 다른 점이 바로 거기에 있다.[16] 소비에트 공산주의에 맞서기 위한 보루로서의 유럽 통합을 촉구한 봉쇄정책은 지정학뿐 아니라 자유 사회라는 자유주의적 이상에도 토대를 두고 있었다. 조지 케넌도 서구식 생활방식이 소비에트 공산주의의 편협한 전체주의보다는 오래 지속될 것으로 믿고 모스크바에서 봉쇄정책을 부르짖는 긴 전보를 보낸 것이었다. 그와 동일한 견해를 지녔던 유럽의 민주국가들에게 정치, 경제적 통합을 촉구한 것도 그래서였다. 스파이크먼은 이런 케넌보다도 더 냉혹한 골수 현실주의자였다. 따라서 지정학적 요소이외의 다른 요소는 분석에 일절 포함시키지 않았다. 하우스호퍼처럼 민주주의와 자유 사회에 대한 믿음이 없어서가 아니라, 그런 요소들이 지정학적 분석에는 도움이 되지 않는다는 판단에서였다. 스파이크먼은 자신의 역할이 세계를 개선시키는 데 있지 않고 세계에서 벌어지고 있는 일을 정확히 전달하는 데 있다고 믿었다. 그가 케넌과 냉전을 넘어선 관점을 지닐 수 있었던 것도 이런 냉철한 인식 덕이었고, 그리하여 1942년에도 오늘날의 상황에 맞는 이야기를 쓸 수 있었던 것이다.

> 둥근 지구와 3차원적 전쟁의 관점에서 정치와 전략적 사고를 할 수 있는 정치인들만이, 그들의 나라가 멀리 떨어진 지역에서 전략적 선수를 빼앗기는 걸 막을 수 있다. 재차 말하지만 해양세력〔해군력〕의 부족분을 채워줄 공중세력〔공군력〕과 기동력이야말로 전쟁의 요체이며, 따라서 그것만 있으면 세계 어떤 곳도 거리가 멀다는 이유로 전략적 중요성을 잃지 않을 것이고, 오지라는 이유로 힘의 정치의 고려에서 소홀히 취급당하는 일도 없게 된다.[17]

이것을 달리 표현하면 공중세력과 특히 어느 곳이든 군대를 신속히 배치하는 미군의 탁월한 역량으로 전 세계가 돌아가고 있다는 말이었다. 물론 미국인들을 위해서만 돌아가는 것은 아니고, 공군력과 관련 있는 통신 기술 덕에 매킨더의 "폐쇄형 체제"에 속한 모든 이들을 위해서도 세계는 돌아간다는 것이었다. 그럼에도 단일 패권국이 지배하기에는 지구라는 시스템이 지나치게 방대하고, 그래서 스파이크먼이 대안으로 제시한 것이 바로 주요 지역들이 상호 영향을 주고받는 "지역적 힘의 분산"이었다. 이렇게 그는 세계가 다수의 패권국으로 나뉘게 될 것임을 진즉에 예측하고 있었다. 정치, 경제적 의미로는 이미 존재하고 있으나, 미국과 다른 나라 군대 사이에 가로놓인 거리감으로 인해 군사적으로는 아직 실현되지 못한, 오늘날 사람들 사이에 회자되고 있는 다극 체제와 유사한 개념이었다. 그러나 실현은 되지 못했지만 터키, 이란, 인도네시아, 베트남, 브라질과 같은 중간 국가들과 더불어 미국, 유럽연합, 중국, 인도, 러시아와 같은 지역 패권국들이 등장하면서 스파이크먼의 견해도 종국에는 탄력을 받게 될 것이다.[18]

그렇다면 그런 세계는 어떤 역동성을 갖게 될까? 스파이크먼은 그에 대한 최상의 답을 얻기 위해 각기 다른 각도에서 지도를 바라보고 분석하는 방법을 사용했다. 그 결과 북극 지방 부분에서 가장 통찰력 있는 관점을 도출해냈다. 스파이크먼은 이렇게 썼다. "〔그 지도에서는〕 두 가지 두드러진 특징이 나타났다. 하나는 북반구에 대륙이 몰려 있다는 것이고, 다른 하나는 그 대륙이 북극을 기점으로 아프리카, 남아프리카의 희망봉, 남아메리카, 〔남아메리카 최남단의 곶〕 케이프 혼, 오스트레일리아를 향해 불가사리처럼 퍼져나갔다는 것이다." 지도를 그렇게 바라보면 북쪽은 거의 모든 곳이 땅으로 덮여 있는 반면, 남쪽은 거의 물로 가득 차 있는 것을 알게 된다. 북극 지도에는 대륙들이 조밀하게 붙어 있고, 남극 지도에는 대륙들이 띄엄띄엄 분산돼 있다는 말이다. 물론 그런 관찰 방식으로는 남쪽 대륙들 간의 거리가 한없이 멀어 보일 수밖에 없다. 그렇기는 하지만 그것은 오스트레일리아와 남아메리카, 남아메리카와 아프리카 간의 거리가 멀다는 것을 나타내는 상징이 될 수는 있다. 그리고 그렇게 보면 지리적으로 밀접한 관계에 있는 북아메리카와 유라시아는 역동성 있는 지역으로, 결국은 "세계 정치의 기준점"이 되고, 띄엄띄엄 분산돼 있는 남쪽 대륙들은 중요성이 떨어진다는 결론이 나온다. 앞에서도 언급했듯이 그렇다고 해서 남아메리카와 아프리카가 중요하지 않다는 의미는 아니며, 서로 간의 관련성 면에서 중요성이 떨어진다는 얘기다. 남아메리카와 아프리카는 북부 대륙과의 관련성 면에서만 중요성을 가질 수 있는 것이다. 그러나 극지 지도가 주는 진정한 메시지는 그보다는 오히려 북아메리카와 유라시아 간의 유기적 관계에 있다. 얼핏 생각하면 북아메리카 서해안에서 동아시아까지는 중간에 거대한 태평양이 가로놓여 있어 거리가 무척 멀 것 같지만, 북극 항로를 이용하는 비행기를 타면 북쪽의 알래스카에서 남쪽의 러시아령 극동을 거쳐 온대의 일본, 한반도, 중국까지 손쉽게 날아갈 수 있는 것이다. 북극 지방도 기후만 따뜻해지면 앞으로 몇십 년 내에 해양세력과 특히 공중세력에 새로운 의미를 부여해줄 것이고, 미국 서해안과 아시아 도시들 간의 거리 또한 초음속 여객기를 통해 3분의 2 정도로 단축될 수 있다. 그리하여 북극 항로의 이용이 점차 늘면 미국, 러시아, 중국 간의 관계도 더욱 밀접해질 것이다. 지리는 이처럼 접근성이 용이해짐에 따라 직관에 반하게 중요성이 계속 커질 전망이다.[19] 장벽을 부수는 역할을 하는 세계화로 접촉의 빈도와 강도가 높아지고, 그와 더불어 정치적 갈등과 협력의 개연성도 함께 높아질 것이기 때문이다.

매킨더는 세계가 일단 "폐쇄형 정치체제"가 되면 "궁극적인 지리적 실체도 모습을 드러내게 될 것으로" 전망했다.[20] 이 말에는 세계 섬이 지정학의 단일체가 되고, [세계 섬을 둘러싼] 주변 바다의 대륙적 위성국들 중에서는 북아메리카가 가장 중요하다는 뜻이 담겨 있다. 그렇다면 매킨더가 말하는 지리적 실체도 결국은 세계 섬의 구성 요소인 유라시아 본토 전역과 아프리카의 태반이 포함되는 북반구가 되는 것이고, 그 점에서 스파이크먼의 주변지대론 역시 매킨더의 이 시나리오와 부합되는 것으로 볼 수 있다. 유럽, 중동, 인도 아대륙의 주변지대와 극동이 힘을 합쳐 밀집된 인구, 경제 발전, 탄화수소 자원을 등에 업고 인도양과 태평양의 유라시아 주변 연안지대를 지배하게 될 것이기 때문이다. 설령 러시아가 바닷물이 따뜻한 북극해의 연안 지역을 얻는다 해도 스파이크먼의 주변지대와 극동 지역은 힘을 합쳐 심장지대 세력인 러시아를 견제할 수 있다는 것이다.[21] 북극 지역이 북아메리카와 세계 섬의 북쪽 지역을 연결해주는 비행기와 선박들의 중심이 되듯, 대인도양 역시 아프리카와 중동을 동아시아와 연결해주는 세계 섬의 상업적, 군사적 교통의 해상 중심이 될 것이기 때문이다.

하지만 그 어떤 엄밀한 정치적 의미로도 유라시아 주변지대는 통합되지 않을 것이다. 다수의 지역 패권국이 존재하는 세계에서, 매킨더와 스파이크먼 두 사람이 공통으로 우려했던 위험, 다시 말해 유라시아가 단일한 육지세력에 지배되거나 혹은 유라시아 주변지대가 단일한 해양세력에 지배될 개연성은 희박하다는 얘기다. 해군력이 증대되고 있는 중국도 그것을 실현시킬 능력은 없어 보인다. 미국, 인도, 일본, 오스트레일리아와 그 밖의 나라 해군력에 견제당할 것이기 때문이다. 그럼에도 경제와 상업이 순수한 군사적 힘을 훼손시킬, 교묘하게 분배된 힘의 세계는 여전히 지리의 지배를 받는 지정학의 하나가 될 전망이다. 그 어느 때보다 혼잡해질 세계의 대양들에서는 특히 그럴 것이다. 그럼 지금부터는 19세기 말부터 20세기 초까지 활약한 또 다른 사상가를 통해, 그 해양권을 좀 더 심도 있게 살펴보기로 하자.

7장
—
해양세력의 유혹

매킨더가 철도와 도로 교통에 일어난 기술 발전의 영향으로 육지 세력을 중시했듯, 그보다 약간 윗세대에 속하는 미 해군 장교 출신의 역사학자 앨프리드 세이어 머핸〔1840~1914년〕도 산업혁명의 영향을 받아 해양세력의 주창자가 되었다. 머핸은 전투에서 주도권을 잡기 위해서는 해양세력이 육지세력보다 중요하고, 국제사회의 안정에도 해양세력이 덜 위협적이라고 보았다. "내륙으로 강제력을 확대하기에는 해군의 역량이 제한돼 있고", 그러므로 해양세력은 자유를 위협하지 못한다는 것이 머핸의 주장이었다. 그는 제국들의 지리적 중추도 유라시아 심장지대가 아니라 인도양과 태평양이라고 믿었다. 두 대양이 지정학의 운명을 결정짓는 요체라고 본 것이다. 두 대양을 통해 해양국가들이 유라시아 주변지대로 힘을 투사하고, 그러면 철도와 지선 도로망을 통해 중앙아시아 깊숙한 곳의 내륙 정치 발전에도 영향을 미칠 수 있다는 말이었다. 머핸의 이런 논점은 인도양과 태평양 연안의 주변지대를 중시하고 매킨더의 영향 또한 많이 받았던 니컬러스 스파이크먼에게도 심대한 영향을 끼쳤다.

또한 심장지대의 지배세력이라는 이유로 러시아의 힘을 두려워했던 매킨더와 달리, 매킨더의 논문 「역사의 지리학적 중심」보다 4년 먼저 『아시아의 문제The Problem of Asia』를 펴낸 머핸은 바닷물이 따뜻한 인도양과 멀리 떨어져 있다는 이유로 러시아를 취약한 나라로 보았다. 그는 러시아가 "외양外洋으로부터 가망 없이 멀리 떨어져 있어 부를 축적하기에는 불리한 입지에 있는 나라"라면서, "그러다 보니 불만이 쌓일 수밖에 없는데, 러시아에서는 그 불만이 또 쉽사리 공격의 형태를 띤다"고 주장했다. 머핸은 이렇게 러시아의 국민성 속에 깊숙이 내재한—사실상 지리에 기반을 둔—심리적 흐름을 정확히 간파해냈다. 그러고는 러시아 이남과 인도양 이북에 위치한 나라들을 "러시아의 육지세력과 영국의 해양세력이 투쟁을 벌이는 곳", 다시 말해 "계쟁지係爭地"(40년 뒤 스파이크먼이 주변지대라고 말한 곳)라고 불렀다. 계쟁지 중에서도 그는 특히 중국, 아프가니스탄, 이란, 터키를 중요하게 보았다. 지리가 불변이라는 점에서 보면, 100여 년 전인 1900년에 그가 이미 우리 시대에 지정학적 중요성을 갖게 될 중추 국가들을 정확히 집어낸 것도 놀랄 일은 아니다.

지리는 냉전 기간 동안 〔미국이〕 주변지대 나라들이 모두 포함되는 유라시아 남쪽 국가들에서 소련에 맞서 봉쇄정책을 취하게 하는 데에도 일조했고, 하나의 국가로서 그리고 유라시아 심장지대에서 물이 따뜻한 환태평양까지 뻗어나간 문명으로서 중국의 중요성을 일깨우는 데에도 일익을 담당했다. 아프가니스탄과 이란을 중동의 운명을 좌우하는 심장지대의 2대 국가로 규정하는 데 도움을 준 것 역시 지리였다. 한편 "중동Middle East"을 대중적 용어로 처음 보급시킨 사람은 머핸이었다. 1902년 그가 해군의 전략에서 특별한 중요성을 지닌 아라비아와 인도 사이의 지역을 가리키는 명칭으로 처음 중동을 사용한 것이다. 머핸이 인도를 중시했던 것은 히말라야 산계가 있어 후위의 측면이 보호되고, 인도양 연안의 중심에도 위치해 있어 바다를 통해 중국과 중동으로 침투해 들어가는 데 최적의 장소로 보았기 때문이다. 이렇게 해서 해양세력은 유라시아에서 멀리 떨어진 미국이 매킨더가 말한 "폐쇄형 체제"의 유라시아에 영향을 미칠 수 있는 머핸의 수단이 되었다.[1]

그러나 바다를 중심으로 본 머핸의 관점에도 오류는 있었다. 그보다 후대 사람인 로버트 슈트라우스-휴페가 『지정학』에서 이렇게 쓴 것도 그것을 뒷받침한다. "그들[하우스호퍼와 그 밖의 독일 지정학자들]은 영국과 미국이 머핸주의를 고수한다는 사실에서 독일의 기회가 반짝이는 것을 보았다. 앵글로색슨계 국가들이 머핸주의—언제나 그렇듯 안정과 상업적 기회를 동시에 제공해준다는 점에서 지극히 매력적이었던—를 방위 지침으로 삼으면, 독일은 전면전 준비에 필요한 시간을 확보할 수 있기 때문이었다."[2] 이것을 달리 표현하면 해양세력을 중시하는 머핸주의는 유라시아의 안정에 치우친 나머지, 이베리아반도에서 우랄산맥까지의 유럽을 신속히 포위 공격할 수 있는 육지세력의 역량을 소홀히 다루었다는 말이다.

그러나 그것은 머핸의 진면목을 모르고 한 소리였다. 그가 "바다의 적절한 이용과 통제는 국부國富 축적의 수단인 교역을 연결하는 여러 사슬들의 하나에 지나지 않는다"고 쓴 것에도 그 점이 드러난다.[3] 그렇기는 하지만 그의 관점이 유럽 내 국가들의 힘의 균형을 유지하는 것보다는 미국의 해양세력을 전 세계 주변 지역으로 확대하는 것에 더 잘 부합했던 것은 사실이다. 슈트라우스-휴페의 말을 빌리면 머핸은 미국의 힘의 궁극적 목적이 미국의 명백한 운명인 "바다에서 빛나는 바다까지"〔대서양에서 태평양까지〕를 차지하는 것뿐 아니라, 미국을 세계적 강국으로 만들어주게 될 카리브해와 태평양의 지배까지도 포함시키는 데에 있다고 본 "열렬한 제국주의자"였다. 머핸은 국가를 팽창하거나 쇠퇴할 수밖에 없는 존재로 파악했다. 현상 유지만 해서는 국가의 존립이 불가능하다는 말이었다. 머핸은 또 전술가답게 전투 함대가 우위를 갖는 해군력의 집중, 다시 말해 "대규모 전열함 함대"에 신뢰를 나타냄으로써 그 못지않게 투박한 면모를 종종 드러냈다.[4]

그러나 1883년을 시작으로 20년간 무려 19권의 책을 출간한 머핸을 한마디로 평가하기는 쉽지 않다. 열렬한 제국주의자라는 것도 그의 한 단면에 지나지 않는다. 머핸은 군비 지출에는 민주주의가 호의적이지 않다는 견해를 보였지만, 군주정보다는 민주정을 선호한다는 점을 분명히 밝힌 민주주의자였다. 대함대가 미국에 절대적으로 필요하다고 생각했던 것도 아니다. 제해권은 동맹을 통해서만 얻을 수 있고, 따라서 미국은 영국과 협력해야 한다는 것이 그의 신념이었다. 전쟁에 대해서는, 나라가 부자연스러운 상태에 놓이는 것임을 인정하면서도, 그래도 국가들은 전쟁에 대비하고 있어야 한다는 관점을 지니고 있었다. 머핸은 인류의 공유 자산을 지킬 수 있는 다국적 해상 동맹 체계를 예견하기도 했다. 이렇게만 봐도 그를 함부로 희화화하는 것은 옳지 못하다.[5]

머핸이 가졌던 전반적 비전은 독일 황제 빌헬름 2세와 더불어 미국의 제25대 대통령 윌리엄 매킨리[1843~1901년]와 제26대 대통령 시어도어 루스벨트[1858~1919년]의 사고에도 영향을 미쳤고, 1차 대전 전 각 나라가 해군력을 증강하는 요인이 되기도 한『해양력이 역사에 미친 영향The Influence of Sea Power Upon History, 1660-1783』(1890년)에 잘 나타나 있다. 바다가 문명의 "거대한 교통로" 혹은 "거대한 공유재"라는 점과, 특히 "육로 여행이나 육로 수송에 비해 해로 여행이나 해로 수송이 수월하고 비용도 적게 들었다"는 점 때문에 해군력—상선을 보호해주는 힘—이 전 지구적 정치 투쟁에서 언제나 결정적 요소로 작용했다는 것을 역설한 작품이었다.[6]

머핸은 책의 서두에서 "평화롭고 이욕을 밝히는 나라는 생각이 근시안적"이라면서, "특히 오늘날과 같은 시대에는 군사적 준비를 적절히 하기 위해서도 선견지명이 필요하다"고 역설했다. 그러나 이런 관점을 피력했다고 해서 그가 주전론자였거나 전제주의자였던 것은 아니다. 전제주의자이기는커녕 에스파냐와 포르투갈이 위대한 해양 국가였음에도 종국에는 위대한 국가가 되지 못했던 것은 전제주의와 "지나친 탐욕" 때문이었다고 주장할 만큼 그는 전제주의에 부정적 시각을 갖고 있었다. 하지만 그러면서도 "민주주의 정부가" 과연 적의 억지에 필요한 "통찰력과 나라의 형세를 정확히 판단할 예리한 감각을 가질 수 있을지는 미지수"라며 여운을 남겼다. 외국의 우호적 항구들이 언제까지나 그 상태를 유지할지도 알 수 없는 일이었다. 머핸은 또 평화로운 나라들은 대체적으로 비극적 감각에 대한 훈련 부족으로 비극이 온다는 사실을 모를뿐더러, 그 나라의 역사가들 또한 지구의 광대한 영역, 다시 말해 바다가 육

지에 지대한 영향을 끼치는 것은 물론 그들 나라의 안정과 번영에
도 도움이 된다는 사실에 무지하다는 점도 함께 지적했다. 그러면
서 특히 노로 추진되는 갤리선으로부터 증기선(오늘날의 핵 추진 항
공모함과 잠수함도 포함해)에 이르기까지 전함에 일어난 기술 발전에
도 불구하고 해전의 기본 원리는 변하지 않는다는 점을 들어, 해전
의 역사서를 써야 할 절박한 필요성을 제기했다. 머핸은 육군에 빗
대어 그 필요성을 이렇게 설명했다.

> 보병의 행군은 마차에 의한 병력 수송으로 대체되고, 마차는 철도로 대
> 체되면서 이동 거리는 늘어난 반면 소요 시간은 줄어들었다. 하지만 그
> 렇다고 해서 군대의 집결지, 군대의 이동 방향, 군대가 공격할 적의 위
> 치, 병참의 보호와 관련된 본질이 변한 것은 아니다.[7]

『해양력이 역사에 미친 영향』은 "범선 시대로 접어든" 1660년
대부터 미국독립전쟁〔미국혁명〕이 끝난 1783년까지의 기간을 포괄
하고 있다. 따라서 책에는 미국독립전쟁을 승리로 이끈 조지 워싱
턴 장군이 바다를 통제해준 프랑스에 얼마간 승리의 공을 돌린 것
에 머핸이 주목하는 대목도 나온다. 독립전쟁이 일어나기 몇십 년
전에 일어난 7년전쟁〔1756~1763년〕에서는 해군력을 소홀히 취급
해 전쟁에서 패했던 프랑스가 미국독립전쟁 때는 바다를 통제해주
어 미국의 승리에 도움을 주었다는 얘기다. 그렇다고 인류 역사에
서 바다가 결정적 변수가 된 사례들과 더불어 해군 전술에 대한 논
평을 파노라마처럼 엮은 머핸의 저작이 위에 언급된 기간에만 한정
된 것은 아니었다. 머핸은 그보다 훨씬 먼 시대로까지 거슬러 올라

가, 포에니전쟁 때 카르타고의 장군 한니발이 "갈리아를 가로지르고 알프스산맥을 넘는 강행군을 하여 노련한 병사들의 절반을 지쳐 쓰러지게 만든 것"도 결국은 로마가 바다를 통제했기 때문이라고 보았다. "(로마) 군단이 2차 포에니전쟁 내내 괴로움도 겪지 않고 지치지 않을 수 있었던 것 또한 한니발의 본거지였던 에스파냐와 이탈리아 사이의 바다를 끼고 행군한" 덕이었다. 머핸은 2차 포에니전쟁 때 대규모 해전이 일어나지 않았던 것도, 로마가 지중해의 패권을 쥐고 있었던 것이 카르타고의 결정적 패인으로 작용했기 때문이라고 분석했다. 로마의 우세한 해군은 설사 지중해가 산맥들이 솟아난 편평한 사막이었다 해도 이 산맥 저 산맥을 자유자재로 오가며 사막을 종횡으로 누빌 수 있었다는 것이다. 그러나 그것은 어디까지나 로마에만 해당되는 이야기였다. 바다는 이질적인 존재고 선원들 또한 "까마득히 먼 옛날부터 별개의 생소한 종족"에 속했기 때문에, 해군이 언제나 존중받을 수는 없었다는 얘기다. 머핸은 이렇게 썼다. "해군은 본질적으로 경무장 집단이다. 아군 항구들 사이의 교통로는 열어두고 적군의 항구들은 차단하지만, 바다를 항해하는 것은 육지에 보탬이 되기 위해서고, 사막을 통제하는 것 또한 인간이 생존 가능한 세계에서 살고 번창할 수 있게 해주기 위해서다."[8]

머핸은 그러므로 해군의 중요성은 "개별 함선이나 수송선들을 포획하는 것에 있지 않고, 적군으로 하여금 기旗를 떨쳐버리거나 혹은 줄행랑을 놓게 만드는 압도적 힘을 보유하는 것에 있다"고 역설했다. 또한 "위치상 굳이 육로로 방어하거나 혹은 육로를 통한 영토 확장의 길을 모색할 필요가 없는 나라는 바다 지향적인 일관된 목

표를 가질 수 있으므로, 영토의 어느 한쪽이 대륙과 접경한 나라와 비교할 때 유리하다"고도 말했다.[9]

영국과 미국이 바로 그런 지리적 입지를 가진 나라였다. 두 나라 모두 오랜 기간 세계적 강국이 되는 경험을 한 것도 그래서였다. 반면에 미국의 지리적 입지에는 불리한 점도 있었다. 미국이 소모적 권력투쟁을 벌이는 유라시아로부터 동떨어져 혜택도 많고 영토도 광대한 사실상 온대의 섬나라 같은 지위를 누리고는 있지만, 그와 동시에 특히 태평양의 유라시아 항구들로부터 멀리 떨어져 있는 탓에 그곳들에 영향력을 미칠 수 없게 된 것만 해도 그랬다. 물론 머핸이 책에서 예견한 것처럼 대서양과 태평양을 잇는 파나마운하 건설로 미국 상선대와 전투 함대가 유라시아 양쪽 지역과 접촉 빈도가 높아지게 된 것은 사실이다. 하지만 그래도 거리는 여전히 멀고, 따라서 그로 인해 "야기될 엄청난 비용"이 미국으로서는 문제일 수밖에 없었다. 파나마운하를 건설한 진정한 목적이 "종착지"와 "지역적 교통로"에 불과한 카리브해를, 미국 국적선뿐 아니라 유럽 국적선들도 태평양으로 가는 경유지로 이용할 수 있게 함으로써 "세계적인 대교통로들 가운데 하나"로 변모시키는 데 있었다고는 하지만, 그로 인해 미국도 이제 "예전처럼 국제적 분규에 나 몰라라 할 수만은 없게 된 것"도 미국의 지리적 입지가 가진 또 다른 불리한 점이었다.[10]

지리는 지협을 가로지르는 운하를 가능하게 한 것에 그치지 않고, 미국으로 하여금 운하와 운하 주변 바다를 보호하기 위해 중앙아메리카 및 카리브해의 이웃 나라들과 밀접한 관계도 맺게 만들었다. 운하로 인해 아시아와 물리적으로 가까워지고 해상운송을 통해

지리의 복수

유럽과의 관련성도 높아짐에 따라 미국이 고수해온 고립주의가 약화되고, 워싱턴의 권력 회랑에서 자유주의 기조의 국제주의가 탄력을 받는 결과도 나타났다. 그러나 지리가 압도적 역할을 했다고 해서 그것이 명백한 운명은 아니었다. 파마나운하는 하나같이 모두 인간적 힘과 관련된 다수의 현상들—미국-에스파냐 전쟁, 유럽의 어떤 나라도 파나마운하 건설 사업에 비집고 들어올 틈을 허용하지 않은 거대한 힘의 정치, 니카라과운하 건설안 대신 〔프랑스로부터의〕 파나마운하 인수안을 택한 밀실 협상, 중앙아메리카 열대지방에서 출몰한 질병의 정복, 그리고 특히 막대한 노동력과 인간의 창의력—에서 비롯된 귀결이었을 뿐이다. 그리고 이번에도 인간의 선택에 배경 역할을 한 것은 지리였다.

　머핸도 인간의 선택에 영향을 미칠 수 있기를 바랐다. 그가 미 육군이 몇 차례에 걸친 인디언과의 전쟁으로 사실상 최후의(그러나 소름 끼치는) 승리를 거두고 아메리카 대륙을 통합시킨 해이자, 미국-에스파냐 전쟁의 결과로 미국이 카리브해의 지배권과 더불어 서태평양 지역의 에스파냐 영토도 획득하기 불과 몇 년 전『해양력이 역사에 미치는 영향』을 발간, 세계의 해군력을 통한 병력 동원을 역설한 것도 그래서였다. 머핸은 지리학자라기보다는 오히려 역사가이자 전술가로서, 지리적 의미가 명백히 함유된 제국주의 인식을 대표하는 인물이었다. 스파이크먼이 그를 높이 산 것도 그래서였다. 정복을 열렬히 원해서가 아니라, 머핸과 마찬가지로 그 또한 서반구에서 갖고 있는 지리적 우위 때문에 미국이 싫어도 전 세계 힘의 투쟁에 관여하지 않을 수 없으리라는 것을 직관으로 알아차린 것뿐이었다.

충분히 예측할 수 있는 일이지만 머핸과 대립각을 세운 사람들도 있었다. 1909년에 펴낸 『거대한 환상The Great Illusion』에서 머핸의 저작들을 "무모하기 짝이 없는 헛소리"라고 비판한 노먼 에인절 경*이 대표적인 예다. 영국의 저널리스트 겸 정치가로 하우스호퍼의 미움을 사기도 한 에인절은 "국가의 권위를 이질적 집단들에게로 확대하는 것" 또한 숭고한 일이 될 수 있다고 주장한 머핸의 견해를 "개인과 마찬가지로 국가와 제국에도 영혼과 신체가 있다"는 논리를 펴면서 비난했다. 그는 머핸이 개인의 뚜렷한 실체를 불합리한 논거로 거부하고, 불명료한 국가의 실체로 그것을 대체하려 한다고 지적했다. "의도하지 않게 세계 최대의 영토를 가진 제국들 중 하나인 러시아의 신민이 되었다는 이유로 러시아 농민을 존경하는 사람이 있을까? 우연찮게 유럽의 작은 나라 국민이 되었다는 이유로 입센**이나…… 혹은 스칸디나비아반도, 벨기에, 네덜란드의 지식인을 경멸할 수 있을까?"[11] 이것을 달리 표현하면 머핸은 물론이고 스파이크먼과 매킨더, 그 외의 지리학자 겸 지정학자들 모두 결정론자이자 본질주의자라는 말이었다. 그리고 그렇다면 이사야 벌린도 개탄했듯, 그들의 호전적 경향 역시 국가와 제국을 그것들을 둘러싸고 있는 개인들보다 더 현실적인 존재로 본 것에서 비롯되었다는 말이 된다. 이것은 어떻게 설명할 수 있을까? 이번에도 매킨더 이론을 악용한 하우스호퍼의 예로 그것을 설명할 수밖에 없다. 만일 머핸과 여타 지리학자들이 에인절의 비난을 받은 결정론

---

* 1873~1967년. 1933년 노벨 평화상을 수상했다.
** 1828~1906년. 노르웨이의 극작가.

을 취하지 않았다면 대★전략 분야는 사악한 인물들 손에 넘어갔을 테고, 따라서 그보다는 머핸과 같은 사람들이 도덕적으로 불완전한 것이 차라리 나았다는 얘기다.

그러나 에인절은 운이 없었다. 전쟁과 강대국 간 경쟁의 불합리함을 논한 『거대한 환상』이 유럽에 1세기 동안의 유례없는 전쟁과 갈등을 촉발시킨 1차 대전이 일어나기 불과 몇 년 전에 발간된 것이다. 그가 여러 방면에서 부당하게 웃음거리가 된 것도 그래서였다. 그것이 부당했던 것은, 책의 논점도 훌륭하거니와 가독성 또한 뛰어나기 때문이다. 인간성이 실제보다 조금만 덜 비열했어도 『거대한 환상』은 통찰력 있는 저작으로 판명됐을 것이다. 이렇게 보면 에인절 같은 인물이 아닌 머핸 같은 인물이 수십 년 동안 더 많은 인정을 받은 것도 결국은 지리가 부과한 분할로 증폭된 인간성의 오류 때문이었다는 결론이 나온다.

그 점은 전 세계에서 힘의 역학 관계가 변하고 있음을 나타내는 징후로, 인도와 중국의 전략가들이 미국인들보다 더 열렬한 머핸의 애독자가 된 것으로도 알 수 있다. 그들이 미국보다 더 머핸을 지향하게 된 것은 해양세력을 경찰력으로 보는 유럽 해군과 달리 해전을 염두에 두고 함대를 건설하고 있는 것에도 드러난다. 미 해군대학의 제임스 R. 홈스와 요시하라 도시 교수가 2004년 베이징에서 열린 심포지엄에서 "학자들이 저마다 머핸을 인용한 것으로 볼 때…… 그의 영향력을 미루어 짐작할 수 있다"고 쓴 것에서도 그 점이 드러난다. "게다가 그들은 거의 예외 없이 적기가 해상 공유지에 얼씬거리지 못하게 막는 것을 제해권과 동일하게 본 머핸의 이론 중에서도 가장 호전적인 내용을 인용했다."[12] 그때 이후로 특히 중국이 두려워하는 인도양 해양세력이 부상함에 따라 해군의 규모를 키우고 활동 범위도 넓히는 등 중국 정부의 머핸 지향적 경향은 더욱 뚜렷해졌다. 한편 미국에서는 또 다른 이론가가 해군의 주목을 받고 있었다. 머핸과 동시대를 살았던 영국의 역사가 줄리안 코벳[1854~1922년]이 그 주인공이다.

줄리안 코벳도 알고 보면 머핸과 견해차가 크지 않았다. 그가 머핸과 달랐던 것은 선박의 숫자보다 바다를 강조하여 해군 전략에 좀 더 섬세한 접근법을 제시했다는 점이다. 그는 한 나라가 바다에 대한 통제권을 상실했다고 해서 다른 나라가 그것을 차지할 수 있다고는 보지 않았다(머핸은 그렇게 될 거라고 믿었다). 따라서 올바로 실행만 되면 표면상으로는 허약하고 산만해 보여도 해군 연합naval coalition이 "진정한 힘"이 될 수 있다고 믿었다. 코벳은 그것을 필요할 경우 재빨리 함대로 꾸릴 수 있는 함선들의 집합체, 다시 말해 "현존 함대fleet in being"라고 불렀다. 그에 따르면 이 함대는 굳이 다른 함대를 압도하거나 격침시킬 필요 없이 기지를 점령하고 초크포인트[병목 지점]를 지키는 것만으로도 충분한 효과를 낼 수 있었다. 코벳은 겉으로는 엉성해 보이지만 그런 함대야말로 제한적 방어를 수행할 때는 "왕성한 기동력"을 발휘할 수 있다고 주장했다.[13] 이런 내용이 담긴 코벳의 책은 공교롭게도 영국의 동맹국들인 일본과 미국의 해군력이 증강되는 틈을 타 영국이 전 세계에서 해군의 규모를 줄인 시점에 발간되었다.

그런데 미국이 이제 100년 전의 영국과 흡사한 상황에 놓인 것이다. 미국은 냉전기에는 600척의 전함을 보유하고 있었다. 그러던 것이 1990년대에 350척으로 줄었고, 지금은 그보다도 적은 280

척만 보유하고 있을 뿐이다. 예산 삭감과 국방비 과다 지출로 조만간 250척으로 줄어들 개연성도 있다. 미국은 이로 인한 해군력 공백을 인도, 일본, 오스트레일리아, 싱가포르 같은 나라들과 해군 동맹을 체결하여 보충하려 하고 있다. 미국이 우위를 강조한 머핸보다 협력을 강조한 코벳의 견해를 더 중시한 사실은 2007년 10월에 발간된 미 해군 지침서『21세기 해군력을 위한 협력 전략A Cooperative Strategy for 21st Century Seapower』에도 나타나 있다. "미국의 국익은 무역, 금융, 정보, 법률, 사람, 통치의 상호 의존적 네트워크로 구성된 평화로운 글로벌 시스템을 구축함으로써 가장 잘 도모할 수 있다." 미 해군이 파악한 것처럼, 지금 우리가 살고 있는 세계는 비대칭적 공격과 자연재해와 같은 대혼란이 일어나기 쉬운 바다 근처의 활기찬 인구 밀집 지대로 전 세계 인구가 모여듦에 따라 상호 연결성이 증대되고 있다. 지침서에는 심지어 강대국의 투쟁조차 미묘하고 비대칭적 경향을 보이는 것으로 나타나 있다. 재래적 지상전과 해전에 대한 언급은 거의 없으며, 심지어 중국의 해군력 증강에 대한 언급도 없다. 지침서에는 "집단 안전보장"의 정신만 넘쳐난다. "해양영역을 통틀어 볼 때…… 어느 나라도 안전을 보장해줄 만한 방책을 갖고 있지 않다." 지침서는 해양 영역 중에서도 특히 서태평양과 인도양이 앞으로 전략적 중요성이 큰 지역이 될 것으로 암시하고 있다.[14]

그렇다면 군사적 실체를 갖게 될 곳은 스파이크먼과 매킨더가 말한 유라시아 주변지대와 확대된 세계 곶(세계 섬의 연안 지방)이라는 결론이 나온다. 미 해군도 약화되기는 했지만 그래도 여전히 압도적인 함대로, 코벳의 정신에 따라 아프리카로부터 동북아시아에 이르는 지역의 우방국들과 손잡고, 통상이 원활히 이루어지도록 바다를 안전하게 지키기 위해 해상 초계를 설 것이다. 반면에 새롭게 떠오르는 세력도 처음에는 중국, 그다음에는 인도순으로 머핸적 경향으로 무장한 채 힘을 주장하고 나설 것이다. 이렇게 중국이 제국주의적 야망의 아이콘인 머핸을 환영하고 나서면, 미 해군도 제국주의 기조를 완전히 버리지는 못할 것이다. 힘의 정치를 둘러싼 투쟁은 그것에서 벗어나기를 바라는 것 못지않게 영원히 지속될 것이기 때문이다. 시카고대학교 정치학과의 존 J. 미어샤이머 교수가 이렇게 말한 것에도 그 점이 드러난다. "세력 확장이 본질적으로 오도되었다는 주장에는 지난 350년 동안 모든 강대국들이 국제적 시스템의 작동 방식을 모르고 있었다는 의미가 담겨 있다. 따라서 이는 명백히 잘못된 주장이다." 그는 이어 세계적 패권국이 없는 무질서한 시스템하에서는 "패권이 주는 안전상의 혜택이 매우 크기 때문에 강대국들은 미국과 경쟁을 벌이며 어떻게든 자신들의 지역을 지배하려고 할 것이다"라고 썼다.[15] 이렇게 보면 평판에 관한 한 머핸의 전성기는 이제부터가 시작인 것도 같다.

유라시아 연안지대가 중국, 인도 그리고 미국과 함께하는 나라들이 야망을 조정하느라 갈수록 전함으로 혼잡해지고, 실용적인 북극항로의 개발로 유라시아와 북아메리카 간 거리도 단축됨에 따라 전 세계의 패권을 차지하기 위한 경쟁도 속도와 강도 면에서 더욱 격화될 전망이다. 그럼 이제부터는 그 폐쇄된 지리적 시스템의 특징을 살펴보기로 하자.

8장
—
공간의 위기

몇 년 전 나는 아나폴리스에 소재한 미 해군사관학교의 객원교수로 있으면서 '국가 안보상에 닥칠 미래의 도전'을 주제로 강좌를 개설하고, 예일대학교 정치학과의 폴 브래큰 교수가 쓴 『동방의 불길: 아시아 군사 강국의 등장과 제2의 핵시대Fire in the East: The Rise of Asian Military Power and the Second Nuclear Age』를 생도들에게 읽히는 것으로 학기를 시작했다. 간결하고 날카로운 통찰력을 지닌 걸작임에도 1999년 처음 발간되었을 때는 판매가 저조했던 『동방의 불길』은 매킨더와 스파이크먼에 대한 언급이 없는데도 두 사람의 분위기가 물씬 풍기는 작품이다. 탈냉전 시대에 미국 정부의 거의 전 부서를 재평가하는 컨설턴트로도 활동한 전력이 있는 브래큰은 윌리엄 맥닐이 자신의 방대한 저작 『서구의 발흥』 뒷단원들에서 우리에게 처음으로 일깨워준 요소, 다시 말해 시간과 거리의 지속적 붕괴와 빈 공간을 채우는 것으로 정의 내렸던 유라시아의 개념 지도를 『동방의 불길』에서 다시 그려 보였다. 다만 그 과정〔시간과 거리의 지속적 붕괴와 빈 공간이 채워지는 과정〕이 드라마틱하게 전개되는 기간에 책을 집필해서인지 그는 한 단원을 통째로 할애하면서까지 "공간의 위기crisis of room"가 도래할 것임을 경고하고 있다. 그러고는 지난날에는 인구가 희박한 지리가 군사와 기술 발전에 맞서 안전의 메커니즘 역할을 했으나 이제는 그 전쟁에서 지고 있다고 우려를 나타냈던 헝가리계 미국 수학자 존 폰 노이만을 그것과 연관 지어 언급했다. 브래큰은 군사적 하드웨어와 소프트웨어의 작용으로 지정학적 지도의 거리가 좁혀짐에 따라 "유한한 지구의 크기"가 앞으로 불안정을 야기하는 동력이 될 거라고 보았다.[1] "그 변화는 서서히 일어날 것이기 때문에 감지하기 어려울 것"이라고도 경고했다.

브래큰의 이론은 이 책의 전개 과정에도 상당히 중요하므로 나도 몇 페이지에 걸쳐 그 내용을 요약해보려고 한다.

브래큰은 미국과 유럽이 세계화에 몰두하고 있는 동안 유라시아에서는 민족주의와 군사력이 힘을 얻고 있다고 보았다. 미사일과 핵실험, 생물학전 계획, 화학무기 개발도 "자유화되고 번창하는 아시아가 만들어낸 결과물"이라는 것이 그의 주장이다. 그에 따르면 서구가 그동안 "깨닫지 못했던 것"은 전쟁의 기술과 부의 창조가 불가분의 관계에 있다는 사실이었다. 아시아의 군사적 부상은 아시아의 경제 발전에서 비롯되었다는 사실을 모르고 있었다는 얘기다. 냉전 초기 아시아의 군사력은 결코 언급된 적은 없지만 국가 통합을 일차적 목표로 삼은 2차 대전 형태의 군대였고, 따라서 대개는 보잘것없었다. 요컨대 "〔아시아의〕 군대는 대중 교화의 수단, 국민 의식을 핵심 교과과정으로 삼은 거대한 학교였다"는 것이다. 병사들도 전투 기술 연마보다는 농작물 수확에 더 바빴다. 또한 나라 간 거리가 멀다보니 군대들도 대개는 타국 군대와 동떨어진 채 내부 지향적이 되기 일쑤였다. 하지만 이런 상황은 국가의 부가 축적되고 컴퓨터 혁명이 일어나면서 바뀌기 시작했다. 석유가 풍부한 중동에서 태평양 연안의 신흥 공업국들에 이르기까지 아시아 군대가 미사일, 광섬유, 이동전화로 전면적이고 탈산업적인 군-민 복합체를 발전시킨 것이다. 유라시아 국가들이 예전보다 더 관료적 응집력을 보인 것도, 그로 인해 군부와 지도자들이 국내 정치에서 관심을 돌려 외부의 다른 나라들에 집중함으로써 군대를 더 치명적이고 전문적으로 변하게 하는 요인으로 작동했다. 그리하여 지난날에는 위험이 닥치면 지방으로 후퇴하는 것이 고작이었으나 이제는 대량살상무기를 곁에 두고 전자 감지기로 나라 간 국경을 모니터하게 되었다. 지리가 편안한 쿠션이 아닌 탈출구 없는 감옥이 된 것이다.[2]

"이스라엘에서 북한으로 이어지는 국가들의 고리"(시리아, 이란, 파키스탄, 인도, 중국이 포함된)도 "핵무기든 화학무기든 어느 하나를 비축해놓고 이제는 탄도미사일까지 개발하는 지경이 되었다. 다극적 공포의 균형이"[냉전 시대에] 서구가 갈라놓은 아시아의 군사, 정치적 전역들[중동, 남아시아, 동남아시아, 동북아시아]과 미국 정부의 "지역적 연구" 부서들을 가로질러 "6,000마일의 원을 그리며 뻗어나가고 있는 것이다". 브래큰은 이렇게 말한 다음 "거리의 소멸"이 우리 곁에 와 있다고 경고했다. 그러고는 1998년 북한이 쏜 대포동 1호 미사일*이 일본 상공을 통과해 태평양 해역에 떨어진 뒤

---

* 북한은 인공위성인 광명성 1호의 발사 로켓이라고 발표했다.

로는 군도의 지리를 가진 일본도 더는 성역 지대가 아니라 아시아 본토의 군사적 공간에 속하게 된 것을 그것의 예로 제시했다. 브래큰에 따르면 아시아는 16세기 초 포르투갈을 필두로 한 서구의 해양세력에 의해 수백 년에 걸쳐 서서히 형성된 개념이었다. 이랬던 아시아가 냉전에 의해 독립된 지역들로 분리되었다가, 1970년대에 아시아를 휩쓴 경제 호황의 여파로, 본래의 아시아 전체 지도를 되찾기 위한 토대로서의 대규모 "태평양 연안 지역"이 새롭게 형성되었다는 것이다. 아시아의 이런 경제적 성공도 무력 위협을 받지 않았기에 가능한 것이었다. 군사적 패권을 지닌 미국이 평화를 보장해주었기에 가능했다는 얘기다. 그리하여 아시아가 다시금 유기적 단일체가 되자 미국은 그곳에서 점차 손을 떼게 되었고, 그러자 중국, 인도, 그 밖의 토착 국가들이 기다렸다는 듯 군사력을 증대시키고 있다는 것이다. 지역적 소단위들이 붕괴하고 전체로서의 아시아가 몸집을 불리고 있는 것이다. 문제는 인구와 미사일 사거리가 늘어남에 따라 아시아가 포화 상태가 되고, 무기도 쌓이기만 할 뿐 그에 수반되는 동맹이 형성되지 않다보니 정세가 점점 불안해진다는 점에 있다.[3]

브래큰에 따르면, 아시아는 영토가 광활하여 동맹을 맺어도 지원군이 제때 오지 못했기 때문에 역사기 거의 내내 동맹이 큰 역할을 하지 못했다. 좁은 반도 내에서 다수의 강력한 국가들이 얼굴을 맞대고 있는 유럽과는 딴판이었다. 그런데 이제는 그런 상황도 바뀌는 추세에 있다. 유라시아 전역에 보병이 아닌 미사일과 대량살상무기 체계가 구축되고, 첨단 기술로 무장한 나라들의 해군과 해병대 순시선들이 인도양과 서태평양의 항구들로부터 멀리 떨어진 곳

지리의 복수

에도 배치되고 있는 것이 그것을 보여주는 단적인 예다. 중국, 일본, 인도, 이스라엘 그리고 그 밖의 나라들이 인공위성과 수중 청취장치를 이용해 통신망을 개발하고 있는 것도 추세 변화를 보여주는 또 다른 사례. 세계 최고봉들을 가진 산맥으로 분리돼 있어 지난날에는 중국을 자국의 안전 문제와는 무관하다고 보았던 인도 역시 요즘 들어서는 티베트의 중국군 동향을 탐지하기 위해 인공위성과 정찰기들을 보유하는가 하면, 본국 연안에서 멀리 떨어진 곳에 배치된 중국 해군에 맞서기 위해 인도 본토 동쪽 1,200킬로미터 전방에 위치한 안다만제도에도 극동 사령부를 설치하는 지경이 되었다. 브래큰의 표현을 빌리면, 그리하여 "아시아의 산업적 힘이 아시아의 군사적 힘과 손을 맞잡음에 따라" 아시아 대륙은 말 그대로 실수와 오판의 여지 없이 "크기가 점점 줄어드는 유라시아의 체스판"이 되어가고 있는 중이다.[4]

브래큰은 크기가 점점 줄어드는 이 유라시아의 체스판에 "파괴적 기술"이라는 불안정 요소를 보탰다. 기술이 지도력과 현재의 세계적 권력 구조를 지지하는 버팀목이 되기보다는 오히려 현 상태에 혼란을 초래해, 그 기반을 손상시킨다는 의미에서다. 컴퓨터 바이러스와 특히 핵폭탄 및 생물학폭탄 같은 대량살상무기가 그런 기술에 포함되었다. 브래큰은 이렇게 썼다.

파괴적 기술이 게임을 변화시킨다. 기존의 이점을 쓸모없게 만들어 새로운 기술과 색다른 전략이 생성되게 하고, 그로 인해 발생하는 불확실성이 기존 질서를 뒤흔들고, 지도력 평가의 기준도 달라지게 할 것이기 때문이다.[5]

브래큰에 따르면 이스라엘로부터 1,300킬로미터나 떨어져 있는 이란고원이 지리적 팔레스타인의 문턱까지 도달할 수 있었던 것도 종교적 광신의 부추김을 받은 파괴적 기술 때문이었다. 그러나 이런 이란도 추세의 일부에 지나지 않는다. 앞서도 언급했듯이 중국, 북한, 인도, 파키스탄과 그 밖의 나라들이 이제는 서구의 최신 무기를 구매하기보다는 파괴적 기술을 자체 개발하고 있기 때문이다. 그리하여 예전의 제3세계 국가들이 전술적 핵무기를 획득하는 시대에는 1, 2차 페르시아만전쟁〔걸프전쟁〕이 일어나기 전 미국이 사우디아라비아와 쿠웨이트에 보유하고 있던 것과 같은 대규모 전진기지들도 적의 공격에 취약해질 수 있게 되었다. 파괴적 기술의 개발은 이렇듯 미국이 유라시아 주변지대로 힘을 투사하기 어렵게 만들어 세계를 전보다 더 불안하고, 다양한 세력이 대립하는 다극 체제로 나아가게 하는 요인이 되고 있다. 미국은 지금껏 전 세계 주요 지역들에 군비軍備를 집결시키는 방식으로 자국의 군사력을 보유해왔다. 그런데 이제는 핵무기와 화학-생물학 무기가 그런 전진기지들을 파괴하거나 혹은 한동안 무력화시킬 수 있게 된 것이다. 브래큰도 예전의 제3세계 국가들이 파괴적 군사력을 개발하는 것이 문제시되는 상황을 염두에 두고, "아시아가 아닌 (미국이) 아시아에서 최대의 군사력을 갖는 비대칭적 상황을 계속 유지할 수 있느냐의 여부는 군비 제한에 달려 있다"고 썼다. 미국과 소련은 냉전이 계속되던 수십 년 동안 핵폭탄을 실제로 터뜨리지는 않고 "정치 공작, 은근한 위협, 전쟁 억지, 신호 전달, 마지노선 정하기, 그 밖의 심리적 이점의 형태"로만 이용했다. 그런데 이제는 더 많은 나라들이 핵무기를 그런 일에 사용하고 싶어하는 것이다. 그보다 더 큰 문

지리의 복수

제는 일부 국가들이 핵무기 사용을 통제할 만한 관료적 메커니즘도 변변히 갖추지 못한 채, 가난으로 촉발된 분노를 해소하는 분출구로 핵을 이용하려 한다는 점에 있다. 냉전기의 두 초강대국은 "초연함과 합리성"을 가지고 핵전쟁을 다루었다. 하지만 유라시아가 빈곤국으로 북적이는 비좁은 공간이 되고, 그중의 일부 국가들이 핵을 보유하기도 하는, 브래큰이 말하는 이른바 "제2의 핵시대"에도 그 원칙이 적용될 수 있을지는 의문이다.[6]

브래큰은 "아시아에서 미사일과 대량살상무기가 확산되는 양상이 마치 미국의 서부 개척 시대에 6연발 권총이 확산되던 과정을 연상케 한다"고 썼다. 사람의 신체적 크기와 힘을 덜 중요하게 만들었다는 점*에서 평등자로도 불렸던 값싸고 치명적인 6연발 권총을 미사일 및 대량살상무기에 빗대어 말한 것이다. 6연발 권총이 서부 개척 시대 사람들의 세력 판도를 바꿔놓았듯, **가난한 나라의 핵무기**와 여타 파괴적 기술도 전 세계 힘의 균형을 바꿔놓을 수 있다는 말이었다.[7]

아시아에서 핵무기가 확산되면 "세계가 전보다 덜 유럽 중심적이 되고", 그에 따라 세계화의 과정도 한층 가속화될 전망이다.[8] 유라시아의 지도 또한 다수의 강국들이 비좁은 공간에서 복작거리다 전쟁을 벌이기도 하고, 그러다 또 세력 균형의 정치를 실행함에 따라 느닷없이 평화가 찾아오기도 하는 유럽의 지리 못지않게 복잡하게 변할 것이다. 그렇지만 냉전 때처럼 열핵탄두를 대량으로 집적하지는 않을 것이고, 그러므로 [냉전 시대에 미국과 소련 두 나라가 핵을 사

---

* 힘이 약한 사람도 강한 사람과 동등한 위치에서 싸울 수 있었다는 의미.

용하면 공멸한다는 전제가 깔린〕 상호확증파괴^{MAD}로 얻어진 것과 같은 평화와 안전이 이 시대에도 유지되리라는 보장은 없다. 거대 도시들이 즐비한 세계에서 한 나라가 다른 나라에 가할 수 있는 파괴의 규모는 상상을 초월할 것이기 때문이다. 따라서 대규모 폭력을 막기 위해서라도 폐쇄된 지리에서는 메테르니히*적 세력 균형을 만들어낼 수 있는 능란한 정치인이 요구된다.

세계가 다차원적 벼랑끝전술을 펴는 시대로 접어들고 있는 것은 분명해 보인다. 냉전 시대에 만들어진 인위적 지역들이 지도의 축소로 인해 사라지고, 기술이 유라시아를 유기적 통일체로 만들어감에 따라, 매킨더와 스파이크먼이 주창했던 중추 지역과 주변지대의 개념마저 흐릿해진 것이 그 요인이다. 그 결과로 가령 중국과 북한이 이란에 군사원조를 제공하면 유라시아 대륙의 반대쪽 끝에 붙은 이스라엘도 군사행동을 하게 될 것이다. 지구 어디서든 볼 수 있는 TV 영상 덕에 가자 지구에 떨어진 포탄이 인도네시아 군중을 선동할 수도 있게 되었고, 미 공군이 남인도양에 위치한 디에고가르시아섬에서 사방이 육지로 둘러싸인 아프가니스탄을 공격하는 것도 가능해졌다. 또한 예전에는 지역 군대가 그들이 속한 지역에만 붙박여 있었으나, 이제는 중국과 인도 해군만 해도 아덴만으로부터 저 멀리 남중국해와 〔한국의〕 동해까지, 다시 말해 항행 가능한 전 주변지대를 따라 힘을 투사할 수 있게 되었다. 유라시아의 한 지역에서 메아리가 치면 다른 지역들에서 그것이 울려퍼지는 정치적 상

---

* 1773~1859년. 오스트리아의 재상으로, 나폴레옹이 몰락한 뒤 보수적이고 반동적인 빈 체제를 성립시켜 유럽의 현상 유지와 세력 균형을 도모했다.

지리의 복수

황의 예는 그 밖에도 부지기수로 많다. 그렇다고 지리를 부정하는 것은 아니고, 지리에 다른 요소들이 보태진 것뿐이다. 지리도 이제 더는 지난날과 같은 정도의 압도적 존재는 아닌 것이다.

매킨더와 스파이크먼이 갖고 있던 우려는 브래큰이 말한 파괴적 기술뿐 아니라 도시 인구의 증가에 의해서도 증폭될 수 있다. 인구 증가로 유라시아 지도가 포화 상태에 이를 것이기 때문이다. 탈냉전 뒤의 첫 번째 지적 주기였던 1990년대만 해도 공산주의 타도의 흥분이 가시지 않은 때여서 "현실주의자"와 "결정론자"라는 말은 비난의 대상이 되었고, 그러다보니 18세기 말엽의 영국 사상가 토머스 로버트 맬서스의 이론도 다수의 지식인들에 의해 냉혹하고 숙명론적이라고 조롱받았다. 맬서스가 인류를 생각에 따라 자기 의지로 움직이는 개인들의 집단이 아닌, 물리적 환경에 반응하는 종種으로 취급했다는 이유에서였다. 그들은 식량 공급이 산술적으로 증가하는 반면 인구는 기하급수적으로 늘어난다고 본 맬서스의 특수 이론도 오류로 간주했다. 그러다 시간이 흐르면서 전 세계의 식품과 에너지 가격이 요동치고, 사회 진입을 차단당한 성난 **실업자들**—대개는 청년—이 카라치와 가자(중동의 소웨토**) 같은 지역들을 가득 메우게 되자, 인구와 가난한 사람들의 삶의 질이 정치에 미치는 영향에 처음으로 주목한 사상가 맬서스에게도 존경의 눈길을 보내게 되었다. 가자 지구와 웨스트뱅크의 주민 절반이 15세 이하 청소년인 것으로도 알 수 있듯, 아랍권의 인구가 거의 곱절로 증가하는 가

** 판자촌과 슬럼가로 형성된 남아프리카공화국 최대의 흑인 거주지.

운데 대중동의 인구는 향후 20년에 걸쳐 8억 5,400만 명에서 12억 명으로 불어날 것으로 예측되고 있다. 특히 예멘과 같은 지역들에서는 지하수 공급이 현격히 줄어들어 심각한 정치적 부작용이 초래될 것이 예상되므로 "맬서스"의 이론도 사람들 사이에서 더욱 자주 회자될 전망이다.

어쩌면 맬서스 이론의 타당성 여부를 따지는 것 자체가 부질없는 일인지도 모른다. 그러나 그의 전반적 세계관이 유라시아의 공간 상실을 우려한 브래큰의 개념과 잘 맞아떨어지는 것은 사실이다. 열악한 생활환경, 주기적인 물가 상승, 물 부족, 문란한 시정市政에 시달리는 혼잡한 거대 도시들이 민주주의와 급진주의 두 현상 모두의 확산을 불러올 페트리 접시〔세균 배양 접시〕가 되는 동안, 각 나라 정권들은 미사일과 외부에 초점을 맞춘 현대적 군대로 더욱 힘을 얻을 것이기 때문이다.

이렇게 보면 거대 도시가 21세기 지리의 중심이 될 것은 분명하다. 지금도 인구 1,000만 명 이상의 도시는 전 세계적으로 25개에 달하고, 2015년에는 40개로 늘어날 전망이다. 여기에는 두 곳을 제외한 예전 제3세계의 도시들이 모두 포함된다. 대도쿄권이 3,500만 명으로 1위, 〔나이지리아의〕 라고스가 1,200만 명으로 꼴찌다. 또한 25개 도시들 가운데 13개가 남아시아나 동아시아에 속해 있고, 카라치, 테헤란, 이스탄불, 카이로와 같은 거대 도시들은 대중동에 속한다. 중요한 것은, 명단에는 빠졌지만 예전의 제3세계에는 이 밖에도 다수의 도시들이 있고, 인류의 절반 이상이 현재 도시적 환경에서 살고 있다는 사실이다. 2025년에는 인류의 3분의 2가 도시에서 살 것으로 예상된다. 지금도 인구 100만 명 이상의 도시는 전 세

　　　　　　　　　　　　　　　지리의 복수

계적으로 468개에 달한다. 게다가 앞으로는 특히 아시아와 아프리카의 개발도상국들에서 도시 성장이 계속될 것이므로, 전 세계 인구의 상당수가 빈민굴과 다름없는 열악한 환경에서 살게 될 것이다. 인류의 14퍼센트만 도시인이었던 20세기 초의 매킨더 시대와 비교하면 격세지감을 느낄 만한 큰 변화다.

　이 책의 앞부분에서도 언급했듯 이븐 할둔은 세계사의 권두에 실은 『역사서설Muqaddimah』에서 사막 유목민이 육체적으로 안락한 정주 생활을 원한 것이 도시화의 동력으로 작용했고, 그렇게 해서 생겨난 도시들이 강력한 지배자와 왕조의 손에 들어가 안정을 제공받으면서 번창하게 된 것으로 파악했다. 그런데 권력이 사치를 요하면서 부패가 진행되었고, 그로 인해 집단적 결속감이 와해되자 개인들이 부를 축적하고 세도 부리는 데 혈안이 되어 행정권이 약화되었다는 것이다. 그리고 그것이 시스템의 점진적 붕괴를 불러와 다른 형태의 정부가 들어서게 되었다는 것이 그의 주장이다.[9] 그런데 이 과정이 역사상 처음으로 지금 전 세계적 규모로 진행되고 있는 것이다. 유라시아, 아프리카, 남아메리카의 저개발 농촌 지역 사람들이 도시로 몰려든 결과로, 대도시와 거대 도시들이 형성되었기 때문이다. 그리하여 중앙에서 파견된 시장이나 지사로는 효과적인 지배가 어렵게 되자 방만한 집합도시들은 때로는 전자 통신 기술에 의해 머나먼 곳의 이상과 이데올로기 세례를 받기도 한 지도자들을 중심으로 근교 지역이나 자조self-help 지역으로 비공식적으로 분리돼 나가기 시작했다. 급진적 이슬람도 어느 정도는 지난 반세기 동안 북아프리카와 대중동 일대에서 일어난 이런 도시화 과정이 빚어낸 산물이고, 민주화를 열망하는 진보적 시위자들이 2011년 다양한 종류의 아랍 정권들을 타도한 것 역시 어느 정도는 도시화로 설명이 가능하다. 이렇듯 유목민이나 스텝 사막 지역의 오아시스에 살던 아랍인들도 이제는 머나먼 과거지사가 되어, 대개는 혼잡하고 남루한 도시에 살며 거대한 군중 속에서 편안함을 느끼는 사람들이 되었다. 문제는 그것이 이방인들 틈에 끼어 사는, 따라서 매우 비개인적 특성을 지니고 종교적 감정을 격화시키는 원인이 되기도 하는 도시적 삶이라는 데 있다. 종교가 관습의 자연스런 연장이자 대가족의 일상이었던 오래된 마을에서 거주하던 무슬림이 도시로 이주한 뒤에는 슬럼가의 이름 없는 존재가 되었기 때문이다. 그러다 보니 종교도 가족 간의 결속감을 높이고 젊은이들을 범죄에 빠져들지 않게 하기 위해 전보다 더 완고하고 이데올로기적인 성격을 띠게 되었다. 이런 식으로 나라들은 약화되거나, 그게 아니면 적어도 도시화로 야기된 새롭고 때로는 극단적이기도 한 민족주의와 광신성에 굴복하게 되었으며, 이렇게 힘을 얻은 새로운 공동체들이 그들 특유의 공간 양식을 만들어감에 따라 전통 사회가 차츰 힘을 잃게 된 것이다. 이렇듯 역사상의 거대한 변화는 감지하지 못하는 가운데 일어나기도 한다.[10]

그리하여 도시로의 대규모 인구 집중 현상이 일어나고, 상호 간에 미사일을 날릴 수 있게 되며, 선정적인 글로벌 미디어를 갖춘 유라시아와 북아프리카는 이제 소문과 불완전한 사실이 주변지대와 심장지대 전역의 위성 회선을 통해 제3세계의 한 도시에서 다른 도시로 빛의 속도로 빠르게 전달됨에 따라 성난 군중이 끊임없이 만들어지는 지역이 될 전망이다. 반면에 그렇게 만들어진 군중은 트위터와 페이스북 같은 소셜미디어가 부여해준 힘을 이용해 독재적 지배자들이 그동안 자신들의 힘을 인정하지 않았다는 사실에도 자극받게 될 것이다. 그리하여 기복지도가 거대 도시들로 혼잡을 이루게 될 새로운 시대에는 사람을 흥분시키는 집단적 상징을 위해 개인성을 기꺼이 포기하는 대규모 집단으로서의 군중이 중요한 역할을 하게 될 것이다. 불가리아 태생의 에스파냐계 유대인으로 노벨 문학상을 수상한 영국 작가 엘리아스 카네티[1905~1994년]도 양차 대전 사이에 프랑크푸르트와 빈을 휩쓴 인플레이션 항의 폭동을 보고 충격받아, 생의 대부분을 시위 행위에 나타난 군중심리를 탐구하는 데 바쳤다. 그리하여 1960년, 군중—이 경우에는 폭도—속에 들어가면 위험을 피할 수 있고 고독에서도 벗어날 수 있기 때문에 우리 모두는 군중의 일부가 되기를 원한다는 내용의 통찰력 넘치는 『군중과 권력Crowds and Power』을 그 탐구의 결과물로 펴냈다. 카네티는 민족주의와 극단주의, 민주주의에 대한 열망도 군중이 만들어낸 결과물이자, 고독에서 벗어나려는 갈구의 표현이라고 보았다. 이렇게 보면 트위터와 페이스북으로 순화된 고독이 결국은 전통적 권위를 무너뜨리고, 새로운 종류의 권위를 만들어내는 요인이라는 이야기가 된다.

고독은 주위에는 온통 이방인뿐이고 진정한 친구와 가족은 찾아보기 힘든 도시적 삶에 나타나는 특징이다. 그러므로 21세기에는 예전의 제3세계 도시들의 새로운 지리도 강렬한 개인적 열망으로 수놓일 전망이다. 조지 오웰이, 독재는 많은 부분에서 개인적 자유를 집단의 보호 및 친밀한 접촉과 맞바꾸려 하는 인간의 속성에서 비롯된다고 묘사한 부분에서도 그 점이 드러난다. 오웰의 소설 『1984』에 나오는 한 등장인물은 이렇게 말한다. "언제까지고 군중과 함께 소리쳐야 해. 그것이 내가 해줄 수 있는 말이야. 안전해지려면 그 길밖에 없다구."[11] 미국 소설가 토머스 핀천*은 인터넷도 가상 군중이라는 보호를 제공해주는 방식으로 "우스꽝스러운 콧수염을 단 20세기의 늙은 독재자나 꿈꿀 수 있을 정도의 사회적 통제를 가할 수 있는 요소"라고 보았다.[12] 미디어는 좋든 나쁘든 **현재성**, 다시 말해—어떤 경우든 간에—찰나의 격정, 황홀, 미덕을 증폭시켜주는 존재가 된다. 이것을 달리 표현하면 매스컴 시대의 정치는, 과거와 미래가 소멸될 것이므로 우리가 경험한 그 어느 것보다 긴장감이 더 강해질 거라는 말이다.

　기술에 압도된 군중심리는 버락 오바마가 민주당 후보로 출마한 2008년의 미국 대통령 선거 때와, 같은 해 월스트리트의 탐욕으로 금융 위기가 닥치자 당황한 투자자들이 주식을 내다 팔 때도 작용했다. 무슬림 수천 명이 힌두교도들에게 학살당한 2002년의 인도 구자라트 사태, 2003년 미국의 이라크 침공에 반대해 유럽인들이 일으킨 대규모 시위, 2009년과 2010년 이란에서 일어난 친정부와 반정부 시위 때도 군중심리가 작용했다. 같은 시기에 방콕에서 일어난 대규모 반정부 포퓰리즘 시위, 웨스트뱅크와 가자 지구에서 일어난 그 지역 특유의 반이스라엘 시위, 아랍의 봄으로 알려진 저항운동이 개인의 존엄을 짓밟은 독재자를 공격함으로써 개인의 신성함을 일깨운 2011년 중동의 민주혁명에도 군중심리가 작용했다.

　앞으로 군중심리가 지정학적으로 가장 큰 영향을 미치게 될 곳은 유라시아의 거대 도시들이다. 자유주의 성향의 인도주의자들과 반

---

* 1937년~. 대표작으로 『중력의 무지개Gravity's Rainbow』가 있다.

　　　　　　　　　　　　　　　　　　　　　　지리의 복수

反결정론자들이 공표했듯이 사상 또한 군중심리 못지않게 중요한 역할을 하게 될 것이다. 지리의 압축도 건전한 민주주의 사상과 더불어 새롭고 위험한 이데올로기에 최적의 환경을 제공해주게 될 것이고, 대중 교육은 운명론에서 해방된 질 낮은 학력자들을 양산할 것이므로 불안정의 요인이 될 것이다. 공간의 부족 역시 주요 요소가 될 전망이다. 민족적 정체성을 지닌 심리적 중심지 또한 지난날의 이상화된 농촌 지역에서 도시로 옮겨갈 것이다. 그러나 때로는 도시 군중도 그 이상화된 지형에 토대를 둔 과격한 외교정책을 정부에 요구하기도 할 것이다.

미디어는 그 과정에서 결정적 역할을 하게 될 것이다. 그 점은 오스발트 슈펭글러가 『서구의 몰락The Decline of the West』에서 미디어보다 "동물을 더 잘 길들일 수 있는 것은 없다"면서 이렇게 쓴 것에도 나타난다.

사람들이 독자-집단이 되면 거리를 설치고 다니며 정해진 목표물에 덤벼들게 된다…… 생각의 자유가 이보다 더 끔찍하게 희화화되는 것은 상상할 수 없을 정도다. 인간이 자유롭게 생각하는 것은 이전에는 엄두도 못 낼 일이었다. 그런데 이제는 할 수 있게 되었는데도 생각하지 못한다. 주문할 생각을 하는 것이 자발적으로 하는 생각의 전부이며, 이것을 인간은 자유라고 믿는다.[13]

슈펭글러는 지나칠 정도로 비관적이고 냉소적이다. 그러나 통신기술이 초보 단계에 머물렀던 시절 소비에트와 미국이 서로에게 느꼈던 증오감은 인종적 요인이 없고, 대양과 북극의 툰드라로만 분리되었던 탓에 냉정하고 추상적인 면에 머물렀던 점에서 보면 그것도 이해 못할 바는 아니다. 하지만 대형 TV 화면으로 디지털 방송을 어디서나 볼 수 있게 된 현재와 미래(공항의 CNN 방송처럼 보기 싫어도 보아야 한다!)에는 모든 것이 가깝고 밀접해질 수밖에 없다. 다시 브래큰에게로 돌아가보자.

서구인들이 이해하기 힘든 것은 아시아인들(과 중동인들)이 종교와 인종적 분규에 보이는 격한 감정이다. 국경 너머로 전파되는 미디어의 부추김과, 국내 문제의 희생양을 외국에서 찾으려 하는 정치 논리에 휘말려 국내의 혼란이 아시아와 중동 전역으로 삽시간에 퍼져나가는 것이다. 그렇게 되면 나라의 지도자들은 수사修辭적 궁지에 몰릴 수 있는데, 원자폭탄을 곁에 두고 있는 사람들에게는 그야말로 위험천만한 상황이라고 할 수 있다.[14]

브래큰은 서구 관측통들이 민족주의를, 경제, 사회적 발전으로 서구는 진즉에 극복한 퇴행적 과거의 일부로 보고, "위험할 정도로 경시하는" 점에 우려를 나타냈다. "21세기에 가장 중요한 점은 민족주의가 아시아에서 지금 나타나고 있는 파괴적 기술과 어떻게 결합하는지를 아는 것이다." 앞서도 언급했듯이 파키스탄, 인도, 중국 등의 새로운 핵 보유국들은 가난한 중저소득층 인구를 보유하게 될 테고, 따라서 새로운 군사적 상징이 군대가 아닌 미사일과 핵무기—군중의 최신식 토템적 상징이 된—가 되는 시대에는 그들이 격정적 민족주의를 선동하는 세력이 될 수도 있기 때문이다.[15]

그러나 긍지를 나타내는 표상으로서의 미사일 보유로 민족주의가 강화되고, 그리하여 애국심이 증대되어 일부 국가들은 힘이 강화되겠지만, 미디어의 도움을 받은 군중심리가 민주적 보편주의에 헌신하는 집단과 더불어 인종, 종교, 종파적 집단들도 하나로 뭉치게 함으로써 힘이 약해지는 나라들 또한 있을 것이다. 그런가 하면 몇몇 나라들은 장기간에 걸친 전쟁, 그에 따른 난민들의 이동, 무질서하게 편재된 도시들을 관리하느라 관료적 역량이 떨어진 결과로, 세계화에 맞선 전쟁에서 패하기도 할 것이다. 요약하자면 기술과 인구 증가로 유라시아의 지도가 좁아지고, 그리하여 그 안의 인위적 국경들도 서서히 약화될 거라는 것이다.

21세기의 지도를 이해한다는 것은 중대한 모순도 함께 받아들인다는 것을 의미한다. 대량살상무기로 무장해 군사적 강국이 되는 나라들도 있겠지만, 특히 대중동에는 그들의 독특한 지리와 그에 수반되는 갖가지 문화와 종교적 전통 탓에 국군國軍보다 전투력이 뛰어난 준국가적 군대가 양산되어 허약해지는 다른 나라들 또한 있을 것이기 때문이다. 남부 레바논의 헤즈볼라*, 정부에 맞서 싸우다 항복한 스리랑카 북부의 타밀 일람 해방 호랑이**, 마오쩌둥 사상을 추종한 인도 중동부의 낙살라이트 단체Naxalites, 파키스탄 북서부의 친탈레반 부족 집단과 푸슈툰족〔파슈툰족〕, 그리고 특히 2006~2007년에 종파 간 내전을 벌인 이라크 민병대가 그런 준국가적 군대에 속한다. 그리하여 정밀유도미사일이 주변 건물들에는 손상을 입히지 않고 수백 마일 떨어진 특정 가옥을 파괴할 수 있

---

* 시아파 이슬람 무장 조직.
* 줄여서 타밀 호랑이Tamil Tigers 혹은 타밀 반군으로 불린다.

다 해도, 터번을 쓴 소규모 비정규군은 미로같이 구불구불한 산악 지형을 이용해 강대국을 얼마든지 농락할 수 있다. 이것이야말로 지리의 복수라 할 만하다. 그러나 미사일로 공격하는 경우에도 해상 기지나 육상 기지가 있어야 미사일을 쏠 수 있으므로, 비정규군보다 덜 복잡하고 전통적이기는 하지만 지리가 중요하기는 마찬가지다. 스파이크먼의 인도양 주변지대가, 심장지대 국가인 이란과 아프가니스탄을 겨냥한 미사일이 탑재된 미국 전함들의 배치에 결정적인 지역인 것도 그래서이다. 게다가 아프가니스탄은 알렉산드로스 대왕 때와 마찬가지로 지금도 치열한 부족 간 투쟁으로 몸살을 앓고 있으니, 스파이크먼과 매킨더가 구축한 20세기 초의 개념은 고대의 개념과도 일치하는 셈이다. 두 개념은 오늘날의 시대와도 연관이 있다.

가난하고 방만한 도시 밀집 지대를 통치하는 것 역시 역사상 그어느 때보다 국가를 성가시게 하는 짐이 되고 있어, 철권을 휘두르는 독재 정권을 붕괴시킬 뿐 아니라 새롭게 싹트는 민주주의마저 약화시키는 요인이 된다. 파키스탄만 해도 대량살상무기는 보유하고 있지만 도시가 필요로 하는 편익과 보호를 제공해주지 못해 주민들이 자살폭탄 테러범들에게 희생되고 있으며, 나이지리아, 예멘, 소말리아 같은 나라들도 준국가적 민병대에 휘둘려 국가가 거의 제 기능을 발휘하지 못한다. 국가 수립에 필요한 타협은 받아들이지 않으면서 자신들의 입지를 고수하기 위해 폭력에 가담하고 있는, 특히 가자 지구의 팔레스타인인들도 그 점에서는 다를 바 없고, 헤즈볼라도 실행에 옮기지만 않을 뿐 마음만 먹으면 베이루트 정부를 전복시킬 수 있는 레바논의 골칫덩이다. 국가에는 지켜야 할 특정 규칙이 있고, 따라서 표적이 되기 십상이다. 그리하여 거대 도시와 매스미디어의 시대인 오늘날에는 '무국적성의 힘'이라는 전에 없던 새로운 현상까지 생겨났다. 존스홉킨스대학교의 조교수인 야쿠프 그리기엘도 "국가를 짐"이라고 하면서, 준국가적 집단들이 "통치 책임이 없는 권력을 원하는 것"도 그 때문이라고 썼다. 현대적 통신과 군사 기술만 있으면 세력을 조직하고, 해외 원조를 요청하고, 치명적 무기로 무장할 수 있는데 굳이 국가를 필요로 할 이유가 없다는 것이다. 앞서도 언급했듯이 대형화(비행기, 탱크, 항공모함, 철도, 공장 등등)에 강조점을 두었던 산업혁명과 달리 탈산업혁명은 소형화(배치를 위해 너른 영토를 필요로 하지 않는 소형 폭탄과 플라스틱 폭발물 등)를 중시하는 특징이 있다. 그리고 이 새로운 기술 시대의 수혜자가 바로 무국적의 소규모 집단들인 것이다. 실제로 국가를 필요로 하지 않는 이유는 갈수록 늘어나는 추세에 있다. 다시 그리기엘의 글을 살펴보자.

> 나라들, 특히 강대국의 파괴력이 늘어날수록 국가를 보유하는 데서 오는 위험은 그만큼 커진다. 기존 세력에 도전하는 것을 목표로 삼은 집단들에게는 더욱 그렇다.[16]

이어 그리기엘은, 그러므로 국가가 실현시켜줄 수 없는 종교적 열정이나 이데올로기적 극단주의로 촉발된 절대적 목표를 가진 집단들에게는 국가가 어울리지 않는다고 주장했다. 지방민들이 도시의 슬럼가로 대거 몰려들어 전통적 농촌 지역과의 관계가 단절된 것도 유라시아 주변지대 남부의 거대 지역에서 극단주의가 기승을 부리게 된 요인으로 작용했다. 극단주의자들의 접근이 가능한 매스 미디어 또한 그들의 요구를 선전해주는 창구 역할을 하여 그들의 정체성을 강화시켜주고, 국가에 대한 충성도가 불분명한 그와 같은 종류의 군중을 만들어내는 데 일조한다. 이쯤에서 한 발짝 뒤로 물러서서 보면 유라시아 지도는 이제 우리에게 익숙해 있던 자잘한 지역들로 분리된 냉전 지역들이 아니라, 전에는 존재하지 않았거나 혹은 거의 존재하지 않았던 접촉과 통신의 마디들이 점점이 박힌 거대 지역으로 변해 있음을 알게 된다. 확대된 도시와 서로를 겨누는 미사일, 미디어가 확산시킨 이데올로기뿐 아니라 새로운 도로, 항구, 그리고 중동과 중앙아시아를 러시아로부터 인도양을 거쳐 중국까지 유라시아의 여타 지역과 연결해주는 에너지 수송관들이 유라시아 지도를 점점이 수놓고 있는 마디들이다. 따라서 유라시아가 이렇게 문명들로 혼잡을 이루고, 미디어 또한 억압받는 집단들의 대중적 압력 수단인 동시에 언어적 폭력의 창구이기도 한 상황에서 조용한 막후 외교의 필요성은 그 어느 때보다 높아지게 될 전망이다. 위기가 끊이지 않을 것이고, 그러므로 그것을 **진정시켜야 할** 필요성 또한 상존할 것이기 때문이다. 커다란 지역들로의 수평적 분리의 의미가 담긴 "심장지대^{Heartland}"와 [심장지대 외곽의] "주변지대^{Rimland}," 그리고 "난외 지역^{marginal}"의 개념도 지도의 응축과 축소로 인해 어찌 보면 의미가 없을 수 있지만, 또 다른 면에서는 세 지역 간의 상호작용이 끝없이 일어날 것이므로 중요성이 커질 수 있다. 크기가 작아 구조가 복잡한 시계나 컴퓨터 칩의 작동 방식을 알려면 기계를 해체하여 부품들 상호 간에 영향을 주고받는 방식을 알아야 하는 것과 같은 이치다. 비행기, 인터넷 그리고 갈수록 양상

지리의 복수

이 닮아가는 도시들로 정치가 집중되는 현상도 기복지도의 중요성을 감퇴시키는 요인이 되고 있다. 실제로 인터넷의 구술성은 영토전쟁을 사상 전쟁으로 바꿔놓는 수단이 되고 있다(이사야 벌린의 인도주의가 절실히 필요한 이유도 그 때문이다). 그러나 민주주의와 사이버스페이스가 준국가와 초국가 세력에 우호적일 것이므로 아무리 무장을 잘한다 해도 국가들은 결국 허약해질 수밖에 없고, 그러므로 로마제국이 와해된 뒤 중세에 일어난 현상처럼 선이 굵은 소규모 지역들은 등장하게 될 것이다.

그래도 아직은 세계가 브래큰이 20세기를 지나는 동안 더 많은 폐쇄가 일어났다고 본 매킨더의 "폐쇄형 정치체제" 속에 속해 있다. 따라서 지도 또한 엔트로피 법칙에 따라 거대 도시들뿐 아니라 기복지도에 나타난 인간 주거지들도 갈수록 닮은꼴이 되는, 그리하여 열정도 흡사해진 평형상태에 도달하게 될 것이다. 오하이오주립대학교 정치학과의 랜들 L. 스웰러 교수는 그 결과로, "과도하게 주입된 개인적 극단성과 국가들의 독단적 행동이 결합된", 다시 말해 과다 자극으로 인한 "일종의 글로벌적 지루함"이 찾아들게 될 것이라고 예측했다.[17] 이것을 달리 표현하면 세계는 전보다 더 지루하고, 더 위험해질 것이라는 말이다.

그러나 지루함이 시작되기 전, 기복지도와의 관련성으로 유용하게 묘사될 수 있는 격변, 세계 권력의 이동, 자연스런 지정학적 발전이 먼저 일어나게 될 것이다.

지금까지는 역사가, 지정학자, 그 밖의 사상가들의 이론을 주로 살펴보았다. 그래서 지금부터는 그것을 토대 삼아 유라시아의 초대

류에 특별한 주안점을 두고 전 세계의 다양한 지역을 심층적으로 검토해보려고 한다. 이어지는 단원들에서는 그들의 이론뿐 아니라 그들의 지각知覺에도 주의를 기울일 것이다. 매킨더의 심장지대 부근에 자리해 그곳의 지대한 영향을 받은 유럽, 심장지대 그 자체라 할 수 있는 러시아, 앞으로 수십 년에 걸쳐 심장지대의 일부와 스파이크먼의 주변지대 일부를 지배할 개연성이 있는 중국, 주변지대의 중심 지역인 인도 아대륙, 심장지대와 주변지대가 만나는 이란, 호지슨의 오이쿠메네와 대체로 일치하는 터키와 아랍권 중동, 그리고 끝으로 유라시아와 세계 섬에 도전하는 매킨더의 위성 대륙들 중 가장 광대한 영토를 지닌 북아메리카가 내가 앞으로 쓰게 될 지역들이다. 예측보다는 미래에 성취할 수 있는 것이 무엇인지를 알기 위해, 역사에 영향을 미치는 지리의 묘사에 주력하려고 한다.

지리의 복수

2부

21세기 초엽의 지도

一

9장
—
유럽 분할의 지리

격변도 잦고 진전도 많았던 현대의 지정학 문제를 다룰 때 으레 주목하게 되는 곳은 중동에서 중국에 이르기까지의 아프리카-아시아 지역이다. 유럽은 주요한 고려 대상에서 제외돼 사소한 문제로 치부되기 일쑤다. 그러나 그것은 잘못이다. 유럽연합의 인구만 해도 중국과 인도에 이어 세계에서 세 번째로 많은 5억 명에 달하고, 경제 또한 미국보다 규모가 큰 16조 달러를 기록하고 있다. 유럽은 지리적으로도 대륙 서단이 북아메리카의 중심지를 면하고 있으며, 남아메리카의 원뿔형 지역과도 미국 못지않게 가까이 접해 있고, 대륙의 동단 역시 아프리카-유라시아 지역을 내려다보는 위치에 있다. 거리상으로도 유럽은 러시아령 극동과 남아프리카의 중간 지점에 위치해 있다.[1] 이것만 봐도 세계 정치의 지정학 논의는 유럽에서 시작하는 것이 옳다. 매킨더, 스파이크먼, 모겐소 그리고 이 책에 언급된 다른 몇몇 사상가들도 대개는 유럽적 관점을 보유하고 있었

으며, 그러므로 그들의 시대 이래 세계가 변해간 과정을 알기 위해서도 그들이 논의를 시작했던 곳에서 이야기를 풀어나가는 것이 타당하다. 근동의 오이쿠메네를 논의의 최우선순위에 두었던 호지슨의 관점에도 옳은 점이 있지만 그곳은 앞으로의 전개 과정에서 클라이맥스 중 하나로 취급될 것이므로 굳이 논의의 출발점으로 삼을 필요까지는 없을 것이다. 유럽으로 이야기를 시작한다 해도 러시아, 중국, 인도 아대륙, 대중동이 유럽과 유기적으로 연결돼 있으므로 지리적으로 고려할 수밖에 없고, 따라서 오이쿠메네가 소홀히 취급될 걱정은 하지 않아도 된다. 게다가 21세기의 지정학을 이해하려면 20세기부터 시작해야 하는데, 그러자면 어차피 유럽을 출발점으로 삼을 수밖에 없다.

매킨더도 언급했듯 유럽은 애당초 아시아 종족의 쇄도로 형성될 운명을 지니고 있었다. 실제로 그 현상은 21세기까지 지속되어 유럽은 동방, 특히 러시아와의 관계의 영향을 지대하게 받을 것으로 예측되고 있다. 그렇다면 중동부 유럽이 공산주의의 폐해를 딛고 일어나 번영과 안정을 이루는 나라들의 벨트로 성장하는 정도가 유럽이 러시아의 위협으로부터 보호받고, 그 과정에서 자유주의적 지식인들이 매킨더와 공유했던 꿈, 다시 말해 중부 유럽의 부활도 실현될 수 있는 중요한 열쇠가 될 것이다.

문제는 유럽이 더 넓고 더 깊은 단일체를 추구한다는 바로 그 이유로 인해 내적 분열에 시달리게 될 것이라는 점에 있고, 실제로 경제의 형태—그리스 재정 위기에 보이는 독일의 분노—로 이미 드러나고 있듯이, 그것은 시대를 초월한 지리의 표현이 되고 있다. 북유럽에 속한 독일과 지중해 유역 및 발칸반도에 속하는 그리스의 발전 양상이 다르게 나타나고 있다는 것만 해도 그렇다. 그런가 하면 유럽은 기술이 사람들의 이동을 수월하게 해줌에 따라 남쪽의 아프리카와 동쪽의 아시아와 교류가 늘어나는 데서 오는 다양성의 피해 또한 입게 될 것이다. 재래적 군사 위협에는 직면해 있지 않지만 사소한 차이를 즐기는 나르시시즘의 희생양이 될 수도 있다는 얘기다. 그리고 그렇게 되면 스파이크먼이 갖고 있던 우려, 곧 통합된 유럽이 미국에 도전할 개연성에 대한 우려 역시 때 이른 것이 될 전망이다.

유럽이 복잡한 언어군과 민족국가들을 갖게 된 것은 바다, 반도, 하천 계곡, 산맥들이 복잡하게 어우러진 지형 때문이었다. 그런데 그 지형이 다양한 범유럽 단체들에도 불구하고, 앞으로도 유럽의 정치, 경제적 분열을 야기하는 요인으로 계속 작용할 전망이다. 뉴스의 헤드라인을 장식할 유럽의 중요한 미래가 지리에 걸려 있는 것이다.

영국의 고고학자 배리 컨리프(1939년~)는 유럽을 아시아 대륙에서 "불쑥 튀어나온 서쪽의 생성물", 기원후 두 번째 1,000년기를 지나며 세계 정치를 지배하게 된 거대 반도로 묘사했다. 맥닐이 주장했던 것처럼 유럽의 역사는 지리로 결정되었다는 말이고, 그렇다면 컨리프도 맥닐의 견해를 상술한 것이나 다름없다. 유럽은 멕시코만류로 조절되는 기후와 더불어 아프리카 사막과 북극의 빙판들 사이, 인간이 살기에 "적합한" 생태 지역에 위치해 있으며, 목재, 석재, 금속, 모피를 비롯한 자원도 풍부하지만 그보다 천혜의 양항, 섬, 반도를 갖춘 톱니 모양의 해안선들을 지니고 있었다는 점이 특히 중요하다. 유럽은 해안선 길이가 지구 둘레와 맞먹는 3만 7,000 킬로미터에 달하여, 대륙 대 해안선 비율이 전 세계에서 가장 높다.[2] 뿐만 아니라 4개의 폐쇄 혹은 반폐쇄된 바다—지중해, 흑해, 발트해, 북해—와도 접하고 있어 대륙이 마치 협소한 반도 같은 모습을 띠고 있기도 하다. 그런가 하면 유럽은 라인강, 엘베강 그리고 특히 도나우강으로 이어지는 반도-횡단로를 갖추었다는 점에서 하천 지형 면에서도 이점을 지니고 있다. 중부 유럽의 부활을 열렬히 지지한 이탈리아 저술가 클라우디오 마그리스도 도나우강을 일컬어 "오디세이아적 기풍에 대한 꿈으로 독일 문화를 무수하게 많은 잡종의 변형들 속에서 다른 문화들과 뒤섞어 동쪽으로 이끌어가는 존재"[3]라고 노래했다. 그 밖에 유럽은 대륙의 일부와 또 다른 부분 사이에서 회랑 역할을 하는 모라비아 협곡, 브레네르 고개 그리고 프랑스를 관통해 론강 계곡까지 이어지는 광활한 평원도 가지고 있다.

땅과 물의 이런 절묘한 조합과 광대한 대양의 보호를 받을 수 있었던 점—그리고 대양에 손쉽게 접근할 수 있었다는 점—이야말로 유럽이 복잡다단한 지형을 보유하고, 유럽인들이 해양적 역동성과 기동성을 발휘함으로써, 다른 대륙과 현저하게 다른 인간 공동체들을 형성, 고대의 아테네, 스파르타, 로마, 에스파냐, 페니키아, 스키타이, 그 밖의 야만적 부족들의 투쟁으로부터 근대의 프랑스, 독일, 러시아 간의 투쟁—프로이센, 오스트리아제국, 오스만제국 간의 투쟁도—에 이르기까지, 힘의 정치를 태동시킨 요인이 되었다. 하지만 이런 분쟁에도 불구하고, 가령 대서양으로부터 발트해에 이르는 저지대 회랑은 수백 년 동안 여행자들이 유럽 일대를 안전하게 오갈 수 있는 통로가 되어줌으로써, 유럽의 통합과 마그리스의 글에 나타난 것과 같은 본질적 우월감을 갖게 하는 요소로 작용했다.[4] 유럽의 한쪽 끝과 다른 쪽 끝에 해당하는 리스본에서 바르샤바까지의 거리가 고작 2,400킬로미터밖에 되지 않을 만큼 유럽 내 지역들이 다닥다닥 붙어 있는 것도 통합의 또 다른 요인이 되었다.

지리는 2차 대전 이후에도 '주권을 합치는' 방식으로, 자유주의적 휴머니즘의 지리적 표현인 이른바 유럽이라는 **개념**을 만들어내는 데 이바지했다. 이런 화해의 기조 역시 모든 역사기에 나타난 파멸적 무력 분쟁에 대한 반작용이었으며, 수백 년에 걸친 군사적, 지적 발전의 소산이었다. 그렇다고 화해의 기조만 있었던 것은 아니며, 서로 간에 갈등을 유발하는 요소 또한 존재했다. 오늘날 통화 위기의 형태로 나타나고 있는 유럽의 경제적 갈등만 해도 사실 역사와 지리에서 비롯된 것이다.

앞 장章들에서 살펴본 것처럼 베를린장벽이 붕괴하기 직전과 직후의 지식인들은 **중부 유럽**의 개념을 부근의 발칸 지역과 그보다 멀리 떨어진 제3세계 지역들이 열망할 수 있고 또 해야 마땅한 다인종에 대한 관용과 역사적 자유주의의 횃불로 열렬히 찬양했다. 그러나 21세기 유럽의 정황을 보면 그것과 다소 차이가 있음을 알게 된다. 정치적 중심이 중부 유럽이 아닌 그보다 약간 북서쪽에 위치해 있는 것이다. 베네룩스 3국에서 시작하여 남쪽의 프랑스-독일 국경 변을 우회한 다음 다시 알프스산맥 입구로 이어지는 곳에 유럽의 모든 기구들―유럽연합 집행위원회(일명 유럽위원회, 벨기에 브뤼셀 소재), 유럽사법재판소(네덜란드 헤이그 소재), 유럽연합의 기초가 된 마스트리히트조약이 체결된 장소(네덜란드 마스트리히트), 유럽의회(프랑스 스트라스부르 소재)—이 몰려 있다는 얘기다. 현대 유럽 전문가였던 저명한 역사학자 토니 주트[1948~2010년]에 따르면, 실제로 그곳들은 모두 "9세기 카롤링거왕조의 중심이자 주요 교통로였던" 북해에서 남쪽으로 이어지는 노선을 가로지르는 곳에 위치해 있다.[5] 그 점에서 오늘날의 유럽 초국가super state가 지금도 중세 유럽의 핵심 장소—샤를마뉴 대제가 수도로 삼았던 아헨(엑스라샤펠)이 그곳이다—에 집중돼 있는 것도 놀랄 일은 아니다. 구세계[유럽] 문명의 그 등뼈 지역이야말로 유럽 대륙에서 바다와 땅이 깊고 풍부하게 조화를 이룬 곳이기 때문이다. 북해 연안의 저지대 지방[베네룩스 3국]만 해도 대양과 연결돼 있고, 영국해협 입구와 네덜란드에 속한 일련의 섬들도 그 작은 나라들에 영토의 크기와는 비교가 안 될 정도의 큰 혜택을 부여해줌으로써 유용한 보호벽이 되고 있다. 북해 연안 뒤쪽에도 교역과 이동의 통로 역할을 함으로써 정치 발전에 이바지하는 다수의 강들과 수로들이 놓여 있다. 유럽 북서부에도 자연 방벽이 되어주는 숲과 더불어 검고 비옥한 황토지대가 조성돼 있다. 그리고 끝으로 북해와 알프스산맥 사이의 한대기후 또한 청동기시대부터 프랑크족, 알레마니족, 색슨족, 프리슬란트족 등이 바이에른 알프스의 고원지대와 해안가 저지대에 정주한 고대 후기에 이르기까지, 알프스 이남 지역의 따뜻한 기후보다는 인간의 의욕을 한층 강하게 분발시키는 요소가 되어 9세기에 프랑키아[프랑스]와 신성로마제국, 부르고뉴, 로렌, 브라반트, 프리슬란트 그리고 트리에와 리에주 같은 도시국가들이 성립할 수 있는 발판이 되었다. 그런 식으로 이들 지역은 모두 로마제국을 대체한 정치체로 발전해 지금의 유럽연합EU이 생겨나게 한 동력으

지리의 복수

로 작용한 것이다.

물론 이 모든 일들이 일어나기 전에는 로마가 있었고, 로마 이전에는 고대 그리스가 있었다. 윌리엄 맥닐의 정선된 표현을 빌리면, 두 곳 모두 이집트와 메소포타미아에서 시작해 미노아 문명이 번성한 크레타섬과 아나톨리아를 거쳐 지중해 북부 유역으로 전파된 "고대 문명"권의 곁방들이었다. 인류 문명이 나일강 및 티그리스-유프라테스강과 같이 따뜻하고 보호받는 하천 유역에서 발생해 기후가 온화한, 따라서 초보적 기술만으로도 쾌적한 삶을 누릴 수 있는 레반트〔지중해 동부 지역〕, 북아프리카 그리고 그리스와 이탈리아 반도로 퍼져나간 사실을 그렇게 이야기한 것이다.

그러나 유럽 문명은 처음에는 지중해 유역에서 꽃피었지만 그 뒤 기술이 발달하고 기동력이 높아진 시대부터는 북쪽의 추운 지방에서 발전했다. 이 모두 서력기원[AD]이 시작되기 수십 년 전 로마가 세력을 확대하여, 중부 유럽의 태반과 북해 및 영국해협 주변의 상당수 지역을 포괄하는, 남동쪽의 카르파티아산맥에서 북서쪽의 대서양에 이르는 지역에 역사상 처음으로 정치적 질서와 내적 안정을 가져다준 결과였다. 율리우스 카이사르가 오피다[oppida](oppidum의 복수형)라고 부른 〔갈리아 지방의 대규모 켈트족〕 정주지들만 해도 숲이 우거지고 물이 풍부한 유럽의 흑토 중심지에서 출현해, 이후 중세와 근대에 도시들이 들어설 수 있는 발판이 되었던 것이다.[6]

로마의 세력 확대로 북부 유럽의 이른바 야만족이 얼마간 안정을 얻을 수 있었던 것처럼, 로마의 붕괴 또한 수세기에 걸쳐 진행된 과정으로 1648년 30년전쟁을 종결짓는 베스트팔렌조약의 체결로 공식화되어 지금의 우리에게도 친숙한 민족과 민족국가들이 등장하

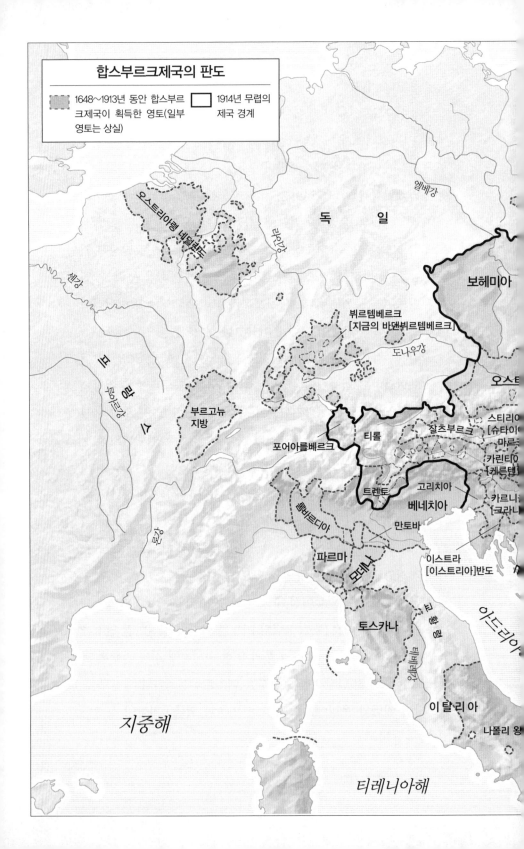

합스부르크제국의 판도

1648~1913년 동안 합스부르크제국이 획득한 영토(일부 영토는 상실)

1914년 무렵의 제국 경계

엘베강

독 일

보헤미아

오스트리아령 네덜란드

세강

라인강

뷔르템베르크 [지금의 바덴뷔르템베르크]

도나우강

오스트

스 위 스

론강

부르고뉴 지방

티롤

포어아를베르크

잘츠부르크

스티리아 [슈타이어]

마르

카린티아 [케른텐]

트렌토

고리치아

베네치아

카르니 [크라니]

롬바르디아

만토바

파르마

모데나

이스트라 [이스트리아]반도

아드리아

토스카나

테베레강

아르노강

이 탈 리 아

지중해

나폴리 왕

티레니아해

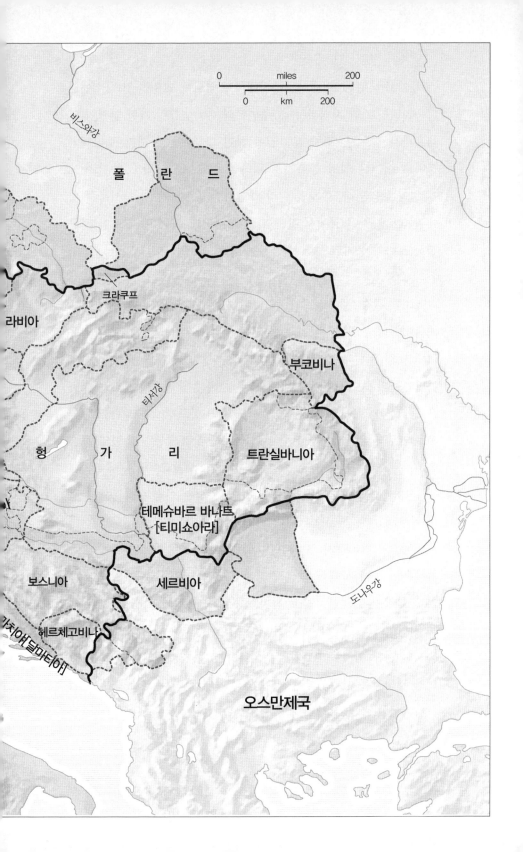

는 계기가 되었다. 미시시피주립대학교 역사학 교수인 윌리엄 앤서니 헤이가 "스텝 지역과 유럽 주변부의 유목민들이 가한 압력이 연쇄효과를 일으켜, 정주 문화권에 살던 다른 종족들까지 로마제국 붕괴로 생겨난 힘의 공백지로 밀려나게 된 것"[7]이라고 쓴 것에도 그 점이 나타난다. 이것을 달리 표현하면 중부 유럽과 북서부 유럽에 민족국가들이 들어서고, 민족이 형성되게 하는 데 일조한 것은 결국 로마의 붕괴와 그에 수반된 스텝 민족들의 서진이었다는 말이 된다.

고대를 결정지은 요소는 무엇보다 지중해 유역에 대한 지리적 지배력이었다. 그러다 북부 유럽과 근동의 배후지 상실로 지중해 유역에 대한 로마의 지배력이 "약화되자" 중세가 탄생한 것이었다.[8] 아랍인들의 북아프리카 침략 또한 지중해 통합을 약화시키는 요인으로 작용해,[9] 11세기에는 유럽 지도가 이미 프랑스와 폴란드는 대체로 지금과 같은 꼴을 갖추고, 신성로마제국도 통일 독일의 모습을 띠며, 프라하를 중심으로 한 보헤미아도 체코공화국을 예고하는 등 근대의 외양을 얼추 갖추게 되었다. 역사는 이렇게 북쪽으로 점차 이동해갔다.

프랑스의 지리학자 겸 역사가 페르낭 브로델에 따르면 지중해 국가들은 그들이 시행한 혁신적 정치제도—아테네 민주주의와 로마의 공화정—에도 불구하고 전반적으로 "전통적이고 경직"된 특징을 지니고 있었다. 지중해 유역의 토질이 척박해 대규모 토지 보유를 선호하게 되었고, 그것이 부유층의 토지 지배를 불러와 사회질서의 경직성을 야기했다는 얘기다. 반면에 산림을 벌채해 만든 개간지여서 땅이 비옥했던 북유럽은 봉건주의라는 유연한 권력관계를 수립할 수 있었고, 그 결과 자유로운 문명을 발전시키며 활자의 발명 및 여타 기술상의 이점도 누릴 수 있었다는 것이다.[10]

브로델의 이런 해석은 얼핏 결정론적으로 보이기도 하지만 유럽의 역사 저변에 깔린 폭넓은 관점을 제시하는 데는 효과적일 수 있다. 물론 얀 후스[1372/3~1415년], 마르틴 루터[1483~1546년], 장 칼뱅[1509~1564년] 같은 인물들의 사례로 드러난 인간적 힘이 프로테스탄트 종교개혁과 더 나아가 계몽주의 발전에 중추적 역할을 하고, 그리하여 북부 유럽이 근대 역사의 주 무대들 중 하나로 활기찬 출발을 할 수 있게 해준 것은 사실이다. 그렇지만 개인의 역동성과 산업화의 밑거름이 된 큰 강과 대양들로의 접근성 그리고 석탄 및 철광석이 풍부한 황토가 없었다면 그 모든 것이 불가능했으리라는 점 또한 잊어서는 안 된다. 노르만계의 루지에로 2세[Roger II][재위 1130~1154년]가 통치한 12세기의 시칠리아왕국과 같이 중세의 화려하고 장대한 제국들이 지중해 유역에서 번성하고, 르네상스 또한 미켈란젤로의 예술과 마키아벨리의 현실적 세속주의를 탄생시킨 중세 후기의 피렌체에서 꽃피었던 것은 사실이다. 그러나 궁극적으로 글로벌한 해상 수송로를 개척한 것은 폐쇄된 지중해가 아닌 차가운 바다 대서양이었으며, 그 결과로 열리게 된 대서양 무역 또한 초기에는 대서양 쪽으로 돌출해 나온 지리적 특성으로 인해 포르투갈과 에스파냐가 수혜를 입었으나, 두 나라 역시 무슬림 지배를 받는 북아프리카와의 근접성에 따른 피해와 계몽 시대 이전 국가로서의 약점을 극복하지 못해, 종국에는 네덜란드, 프랑스, 영국과의 해상 경쟁에서 밀려나고 말았다. 그리하여 샤를마뉴의 신성로마제국이 로마를 계승했던 것처럼 현대의 북부 유럽도 유럽연합의 형태로

지하자원이 풍부한 카롤링거왕조의 핵심지를 차지함으로써 남부 유럽을 계승하게 된 것이다. 이렇게 지리는 이 부분에서도 큰 역할을 했다.

중세에는 지중해가 프랑크족이 지배한 서방과 비잔티움이 지배한 동방으로만 분리돼 있었다. 반면에 현대에는 북부와 남부의 분리뿐 아니라 서부와 동부 그리고 북서부와 중부 간의 분리도 유럽을 규정하고 괴롭히는 요소가 되고 있다. 헝가리 대평원, 발칸반도, 흑해를 지나 동쪽으로 뻗어나가다, 흑해 북쪽 초원과 카자흐 초원을 통해 몽골과 중국으로까지 이어진 도나우강 유역의 이주로가 그것을 보여주는 대표적인 사례다.[11] 매킨더가 「역사의 지리학적 중심」에서 상술했고, 유럽의 정치적 운명을 거의 좌우하다시피 한 이 지리적 현실〔도나우강 이주로〕이야말로 북쪽의 러시아로 통하는 길과 더불어, 동쪽의 슬라브족과 투르크족이 유럽으로 쇄도해 들어오는 발판이었기 때문이다. 카롤링거 유럽과 지중해 유럽뿐 아니라 비잔티움-오스만 유럽, 프로이센 유럽, 합스부르크 유럽이 형성된 것도 대체로 이 동방으로부터의 침략의 결과였다. 그런데 이 모든 현상이 독특한 지리적 특성과 더불어 단일 통화 정책만으로는 해소되기 힘든 경제 발전상의 차이를 통해 오늘날까지도 면면히 살아 있는 것이다.

그 요인은 기원후 4세기 로마제국이 콘스탄티노플을 수도로 한 동로마제국과 로마를 수도로 한 서로마제국으로 분리된 것에서 찾아볼 수 있다. 이후 서로마는 북부의 샤를마뉴제국과 로마 교황, 다시 말해 서유럽으로 대치되고, 동로마(비잔티움)는 라틴어가 아닌 그리스어를 통용어로 쓰고 동방정교회를 국교로 삼는 나라가 되었

지리의 복수

다가, 1453년 동쪽에서 넘어온 오스만투르크족에게 콘스탄티노플이 함락됨으로써 무슬림 국가로 대치되었다는 의미에서다. 동방 제국과 서방 제국 간의 이 경계는 1차 대전 뒤에 성립된 다민족국가 유고슬라비아연방의 한복판을 가르는 선도 되었다. 1991년의 내전으로 유고연방이 해체되자 적어도 처음에는 16세기 전 로마가 붕괴되었을 때를 방불케 하는 현상이 나타난 것도 그래서였다. 슬로베니아와 크로아티아는 오스트리아-헝가리제국에서 로마로 거슬러 올라가는 전통을 이어받아 로마 가톨릭을 믿는 나라였던 반면, 세르비아는 동로마의 비잔티움-오스만 유산을 물려받아 동방정교회를 믿는 나라였기 때문이다. 루마니아를 가로질러 구 유고슬라비아의 북동쪽으로 뻗어나간 카르파티아산맥 또한 어느 정도는 로마와 비잔티움, 그리고 나중에는 오스트리아제국과 오스만제국 간의 경계를 강화시키는 역할을 했다.[12] 그러나 카르파티아산맥에는 고갯길과 교역로도 있었으므로 비잔티움과 오스만령 발칸으로는 **중부유럽**의 문화적 보고도 퍼져나갔다. 그러나 카르파티아산맥이 설령 알프스산맥과 같은 정도의 엄격한 경계는 아니었다 해도, 두 유럽 사이의 균형에 점진적 변화를 준 요인은 되었다. 남동부 유럽이 북서부 유럽뿐 아니라 프로이센 전통을 가진 북동부 유럽과 비교해서도 가난했던 것이 그것을 말해주는 요소다. 발칸반도는 베네룩스 3국뿐 아니라 폴란드 및 헝가리와 비교해서도 가난했다는 얘기다.

그 경계를 완화시켜준 것이 바로 베를린장벽의 붕괴였다. 바르샤바조약은 유럽에 군사 점령과 계획경제의 도입에 따른 강요된 빈곤을 특징으로 하는, 소련 지배하의 동방 제국을 탄생시켰다. 그리하여 45년에 걸친 크렘린의 통치를 받는 동안 프로이센, 오스트리아,

비잔티움-오스만 유럽의 태반이 소비에트 감옥에 갇힌 나라들로서 이른바 동유럽권을 형성하게 된 것이다. 반면 서유럽에는 그동안 유럽석탄철강공동체(1952년), 유럽공동시장(일명 유럽경제공동체, 1957년), 그리고 끝으로 카롤링거왕조의 기반이 된 프랑스, 독일, 베네룩스 3국에 이탈리아, 영국, 그리고 나중에는 그리스와 이베리아반도의 두 국가도 포함된 유럽연합이 출범했다. 카롤링거 유럽은 냉전기에 순조로운 경제적 출발을 할 수 있었던 덕에 북대서양조약기구NATO 내에서도 강력하게 부상해, 지난날에는 카롤링거 유럽 못지않게 부유했으나 바르샤바조약기구에 오랫동안 묶여 있었던 탓에 경제적으로 뒤처진 북동부의 프로이센 유럽이나 도나우강 유역의 중부 유럽보다 번성했다.

이 일들 모두 2차 대전 막바지에 소련이 중부 유럽을 장악한 데서 비롯된 결과였고, 아시아의 침략이 유럽의 운명을 좌우했다고 본 매킨더의 논문으로도 그 점은 확인되었다. 그러나 아돌프 히틀러가 없었다면 2차 대전은 일어나지 않았을 것이고 소비에트의 침공 또한 없었을 것이므로 그 결정론을 지나치게 확대해석하는 것은 금물이다.

그러나 히틀러는 엄연히 존재했고, 그리하여 오늘날과 같은 상황이 초래된 것이다. 샤를마뉴의 유럽이 주도권을 쥐고 있으나, 통일 독일의 경제력이 폴란드, 발트해 국가들, 도나우강 상류 지역에 활력을 부여해줌으로써 유럽 내 힘의 균형이 동쪽으로 조금 기울어져 프로이센과 **중부 유럽**이 만나는 합류점으로 이동해갈 개연성 또한 없잖아 있다는 얘기다. 그리고 그렇게 되면 지중해 유역과 비잔티움-오스만의 유산을 지닌 발칸 지역은 다시금 뒤처지게 될 것이다. 지중해와 발칸의 중간 지점에 위치한 산악 지형의 반도 국가로, 1940년대 말 공산당에 정권이 넘어가는 사태는 가까스로 피할 수 있었으나 지금도 유럽연합의 가맹국들 중에서는 사회, 경제적으로 가장 불안정한 국가들에 속하는 그리스가 좋은 예다. 그리스는 고대에는 호지슨의 근동 오이쿠메네 북서단에 위치해 있어 이집트와 페르시아-메소포타미아의 냉혹한 체제마저 인간적이고 부드럽게 변모시킬 수 있을 만큼 지리적으로 유리한 입지에 있었고, 그것이 지금의 서구를 탄생시킨 토대가 되었다. 하지만 북부 유럽이 주도권을 쥐고 있는 오늘날에는 상황이 달라져, 불가리아나 코소보 같은 지역보다 안전하고 부유해진 것도 공산주의에 의해 황폐화되지 않아서일 뿐 그리스는 이제 열악한 상태의 동양적인 나라가 되었다. 그리스 기업의 4분의 3이 가족 소유고, 그렇게 가족 노동력에 의존하다보니 최저임금법을 적용받지 않는 것은 물론 가족의 연줄이 없으면 승진조차 되지 않는 것이 그것을 보여주는 단적인 예다.[13] 이 현상은 모두 문화, 역사, 지리에 깊숙한 뿌리를 두고 있다.

실제로 지리는 많은 것을 설명해준다. 앞 장에서도 보았듯 바르샤바조약기구가 해체된 뒤 그 회원국들의 정치, 경제적 발전의 정도가 거의 지도의 위치에 따라 결정된 것만 해도 그렇다. 폴란드와 발트해 국가들, 헝가리와 체코슬로바키아의 보헤미아 지역〔독일 민족이 많이 거주한 주데텐란트〕은 결과가 좋았던 반면, 남쪽의 발칸 국가들은 가난과 불안정에 시달리게 된 것이다. 나치즘과 공산주의가 끼친 폐해를 비롯해 20세기에 일어난 그 모든 변화들에도 불구하고 프로이센, 합스부르크〔오스트리아〕, 비잔티움, 오스만 지배의 유산은 이렇듯 지속적으로 효과를 나타냈다. 무엇보다 중요한 것은 그

제국들이 매킨더가 말한 아시아 동방의 이주 영향을 받은 지리의 산물이었다는 사실이다.

그 점을 염두에 두고 11세기 유럽 지도를 다시금 살펴보면 통독을 닮은 신성로마제국이 중앙에 위치해 있고, 그 주변에 부르고뉴, 보헤미아, 포메라니아〔포메른〕와 같은 지역 국가들이 자리해 있으며, 신성로마제국 남서쪽에는 아라곤, 카스티야, 나바라, 포르투갈이 위치해 있는 것을 알게 된다. 21세기에 빠른 성장세를 보인 지역들도 대개는 바덴뷔르템베르크, 론-알프스〔론강과 알프스산맥의 이름을 따 붙인 지명〕, 롬바르디아, 카탈루냐와 같이 카롤링거 유럽에 속해 있다. 토니 주트도 앞에서 일깨워주었듯 이곳들 대부분은 낙후되고, 게으르고, 타국의 재정 지원에 의존해 사는 지중해 남부 유역을 내려다보는 위치에 있을 뿐 아니라, 루마니아와 불가리아 같은 발칸 국가들이 유럽연합에 가입할 개연성에 대해서도 아연해하는 북부 유럽 지역들이다.[14] 이런 식으로 유럽은 중심부 대 주변부, 다시 말해 모두가 그런 것은 아니지만 대개는 중동 및 북아프리카와 지리적으로 가까이 접해 있는, 경제적으로 실패한 지역들을 가진 주변부로 갈라져 있다. 바덴뷔르템베르크와 카탈루냐 같은 북부의 소지역들이 번성할 수 있었던 것도 브뤼셀에 본부를 둔 유럽 초국가〔유럽연합〕가 힘써준 덕에, 규격화된 체인스토어 같은 중앙정부를 벗어나 역사에 기반을 둔 경제, 정치, 문화적 지위를 보유할 수 있었기 때문이다.

그렇다고 주변부의 실패한 국가들만 북부 유럽이 직면한 문제의 전부는 아니며, 번영을 구가하는 북부 유럽 내에도 사회의 붕괴 개연성에 대한 불안이 내포돼 있다. 유럽의 인구와 노동력이 정체돼 있고, 그에 따른 고령화로 2050년 무렵에는 유럽의 노동 연령 인구가 24퍼센트 줄어드는 반면 60세 이상의 노령 인구는 47퍼센트 늘어날 것으로 예상되는 것만 해도 그렇다. 그리고 그렇게 되면 복지 국가들을 지탱하기 위해서라도 유럽은 제3세계의 청년층 이주민 비율을 늘려야 할 테고, 유럽이 무슬림들에 지배돼 있다는 보도는 과장이겠지만, 그로 인해 2000년대 중반에는 주요 유럽 국가들의 무슬림 인구가 현재의 3퍼센트에서 10퍼센트로 껑충 오르게 될 것이다. 1913년만 해도 유럽 인구는 중국보다 많았다. 하지만 2050년에는 유럽, 미국, 캐나다를 합친 인구가 1차 대전 이후의 33퍼센트보다도 훨씬 적은 전 세계 인구의 12퍼센트밖에 차지하지 못할 것으로 예측되고 있다.[15] 이런 식으로 유럽 인구는 아시아와 아프리카인에 의해 점점 잠식되는 반면, 아프리카와 중동인들이 유럽에서 차지하는 인구 비율은 갈수록 높아질 것이다.

실제로 유럽 지도는 남쪽으로 점차 이동하여, 로마 지배 때뿐 아니라 비잔티움과 오스만 제국 지배 때와 마찬가지로 지중해권 일대를 다시금 포괄할 개연성마저 있다. 북아프리카도 지난 수십 년간은 독재 정권들로 인해 정치는 극단으로 흐른 반면 사회, 경제적 발전이 지체되어 지중해 북쪽 유역과 사실상 단절돼 있었다. 따라서 유럽에도 이주 노동자를 제공해주는 것이 고작이었으나 이제는 불완전하게나마 민주주의를 받아들이는 단계에 있으므로 유럽과의 정치, 경제적 상호작용도 늘어나게 될 것이다(아랍 이주자들도 본국의 개혁 정책으로 새로운 기회가 생기면 귀향할 개연성이 있다). 그리고 그렇게 되면 지중해 또한 탈식민지 시대의 대부분 기간 동안 그랬던 것처럼 분리의 바다가 아닌 연결의 바다가 될 것이다.

그러면 유럽도 1989년 동유럽에 민주화 혁명이 일어났을 때 동쪽으로 활동의 폭을 넓혀 소련의 옛 위성국가들을 포괄했던 것처럼 남쪽으로도 세력을 확대해 아랍의 민주혁명 또한 감싸안게 될 것이다. 그렇다고 튀니지와 이집트가 유럽연합에 가입될 리는 없겠지만 유럽연합의 보호 지대는 될 수 있을 것이고, 그렇게 되면 유럽연합의 사업 규모도 전례 없이 확대될 것이다. 이것은 북부 아프리카와 적도 아프리카를 가르는 사하라사막을 유럽의 진정한 경계로 보았던 매킨더의 관점과도 부합하는 내용이다.[16]

유럽연합은 이렇듯 분열, 불안, 계획 차질에서 오는 곤란에도 불구하고 세계의 거대한 탈산업적 중심의 하나로 남게 될 것이다. 그렇게 되면 유럽 내에서 현재 진행되고 있는 브뤼셀-스트라스부르-베를린으로 이어지는 동쪽으로의 권력 이동, 다시 말해 유럽연합에서 독일로의 권력 이동 또한 세계 정치의 주요 요소가 될 전망이다. 나중에 다시 언급하겠지만 독일과 러시아야말로 유럽의 운명을 가장 적나라하게 보여주는 곳들이기 때문이다. 인구 1,100만 명에 지나지 않는 나라 그리스도 그 점에서는 마찬가지다.

사실 유럽연합에 미치는 독일의 영향력은 지리, 인구, 경제적인 면으로 통독이 현재 유럽 중앙에서 점유하고 있는 우세함을 감안하면 분단 전보다도 오히려 줄어들었다. 독일은 인구만 해도 6,200만 명의 프랑스와 6,000만 명에 육박하는 이탈리아보다도 많은 8,200만 명이며, 국내총생산^{GDP} 또한 프랑스의 2조 8,500만 달러와 이탈리아의 2조 2,900만 달러보다 많은 3조 6,500만 달러를 기록하고 있다. 그보다 중요한 것은 프랑스의 경제적 영향력은 냉전 지대였

지리의 복수

던 서유럽 국가들에만 미치는 것과 달리, 독일의 경제적 파급력은 지리적으로 중앙에 위치해 있는 데다 동서 양쪽과 맺고 있는 교역 관계 때문에 서유럽 및 구 바르샤바조약국들 모두에 미치고 있다는 점이다.[17]

해양 유럽과 **중부 유럽**에 걸쳐진 유리한 지리적 입지를 보유한 것 외에 독일이 가진 또 다른 강점은 맞춤식 문화적 태도로 교역을 수행한다는 점이다. 도이체방크 수석 이코노미스트였던 노베르트 발터[1944~2012년]가 오래전 내게 이렇게 말한 것에도 그 점이 드러난다. "독일은 단순한 금융 활동을 하는 것이 아니라 진정한 경제 활동을 합니다. 수십 년 동안 고객을 꾸준히 관리하고, 그들이 필요로 하는 것을 파악하며, 틈새시장과 관계를 발전시켜나가는 것이죠." 독일의 특별한 역동성도 그것을 촉진시키는 요인이 되었다. 독일의 정치철학자 페터 코슬로브스키[1952~2012년]는 그것을 이렇게 설명했다. "독일인들 대다수는 2차 대전 뒤 맨손으로 시작했어요. 따라서 현대성 도입에 매우 적극적이었지요. 현대성과 중산층 문화가 독일에서는 이데올로기의 경지에 도달했을 정도입니다." 통일 독일은 공간적으로도 북부 유럽이 번성하는 시대의 이점을 누리기에 적합하도록 조직돼 있다. 30년전쟁 이후 다수의 영방국가들이 들어선 전통—지금도 그것은 독일연방의 토대가 되고 있다—이 지금까지도 계속 이어져오고 있는 것이다. 베를린이 수도로 부활한 뒤에도 독일이 거대한 압력밥솥 같은 하나의 수도 중심이 아니라 일련의 소도시들 중심으로 운영되고 있는 것도 그래서이다. 방사선처럼 퍼져나간 철도 체계가 미디어 도시 함부르크, 패션 도시 뮌헨, 금융 도시 프랑크푸르트 등을 효과적으로 연결해주는 것도 그것에 한몫을 한다. 독일이 19세기 후반부에 통일되어 지방색을 오래도록 보존할 수 있었던 것도, 오늘날의 유럽에서 이점으로 작용하는 요인이 되었다. 전모가 밝혀지려면 수십 년은 족히 걸릴 것이라는 점에서 역사적으로는 여전히 현재 진행형인 베를린장벽의 붕괴 역시 지극히 미묘하고 비공식적 방식으로 신성로마제국에 거의 상응하는 12세기의 제1제국과 19세기의 제2제국 [1871~1918년]을 재현함으로써 중부 유럽과 독일을 다시금 연결시켜주고 있다.

1990년대 중반에 일어난 독일-폴란드의 역사적 화해 또한 베를린장벽의 붕괴와 더불어 독일의 지정학적 힘을 강화시켜준 요소가 되었다. 지미 카터 행정부 시절 백악관 안보 담당 보좌관을 지낸 즈비그뉴 브레진스키도 "독일의 영향력은 폴란드를 통해 북쪽의 발트해 국가들뿐 아니라 동쪽의 우크라이나와 벨라루스까지 미쳤다"고 썼다. 이것을 달리 표현하면 독일의 힘은 확대된 유럽뿐 아니라 **중부 유럽**이 독립된 존재로 재등장하는 유럽에 의해서도 높아지게 될 거라는 말이었다.[18]

그렇다면 유럽, 특히 독일이 유사 화해 기조를 어느 정도 유지하느냐가 앞으로의 그 전개 과정에서 중요한 요소가 될 것이다. 영국 레딩대학교 교수이자 전략 전문가인 콜린 S. 그레이도 "중서부 유럽이 솜강전투와 베르됭전투에서…… 뱀에 물려보고, 1945년 '나치 독일이 최후의 저항을 한 베를린전투Götterdämmerung'도 겪어본 뒤로 반호전적 태도를 갖게 된 것은 분명하다"고 씀으로써 그 전망을 뒷받침했다.[19] 물론 그렇다고 유럽이 군사적 해법(평화 유지와 인도주의적 개입은 별개로 치고)에 혐오감을 갖게 된 것이 전쟁과 파괴의

유산 때문만은 아니며, 냉전기에 미국이라는 초강대국이 안전을 제
공해준 것과 오늘날의 유럽이 뚜렷한 재래적 군사 위협에 직면해
있지 않은 것도 그것의 요인으로 작용했다. 독일 언론인 출신으로
지금은 미국의 대학에서 학생들을 가르치고 있는 요제프 요페〔1944
년~〕가 "유럽에 대한 위협은 군복의 형태로 오지 않고 남루한 난
민의 형태로 온다"고 말한 것에도 그 점이 드러난다.[20] 그러나 매킨
더의 주장처럼 만일 유럽의 운명이 소생한 러시아의 형태로 아시아
역사에 아직도 묶여 있다면 상황은 달라질 수 있다.[21] 위험이 초래
될 수도 있다는 얘기다. 2차 대전 막바지에 소련으로 하여금 동유
럽에 제국을 수립하도록 만든 여건이 오늘날에도 여전히 유효하기
때문이다. 리투아니아, 폴란드, 스웨덴, 프랑스, 독일이 러시아에
가한 파괴적 행위의 유산이 지금까지도 영향을 미쳐 러시아가 역사
적 러시아와 중부 유럽 사이에 말 잘 듣는 나라들로 완충지대를 수
립하려고 할 개연성이 여전히 남아 있다는 얘기다. 그렇다고 러시
아가 새로운 완충지대 설치를 위해 지상군까지 배치해가며 동유럽
을 재점령하려 들지는 않겠지만, 유럽이 러시아의 천연가스를 필요
로 하는 점을 이용해 정치, 경제적 압박을 가하는 방식으로 소련의
옛 위성국들에게 부당한 영향력을 행사할 개연성이 상존해 있는 것
이다. 러시아는 유럽 가스의 25퍼센트, 독일 가스의 40퍼센트를 공
급해주고 있을 뿐 아니라 핀란드와 발트해 국가들의 경우에는 거의
100퍼센트에 가까운 가스를 공급해주고 있다.[22] 더욱이 유럽이 현
재 직면해 있는 심각한 경제, 통화적 위기로 인해 유럽 대륙에 미치
는 러시아의 영향력 또한 한층 높아지게 될 것이고, 그렇게 되면 러
시아는 에너지 공급원으로서뿐 아니라 투자 행위로도 약화되고 분

열된 유럽에 큰 영향을 미칠 수 있게 되는 것이다.

그렇다면 비호전적인 독일이 러시아의 영향력에 압도된 결과로, 동유럽이 일부나마 핀란드화*되는 것은 물론 심지어 북대서양조약기구마저 무의미해지는 일이 벌어질 수 있을까? 아니면 독일이 전후의 영웅적 유사 평화주의에 흠뻑 취한 나머지 다양한 정치, 경제적 방법을 동원하여 러시아에 당당히 맞설 수 있을까? 이 중 첫 번째 시나리오가 맞아떨어지는 경우에는 매킨더와 여타 지리학자가 갖고 있던 두려움이 현실로 나타나 지리적 의미에서의 **중부 유럽** 없이, 중간에 충돌 지대만을 둔 해양적 유럽과 대륙적 유럽만 존재하게 될 것이다. 반면에 두 번째 시나리오가 실현되면 1차 대전 이래 처음으로 중부 유럽이 완벽하게 재현돼 번성하는 것은 물론, 매킨더가 바랐던 대로 독일과 러시아 사이에 위치한 일련의 국가들 또한 그 못지않게 번창하여 유럽은 평화를 구가하게 될 것이다. 그러나 군대 주둔을 반대하는 유럽의 태도로 미국은 지정학적 불편을 겪게 될 것이고, 러시아 또한 머나먼 동쪽의 우크라이나와 조지아가 유럽에 편입되는 상황을 받아들여야 될 것이다. 그리하여 역사적 자유주의의 지리적 표현인 유럽의 **개념**은 마침내 실현될 것이다. 로마제국이 붕괴한 뒤에 찾아온 수백 년의 중세기 동안 정치적 재편 과정을 겪은 유럽은 1914~1989년 사이에 지속된 기나긴 전쟁 뒤에도 유럽의 개념을 찾기 위한 정치적 개편 과정을 계속 겪게 될 거라는 말이다.

• 냉전 당시 소련과 핀란드의 관계를 일컫는 말로 사용되며, 흔히 강대국이 주변의 약소국에 끼치는 영향을 의미한다.

실제로 유럽에는 역사기 내내 지리적으로 많은 일들이 일어났다. 지리적 탐험 시대 이후 교역이 대서양 쪽으로 이동하자 유럽도 서쪽으로 방향을 돌려 퀘벡, 필라델피아, 아바나 같은 도시들을 크라쿠프[폴란드]와 리보프[우크라이나]와 같은 동유럽 도시들보다 경제적으로 서유럽과 한층 밀접하게 만든 것만 해도 그렇다. 17세기에 오스만군이 북서쪽에 위치한 오스트리아의 빈 문턱에까지 도달한 것 또한 발칸 지역과 여타 유럽 지역 간의 관계를 단절시키는 역할을 했다. 물론 지금은 구 공산권 국가들이 유럽연합에 가입함으로써 유럽은 동쪽으로도 이동하고, 지중해 남부 유역의 북아프리카 국가들에 정치, 경제적 안정을 안겨주기 위해 노력함에 따라 남쪽으로도 이동하고 있다.

그리고 이 모든 재편 과정에서 그리스는 유럽 계획[유럽연합]의 건전성 여부를 알게 해주는 중요한 지표가 될 것이다. 그리스가 발칸 지역 중에서는 유일하게 여러 해안을 통해 지중해로 접근할 수 있고, 그러므로 두 유럽권을 잇는 지역인 점도 그렇게 볼 수 있는 이유가 된다. 게다가 그리스는 거리상으로도 브뤼셀[유럽연합]과 모스크바의 중간 지점에 위치해 있으며, 비잔티움의 유산인 동방정교회를 물려받은 나라로서 유럽만큼이나 러시아와도 문화적으로 밀접히 연관돼 있다. 그런가 하면 그리스는 근대 역사기 내내 정치적으로 후진성을 면치 못한 나라였다. 19세기 중엽 유럽에서 일어난 혁명들이 주로 정치적 자유를 갈구하는 중산층에 뿌리를 두고 있었던 반면 [오스만제국에 항거해 일으킨] 그리스 독립전쟁은 대체로 종교에 기반을 둔 민족적 운동이었던 것도 그 점을 말해준다. 1999년 코소보전쟁 때 어정쩡한 태도를 취한 그리스 정부와 달리 그리

스 국민이 유럽을 지지하지 않고 세르비아를 지원한 러시아 편에
선 것도 그래서였다. 그리스는 또 냉전기에 공산권에 속해 있지 않
았는데도 유럽에서 경제적으로 가장 골치 아픈 국가이고, 고대로
거슬러 올라가면 유럽—다시 말해 서방—의 끝이자 시작인 곳이
었다. 그런데 헤로도토스 책의 주제가 된 페르시아전쟁으로 갈라
진 서방과 동방이 수천 년이 지난 지금까지도 계속 이어져오고 있
는 것이다.[23] 냉전 초만 해도 그리스는 거의 서구권에 속해 있지 않
았다. 그랬던 그리스가 북대서양조약기구에 들어오게 된 결정적 계
기가 된 것이 처칠과 스탈린 간의 운명적 협상, 우파인 그리스 정
부와 좌파인 공산당 간의 내전이 한창일 때 두 사람이 얄타에서 만
나 그리스를 영국의 영향권 아래 두기로 결정한 협상이었다. 매킨
더의 글에도 나타나듯 그리스는 유라시아 심장지대 바로 외곽에 위
치해 있고, 그러므로 해양세력으로의 접근도 가능하다. 따라서 어
떤 형태로든 만일 심장지대 세력(다시 말해 러시아)이 그리스를 보유
하면 그 세력은 "세계 섬도 지배하게 될 것이다".[24] 그렇다고 러시
아가 조만간 그리스를 지배할 개연성은 없지만, 냉전기에 처칠과
스탈린이 다른 결정을 내렸을 경우를 가정해보는 것은 흥미로울 수
있다. 그리하여 만일 그리스가 공산권에 편입되었다면 크렘린의 전
략적 입지는 한층 높아져, 동지중해 일대와 중동은 말할 것도 없고
아드리아해 주변의 이탈리아마저 위험에 처했을 것이다. 그리스의
정치, 경제적 후진성을 그대로 보여주는 그리스 재정 위기로 유럽
연합의 통화 체계는 2010년 이래 계속 요동치고 있으며, 그로 인해
야기된 북부 유럽과 남부 유럽 국가들 간의 긴장도 1990년의 유고
슬라비아 내전 이래 유럽 계획이 직면한 가장 심각한 도전이 되었

다. 유럽은 이처럼 그리스의 예로도 드러나고 있듯이, 공간의 위기로 휘청대는 세계에서 남쪽과 동쪽으로부터 밀려드는 추세와 격변의 영향을 동시에 받는 참으로 벅찬 과제를 계속 부여받게 될 전망이다.

10장

—

러시아와 독립된 심장지대

1차 대전을 무대로 한 알렉산드르 솔제니친의 대하소설 『1914년 8월August 1914』은 캅카스산맥에 대한 이런 서정적 묘사로 시작된다. "뾰족뾰족한 봉우리 하나하나가…… 짙푸른 골짜기들에 대비되어 새하얗게 빛나는…… 〔캅카스산맥의 전경이 눈앞에 나타났다〕…… 인간의 왜소한 창조물 위로 너무도 장대하게 솟아오르고, 인간이 만든 세계 속에서 너무도 태연자약한 그 모습에 지난 수천 년을 살다 간 인간들 모두 있는 힘껏 팔을 벌려 자신들이 만든 모든 것들을 그 안에 끌어모아…… 산더미처럼 쌓아올려도 그처럼 멋진 산맥을 만들어내지는 못할 것 같았다." 솔제니친은 이어 "눈 덮인 대지", "벌거벗은 험한 바위산", "〔계곡의〕 갈라진 틈과 산마루", "진짜 구름과 분간이 안 갈 정도로 자욱한 안개 파편" 등 시시각각 변해가는 산맥의 모습도 기록했다.[1]

캅카스산맥은 역사기 내내 러시아인들, 특히 솔제니친과 같은 맹

지리의 복수

럴한 민족주의자들에게 경외감과 두려움을 불러일으켰다. 최고봉의 경우에는 높이가 5,480미터에 이르고 둘레도 960킬로미터나 되는, 흑해와 카스피해를 잇는 육지다리, 북쪽으로 끝없이 이어진 초원지대를 지난 뒤에는 더욱더 사람을 매료시키는 그곳을 기점으로 유럽은 점차 모습을 감추고 러시아의 이른바 와일드 웨스트가 시작되는 것이다. 17세기 이래 러시아 식민주의자들이 체첸인, 잉구슈인, 오세티야인, 다게스탄인, 아브하즈인, 카르트벨리아인, 카헤티아인, 아르메니아인, 아제리인 등 자부심 강한 종족들을 복속시키려 했던 곳도 모스크바와 상트페테르부르크 남쪽에 위치한 바로 그 캅카스산맥이었으며, 온건함과 무자비함의 양면성을 동시에 지닌 이슬람을 러시아가 마주친 곳 또한 캅카스산맥이었다. 캅카스산맥은 이처럼 러시아인들에게 이로운 존재인가 하면 또 위험한 존재였고, 그 점에서 산맥의 적나라한 현실에 나타낸 러시아인들의 착잡한 감정적 반응이야말로 러시아 역사 전반을 이해하는 창이 될 만하다.

러시아는 동경 170도까지 뻗어나가 지구를 거의 반 바퀴나 돌 정도로 엄청난 크기를 지닌 육지세력이다. 바다로의 출로도 북쪽으로밖에 나 있지 않아 연중 태반은 북극의 얼음에 막혀 있기 일쑤다. 앨프리드 머핸이 지적했듯이 바다로의 출로가 막힌 것은 육지세력에게 고질적인 불안 요인이 된다. 육지를 둘러싸는 바다가 없으니 불만이 쌓이고, 그 불만을 해소하기 위해 세력 확대를 꾀하거나 혹은 타국에 정복되는 일이 곧잘 벌어지는 것도 그 때문이다. 러시아가 특히 그런 나라에 속했다. 자연적 경계가 거의 없는 편평한 지

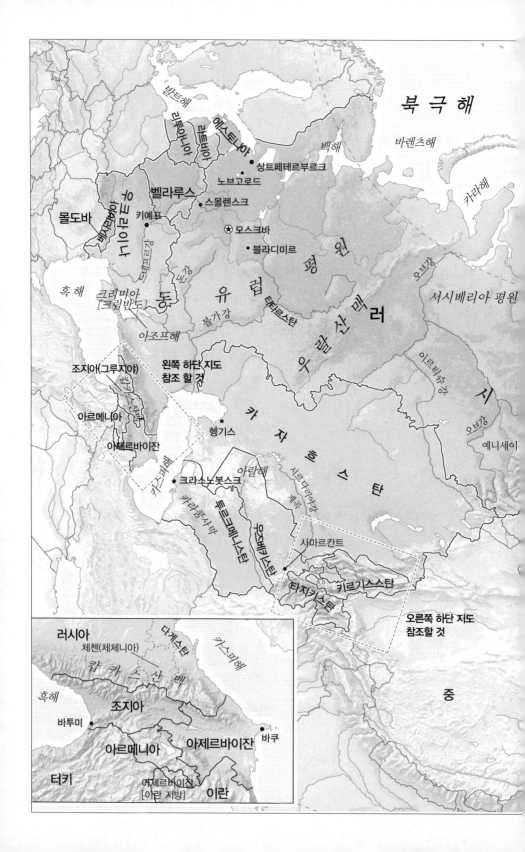

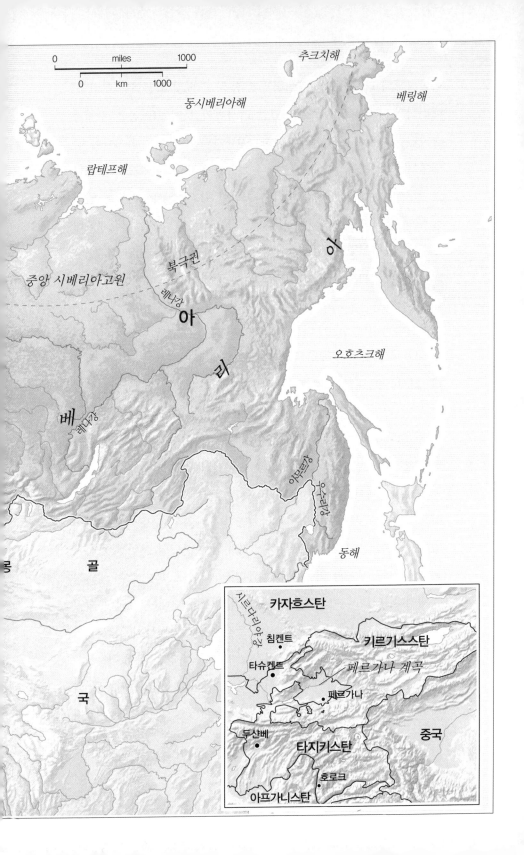

형이다보니 러시아에는 방어벽으로 삼을 만한 것이 없었던 탓이다. 매킨더가 내륙 적들에 갖고 있던 러시아의 두려움을 논문 주제로 삼았던 것에도 그 점이 드러난다. 19세기와 20세기에 러시아가 중동부 유럽으로 쳐들어가 프랑스와 독일을 봉쇄한 것, 아프가니스탄을 침략하여 인도의 영국 세력을 차단한 뒤 바닷물이 따뜻한 인도양 출로를 확보하려 한 것, 극동으로 밀고 들어가 중국을 견제하려 한 것도 그래서였다. 캅카스산맥 역시 러시아가 대중동의 정치, 종교적 격변을 피하기 위한 방벽으로 삼기 위해 반드시 지배해야 하는 곳이었다.

러시아가 직면한 또 다른 지리적 현실은 혹한이었다. 미국만 해도 영토의 최북단이 캐나다가 시작되는 북위 49도선에 위치해 있으나, 러시아는 대부분 지역이 북위 50도선에 위치해 있고, 그러다보니 주민들도 거주지가 미국과의 접경지에 집중돼 있는 캐나다보다도 오히려 추운 기후대에 살고 있다. 뉴욕 헌터대학교 교수인 지리학자 솔 B. 코언은 러시아의 기후가 이처럼 춥고 건조해진 요인이 "위도, 바다에서 멀리 떨어져 있다는 점, 산맥의 장애물 효과, 대륙성"에 있다고 보았다.[2] 반면에 캅카스산맥은 북위 43도선에 위치해 있어 기온이 상대적으로 온화하기 때문에 한반도의 북한과 가까운 러시아 극동 지역과 더불어 그런 원리의 적용도 받지 않는 예외적 존재였다. 따라서 이 또한 러시아가 캅카스를 탐내는 요인이 되었다.[3] 실제로 러시아의 기후와 지형 조건은 러시아인들의 기질과 러시아 역사를 결정짓는 열쇠가 될 만큼 가혹하기 이를 데 없다.

맥길대학교 교수를 지낸 러시아 역사 전문가 필립 롱워스도 러시아인들이 "고통을 감내하는 능력, 모종의 공동체주의, 공익을 위해 개인을 기꺼이 희생시키려는 태도"를 갖게 된 것이 강추위 때문이라고 보았다. 고위도 지방이어서 식물의 생장기가 짧다보니 "농부들 간에 상호 의존성"이 필요했고, 파종과 추수도 서둘러야 했기 때문에 "들에서 장시간 힘들게 일하는 것도 모자라 아이들까지 동원할" 수밖에 없어 초래된 결과였다는 것이다. 롱워스는 추위로 인한 잉여 농산물의 부족 또한 신흥국 러시아 엘리트층의 광대한 토지 보유를 부추겨, 농부들의 자발적 근로 의욕을 꺾음으로써 일상에서도 "폭력성"이 나타나게 하는 데 일조했다고 생각했다.[4] 근대까지도 계속된 개인의 자유에 대한 모종의 경멸적 태도와 더불어 러시아 공산주의도 역사를 거슬러 올라가보면 혹한의 지형에 원인이 있음을 알게 된다. 토지 개간, 동토에 세워진 교회 건물과 요새, 정교회의 기도문을 읊조리는 행위 모두 가슴 미어지는 공동체주의를 나타내는 상징이 된 것도 그래서였다.

북극과 북극해 사이에 위치한 러시아 북부 지대만 해도 나무 한 그루 없이 이끼와 지의류만 자라는 극한의 툰드라로 구성돼 있다. 그러다 여름이 되어 언 땅이 녹으면 그곳은 큼지막한 모기들이 우글대는 진창으로 변한다. 툰드라 남쪽에도 세계 최대의 침엽수림지대인 타이가가 발트해로부터 태평양까지 펼쳐져 있고, 시베리아와 러시아령 극동에 위치한 이 지역의 40퍼센트가 영구 동토층으로 덮여 있다. 끝으로 서쪽의 헝가리 대평원에서 시작해 우크라이나, 캅카스산맥 북부, 중앙아시아를 거쳐 저 멀리 만주에 이르는 남부 러시아에도 세계 최대의 초원지대, 러시아 역사 전문가 W. 브루스 링컨[1938~2000년]의 말을 빌리면 "거대한 초원길"이 놓여 있다.[5] 매킨더의 글에도 나오듯, 러시아인들이 본질적으로 방패 역할을 해준 삼림지대에 모여 살며 안전을 확보하기 위해—중세 성기부터 근대 초까지—남동쪽에서 밀려오는 아시아의 스텝 유목민들을 찾아내 정복해야 했던 것도 그래서였다. 스텝 유목민들 중에서도 특히 몽골족은—중세의 모스크바공국 부근에 킵차크한국[금장한국]과 중앙아시아에 청장한국을 세움으로써—러시아에 오래도록 굴욕을 안겨준 종족이었다. 러시아가 르네상스를 겪지 못한 것도 어느 정도는 이들 때문이었고, 그로 인해 갖게 된 피해 의식이 동방정교회 신자인 슬라브족으로 하여금 공동체주의, 에너지 그리고 목적의식을 발현시켜 타타르족의 속박에서 벗어나고, 근래의 몇백 년 동안 광대한 영토를 획득하게 한 발판이 되었다.[6] 역사가 G. 패트릭 마치는 러시아인들이 고난에 단련되고 "침략에 과대망상적 공포"를 갖게 된 반면 "독재에 대해서는 너른 관대함"을 보이게 된 것도 타타르족의 속박에 원인이 있다고 주장했다.[7]

불안정은 이렇듯 러시아 민족 정서의 본질이었다. 현재 미 의회 도서관장으로 재직 중인 역사학자 제임스 H. 빌링턴도 러시아 문화를 논한 그의 방대한 저작 『이콘과 도끼The Icon and the Axe』에서 "역사의 뿌리와 정당성을 찾으려는 [러시아의] 욕구는 얼마간 동쪽 평원의 불안정성에서 비롯된 면이 있다"고 썼다. "역사가 아닌 지리"가 러시아의 사고를 지배했다는 말이었다.

가혹한 계절 주기, 몇 안 되는 데다 멀리 떨어져 있는 강들, 드물게 내리는 비, 토양의 비옥도가 평범한 농민들의 삶을 통제했고, 따라서 그들에게는 밀려왔다 밀려가는 유목민 정복자들도 종종 영원토록 불친절한 바다 위 표면 물체의 무감각한 움직임으로 여겨졌다.[8]

이것을 달리 표현하면 결국 장기간 무정부 상태가 계속되어 모든 집단이 상시로 불안정에 시달리게 된 요인은 유럽에서 극동까지 이렇다 할 자연적 경계도 없고 도시 밀집 지대와 달리 정주지들만 띄엄띄엄 산재한 러시아의 편평한 지형에 있었다는 말이 된다.

이렇게 적이 잠복한 스텝 옆 삼림지대에 결집해 사는 러시아인들에게 위안을 제공해준 것이 바로 정령신앙과 종교였다. 빌링턴에 따르면, 봄의 축제인 정교회 부활절이 "북부 러시아에서 특별한 중요성을 갖게 된 것"도 그래서였다. 그곳에서는 부활절 인사말도 "오늘날 서구에서 하듯 '즐거운 부활절 되세요'가 아니라, 기독교 역사의 중요한 사실을 확인해주듯 '예수 부활하셨네!'"였고, 그에 대한 답례말도 "그래요, 승천하셨어요!"였다. 그들에게 그 말은 단순히 예수 승천만이 아닌 길고 음울한 겨울이 지나고 나무의 눈이 녹아 새순이 싹트는 자연을 의미하는 말이기도 했다. 사실 동방정교회에는 약간의 이교성을 넘어서는 의미가 암시돼 있었다. 20세기 초에 활동한 러시아의 사상가 니콜라이 베르댜예프가 볼셰비키의 전체성이 강조된 러시아 공산주의 역시 러시아의 또 다른 종교형태, 곧 동방정교회의 세속적 등가물이었다고 주장한 것에도 그 점이 드러난다. 빌링턴의 책 제목 『이콘과 도끼』가 말해주듯 이콘이 불안정한 경계지 주민들에게 정교회 신앙의 힘, 안전, 그것이 제시하는 고결한 목적을 생생히 일깨워준 존재였다면, 도끼는 "대러시아의 기본적 도구, 다시 말해 숲"을 그들의 목적에 "순응시키는 데 없어서는 안 될 필요 불가결한 수단"이었던 것이다.[9]

이렇게 보면 러시아의 종교와 공산주의의 전체성도 결국은 스텝을 곁에 둔 숲의 무방비성에 연원하며, 러시아인들이 지속적으로 정복의 필요성을 느낀 것도 그 때문이었다는 말이 된다. 그러나 지형이 편평한 데다 아시아 및 대중동과도 무한대로 연결돼 있다보니 정복을 당하는 쪽은 오히려 러시아였고, 따라서 흥기하여 세력을 넓히다 붕괴하는 것으로 끝을 맺는 여타 제국들과 달리 러시아제국은 세력 확대, 붕괴, 소생의 과정을 여러 차례 겪었다.[10] 러시아가 만만한 나라가 아니라는 사실은 이렇듯 지리와 역사로도 입증되고 있다. 그 점에서 소비에트제국의 와해 뒤에 찾아온 러시아의 부분적 소생도 옛이야기의 일부에 지나지 않는 것으로 볼 수 있다.

러시아 최초의 대제국이자 동유럽 최초의 진정한 대정치체는 드네프르강 변의 역사적 도시들 가운데 최남단에 위치한 키예프에서 9세기 중엽에 출현한 키예프 루시〔키예프공국〕였다. 키예프 루시가 남쪽의 비잔티움제국과 정례적 접촉을 가짐에 따라 러시아인들의 정교회 개종이 촉진되고, 앞에서 언급한 것처럼 그들이 혹독한 지형을 감내하는 과정에서 정교회에 특별한 중요성을 부여하게 된 것도 그런 지리적 입지 조건이 가져온 결과였다. 그런가 하면 지리는 스칸디나비아반도의 바이킹(북쪽에서 강들을 타고 내려왔다)과 러시아의 토착 동슬라브족이 키예프 루시의 주민이 되는 데에도 일조했다. 러시아가 제국을 형성하게 된 것도 처음부터 의도해서가 아니라 토지의 척박함으로 야기된 식량 부족을 해결하기 위해 영토를 정복하는 과정에서 자연스레 시작되었던 일이고, 그것〔제국의 형성〕은 나아가 바이킹과 비잔티움이라는 역동적인 두 지역 세력이 한데 뭉치게 하는 역할도 했다. 이렇듯 지리적, 문화적 개념으로서의 러시아는 결과였을 뿐이다.

지리의 복수

키예프 루시도 물론 스텝 유목민들과 끝없는 투쟁을 벌였다. 그러다 13세기 중엽 칭기즈 칸의 손자인 바투에게 결국 멸망당하고 말았다. 장기간 계속된 가뭄으로 전통적 목초지가 말라붙자 식량 겸 기동력의 원천인 말에게 필요한 새로운 목초지를 찾아 서진한 몽골족에게 당한 것이다. 유라시아 심장지대에 실현하려던 러시아 최초의 제국적 팽창 기도는 이렇게 좌절되었다.

러시아 역사가 인간적 힘의 작용이 만들어낸 정치 드라마와 더불어 수많은 이동과 역이동을 거친 끝에 스몰렌스크, 노브고로드, 블라디미르, 모스크바와 같은 북부 도시들로 점차 이동하고, 이 도시들 중 특히 모스크바가 중세 후기 몇백 년을 거치는 동안 가장 강력한 공국으로 부상하게 된 데는 이런 내력이 깔려 있었다. 그런가 하면 이 중세 후기는 앞서 언급한 것처럼 몽골족이 가한 압박의 결과였던 독재와 과대망상으로 특징지어진 시대이기도 했다. 반면에 모스크바가 부상할 수 있었던 요인은 교역에 유리한 볼가강 중상류 유역의 연수육로에 위치해 있었던 것에서 찾을 수 있다. 브루스 링컨도 이렇게 썼다. "모스크바는 들쭉날쭉한 수레바퀴 살들이 움직이듯 러시아 강의 하이웨이가 지그재그로 뻗어나가는 곳의 중심, 유럽권 러시아[서부 러시아]의 큰 강들이 시작되는 고지 중앙부에 위치해 있었다."[11] 그러나 당시만 해도 러시아는 아직 타타르족이 배회하는 스텝 지역을 피해 다니는 역사적 단계에 머물러 있었기 때문에, 모스크바도 국가를 형성하기에 좋은 삼림지대를 개발하는 일에만 집중할 뿐 공국으로 부상하는 것에는 별 신경을 쓰지 못했다.[12] 게다가 중세의 모스크바공국은 동쪽에는 타이가, 스텝 지역, 몽골만 있을 뿐 바다가 없었고, 남쪽 역시 스텝 지역의 투르크족과 몽골족이 흑해로 나가는 길을 가로막고 있었으며, 서쪽과 북서쪽도 스웨덴, 폴란드, 리투아니아 때문에 발트해로의 출로가 막혀 있어 사실상 육지에 둘러싸인 나라였다. 일명 "뇌제^{the Terrible}"로 불린 이반 4세 ^{Ivan IV}(재위 1533~1584년)가 획득한 유일한 해안지대로, 유럽권 러시아의 북해 안에 만입해 있는 북극해 입구의 백해도 쓸모가 없었으니 있으나 마나 한 존재였다. 따라서 사방이 이렇게 광활한 평원으로 둘러싸인 러시아로서는 해양으로의 출로 확보에 나설 수밖에 없었고, 그 일을 수행한 군주가 바로 이반 4세였다.

이반 뇌제는 괴물로도 볼 수 있고 민중 영웅으로도 볼 수 있는, 논란의 여지가 있는 역사적 인물이다. 뇌제라는 별칭도 폭군의 뜻이 있는 그로즈니^{Groznyi}를, 그의 죄인 처벌 방식을 지지한 사람들이 붙인 것으로, 오해의 여지가 있는 번역이다. 이반은 그가 속한 시대와 장소에서는 혼란을 막을 수 있는 유일한 길이 절대주의뿐임을 행동으로 보여준 인물이다. 그리고 그것을 입증이라도 하듯 러시아 최초의 제국주의자가 되었으나, 어찌 보면 그것은 역사와 지리가 그에게 부여한 역할을 수행한 것이기도 했다. 1453년 콘스탄티노플이 함락되어 비잔티움제국이 멸망하자 그곳의 그리스 난민들이 제국 건설에 필수적인 정치, 군사, 행정적 전문 지식을 가지고 모스크바로 넘어온 것만 해도 그랬다. 그리하여 차르가 된 이반은 볼가강변에 위치한 타타르족의 카잔한국을 병합, 우랄산맥으로 가는 접근로를 얻었고, 치세 후반에는 지금의 몽골 북서쪽에 위치한 이르티슈강 부근의 몽골계 시비르한국도 점령하여 시베리아 정복에 필요한 주요 발판을 마련했다. 이반의 잔혹함과 교활함도 러시아가 여러 세대 동안 아시아인들과 "끈질기고 유연하게 거래하는 과정"에서 익힌 것이었다.[13] 그리하여 러시아는 놀랍도록 빠르게 그 지역〔시베리아〕을 뚫고 들어가, 그로부터 60년도 채 지나지 않은 17세기 초에는 이미 서태평양 연해인 오호츠크 해역에 도달해 있었다.

이반은 카잔한국과 시비르한국 점령에 만족하지 않고 모스크바 남쪽과 남동쪽, 특히 금장한국의 방계 국가로 볼가강 어귀와 캅카스산맥, 페르시아, 중앙아시아로 가는 길들을 내려다보는 곳에 위치한 이슬람계 아스트라한한국에도 눈독을 들였다. 킵차크어군에 속한 언어를 쓰는 터키계 유목민인 노가이인들의 땅이 바로 그곳이었다. 그런데 노가이인들이 정치적으로는 적이었음에도 모스크바 공국과 교역을 수행하고, 주요 도로들을 보호하기 위해 러시아 군대 또한 환영하는 입장이어서, 이반은 전투 한번 치르지 않고 아스트라한한국의 지배권을 간단히 넘겨받았다. 그렇지만 그곳은 여전히 몽골족과 타타르족이 때로는 서로 분간이 안 되는 군대로 러시아와 전쟁을 벌이는가 하면 교역을 수행하기도 하는 등 무법천지가 따로 없는 광활한 초원지대였다. 평지가 이렇게 복잡하고 까다로운 상황이었으니 캅카스산맥은 더 말할 나위가 없었고, 그럴수록 러시아인들에게는 그곳이 더욱 이국적으로 보였다. 러시아가 캅카스산맥에 집착하게 된 것도 그래서였다.

이반의 영토 확장 시도는 그칠 줄을 몰랐다. 남부에서 승리하기가 무섭게 발트해로의 접근로 확보를 위해 지금의 에스토니아와 라트비아에 해당하는 지역에서 또다시 전쟁을 벌인 것이다. 하지만 한자동맹과 리보니아의 독일기사단〔검의 형제 기사단〕 동맹군에 패했고, 이로써 러시아는 서방과 단절되는 큰 타격을 입었다. 러시아가 중동과 아시아에서 영토를 새로 획득한 것도 그것〔서방과의 단

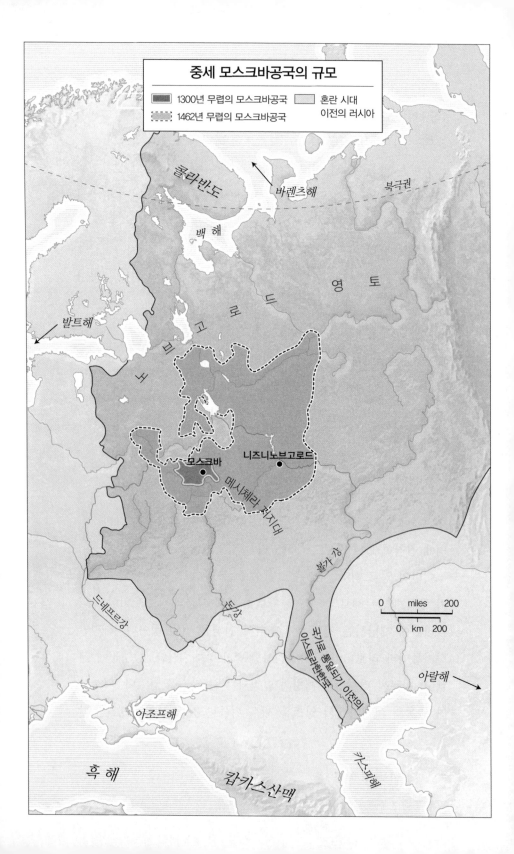

중세 모스크바공국의 규모

- 1300년 무렵의 모스크바공국
- 1462년 무렵의 모스크바공국
- 혼란 시대 이전의 러시아

콜라반도

바렌츠해

북극권

백 해

영 토

발트해

노 브 고 로 드

메시체라 저지대

모스크바

니즈니노브고로드

볼가 강

드네프르강

돈 강

국가로 통일되기 이전의
아스트라한한국

아랄해

아조프해

흑 해

캅카스산맥

카스피해

0 miles 200

0 km 200

절]에 얼마간 영향을 끼쳤다.

한편 16세기 말과 17세기 초 러시아가 대륙의 한 제국에 취한 첫 공세는, 모스크바공국이 캅카스산맥에서의 입지를 공고히 다지기 위해 고용한 "코사크^{Cossack}" 또는 "카자크^{Kazak}"의 평판도 함께 높이는 결과를 가져왔다. 카자크는 본래 독립적으로 행동하는 타타르족 전사를 가리키는 명칭이었으나, 가혹한 농노 신분에서 벗어나기 위해 모스크바, 리투아니아, 폴란드 등지에서 우크라이나의 스텝으로 이주한, 따라서 이후로는 출신 국가가 다양한 집단을 일컫는 말이 되었다. 이런 카자크 집단이 혼란의 아수라장이던 몽골의 옛 변경에서 도적, 상인, 식민지 개척자, 용병으로 생계를 유지하다 이반의 군대에 비정규군으로 합세한 것이다. 강인한 데다 값 또한 저렴했던 것이 이반이 그들을 발탁한 주요인이었다. 이후 카자크 정주지들은 돈강과 드네프르강 유역을 중심으로 출현했다.¹⁴ 1835년 첫 판본이 출간된 데 이어 10년 뒤 최종본이 나온 니콜라이 고골리의 소설 『타라스 불바^{Taras Bulba}』도 드네프르강 변의 카자크를 다룬 작품이었다. 고골리는 물론 러시아 민족주의자였다. 그런데도—자연적 경계도 없고, 항행 가능한 하천들에 물을 다 빼앗기는—광활한 스텝 지역이 갖는 지형적 특성상 민족들 간에 투쟁이 일어날 수밖에 없는 우크라이나("경계지"라는 뜻을 지녔다)에서 진정한 원시 러시아를 발견한 것이다. 그런가 하면 그는 "러시아인", "우크라이나인", "카자크"라는 용어를 사용해 그들에게 각각의 정체성을 부여하면서도, 그 정체성들 간에는 겹치는 부분이 있다는 것 또한 인정했다(지금도 지역적 정체성이 남아 있는 것처럼).¹⁵ 『타라스 불바』는 구원의 여지가 없는 폭력성을 지녔다는 점에서 어두운 작품이다. 따라서 인간성의 완전한 결핍을 나타내는 내용도 많이 그려져 있다. 그것은 물론 개인들의 잘못된 선택으로 빚어진 결과이기도 하지만, 카자크인 타라스 불바가 자행한 폭력 가운데 최소한 일부가 편평함, 대륙성 그리고 이주로들이 널려 있어 분쟁과 운명의 신속한 변화가 일어나기에 좋은 조건을 지닌, 러시아와 우크라이나 스텝 지역의 지리적 표현인 것 또한 사실이었다.

이반 4세 제국의 팽창은 보리스 고두노프(재위 1598~1605년) 치세에서도 계속되었고, 이번에는 남동쪽의 스탈린그라드, 우랄산맥 지역 그리고 카자흐 스텝 지역에 집중되었다. 하지만 이렇게 승승장구하던 모스크바공국은 키예프 루시가 그랬던 것처럼 스웨덴, 폴란드, 리투아니아, 카자크 군대의 침입을 받고 무너져버렸다. 그리하여 로마와 콘스탄티노플을 잇는 정통 후계자로 "제3의 로마"를 자처했던 모스크바공국이 해체되고—수도의 귀족들 간에 벌어진 파벌 싸움의 결과로—혼란 시대Time of Troubles로 알려진 이른바 중세 러시아의 정치적 암흑기가 시작되자 완전한 하나의 세계와 문명도 그로써 종말을 맞는 듯했다. 하지만 당시에는 어떻게 보였든, 그렇다고 해서 러시아가 끝난 것은 아니었다. 그로부터 몇 년 지나지 않은 1613년 미하일 로마노프가 신임 차르로 선출됨으로써 새 왕조가 시작되고, 그와 더불어 러시아 역사의 새 장이 열렸기 때문이다.

러시아가 다소 낭만적 기운이 감도는 임시방편적 침략에 몰두한 모스크바공국 시대의 중세성을 탈피하고, 군대의 기계화와 더불어 러시아 제국주의에 행정 조직을 도입함으로써 진정한 의미에서의 근대국가로 출범한 것이 로마노프왕조〔1613~1917년〕 때였다. 300여 년간 지속된 로마노프왕조의 치세 아래 러시아가 거둔 성과만

지리의 복수

해도 폴란드와 리투아니아를 복속시키고, 스웨덴을 몰락시키며, 나폴레옹의 프랑스 콧대를 꺾어놓고, 우크라이나를 회복하며, 오스만 제국 세력을 누르고 크리미아와 발칸반도로까지 세력을 확장하며, 캅카스산맥, 중앙아시아 그리고 중국과 태평양 쪽 시베리아까지 세력을 팽창시켜 지배권을 공식화하는 등 부지기수였다. 로마노프왕조의 러시아는 크림전쟁(1853~1856년)과 러일전쟁(1904~1905년)의 패배도 딛고 일어섰다. 게다가 중대한 세력 팽창을 한 것 못지않게 광활한 지리적 배경 속에 중대한 후퇴를 하기도 한 러시아 역사의 대주제에 걸맞게, 1812년 나폴레옹의 대군에 빼앗겼던 폴란드와 러시아 서부 지역을 불과 몇 주 만에 탈환하고, 프랑스군으로 하여금 중부 유럽으로 황급히 퇴각해 그곳에서 궤멸당하게 만든 것도 로마노프왕조였다.

한편 17세기 말부터 18세기 초까지 러시아를 통치한 표트르 대제는 지리는 역사의 일부에 지나지 않는다는 점을 행동으로 보여준 걸출한 군주였다는 점에서 로마노프왕조 판 이반 4세 같은 인물이었다. 물론 역사적으로는 1703년부터 발트해 연안에 상트페테르부르크를 건설하기 시작한 군주로 가장 유명하고, 그로 인해 스웨덴 제국과—스웨덴이 벨라루스 지역의 만수리안 늪지를 침공하자 러시아가 훗날 나폴레옹과 히틀러에게도 써먹은 전법인, 건조 지대를 초토화하는 작전으로 농작물을 태워버리는 등—격렬한 전투를 벌이게 되었지만 말이다. 그러나 표트르가 이렇게 러시아의 정치, 문화적 정체성을 변화시키기 위해 유럽 쪽에 면한 상트페테르부르크로 수도를 옮겨 발트해 연안에서 러시아의 입지를 공고히 다지려고 한 웅대한 과업은 결국 실패로 끝났다. 다른 방면의 정복에서 볼 때 러시아는 여전히 유럽 국가가 아닌 유라시아 국가, 좀 더 정확히 말하면 지리 및 몽골족의 사례로 드러난 침략의 역사로 유럽 국가의 지위를 거부당했음에도 기를 쓰고 유럽 국가가 되려고 하는 전형적인 유라시아 국가로 남아 있었기 때문이다. 19세기의 위대한 러시아 사상가 알렉산드르 헤르젠(게르첸)의 글에도 그 점이 나타난다.

> 지금까지도 우리는 마치 시골 사람이 대도시 사람을 선망하듯 유럽인과 유럽을 열등감과 존경심으로 바라보고, 비굴하게 그들을 모방하며, 그들과는 다른 우리의 모든 면을 결점으로 받아들인다.[16]

물론 러시아인들은 하등 부끄러워할 일이 없었다. 그들 본연의 모습에 충실하여 대륙적 지형의 불리함을 극복하고 제국을 수립한 뒤 그 여세를 몰아 레반트와 인도 문턱까지 도달해 프랑스와 영국 제국을 불안에 떨게 한 것만 해도 그랬다. 게다가 헤르젠이 위의 글을 쓸 무렵 러시아군은 인도 아대륙의 국경에 접한, 중국으로 이어진 고대의 비단길 노선에 위치한 타슈켄트와 사마르칸트도 점령하는 기염을 토했다.

러시아가 프랑스나 영국과 달랐던 점은, 해양 제국이었기에 해외에서 주로 적을 마주친 두 나라와 달리 러시아는 대륙 제국이었던 이유로 자국 영토에서 적을 마주쳤고, 그런 이유로 역사가 시작될 때부터 늘 불안과 경계심을 갖도록 훈련되었다는 사실이다. 그점에서 러시아는 이런저런 형태로 언제나 전시 상태에 있었다고 볼수 있다. 그리고 이번에도 그 사실을 현저하게 보여준 것은 역시 캅카스산맥이었다. 이슬람교를 믿는 체첸인들이 캅카스산맥 북쪽에서 러시아의 지배에 맞서 항거한 것이 좋은 예다. 그리하여 18세기 말 예카테리나 2세 때부터 본격화되기 시작한 체첸과의 분쟁은 그 뒤 19세기의 차르들 치세 내내 계속된 것도 모자라 지금까지도 이어지고 있다. 조지아와 같은 캅카스산맥 남쪽의 온건한 지역들이 이미 오래전에 차르 지배를 받게 되었던 것과는 대조적이다. 체첸인들의 그런 호전성은 돌투성이 산지에서 살다보니 생계 유지가 어렵고, 따라서 양과 염소들을 맹수로부터 보호하기 위해 무장해야 될 필요성에서 생겨난 것이었다. 게다가 캅카스산맥에는 교역로들도 가로지르고 있었으므로 체첸인들이 안내인 혹은 약탈자로 변모하는 것은 어려울 것이 없었다.[17] 그들이 이슬람의 다른 분파에 비해서는 광신성의 정도가 덜하다는 수피즘[신비주의 분파] 신도들이었음에도, 동방정교회를 믿는 러시아인들로부터 자신들을 보호하려는 의지가 매우 강했던 것도 호전성을 키우는 데 한몫했다. 정치지리학자 데니스 J. B. 쇼에 따르면 캅카스산맥에는 그 밖에 "러시아인, 우크라이나인, 카자크인 정주지들로 구성된 '정주민 제국'에 격렬히 저항하며 충돌을 일으킨 또 다른 산악 민족들이 있었다. 그들 대부분은 오세티야인이었으나 문화적으로는 이슬람교도였고, 그것이 러시아 침입자들에 맞서 싸우려는 그들의 의지를 더욱 굳게 만들었다". 하지만 캅카스산맥 북쪽 종족들의 독립심에 두려움을 갖고 있던 볼셰비키로서는 그들을 단일 공화국으로 통합시켜줄 마음이 없었고, 그리하여 짜낸 묘안이 언어와 인종적 성향에 관계없이 그들을 분할해 인위적 단위로 재편하는 것이었다. 쇼에 따르면 "카르바르디아인들은 체르케스인들과 공통점이 많고, 발카르인들은 카라차이인들과 공통점이 많은데도 카르바르디아인과 발카르인이 합쳐지는" 결과가 초래된 것은 그래서였다. 그것으로도 부족했는지 스탈린은 체첸인, 잉구슈인, 칼미크족에게 독일에 협력하는 반소련 행위를 저질렀다는 혐의를 씌워 그들을 중앙아시아로 강제 이주시켰다.[18]

칸카스산맥은 이렇듯 러시아 제국주의의 외관을 거칠게 만드는 데 큰 역할을 담당했다. 그리고 이것이야말로 앞에서도 언급했듯이 타국 혹은 타민족을 정복할 필요가 있는 육지세력의 운명인 것이다.

그리하여 러시아의 공략은 계속되었고, 19세기 후반기부터는 대대적인 철도 건설이 시작되었다. 매킨더로 하여금 중추 지역〔심장지대〕이론을 세우게 만든 것도 이 철도 건설이었다. 1857년부터 1882년까지 러시아가 건설한 철도 길이만 해도 무려 2만 4,000킬로미터에 달하여 모스크바는 서쪽의 프로이센 국경지대와 동쪽의 니즈니노브고로드〔지금의 고리키〕는 물론 남쪽의 흑해 연안에 위치한 크리미아와도 연결되었다. 러시아는 1879년과 1886년 사이에도 카스피해 동쪽 연안에 자리한 〔투르크메니스탄의〕 크라스노봇스크에서 동쪽으로 800킬로미터 넘게 떨어진 지역으로, 페르시아 및 아프가니스탄 국경과 가까운 메르프까지 이어지는 철도도 건설했다. 1888년 무렵에는 그 철도가 북동쪽으로 480킬로미터 떨어진 사마르칸트까지 연결되었다(그리고 남쪽의 메르프에서 아프간 국경 부근까지 이어지는 지선도 건설했다). 제국의 동맥이 완성된 뒤에는 러시아군이 중앙아시아 스텝 지역의 남쪽, 즉 현재의 투르크메니스탄과 우즈베키스탄 영토에 자리한 카라쿰사막(검은 모래)과 키질쿰사막(붉은 모래)으로 진격해 들어갔다. 하지만 그곳은 당시 영국제국의 힘이 절정에 달해 있던 인도 아대륙과 가까웠다. 따라서 그런 곳에 러시아제국의 힘이 들이닥치는 것을 영국이 수수방관할 리 없었고, 그리하여 두 나라 사이에는 이윽고 아시아의 지배권을 놓고 겨루는 "거대한 게임$^{Great Game}$"이 시작되었다. 철도 건설도 계속되어 러시아는 캅카스산맥에 걸쳐지게 하려는 의도로 카스피해 서쪽 연안의 바쿠와 흑해 연안의 바투미를 잇는 또 다른 철도를 건설했다. 1891년에도 시베리아와 극동 그리고 그 사이에 놓인 삼림지대, 산맥, 소택지, 영구 동토층을 모두 거치는, 우랄산맥에서 태평양까지 연결되는 장장 6,400킬로미터에 달하는 철도 건설에 착수했다. 그리하여 1904년 무렵에는 6만 1,000킬로미터의 철도가 깔리게 됨으로써 상트페테르부르크는 이제 러시아와 알래스카 사이를 흐르는 베링해협까지, 11개의 시간대에 접근할 수 있게 되었다. 그리고 이번에도 이 러시아 판 명백한 운명*을 가능하게 만든 요인은 사방팔방으로 공격과 모험을 계속하지 않으면 러시아가 사라질 수도 있다는 위기의식, 곧 육지세력의 불안정성이었다.

유라시아의 기복지도에는 러시아 역사의 많은 것을 알려주는 놀라운 사실이 드러나 있다. 서쪽의 카르파티아산맥에서 동쪽의 〔예니세이강과 레나강 사이에 위치한〕 중앙 시베리아고원에 이르기까지 대륙 크기의 편평한 지형 사이에 도드라져 있는 것은 오직 우랄산맥뿐, 그 외에는 저지대 평원만 끝없이 펼쳐져 있는 것만 해도 그렇다. 매킨더의 심장지대가 포함된 이 평원은 북극해 입구의 백해와

---

* 미국의 팽창기였던 19세기에 미국 영토 확장의 불가피성을 역설한 이론에 빗대어 말한 것.

카라해로부터 시작해 저 아래 남쪽의 캅카스산맥과 이란의 자그로스산맥, 그리고 아프가니스탄의 힌두쿠시산맥까지 펼쳐져 있다. 러시아제국이 그곳과 가까운 인도양 출로에 대한 막연한 희망을 끝내 버리지 못한 것도 그래서였다. 그렇다고 평원의 러시아인들이 캅카스산맥과 아프가니스탄으로만 모험을 감행했던 것은 아니다. 그들—카자크, 모피 사냥꾼, 상인—은 17세기 초부터 20세기까지 서부 시베리아에서 동부 시베리아를 거쳐 극동에까지 이르는 지역, 다시 말해 1년 중 아홉 달은 혹한이 이어지고 4,000킬로미터 거리에 주요 산맥 7개가 늘어서 있는 예니세이강 너머 지역으로도 과감하게 진출했다. 벨라루스와 우크라이나 정복은 그곳들이 러시아와의 유사성과 공통점이 있고, 역사적으로도 얽히고설켜 있다는 점에서 당연하다고 볼 수 있지만, 시베리아 진출은 그와는 성격이 전혀 다른 "북방의 강변 제국"을 새로 개척하는 행위였다.[19] W. 브루스 링컨도 그의 걸작 『대륙의 정복: 시베리아와 러시아인들The Conquest of a Continent: Siberia and the Russians』에서 "(러시아의) 위대함을 나타내는 정복은" 유럽이 아닌 "아시아에 있었다"고 씀으로써 그 점을 뒷받침했다.[20] 그렇다면 러시아의 역사적 경험이 가장 강렬한 형태로 녹아든 부분도 동부 시베리아와 그 너머 지역에서 펼쳐진 드라마에서였을 것이다. 필립 롱워스는 이렇게 썼다.

러시아인들이 강하고 끈기 있는 민족이 될 수 있었던 요인이 가혹한 기후에 있었다면, 거대한 지형과 희박한 취락, 짧은 식물 생장기는 사회적 관계의 면에서 협력과 강압을 동시에 강화시켜주는 역할을 했다. 그들은 살아남기 위해서라도 대부분의 다른 민족들보다 높은 수준의 조직력

지리의 복수

을 필요로 했던 것이다…… 러시아인들이 지난날 참여 민주주의 형태의 정부를 도외시하고 중앙 집중적 독재 정부를 지지한 것도 그래서였다.[21]

예니세이강은 〔강수량이〕 많을 때는 강폭이 5킬로미터에 이를 정도로 크게 범람할 뿐 아니라, 세계에서 여섯 번째로 긴 강이기도 하다. 몽골에서 발원해 북쪽의 북극해로 흘러드는 이 강의 총 길이는 무려 5,470킬로미터에 달하고, 그렇게 남북으로 길게 흐르다보니 우랄산맥보다도 오히려 동서 러시아를 가르는 구분선이 되고 있다. 예니세이강 서안에는 저지대 평원이 수천 킬로미터나 펼쳐져 있고, 동안에도 강을 향해 손짓하는 수천 킬로미터 길이의 고원과 눈 덮인 산맥이 뻗어나가 있다. 영국의 여행 작가 콜린 서브런은 예니세이강을 돌아본 느낌을 이렇게 표현했다. "무無에서 나와 형체를 부여받고 시간을 견뎌낸 듯한 그 무엇, 그런가 하면 또 평화롭고 가공할 그 무엇과도 같은 강의 흐름이 나의 가슴을 먹먹하게 한다." 북극권 너머의 강의 북쪽 강변에서는 또 이렇게 썼다. "지구가 지축 위로 반반하게 퍼져나간다. 해안선도 가라앉는다. 이곳에서는 마치 아무 일도 일어나지 않았던 것처럼. 그리하여…… 역사는 지질이 된다."[22]

그러나 이 험한 극한 지대로도 탐험가들은 몰려들었다. 처음에는 동물의 모피, 그다음에는 천연자원이 그들을 그곳으로 불러들였다. 석유, 천연가스, 석탄, 철, 금, 구리, 흑연, 알루미늄, 니켈, 그 밖의 숱한 광물질 외에 시베리아의 큰 강들이 만들어내는 전력도 사람들을 그곳으로 끌어들인 요인이었다. 시베리아에는 남북으로 흐르는 예니세이강뿐 아니라 시베리아와 극동을 가로지르며 흐르는 레나

강도 있었다. 게다가 큰 강들이 북에서 남으로 흐르는 반면, 그 강들의 지류는 "마치 엇갈린 거목의…… 가지들처럼" 동서를 가로지르며 거대한 수송 체계를 만들어냈다.[23]

훗날 차르 체제와 소비에트 형벌 제도의 핵심을 이루는 것이 바로 이 시베리아 지형의 특징인 광산이다. 실제로 시베리아 지형은 무자비함과 전략적 자원의 동의어가 되었고, 그 탓에 러시아도 수십 년간은 자원은 풍부하되 도덕성은 희박한 나라가 되었다. 1700년대 초에 러시아가 돌연 유럽의 강국으로 부상한 것도 대포와 머스킷총을 만드는 재료로 쓰여 현대전을 치르는 데 필요했던 철광석이 우랄산맥에서 발견되고, 풍부하게 채굴된 것과 관련 있었다. 같은 맥락에서 1960년대 중반 시베리아 북서 지역에서 발견된 거대한 유전과 천연가스전 또한 21세기 초에 러시아를 에너지 초강대국으로 만들어줄 것으로 예측되고 있다.[24] 러시아가 시베리아 정복으로 얻은 것은 그뿐만이 아니었다. 러시아는 시베리아를 통해 태평양의 지정학에도 진입하여 일본 및 중국과 충돌을 일으켰다. 그것이 중요한 까닭은 러시아와 중국 간의 분쟁이 냉전 역학의 중심에 있고, 그러므로 그 충돌은 두 나라와의 관계 설정 면에서 21세기 미국 전략의 핵심이 될 수도 있기 때문이다.[25]

시베리아에는 남북으로 흐르는 이르티슈강, 오브강, 예니세이강, 레나강과 달리 서동으로 흐르며 우수리강[아무르강의 지류]과 만나 오늘날의 러시아권 극동과 중국권 만주 간의 경계를 이루는 아무르강[헤이룽강, 흑룡강]도 있다. 게다가 중국과의 국경 이북의 아무리아로 알려진 곳과 국경 이동의 우수리아로 알려진 변경은 러시아제국과 만주족의 청나라가 17세기 중엽부터 분쟁을 벌인 곳이기도 하다. 러시아 해적에 이어 군대, 그리고 나중에는 만주족이 타이완과 중국 본토 지역 정복에 정신이 팔린 틈을 타 러시아 외교관까지 그곳으로 침투해 들어간 것이 분쟁의 요인이었다. 이렇게 진행된 양국 간의 분쟁은 1860년 쇠락한 청나라가 러시아의 압력에 굴복해 [중국-러시아 베이징조약으로] 중국 영토 35만 제곱마일을 러시아에 넘겨주어 현재의 국경지대를 이루게 되는 것으로 절정을 맞았다.[26] 그랬던 상황이 지금은 또 달라져, 중국이 강해지고 러시아가 상대적으로 약해진 데다 그곳에서 나는 석유, 천연가스, 목재, 그 밖의 자원을 이용하기 위해 중국 이주민들과 기업들이 대거 몰려드는 바람에 국경지대는 다시금 압박에 시달리고 있다. 이렇듯 지리는 지금은 전술적이고 다소 반미국적 태도를 취하는 두 나라의 제휴에 가려져 드러나지 않을 뿐 러시아와 중국의 관계를 언제나 긴장시키는 요인이 되고 있다. 2009년 7월 니콜라이 마카로프 러시아 참모총장도 정견 발표를 할 때 "러시아의 가장 위험한 지정학적 경쟁자는…… 나토와 중국"이라고 말한 것으로 전해지고 있다.[27]

이 지리가 말해주는 것은 결국 우리가 종종 잊고 지내는 그 무엇, 역사상의 러시아는 동아시아 힘의 역학의 일부였다는 사실이다. 러일전쟁(1904~1905년)이 발발한 요인도 부분적으로는 러시아가 일본의 요구—만주에 대한 청나라의 주권을 인정해줄 것(과 조선에 간섭할 수 있는 자유)—를 들어주지 않은 데 있었다. 그 점에서 전쟁의 결말은 러시아제국에도 굴욕이었지만, 만주족이 세습재산의 일부로 여기고 있던 곳의 지배권을 놓고 다퉜다는 점에서 청나라에는 더욱 굴욕적이었다. 러시아가 전쟁에서 패하고도 만주족이 갈망하는 아무리아와 우수리아를 러시아권 극동의 일부로 계속 지배했기 때문이다.

그러나 사할린섬의 위도 50도선 이남 지역과 남만주(이곳은 지리적으로 봐도 중국 영토가 되는 것이 옳다)를 중국에 할양해야 했던 러일전쟁보다 극동 지역에 대한 러시아의 지배권에 더 심대한 타격을 입힌 것은 오히려 1917년에 발발한 러시아혁명과 그 후에 이어진 혼란이었다. 서쪽의 바이칼호와 동쪽의 블라디보스토크항을 잇는 시베리아 횡단 철도의 일부 구간에 대한 통제권이 중국, 일본 그리고 (그 무렵 자력으로 극동의 떠오르는 세력이 된) 미국에 넘어가고, 블라디보스토크가 1918~1922년 일본군에 점령되었던 것이 좋은 예다. 그 무렵 아무르강 지역을 점령하고 있던 일본군의 규모는 무려 8만 명에 달했다.

그러나 그것도 잠시, 레닌의 적군이 반볼셰비키 군대인 백군과의 러시아내전[1918~1920년]에서 서서히 전세를 뒤집은 결과로 신생국 소비에트가 형성되자, 러시아는 마침내 중앙아시아 사막의 투르크족 지역에서 잃었던 주변부 영토, 그것도 아프가니스탄을 통해 군사행동을 하는 인도의 영국군이 공격할까봐 볼셰비키가 특히 노심초사하고 있던 곳을 되찾을 수 있었다. 볼셰비키도 전 세계 모든 노동자들의 단합을 외친 이데올로기를 표방했다는 사실이 무색할 만큼 방만한 육지세력이라는 "오래된 문제", 다시 말해 주변 지역이 공격당할 수 있는 위험 앞에서는 현실적이 될 수밖에 없었던 것이다. 사방에 인접국을 둔 편평한 대륙 국가라는 지긋지긋한 사실은 지배자가 누가 됐든 러시아가 언제나 직면해야 되는 현실이고, 그래서 볼셰비키도 그들을 앞서간 차르들과 마찬가지로 그 결점을 메우기 위해 제국주의자가 되어 몰도바인, 체첸인, 조지아인, 아제

지리의 복수

리인, 투르크멘인, 우즈베크족, 카자흐인, 타지크인, 키르기스인, 부랴트-몽골족, 타타르족, 그 밖의 모든 민족을 러시아에 복속시킨 것이다. 그러고는 그들에게 공산주의라는 축복을 내려주고, 그들만의 소비에트 공화국을 갖게 해주었다는 식으로 손쉽게 정복을 합리화했다.[28] 볼셰비키는 거기에서 그치지 않고 잠재의식적이기는 했지만 지리의 힘에 이끌린 나머지 발트해 연안의 상트페테르부르크에서 동쪽의 모스크바로 수도를 옮김으로써 예나 지금이나 러시아 존재의 중심이던, 대체로 아시아적인 나라의 특성을 되찾았다. 발트해 연안의 "서방의 창"에서 나라를 통치한 표트르 대제의 반#근대적 정부가 사라지고, 중세 모스크바공국 시절부터 반#아시아적 중심이던 크렘린에서 통치하는 새로운 국가가 탄생한 것이다.[29] 신생 소비에트사회주의공화국연방(소련)은 러시아, 우크라이나, 벨라루스의 소비에트사회주의연방공화국 3곳과, 11개의 자치공화국 그리고 하위 지역들로 구성되었다. 그런데 이들 공화국의 다수가 인종적 경계와 다르게 형성되다보니―일례로 우즈베키스탄에는 타지크인 소수민족이 크게 자리 잡고 있었고, 타지키스탄에는 그보다도 많은 우즈베크 소수민족이 있었다―분리에는 불가피하게 내전이 수반되었고, 그로 인해 소련은 민족들의 감옥이 되었다.

이 민족들의 감옥은 20세기에 더욱 공격성을 띠어 러시아를 전례 없이 불안정하게 만드는 요인이 되었다. 그러자 소련도 1929년에는 급기야 보병, 기병, 전투기까지 동원해 만주 서단을 공격, 중국 영토를 통과하는 철도의 지배권을 빼앗고, 1935년에는 중국 서부의 신장성(지금의 신장웨이우월 자치구)을 위성국으로 만드는 등 적극적으로 행동에 나섰다. 외몽골(몽골)도 소련의 영향력이 강하게 미치는 몽골인민공화국으로 만들었다. 소련은 유럽권 러시아에서도 히틀러와 체결한 1939년의 독일-소련 불가침조약[비밀의정서]에 따라 폴란드 동부, 핀란드 동부, [루마니아 북부의] 베사라비아, 리투아니아-라트비아-에스토니아의 발트해 3국을 병합했다. 그 결과 소련의 탈을 쓴 러시아의 세력권은 이제 중부 유럽에서 한반도까지 미치게 되었다. 그러나 이후에 벌어진 일로도 알 수 있듯이, 러시아의 불안정은 그것으로도 해소되지 않았다. 지리가 계속 영향을 미쳤던 탓이다. 1941년 히틀러가 소련을 침공, 독일군이 동쪽의 유럽권 러시아 평원을 넘어 모스크바 외곽과 카스피해 부근까지 육박해 들어왔다가, 1943년 스탈린그라드에서 저지당한 것이 그것을 보여주는 대표적인 예다. 소련은 종전 무렵에는 마치 그에 대한 복수라도 하듯, 키예프 루시에 가한 몽골족의 약탈 행위로까지 거슬러 올라가는 수백 년 동안의 지리적 불안정에 통렬한 분풀이를 했다.

소련은 나치 독일과 파시스트 국가 일본이 붕괴한 뒤에는 공산주의 위성국 체계를 수립하여 사실상 동유럽 전역을 수중에 넣었다. 그런 다음 병참술이 뛰어나다는 히틀러의 전쟁 기계도 1세기 전 나폴레옹의 군대가 그랬던 것처럼 유럽권 러시아의 광대함 속에서 맥을 추지 못하는 동안, 드네프르강, 비스와강*, 도나우강 쪽의 서쪽 평원으로 거세게 밀고 들어갔던 소련군을 동유럽 전역에 주둔시키는 방법으로 그곳 국가들의 충성을 보장받았다. 그리하여 소련의 동유럽제국은 이제 로마노프왕조 때보다 더욱 깊숙이 중부 유럽의 핵심지로 파고들어 독소불가침조약 때 약속받은 모든 영토를 포

---

* 발트해로 유입되는 폴란드 최대의 강.

지리의 복수

괄하게 되었다.[30] 소련은 동쪽에서도 러시아권 극동에 인접한 일본 북부의 사할린섬과 쿠릴열도를 점유했다. 또한 중국이 일본의 점령과 마오쩌둥의 공산당과 장제스의 국민당이 벌인 권력투쟁의 여파로 국력이 약화되고 무정부 상태에 빠져드는 틈을 타, 만주에도 대규모 군대를 주둔시키고, 몽골에 대한 소련의 영향력을 강화시키며, 한반도 이북에 친공산 정권이 들어서게 만들었다. 소련은 한반도 내에서도 거대 육지세력으로서—이윽고 공산국가가 될 중국과 더불어—해양세력인 미국을 만나, 2차 대전이 끝난 지 불과 5년 뒤 한국전쟁이 일어나게 하는 데도 일조했다. 이렇듯 2차 대전은 소비에트 러시아의 형태를 띤 매킨더의 심장지대 세력과 미국의 형태를 띤 머핸과 스파이크먼의 거대 해양세력을 만들어냈다. 이후 유럽과 중국의 운명이 심장지대에 미치는 소비에트 세력의 영향을 받고, 주변지대의 대중동과 동남아시아는 미 해군력과 공군력의 압박을 느낀 것도 그 점에서 당연한 일이다. 그리고 이것이야말로 모스크바에서 나온 공산주의 이데올로기와 워싱턴에서 나온 민주주의 이상에 가려져 있던, 냉전의 진정한 지리적 실체인 것이다.

그러나 나처럼 그 시대에 자라난 사람에게는 영원히 지속될 것 같았던 냉전도 결국은 익히 알려진 러시아 지리의 명령에 따라 끝이 난, 러시아 역사의 또 다른 단계에 지나지 않았던 것으로 드러났다. 1980년대에 미하일 고르바초프가 소비에트 공산주의의 개혁을 시도하자 공산주의 시스템의 실체—대개의 경우 피지배 민족들이 러시아 삼림지대와 평지의 주변 지역인 스텝과 산악지대에 거주한 경직된 제국이었다—가 적나라하게 드러난 것이다. 고르바초프가 사실상 소비에트제국의 근간이 된 이데올로기적 교훈에 심각한 오류가 있었음을 인정하자 13세기 중엽의 키예프 루시, 17세기 초의 중세 모스크바공국, 20세기 초의 로마노프왕조의 멸망 뒤에 그랬던 것처럼 러시아 중심으로부터 주변 지역이 떨어져나갔고, 그와 더불어 소비에트 공산주의의 전 시스템이 와르르 무너져내리기 시작했다. 필립 롱워스도 그 점을 직시해 전반적으로 편평한 지형과 팽창 및 붕괴가 되풀이된 현상을 러시아 역사의 주요 특징으로 꼽았다. 지리학자 겸 러시아 전문가 데니스 쇼Denis Shaw[영국 버밍엄대학교 교수]가 지적했듯이 실제로 탁 트인 변경과 그로 인한 군사적 부담은 "러시아가 중앙집권적 국가로 나아가는" 촉진제 역할을 했으나— 그것을 보여주듯 차르들은 전설적 권력을 보유했다—그럼에도 러시아는 역대 차르들이 머나먼 지역들에 견고한 행정제도를 수립하지 않았던 탓에 허약한 국가로 머무를 수밖에 없었다.[31]

결국 1991년 소련이 공식 해체되자 러시아는 키예프 루시의 중심이던 우크라이나마저 상실하여 예카테리나 여제의 치세가 시작되기 전 이래 가장 작은 국가가 되고 말았다. 그러나 러시아가 아무리 우크라이나, 발트해 3국, 캅카스산맥, 중앙아시아를 상실했다 해도, 아무리 체첸, 다게스탄, 타타르스탄의 군사적 불확실성 때문에 좌불안석이었다 해도, 아무리 모스크바의 피보호국이던 몽골이 독립국으로 새 출발을 했다 해도, 러시아는 여전히 아시아 본토의 3분의 1 이상을 보유하고 있을 뿐 아니라 핀란드만에서 베링해에 이르는 전 세계 시간대의 거의 절반에 가까운 지역을 포괄한, 지구상에서 가장 너른 영토를 가진 나라였다. 문제는—산맥과 그 주변의 스텝 지역이 없어—무방비로 노출된 광대한 영토를 이제는 구 소련 인구의 절반이 약간 넘는 주민만으로 지켜야 할 처지에 놓였다는 것이었다[32](러시아 인구는 방글라데시보다도 적다).

실제로 소련 해체 뒤 러시아는 전례가 없을 만큼 지리적으로 취약한 상태에 놓였다. 시베리아 전역과 극동 지역의 인구는 다 합쳐봐야 2,700만 명에 지나지 않았다.[33] 소련 붕괴 뒤 한 달도 채 지나기 전 당시 외무부 장관이었던 안드레이 코지레프가 러시아의 일간지 〈로시스카야 가제타Rossiyskaya Gazeta〉에 "이데올로기가 지정학으로 대체되고 있다는 사실은 우리도 신속히 감지했다"고 말한 것에서도 드러나듯, 러시아 지도자들도 상황의 긴박성을 재빨리 알아차렸다.[34] 그 점은 에든버러대학교 명예교수를 지낸 역사학자 존 에릭슨이 "소련을 끈질기게 괴롭힌 지정학이 탈소련 시대에도 되돌아와 러시아를 몹시 괴롭히는 요소가 되고 있다"고 쓴 것에도 나타난다. 그렇게 되자 지정학을 자본주의적 군국주의의 도구로 공공연하게 매도했던 비난도 잦아들어, 러시아에서는 학문으로서의 지정학뿐 아니라 매킨더, 머핸, 카를 하우스호퍼의 명성도 되살아났다. 그것을 보여주듯 골수 보수주의자인 공산당 지도자 겐나디 주가노프(1944년~)도 "명백한 신매킨더식 표현으로" 러시아는 "심장지대"의 지배권을 회복해야 한다고 보란듯 선언했다.[35] 굴곡진 러시아 역사에 지리적 취약성까지 새롭게 보태지자 그로서는—교묘한 형태로든 교묘하지 않은 형태로든—2,600만 명의 러시아인들이 여전히 살고 있는 벨라루스, 우크라이나, 몰도바, 캅카스산맥, 중앙아시아의 수복을 염두에 둔 수정주의 역사관을 제시할 수밖에 없었던 것이다. 경제 붕괴 직전까지 몰려 나라가 휘청거리는 수모를 당했던 1990년대의 잃어버린 10년 동안에도 러시아가 새로운 세력 팽창 주기를 역설한 것도 그래서였다. 극단적 민족주의자인 블라디미르 지리노프스키는 심지어 캅카스산맥 남부는 물론 터키, 이란, 아프가니스탄에 이르기까지의 모든 지역을 러시아 지배권 아래 두어야 한다고 주장했다. 물론 그의 극단주의에 동조한 러시아인들은 많지 않았다. 그렇지만 그가 러시아인들 의식 저변에 깔린 중요한 심리를 파고들었던 것은 사실이다. 실제로 러시아는 유라시아의 취약성 때문에 21세기 초에도 지리에 집착할 수밖에 없는 실정이다.

  그렇다고 소련이 재현될 리는 없겠지만, 중동과 인도 아대륙의 경계지들에까지 뻗은 느슨한 형태의 연방을 이룰 개연성은 있다. 그렇다면 러시아는 어떤 슬로건을 내걸어 그 의식을 진작시킬 수 있을까? 두 번째 세력 팽창의 물결을 도덕적으로 정당화시키기 위해 러시아는 어떤 이념을 제시할 수 있을까? 즈비그뉴 브레진스키가 『거대한 체스판The Grand Chessboard: American Primacy and Its Geostrategic Imperatives』에서 주장한 바에 따르면, 러시아는 1990년대부터 구 소련의 비러시아 민족을 자국 세력권으로 끌어들이기 위해 19세기의 유라시아주의라는 독트린을 공산주의에 대한 대안으로 부활시키기 시작했다.[36] 그런데 이 유라시아주의가 러시아의 역사 및 지리적 특성과 완전히 부합하는 것이다. 유럽에서 극동까지 방만하게 뻗어나갔으면서도 양쪽 어디에도 견고하게 뿌리박고 있지 않다는 점에서 러시아야말로 유라시아의 전형이기 때문이다. 공간의 위기를 특징으로 하는 21세기의 폐쇄된 지리—냉전 시대 전문가들이 만들어놓은 분할을 쓸모없게 만드는 지리—또한 대륙적, 유기적 전체로서의 유라시아 개념을 더욱 그럴싸하게 해주는 요소가 된다. 그러나 유라시아가 조만간 지리학자와 지정학자들의 유용한 개념이 된다고 해서, 각각의 민족적 정체성에 따라붙는 그 모든 역사와 감정의 응어리를 지닌 조지아인, 아르메니아인, 우즈베크인들까지도 "유라시아인"이 되는 것은 아니다. 캅카스 지역민들만 해도 냉전의 권력 진영이 붕괴된 여파로 전보다 더 뚜렷해질 개연성이 있는 민족적 정체성과 분쟁의 용광로를 이루고 있다는 점에서 유라시아인이 되는 것은 불가능하다. 중앙아시아도 그 점에서는 마찬가지다. 설사 러시아인과 가령 카자흐인들이 "유라시아연맹"과 같은 정치체로 민족 간 대립을 억누른다 해도, 유라시아주의는 목숨까지 내놓게 하거나 혹은 등골이 오싹해질 정도의 강력한 이데올로기는 되지 못하는 것이다. 유럽인이 되고 싶어하는 우크라이나인, 몰도바인, 조지아인과 같은 민족들의 경우에는 특히 그렇다. 그러나 유라시아주의가 약하게나마 몇몇 구 소련 지역들의 불화를 잠재우고, 적으나마 안정을 부여해주면 그 자체로 값어치가 있지는 않을까?

그러나 지리가 만병통치약이 될 수 없는 것처럼, 그 역시 해답이 되지는 못한다. 지리는 이념들이 부딪치는 곳의 변하지 않는 배경막에 지나지 않을 뿐이다. 미국, 영국, 이스라엘 혹은 인도의 경우처럼 지리로 통합되었다 해도 국가 정체성의 바탕을 이루는 것은 여전히 민주주의, 자유 그리고 (종교적 요소를 지닌) 시온주의 이념이기 때문이다. 그러므로 독재자 호스니 무바라크의 지배하에 있던 이집트나 자유민주당이 집권했던 일본처럼 국민을 통합시킬 수 있는 요소가 지리밖에 없는 나라들은 압도적 불안감에 시달릴 수밖에 없다. 지리 덕에 안정은 유지하겠지만 그것이 전부인 까닭이다. 러시아도 그와 다를 바 없다. 차르 체제와 공산주의마저 상실한 마당에 지리 하나만으로는 부족하다는 얘기다. 그러므로 특히 인구마저 급속히 줄어들고 있는 시점에 러시아가 옛 피지배 민족을 그들 편으로 다시 끌어들이기 위해서는 사기를 앙양시켜줄 통합된 이념이 필요하다. 실제로 낮은 출산율, 높은 사망률, 높은 낙태율, 러시아로의 낮은 이주율로 인해 2050년 무렵에는 러시아 인구가 지금의 1억 4,100만 명에서 1억 1,100만 명으로 줄어들 것으로 예측되고 있다(전반적 환경 악화에 따른 물의 독성과 토양 오염 또한 인구 감소를 가속화하는 원인이 될 것이다). 반면에 러시아의 명목상 무슬림 집단은 규모가 커져 앞으로 10년 내에 러시아 인구의 20퍼센트를 차지할 개연성이 있다. 게다가 무슬림 공동체 대부분이 모스크바와 상트페테르부르크는 물론 캅카스산맥 북쪽과 볼가강-우랄산맥 지역에도 기반을 두고 있으므로, 도시의 테러 행위에 가담할 수 있게 될 뿐만 아니라 지역적 분리주의를 조장하는 방향으로 나아갈 수도 있다. 체첸 여성이 러시아 여성보다 3분의 1 이상 많은 자녀를 두고 있는 것도 주시해야 될 대목이다. 러시아가 지리—유라시아주의와 독립국들 연방의 핵심이 되는 요소—에만 호소해서는 키예프 루시, 중세의 모스크바공국, 로마노프왕조 그리고 소련에 비견될 만한 제국을 재현하기 어려울 것이라는 점은 이 정도를 고려하는 것만으로도 충분히 추측할 수 있다.

모스크바 카네기연구소 소장 드미트리 트레닌도 21세기에는 "매력의 힘이 강압을 이길 것"이므로 "소프트파워(연성 권력)가 러시아 외교정책의 중심이 되어야 한다"고 주장했다. 이것을 달리 표현하면 러시아가 진정한 개혁을 하면 유라시아 주변지대 일대에 힘을 투사할 수 있는 유리한 위치에 설 수 있다는 말이다. 러시아어만 해도 발트해에서 중앙아시아까지의 지역에서 공통어로 사용되고 있고, "푸시킨으로부터 대중음악에 이르는" 러시아 문화 또한 예전 못지않은 인기를 누리고 있기 때문이다. 그러므로 러시아가 만일 지적 활력을 되찾는다면, 러시아어 TV 방송국도 "러시아어권의 알 자지라[아랍권 최대의 위성 뉴스 전문 TV 방송사]가 될 개연성도 충분히 있다"는 것이다. 이렇게 생각하면 러시아가 그들 스스로 지리적 운명이라 믿는 것을 다시금 성취할 수 있는 길은 결국 자유민주주의를 이상으로 삼는 것뿐이라는 결론이 나온다.[37] 1991년 솔제니친도 이에 정확히 부합하는 말을 했다. "러시아가 중요한 피해자가 되는 제국이 될지, 정신적, 물질적으로 러시아 국민을 구원해주는 제국이 될지 선택할 때가 왔다."[38]

잘 살펴보면 트레닌의 분석에도 지리적 측면이 내포돼 있다. 그가 러시아는 유라시아의 심장지대보다 유라시아의 두 말단 지역—유럽과 태평양 지역—에 더 많은 주의를 기울여야 한다고 역설한 것만 해도 그렇다. 유럽과의 협력에 주안점을 둔다면 러시아인들의 태도도 자연히 서쪽으로 이동하게 될 거라는 말이었다. 그는 러시아가 11개의 시간대를 가진 광대한 영토지만 인구 대부분이 유럽에 인접한 영토의 서단에 몰려 있고, 그러므로 러시아가 진정한 유럽 국가가 되기 위해서는 인구통계에 부합하는 정치, 경제적 개혁을 할 필요가 있다고 생각했다. 트레닌은 태평양과 관련해서도 "러시아는 블라디보스토크를 21세기 수도로 고려하는 것이 좋을 것"이라는 견해를 나타냈다. 블라디보스토크야말로 세계에서 경제적으로 가장 역동적인 지역들인 베이징, 홍콩, 서울, 상하이, 도쿄와 가까운 코즈모폴리턴적 항구이기 때문이라는 것이 그 이유였다.[39] 그는 1970년대부터 시작돼 지금까지 계속되고 있는 동아시아의 경제

부흥에서 러시아가 철저히 소외된 것도, 구 소련이 러시아권 극동 지역을 환태평양으로 가는 관문이 아닌 원자재 개발 지역으로만 인식했기 때문이라고 보았다.[40] 그러면서 구 소련 시대에 범한 오류를 바로잡지 않으면 러시아도 같은 전철을 밟게 될 것이라고 주장했다. 그 주장을 뒷받침하듯 현재 일본 및 한국과 같은 환태평양 국가들의 전례를 따라 유라시아의 강국으로 부상하고 있는 나라는 러시아가 아닌 중국이다. 베이징 정부는 중앙아시아에 100억 달러의 차관을 제공했고, 벨라루스에도 통화 스와프*를 통해 도움을 주었으며, 유라시아 대륙의 저편 끝에 붙은 몰도바에도 10억 달러의 원조를 제공해주었다. 뿐만 아니라 중국은 러시아권 극동에서도 자국의 세력권 확장에 열을 올리고 있다. 따라서 러시아는 이런 중국에 맞서기 위해서라도 정치적으로는 유럽과 유대를 맺고, 경제적으로는 동아시아와 긴밀한 관계를 맺을 필요가 있다. 캅카스산맥과 중앙아시아 문제도, 유라시아 동서단 지역이 누리는 것과 같은 정도의 자유와 생활수준을 갈구하는 구 소비에트 공화국들에게 러시아가 진정으로 매력 있는 국가로 인식된다면 술술 풀리게 될 것이다.

사실 1세기 전에도 러시아는 그와 유사한 운을 거머쥘 기회가 있었다. 나라가 특히 쇠약했던 1917년에 권력이 볼셰비키에 넘어가지만 않았어도 러시아는 20세기를 지나는 동안 프랑스와 독일보다는 좀 더 부패하고 불안정한 나라가 되었겠지만, 악명 높은 스탈린의 공산주의 체제가 아닌 유럽 국가로 뿌리내릴 수 있었을 거라는

---

* 양자 간 통화 스와프 계약이라고도 하며, 가령 금융시장이 불안할 때 두 나라가 협정을 맺어 약정한 환율에 따라 서로 교환할 수 있는 외환 거래를 말한다.

얘기다. 러시아의 구제도도 농민층을 제외하면 독일적 특성이 강한 차르 체제, 프랑스어를 사용하는 귀족 그리고 유럽풍 수도인 상트 페테르부르크에 자리한 부르주아적 의회를 가진 서구 지향적 체제였기 때문이다.[41] 재차 말하지만 러시아의 기복지도가 아시아 일대에 걸쳐 있는 반면, 러시아의 인구 지도는 유럽에 치우쳐 있는 것도 러시아의 그런 특성을 뒷받침하는 요인이 된다.

그런데 볼셰비키혁명으로 러시아의 이런 준서구 지향성이 모조리 거부당한 것이다. 같은 맥락에서 공산주의 붕괴의 여파로 혼란스러웠던 1990년대의 러시아가 서구 민주주의와 시장 자본주의에 굴복하자, 블라디미르 푸틴이 2000년부터 전체주의적 요소가 가미된 정책을 편 것 또한 자국민들이 그 두 가지를 제대로 맛볼 기회를 박탈한 행위였다. 그 점은 푸틴과 드미트리 메드베데프가 요 근래 몇 년 동안 유럽과 태평양을 지향하지 않고, 소련의 옛 피지배 민족들에게 매력적으로 다가가기 위해 러시아를 개혁하지 않은 것에서도 드러난다(실제로 러시아의 무역, 외국 투자, 기술, 사회 인프라, 교육 수준은 푸틴 대통령 재임 시에 상황이 "암울해졌다"[42]). 엄밀히 말하면 푸틴도 제국주의자는 아니다. 그러나 유럽 주변부와 중국이 절실히 필요로 하는 막대한 양의 천연자원에 따라붙는 수익과 힘을 이용해 러시아가 최근 제국을 구축하고 있는 것 또한 사실이다. 푸틴과 메드베데프 두 사람 모두 애당초 피지배 민족들의 사기를 진작시킬 사상이나 이렇다 할 이념을 갖고 있지 않았다. 그들이 가진 것은 지리뿐이었다. 그러나 지리만으로는 충분하지 않다.

러시아는 세계 최대의 천연가스 보유국, 세계 2위의 석탄 보유국, 세계 8위의 석유 보유국이다. 그리고 이 자원의 대부분은 우랄산맥과 중앙 시베리아고원 사이, 서부 시베리아에 묻혀 있다. 그뿐만이 아니다. 러시아는 많은 나라들, 특히 중국의 물 부족이 심화되고 있는 역사상의 이 시점에 산, 강 그리고 동부 시베리아 호수들에 막대한 양의 수력 전기도 보유하고 있다. 그런데 이 많은 에너지를 푸틴은 대통령 재임 첫 7년 동안 국방 예산을 4배로 늘리는 데, 특히 공군력을 증강하는 데 사용한 것이다. 이후에도 러시아의 국방비는 계속 늘어났다. 러시아인들도 앞서 언급한 것처럼 북극권과 태평양을 제외하면 변변한 지형적 경계가 없다는 러시아의 지리적 현실을 인식하고, 러시아 사회 내에 "깊숙이 뿌리박힌 군국화"와 "육지 제국의 창설을 통한 안정의 추구"라는 현실을 받아들인 듯하다. 그리고 푸틴은 러시아가 지닌 막대한 에너지를 이용해 그것을 이루어준 것이다.[43] 이렇듯 그는 러시아를 개방하여 연성 권력이 지닌 잠재력을 구 소련과 주변의 유라시아 주변지대에 투사하기보다는, 풍부한 천연자원 덕에 단기간은 가능할 신제국주의적 세력 팽창에 주력했다.

그렇다고 푸틴이 러시아 지리에 내재된 유럽의 중요성을 전적으로 단념한 것은 아니다. 단념은커녕 러시아 근외 지역에서 세력권을 부활시키기 위한 대규모 노력의 일환으로 비민주적 방식이기는 하지만 우크라이나에 주의를 기울임으로써, 유럽에서 러시아의 입지를 공고히 다지고자 하는 욕망을 분명히 드러냈다. 우크라이나야말로 러시아를 본질적으로 변화시킬 수 있는 중추 국가인 까닭이다. 러시아의 유럽 접근이 가로막힌 것도 알고 보면 남쪽으로는 흑해와 접해 있고, 서쪽으로는 구 동유럽 위성국가들과 이웃하고 있는 우크라이나가 독립국인 것과 관련이 깊다. 우크라이나는 그리스 가톨릭과 로마 가톨릭을 신봉하는 서부와 동방정교회를 신봉하는 동부로 갈라져 있다. 따라서 서부 지역은 우크라이나 민족주의의 온상이 되고 있는 반면 동부 지역은 러시아 쪽으로 기우는 경향을 보인다. 이 종교 지도가 말해주는 것은 결국 우크라이나가 중부 유럽과 동부 유럽 간의 경계지 역할을 할 수도 있다는 것이다. 즈비그뉴 브레진스키도 러시아는 우크라이나 없이도 제국이 될 수 있지만, 그럴 경우 캅카스 지역 및 중앙아시아 국가들과의 분쟁에 말려들기 십상인 "거의 전적으로 아시아" 제국이 될 것이라고 말했다. 하지만 우크라이나를 재지배하게 되면 러시아는 서구 지향적 인구 4,600만 명을 새롭게 얻게 되어 유럽에 결합될 뿐 아니라 도전도 할 수 있게 되는 것이다. 그렇게 되면 또 러시아가 우크라이나 못지않게 탐을 내는 폴란드가 중부 유럽과 동부 유럽의 운명뿐 아니라 유럽연합의 운명까지도 결정지을 "지리적 중추"가 될 것이라는 게 브레진스키의 견해다.[44] 그러면 러시아와 유럽 간의 투쟁, 특히 나폴레옹 전쟁 이래 계속된 러시아와 독일-프랑스 간의 투쟁도 지속될 것이고, 그 여파로 폴란드와 루마니아 같은 나라들의 운명도 불확실해질 것이다. 공산주의는 붕괴했을지 몰라도 유럽이 러시아의 천연가스를 필요로 한다는 점은 변함이 없고, 그 가스의 80퍼센트가 폴란드 곁에 붙은 우크라이나를 통해 수송되고 있기 때문이다.[45] 냉전의 승리는 많은 것을 변화시켰지만, 지리의 냉혹한 현실까지 완화시키지는 못한 것이다. 오스트레일리아의 국방부 차관을 지낸 정보 분석가 폴 딥에 따르면, 소생한 러시아는 또 "전략적 공간 확보를 위해 혼란을 기도하는 것"마저 마다하지 않을 개연성이 있다.[46] 2008년 남오세티야전쟁이 터졌을 때 조지아로 군대를 진

군사킨 것에서도 드러나듯, 푸틴의 러시아는 현상 유지에 만족하는 세력이 아닌 것이다.

우크라이나도 러시아의 심한 압박에 밀려 결국은 천연가스 가격을 낮춰주는 대가로 러시아 흑해 함대의 주둔 기간을 연장하는 데 합의했다. 그런데 러시아는 그것으로도 만족하지 않고 우크라이나의 가스관 망마저 자국의 통제권 아래 두려는 시도를 하고 있다(우크라이나의 무역도 러시아에 대한 의존도가 크다). 하지만 유라시아의 모든 수송관이 러시아에 유리하게 설치된 것만은 아니며, 중앙아시아에는 중국으로 탄화수소를 공급해주는 가스관들도 있다. 아제르바이잔의 카스피해 석유를 운반하는 송유관 또한 러시아를 통하지 않고 조지아를 가로질러 흑해로 간 다음, 거기서 다시 터키를 통해 지중해로 들어가도록 만들어졌다. 카스피해에서 캅카스산맥 남부와 터키를 가로질러 발칸을 통해 중부 유럽으로 들어가는, 따라서 러시아를 통하지 않는 또 다른 가스관 부설도 계획 중에 있다. 그러나 러시아도 흑해 해저를 통해 남쪽으로는 터키와 연결되고, 서쪽으로는 불가리아와 연결되는 가스관 부설 계획을 세우고 있고, 카스피해와 접한 투르크메니스탄의 천연가스 또한 러시아를 통해 수출되고 있다. 그러므로 유럽—특히 동유럽과 발칸 지역—은 앞으로도 계속 공급량이 일정치 않은 에너지의 많은 부분을 러시아에 의존하게 될 것이다. 유럽의 미래도 과거와 다를 바 없이 매킨더적 방식으로, 동쪽에서 전개되는 상황에 좌우될 것이라는 말이다.

러시아는 천연자원 이외의 다른 지렛대도 가지고 있다. 가령 이런 것들이다. 리투아니아와 폴란드 사이 발트해 연안에는 러시아의 강력한 해군기지가 있다. 또 발트해 국가들, 캅카스 지역, 중앙아시아에는 러시아어를 사용하는 대규모 소수민족 집단이 존재해 있다. 아르메니아 또한 러시아의 우방이고, 아브하즈와 남오세티야도 조지아로부터 분리 독립을 추진할 때 러시아의 지원을 받은 우방국들이다. 카자흐스탄에도 러시아의 미사일 시험 기지와 공군기지가 있고, 키르기스스탄에는 아프가니스탄, 중국, 인도 아대륙을 사거리로 하는 러시아 공군기지가 설치돼 있다. 타지키스탄에서도 러시아군이 아프가니스탄과의 국경지대에서 초계를 서고 있다. 러시아는 언론을 조종하고 경제적 압박을 가하는 방식으로, 미 공군기지 설치를 허가해준 쿠르만베크 바키예프 키르기스스탄 대통령을 2010년 권좌에서 축출하는 데도 일익을 담당했다.

그러나 러시아도 물론 문제를 안고 있다. 캅카스 북쪽 기슭의 체첸에서부터 중국과 이웃한 타지키스탄에 이르기까지 여러 지역에서, 역사적으로 대페르시아 문화권 및 언어권에 속했던 거대한 남부 국경지대에서 힘을 회복한 이슬람 세력에 대처해야 하는 것이 그것이다. 따라서 러시아가 그곳들에 세력권을 확립하여 잃어버린 공화국들을 되찾기 위해서는 이란과 우호 관계를 유지하여 이란이 그 지역들에서 러시아와 겨루지 않고 이슬람 극단주의도 확산되지 않게 만드는 것이 절대적으로 필요하다. 미국이 이란과 전쟁을 벌이더라도 러시아가 미국에 변변한 도움을 주지 못하게 될 개연성이 있는 것은 이런 지리적 이유 때문이다.

그러나 러시아가 지닌 그 모든 이점들에도 불구하고 21세기에 또 다른 러시아제국이 출현하는 식으로 역사가 반복될 개연성은 희박하다. 중앙아시아 특유의 역사, 지리적 상황이 그것을 용납하지 않을 것이기 때문이다.

　러시아가 중앙아시아에서 지배권을 확고하게 다지기 시작한 것은 그곳에서 교역량이 늘어난 19세기 초엽부터였다. 가령 카자흐 초원지대만 해도 [러시아의] 정치적 지배력이 지역 파벌의 힘을 누르지 못할 만큼 중앙아시아가 혼란의 극치를 이루고 있을 때였다.[47] 그런데 그 광활한 중앙아시아 초원과 고원지대에 소비에트는 20세기 초 민족적 경계와는 무관하게 개별 공화국들을 수립했고, 그로써 그들이 소련에서 탈퇴할 수 있는 길은 막혀버렸다. 탈퇴를 시도했다가는 민족 간 전쟁으로 치달았을 것이다. 소련은 범투르크주의, 범페르시아주의, 범이슬람주의를 두려워했다. 불완전한 해법이지만 민족 집단들을 갈기갈기 찢어 공화국들을 수립한 것은 그래서였고, 그러다보니 변칙이 속출할 수밖에 없었다. 시르다리야강 Syr Darya 계곡만 해도 키르기스스탄의 우즈베크족 거주 지역에서 시작해 우즈베키스탄과 타지키스탄을 지난 뒤 우즈베키스탄으로 되돌아와 카자흐스탄에서 끝이 나고, 우즈베키스탄의 수도 타슈켄트와 페르가나 지방을 잇는 도로 또한 타지키스탄을 통하도록 되어 있다. 타지키스탄의 수도 두샨베에서 타지키스탄의 호젠트와 호로크를 가는 데에도 우즈베키스탄과 키르기스스탄을 거쳐야 하고, 우즈베키스탄에 접한 침켄트는 주민 대다수가 우즈베크족인데도 카자흐스탄에 "속한" 도시가 되었다. 그 밖에 인구 구성 면으로 보면 타지크인이 압도적으로 많은데도 우즈베키스탄의 도시가 된 사마르칸트 등 그런 예는 부지기수로 많다. 그러다보니 중앙아시아에는 종족적 민족주의가 태동하기보다는 오히려 통제와 권력 수단으로서의 "소비에트주의"가 출현하는 현상이 벌어졌다. 소비에트주의는 소련 붕괴 뒤에도 살아남았다. 그러나 그 지역에 거주하던 러시아인들은 주변적 위치로 내쫓겼고, 몇몇 지역에서는 그들에 대한 강한 적대감마저 생겨났다. 그렇다고 범투르크주의와 범페르시아주의가 되살아난 것도 아니어서 그 역시 허약한 세력으로 남아 있다. 16세기부터 시아파 이슬람교를 신봉한 이란과 달리 타지크인들과 중앙아시아의 여타 페르시아화된 무슬림들은 수니파 이슬람을 믿은 것이 주요인이었다. 투르크족도 현대의 터키가 무슬림권의 구심점이 되려고 한 것은 최근 일이어서 세력을 키울 기회를 얻지 못했다. [48]

아이러니한 것은 소비에트주의와 각 나라가 단일한 민족적 정체성을 갖지 못한 것이 오히려, 페르가나강 유역과 그 밖의 지역에서 이따금씩 야기된 불안정을 제외하면, 중앙아시아가 대체로 안정을 유지하는 요인이 되었다는 사실이다(그래도 그 지역은 여전히 잠재적인 불씨로 남아 있다). 게다가 몇몇 나라들은 자신들이 보유한 막대한 천연자원 덕에—러시아와 중국 같은—유라시아 주요 국가들과 교섭할 수 있는 힘을 갖게 됨으로써, 그들 사이에 싸움을 붙여 어부지리를 얻기도 한다(러시아는 유럽에 대한 영향력을 갖기 위해서라도 중앙아시아 가스를 유럽 시장으로 수송할 필요가 있는데, 중국이 중앙아시아 가스를 구매함으로써 러시아의 그런 입지를 위협하고 있는 것이다).[49] 중앙아시아는 실로 어마어마한 천연자원을 보유하고 있다. 카자흐스탄 텡기스 유전의 석유 매장량만 해도 알래스카 노스 슬로프 석유 매장량의 두 배에 이를 것으로 추측되고 있으며,[50] 투르크메니스탄도 연간 천연가스 생산량이 세계 3위를 기록하고 있다. 소련 시절 연방 공화국들 가운데 수은과 안티몬을 가장 많이 생산했던 키르기스스탄 또한 금, 백금, 팔라듐, 은을 다량으로 보유하고 있다.[51] 문제는 소비에트 점령 시절의 응어리가 가시지 않은 상황에서 천연자원을 이렇게 많이 보유하고 있다보니 반러시아적 행동을 하는 나라들이 생겨난다는 점이다. 러시아와 한마디 상의도 하지 않은 채 아프가니스탄의 나토군 수송에 이용되는 철도교를 개설한 우즈베키스탄, 러시아에 전적으로 의존하던 에너지 수송로를 다변화시킨 투르크메니스탄, 카스피해 대륙붕에 매장되어 지리적으로 "고난도의 기술을 요하는" 석유 개발을 러시아 기술진이 아닌 유럽 기술진에 맡긴 카자흐스탄이 그런 나라들이다.[52]

이런저런 이유로 러시아가 앞으로 중앙아시아에서 세력권을 지키기는 쉽지 않을 전망이고, 중앙아시아의 천연가스에 경제를 의존하고 있는 점에서 보면 변동폭이 큰 세계 에너지 가격의 볼모가 될 개연성도 없잖아 있다. 그러므로 설사 러시아제국이 새롭게 출현한다 해도 중앙아시아의 완고한 나라들뿐 아니라 중앙아시아에서 세력을 키우는 중국, 그보다 정도는 약하지만 역시 세력을 키우는 인도와 이란의 영향력에도 제약을 받아, 예전 제국들보다는 허약한 존재가 될 것이다. 중국은 중앙아시아에 이미 250억 달러를 투자했고, 지금은 카자흐스탄을 가로지르는 3,200킬로미터 길이의 고속도로 건설 비용도 부담하고 있다. 카자흐스탄 남동부의 도시 알마티[알마아타]와 중국 서부 도시 우루무치를 오가는 비행기도 날마다 운항되고 있으며, 중앙아시아의 시장에는 중국 물건들이 넘쳐나고 있다.[53]

그 점에서 카자흐스탄은 유라시아에서 러시아의 운을 나타내는 궁극적 지표가 될 수도 있다. 카자흐스탄이야말로 서유럽 크기의

지리의 복수

영토에 국내총생산 규모가 중앙아시아의 여타 나라들을 합친 것보다도 많은, 따라서 중앙아시아 수준에서는 부유한 중산층 국가이기 때문이다. 카자흐스탄의 새로운 수도 아스타나가 열혈 러시아 민족주의자들이 소련 붕괴 뒤에도 병합을 시도했을 만큼 민족적으로 러시아 색채가 짙은 북부 도시라는 점도 그렇게 볼 수 있는[러시아의 운을 나타내는 궁극적 지표가 될 수 있는] 요인이 된다. 소련 붕괴 당시 러시아에 접경한 4,800킬로미터 길이의 북쪽 경계지에 위치한 9개 주 가운데 8개 주의 주민 90퍼센트가량이 비카자흐인이었던 것이다.[54] 그 점에서 영국 건축가 노먼 포스터가 설계한 아스타나의 기념비적 건축물들도 카자흐스탄이 자국에 품은 러시아의 야망을 질타하는 상징물일 수 있다. 카자흐스탄은 100억 달러의 거금을 투자하여 아스타나를 카자흐스탄의 도시로 새롭게 변모시켰고, 고속철도를 건설해 그곳을 남부 지역과도 연결되게 만들었다.[55] 카자흐스탄은 이렇듯 자력으로 진정한 독립국을 일구어가고 있으며, 서구의 다국적 기업들이 투자한 카스피해의 두 유전을 비롯해 "엄청난 규모의" 유전, 가스전, 콘덴세이트전도 개발 중이다. 카스피해에서 중국 서부로 이어지는 송유관 또한 조만간 완공될 예정이며, 머지않아 세계 최대의 우라늄 생산국이 될 것으로도 전망된다. 뿐만 아니라 카자흐스탄은 세계 2위의 크롬, 납, 아연 보유국, 세계 3위의 망간 보유국, 세계 5위의 구리 보유국, 세계 10위권 안에 드는 석탄, 철, 금 보유국이기도 하다.

그렇다면 카자흐스탄은 매킨더의 심장지대인 것이 분명하다! 전 세계의 모든 전략적 천연자원을 풍부하게 보유하고 있는 점, 서부 시베리아와 중앙아시아를 부분적으로 포함하며 유라시아의 중앙에 위치해 있는 점, 서쪽의 카스피해로부터 동쪽의 외몽골까지 영토가 3,000킬로미터나 뻗어나가 있는 점만 해도 그렇다. 그런 위치 때문에 러시아를 남북으로 가르는 우랄산맥은 카자흐스탄 북서쪽에서 끝나고, 중국 서부 가장자리에 위치한 톈산산맥은 카자흐스탄 남서쪽에서 시작된다. 기후도 극단적인 대륙성 기후를 보여, 아스타나만 해도 겨울에는 기온이 섭씨 영하 40도까지 내려간다. 또한 매킨더는 심장지대를 강대국 혹은 초강대국이 지배할 것으로 믿었으나, 그의 예측과 달리 심장지대는 현재 토착민들 수중에 있고, 그런 가운데 러시아와 중국이 그곳의 에너지 자원을 얻기 위해 각축을 벌이는 상황이다. 그래도 카자흐스탄에는 러시아의 영향력이 미칠 개연성이 높고, 이런저런 방식으로 심한 압박도 받게 될 것이다. 카자흐 경제가 러시아와 복잡하게 뒤엉켜 있는 데다, 군사적으로도 러시아군에 맞서 자국을 지킬 역량이 못 되기 때문이다. 그렇지만 푸틴이나 그의 후계자가 지나치게 고압적으로 나오면 카자흐스탄도 언제든 중국 쪽으로 돌아설 선택의 자유가 있다. 러시아 또한 국제적 승인도 받지 못하고, 외교적으로도 고립될 것이 뻔한 상황에서 카자흐스탄을 침략할 개연성은 희박하다. 게다가 러시아는 영토 크기가 카자흐스탄의 40분의 1에 불과하고, 인구도 3분의 1밖에 되지 않으며, 변변한 천연자원도 없는 조지아와 2008년 전쟁을 벌일 때 초대형 대륙에서 군사적 모험을 하는 것의 한계를 이미 절감한 바 있다. 지난 2010년 민족 폭동이 일어났을 때 은근하게 타진해온 카자흐스탄의 군사개입 요청을 러시아가 받아들이지 않았던 것도 카자흐스탄 저편의 중앙아시아 산악지대에서 수렁에 빠져들 것을 우려했기 때문이다.

지리의 복수

러시아가 중앙아시아에서 군사행동을 꺼리는 요인은 그 밖에 또 있다. 러시아를 희생시켜 그곳에서 영향력을 키우고 있고, 극동에서 러시아와 긴 국경을 접하고 있는 중국의 존재다. 이 상황에서 러시아가 만일 중국과 손잡으면—카자흐스탄을 포함해 대체로 독재적인 일련의 국가들〔중국, 러시아, 우즈베키스탄, 카자흐스탄, 키르기스스탄, 타지키스탄〕이 미국의 영향력에 맞서기 위해 유라시아 세력들의 통합을 추구해 만든—상하이협력기구Shanghai Cooperation Organization는 탄력을 받게 될 것이고, 반대로 중국과 반목하면 유라시아에 대한 미국과 유럽의 영향력이 더 커지게 될 것이다. 따라서 러시아는 그 점을 감안해서라도 중앙아시아에서의 행동을 자제해, 매킨더의 심장지대에 속하는 지역을 무력으로 되찾으려 하지는 않을 것이다.

그와 관련해 한마디 경고의 말을 덧붙이자면, 중앙아시아에서 러시아가 행사하는 영향력은 중국의 부상과 더불어 중앙아시아 국가들이 한국과 일본처럼 위협적이지 않고 첨단 기술이 발달한 나라들과 더 많은 거래를 하고 싶어하는 바람으로 인해 줄어들 수도 있다는 것이다. 그러나 군사적 선택 면에서 제약을 받기는 하겠지만 러시아는 여전히 다른 나라들이 할 수 없는 방식으로 중앙아시아 전역에 군대를 이동시킬 수 있고, 중앙아시아 국가들도 정치적으로 불안정한 지금과 같은 상황에서는 구 소련이 부여해준 평화와 안정에 모종의 향수를 느낄 수 있다는 점 또한 직시할 필요가 있다.

그럼에도 모스크바 카네기연구소 소장 드미트리 트레닌의 예측, 요컨대 카자흐스탄과 구 소련 공화국들의 환심을 사기 위해서라도 경제와 정치를 자유화하는 것이 궁극적으로 러시아에는 최고의 진정한 희망일 것이라고 본 예측이 맞아떨어질 공산이 크다. 여타 중앙아시아 국가들을 합친 것의 두 배가 넘는 영토를 지닌 카자흐스탄의 예로도 드러났듯 공산주의 붕괴와 세계화의 공세로 심장지대는 이미 자력으로 권력이 되었기 때문이다. 세계가 계급과 이념에 따라 수평으로 분리될 것을 우려했던 매킨더도 힘의 균형에 따라—소집단과 국가들로—수직으로 분리되는 지역주의가 자유를 보장받는 데는 한층 이로울 것으로 믿었다.[56]

11장
—
중국 패권의 지리

매킨더의 유명한 논문 「역사의 지리학적 중심」 말미에는 중국에 관련된 혼란스러운 내용이 언급돼 있다. 유라시아 내륙이 어째서 지地 전략적으로 세계 권력의 지렛목인지를 설명한 뒤 "중추지대의 러시아는 여태껏 부여받지 못한 혜택, 다시 말해 거대 대륙의 자원을 보유하고 있는 데다 대양까지 면하고 있다는 점"을 들어 중국이 앞으로 "세계의 자유에 황화黃禍를 초래할 수도 있다"고 지적한 것이다.[1] 실제로 그 시대 특유의 인종적 정서와 비서구 세력의 흥기에 무조건적으로 보인 과민 반응을 잠시 접어두고 매킨더의 분석에만 초점을 맞추면 다음의 적나라한 사실을 알게 된다. 바다로의 유일한 출로마저 북극의 얼음에 가로막힌 러시아와 달리 중국은 같은 대륙 국가인데도 광물과 탄화수소를 보유한 구 소련권 중앙아시아의 전략적 핵심지뿐 아니라 부동항이 대부분인 훌륭한 천연 항구도 여럿 갖춘 1만 4,000킬로미터 길이의 해안선도 지니고 있어, 가상

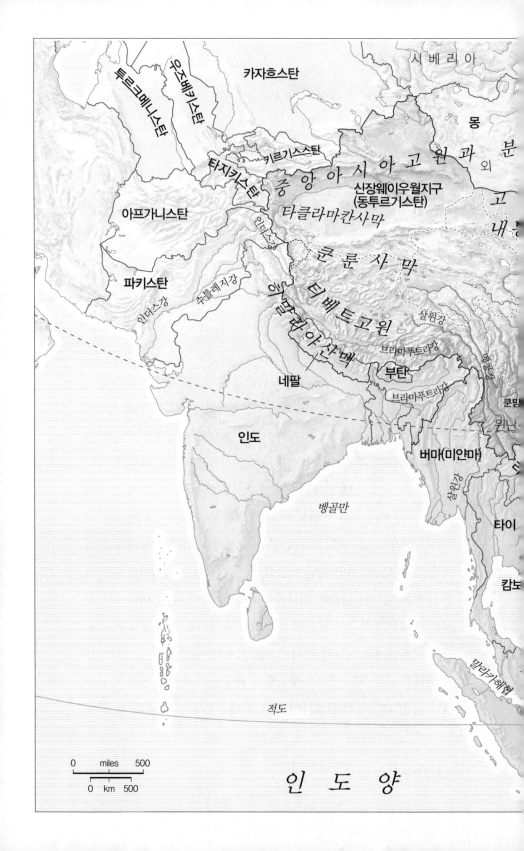

의 세력 범위가 중앙아시아에서 4,800킬로미터 떨어진 태평양의 주요 해로까지 미친다는 사실이 그것이다(실제로 매킨더는 중국이 언젠가 러시아를 정복하게 될까봐 두려워했다). 게다가 1919년에 발간된 매킨더의 『민주주의의 이상과 현실』에 따르면, 유라시아가 만일 아프리카와 합체되어 "세계 섬"을 형성하면 중국은—영토상으로는 북아메리카 대륙의 4배, 인구상으로는 8배가 되므로—열대와 온대 두 지대 모두를 포괄하는 해안선을 지닌 유라시아 최대의 대륙 국가로서, 지구상에서 가장 유리한 입지를 보유한 나라도 된다. 매킨더는 『민주주의의 이상과 현실』의 결부에서, 그렇게 되면 중국은 "전 세계 인류의 4분의 1에 동양 문명도 아니고, 서양 문명도 아닌 새로운 문명을 수립함으로써" 미국, 영국과 더불어 세계를 주도해나갈 것이라고 예측했다.[2] 영국을 이 자랑스러운 범주에 포함시킨 것은 죽을 때까지 애국자이자 제국주의자였던 그로서는 당연한 일이었다. 또한 지리와 인구적 척도만 사용했는데도 지금까지는 중국에 대한 매킨더의 예측이 정확한 것으로 드러났다.

중국은 이렇듯 지리적으로 많은 혜택을 부여받은 나라다. 그런데도 이런 지리적 강점이 당연하고 기본적인 사실로 인식되어 최근 몇십 년 동안 중국이 보여준 경제적 역동성이나 국가적 자기주장에 대한 모든 논의에서 소홀히 다루어졌다. 그래서 지금부터는 중국 역사의 프리즘을 통해 지도를 관찰함으로써 그 점을 좀 더 면밀히 살펴보고자 한다.

중국은 북위 50도선 이북에 위치한 러시아와 달리 미국과 대략 비슷한 북위 50도선 이남의 온대에 속해, 온대가 부여해주는 모든 기후적 다양성과 혜택을 누리고 있다.[3] 중국 만주의 주요 도시 하얼빈이 미국의 메인주와 같은 북위 45도 이남에 위치해 있는 것이나, 베이징이 뉴욕과 같은 북위 40도선 부근, 그리고 양쯔강 어귀의 상하이가 뉴올리언스와 같은 북위 30도선에 위치해 있는 것이 대표적인 예다. 중국 남단을 가로지르는 북회귀선이 〔플로리다주의〕 플로리다키스 바로 아래쪽을 지나는 것도 그렇다.

중국이 대륙 국가로서 미국에 다소 못 미치는 점은, 두 대양 및 캐나다권의 북극 지방에 접해 있어 남쪽의 멕시코 인구라는 유령의 위협밖에 받지 않는 미국과 달리 반대편의 러시아도 위협당했던, 북쪽과 북서쪽의 유라시아 스텝 지역으로부터 수천 년 동안이나 위협을 받았고, 그로 인해 토착 중국인과 만주족, 몽골족, 고사막지대 투르크족 간의 상호작용이 역사의 주요 부분을 형성하게 되었다는 사실이다. 초기 중국 왕조의 수도들이 왕왕 황허강과 만나는 상류의 서쪽 지류로, 비가 많아 정주 농업에 적합하고 북쪽의 내몽골 유목민들로부터도 안전한 웨이허강 유역에 건설된 것도 그래서이다.

미국이 산림, 프레리*, 고高사막, 산, 해안이 "적절히" 연결된 지리를 가지고 있는 반면—북에서 남으로 흐르며 대륙 중앙에서 만나는 미시시피강과 미주리 강도 있다—중국의 지리는 웨이허강, 한수이강, 양쯔강 같은 큰 강들이 서쪽에서 동쪽으로 흐르며 남북을 가르는, 다시 말해 유라시아 내륙의 건조한 고지대에서 태평양과 가깝고 비도 많은 농업지대로 흘러드는 특징을 지니고 있다.[4] 그리고 이 농업지대는 다시 미국 중서부 지역과 흡사하게 식물의

---

* 북아메리카 대륙 중앙부의 초원지대.

생장기가 짧고 상대적으로 비가 적은 중국 북부의 건조한 밀-기장 지대와, 비가 많고 이모작이 가능한 중국 남부의 비옥한 지역으로 분리된다. 영국의 역사가 존 키[1941년~]에 따르면, 그 때문에 605~611년 사이에 건설된 황허강과 양쯔강을 잇는—그리고 기아가 잦았던 북부 지역과 농업 생산성이 높아 벼가 남아돌았던 남부 지역을 이어주는 역할도 한—중국의 대운하도 북아메리카 최초의 대륙횡단열차와 유사한 효과를 나타냈다.[5] 뿐만 아니라 대운하는 중세의 당나라와 송나라 때 북부의 남부 정복을 용이하게 해주어, 농업국 중국의 핵심적 지리가 통합되는 데 일조했다는 면에서 중국 통일의 요체이기도 했다. 역사적으로 보면 인간의 개별적 행동—운하 건설—이 결국 지리라는 단순한 사실보다 중요했다는 점은 이 부분에서도 뚜렷이 드러난다. 북부와 남부 사이에 존재했던 당시의 엄청난 차이를 고려할 때 만일 운하가 건설되지 않았다면, 동서 제국으로 분리된 로마와 마찬가지로 중국도 중세 초 2세기 동안 지속된 분리가 영원히 고착되었을 개연성이 높다는 의미에서다.[6]

그러나 하버드대학교 교수를 역임한 미국의 중국학 학자 고故 존 킹 페어뱅크에 따르면 "중국 북부와 남부 간의 차이도 아시아 내륙 고원의 유목민 지대와 집약 농업에 기반을 둔 중국 정착촌들 간의 차이에 비하면 피상적이었다". 여기서 페어뱅크가 말하는 아시아 내륙은 "만주로부터 몽골과 투르키스탄을 거쳐 티베트로 커다랗게 반원을 그리는 지역"으로 상당히 포괄적이었다. 그리고 이때 중국은 주변의 사막지대와 본토의 농업지대, 즉 목축지와 경작지 간에 나타나는 문화적 차이로 스스로를 자각했다는 것이 페어뱅크의 주장이다.[7] 이 "중심부-주변부 구조"는 농경지대인 중심부의 "중원

central plain" 혹은 "내지inner China"와 목축에 기반을 둔 주변부의 "변방frontiers" 혹은 "외지outer China"로, 중국의 인종적 지리에도 나타난다.[8]

정치학자 야쿠프 그리기엘이 "정치적 차이로 표현되었지만 알고 보면 생태적 차이를 강조하는 데 이용되었다"고 썼듯이 만리장성의 축조도 궁극적으로는 그것과 관련이 있었다.[9] 실제로 먼 옛날 중국인들에게는 농업이 곧 문명이었고, 중국Middle Kingdom이라는 명칭에도 주변 유목민들에게는 빚진 것이 없다는 의미가 내포돼 있다. 중국이 훗날 서구 기독교권과 공유하게 된 모종의 문화적 확신도 여기서 비롯되었다.[10] 농업국 중국은 기원전 3세기 주周왕조[기원전 1046~256년] 말엽부터 야만족과 유사 야만족 집단들을 흡수하기 시작했고,[11] 기원전 2세기 한나라 때부터는 다른 문화들―로마, 비잔티움, 페르시아, 아랍―과 만나 상대적이고 **지역적인** 공간 감각도 갖게 되었다.[12] 오늘날의 중국이 거의 대륙적 규모로 사막과 농경지를 두루 보유하게 된 것도 알고 보면 길고도 머나먼 이런 역사적 과정을 거친 결과였고, 앞으로도 이 특징[사막과 농경지 두 가지 모두를 포괄하고 있는 것]은 한동안 중국 지리의 기본을 이루게 될 것이다.

중국의 이 같은 세력 확장은 지금으로부터 3,000년 전 서주西周[기원전 1046~771년] 시대에 번영을 구가한 웨이허강과 황허강 하류의 "요람" 지역―만주와 내몽골 정남쪽의 경작이 가능한 북쪽 지역―에서 시작되었다.[13] 내륙 아시아에서는 목축만 하고 곡물을 경작하지 않았던 탓에 요람지 인구의 16분의 1에 불과했던 그곳 주민들은 먹고살기 위해 부득불 요람지로 진출할 수밖에 없었고,[14] 그래서 중국도 웨이허강과 황허강 하류를 벗어나 외부로 세력을 넓혀가기 시작한 것이다. 근래에 진행된 고고학 발굴에서는 중국 남동부와 베트남 북부에서도 그 무렵 문명이 발달했던 것으로 나타나고 있지만 말이다.[15] 그러다 170개 나라로 쪼개져 있던 중국이 7개*로 줄어든 전국시대[기원전 403~221년]에는 중국 문명이 지금의 상하이 지역을 포함해 남쪽의 벼농사와 차농사 지역으로 더 이동해 갔으나, 그럼에도 정치권력은 여전히 지금의 베이징 지역을 포괄하는 북부에 머물러 있었다.[16] 전국시대를 통일한 것은 진나라[기원전 221~206년]였다. 일부 어원론에 따르면 차이나^{China}라는 이름은 진에서 유래한 것이다. 진에 이어 등장한 기원전 1세기의 한나라 때는 또 중국이 황허강과 양쯔강 상류에서 태평양 연안까지, 그리고 한반도 곁에 붙은 보하이[발해]만에서 남중국해까지 알짜배기 농경지를 모두 차지했다. 한대의 황제들은 군사적 토벌과 외교적 협상 방법을 병행해, 외몽골과 동투르키스탄[지금의 신장웨이우월 자치구]은 물론 남만주와 한반도 이북에서도 유목민 훈족과 동일시되는 흉노족과 주종 관계를 수립했다.

그리하여 하나의 패턴이 만들어졌다. 중국의 정주 농업 문명은 만주에서 시계바늘 반대 방향으로 둥글게 돌아 티베트까지, 중국과 삼면으로 접하고 있는 건조한 고지대 유목민들에 맞서 지속적으로 완충 장치를 만들어야 했던 것이다.[17] 중국 역시 완충지대를 필요로 했다는 점에서, 러시아와 구조적으로 흡사한 역사적 딜레마에 빠져든 것이다. 그러나 두 나라 간에는 중요한 차이점이 있었다. 시

---

* 한, 위, 조, 제, 진, 초, 연.

간대가 11개나 되는 광대한 영토를 가졌지만 인구가 희박했던 러시아와 달리 중국은 고대부터 줄곧 인구밀도가 높았고, 응집력도 좋았던 것이다. 따라서 러시아보다 두려움이 덜했으므로 군국화의 정도도 약했다. 그런데도 중국은 특유의 에너지와 공격성을 지닌 왕조들을 배출하여 8세기 당나라 때는 문화 및 예술과 더불어 군사력도 눈부시게 발전했다. 중국군이 몽골과 티베트 사이의 지역까지 진출, 저 멀리 이란 북동부의 호라산에 이르기까지 중앙아시아 일대에 도호부를 설치함으로써 실크로드를 통한 교역을 활발하게 만든 것도 당나라 때였다. 당 황제들은 북서쪽의 투르크계 위구르족의 도움을 받아 남서쪽의 티베트와도 전쟁을 벌였다. 그러나 스텝의 모든 민족들과 한꺼번에 싸우기보다는 역시 그들 사이에 책략을 쓰는 것이 당나라의 방침이었으며, 실제로 군대는 당나라가 지닌 여러 방편들 중 하나에 지나지 않았다. 영국 역사가 존 키에 따르면 "'전국시대'에 유교가 형성된 것이 부분적 요인으로 작용하여 군부에 대한 문민 우위적 경향이 강했던" 것이 그 이유였다.[18] 페어뱅크도 "고대 중국을 빛낸 영광들" 가운데 "합리적 평화주의"가 포함되었던 것은 "덕치"가 유교적 국가관의 일부를 이루었기 때문이라고 말했다.[19] 반면에 학계 일각에서는 합리적 평화주의를 중국이 초원지대와 고원을 침략했던 것처럼 유목민들이 중국을 침략하게 만든 요인으로 간주하기도 한다. 실제로 763년에는 당나라 도읍 장안이 티베트군에 점령되기도 했다. 그보다 중요한 것은—모두가 북쪽의 초원지대 산물인—금나라[1115~1234년], 요나라[916~1125년. 거란국], 원나라[1279~1368년]의 수립에서 드러나듯, 중세 내내 중국이 내륙 아시아의 군사적 공세에 시달렸다는 사실이다. 송나라

[960~1279년]와 명나라[1368~1644년]가 혁신적 군사기술을 도입하여 초원지대 수복을 꾀했던 것도 실패로 돌아가, 중국은 17, 18세기 만주족이 세운 청나라 때가 되어서야 비로소 티베트와 동투르키스탄에서부터 몽골을 거쳐 극동에 이르는 내륙 아시아를 회복하는 데 성공했다(오늘날 중국이 지배하고 있는 다민족 영토에 대한 구상과 더불어 그것의 "경계가 정해진" 것도 바로 이 시기였다. 1683년에는 타이완도 청나라에 복속되었다).[20] 이렇듯 중국은 매킨더의 심장지대까지 뻗어나간 아시아 내륙의 스텝 지역과 엎치락뒤치락 상호작용을 지속적으로 주고받는 가운데 거대한 대륙 국가로 발전해갔고, 이것이 바로 오늘날 중국의 정치 현실을 움직이는 요소인 것이다.

그 사실을 보여주듯 지금 관건이 되는 것도, 중국 인구의 90퍼센트 이상을 차지하고 있고 중국의 농업 요람지에 주로 거주하는 한족이 과연 주변부에 사는 티베트인, 위구르족, 투르크족, 내몽골인들의 불만을 최소화시켜 영원히 지배할 수 있느냐는 것이다. 중국이 사회, 경제적 혼란을 겪고 있는 오늘날의 상황을 고려할 때 중국의 궁극적 운명도 결국은 이것에 달린 것이다.

현재 중국은 대륙 국가로서의 정점에 서 있다. 반면에 중국 고유의 역사적 기준으로 보면 유럽, 러시아, 일본과 같은 국가들에 영토를 침탈당한 상처를 아직 생생히 간직하고 있는 나라이기도 하다. 청나라가 동아시아의 병자로 전락한 19세기에 중국은 영국에 넘어간 남쪽의 네팔과 버마[지금의 미얀마], 프랑스에 넘어간 인도차이나, 일본에 넘어간 타이완, 조선*, 사할린, 그리고 러시아에 넘어간 몽골, 아무리아, 우수리아 등 많은 영토를 잃었고, 20세기에도 중국 핵심부의 산둥반도와 만주를 일본에 잃었다.[21] 중국이 19세기와

지리의 복수

20세기 초에 당한 굴욕은 그뿐만이 아니다. 중국은 서방 국가들의 강압으로 그들의 치외법권을 인정하는 [불평등] 조약을 맺어 일부 도시들의 통제권도 빼앗겼다. 그런 다음 1950년대로 시간을 신속히 이동시키면 동쪽의 카자흐스탄 및 키르기스스탄뿐 아니라 지난날 잃었던 모든 영토가 포함된 지도가 대중국의 중등학교에 출현한다. 그 점에서 청조의 전성기 이래 최초로 중국 대륙을 통합시킨 마오쩌둥도 수백 년간이나 존속했던 거대 제국이 오래지 않은 과거에 굴욕당한 상처를 내면화시키고 있던 실지失地 회복주의자였다고 말할 수 있다.[22] 중국 역사의 이런 변천 과정을 고려하면 마오쩌둥 사상에 깃들었던 오류 가운데 이것만은 그래도 용서할 수 있을 것 같기도 하다. 같은 맥락에서 2010년대로 접어든 오늘날의 중국 지도자들도 외관상으로는 마오쩌둥보다 부드러워진 듯하지만, 마음속으로는 언제나 중국 역사를 의식하고 있다. 현재 중국의 국경에 포함된 지역은 만주, 내몽골, 동투르키스탄, 티베트—다시 말해 중국 주변의 모든 고원과 초원지대—뿐이지만, 오늘날 중국 지배자들이 채택하는 경제와 외교 전략을 보면 8세기 때의 당나라와 청나라의 전성기였던 18세기 때의 영토 범위를 넘어서는 중국에 대한 **개념**이 내포돼 있다. 지난 30년간 경제적인 면에서 세계 최고의 활력을 보여준 데에서도 드러나듯 인구 대국 중국이 러시아와 달리 강압이 아닌 통상을 통해 자국의 힘을 확대해나가고 있는 것도 눈여겨보아야 할 사항이다.

그렇다고 지금보다 더욱 강한 세계 대국을 지향하는 중국의 계획이 일사천리로 진행되지는 않을 것이다. 무엇보다 연간 10퍼센

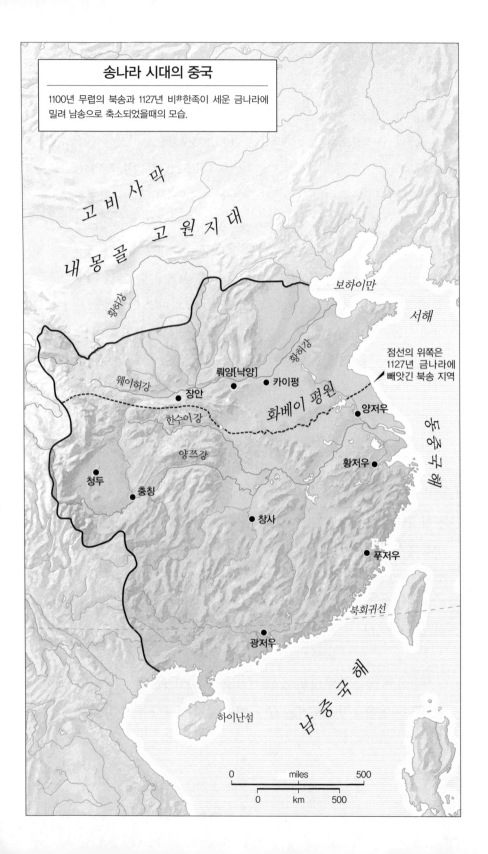

송나라 시대의 중국

1100년 무렵의 북송과 1127년 비캬한족이 세운 금나라에 밀려 남송으로 축소되었을때의 모습.

고비사막

내몽골 고원지대

황하강

보하이만

서해

웨이허강

뤄양[낙양]

장안

카이펑

황하강

점선의 위쪽은
1127년 금나라에
빼앗긴 북송 지역

화베이 평원

양저우

한수이강

황저우

양쯔강

동중국해

청두

충칭

창사

푸저우

북회귀선

광저우

남중국해

하이난섬

0   miles   500

0   km   500

트 이상의 국내총생산 성장률을 보인 지난 30년간의 현상이 앞으로도 지속될 리는 만무하다. 그것은 지리에도 나타나 있다. 그렇지만 설령 사회, 경제적 혼란이 일어난다 해도 중국은 여전히 지정학의 중심에 서게 될 것이다. 중국이 완전한 혼란에 빠져들 개연성 또한 희박하다. 중국은 매킨더 흉내를 내 고대 오리엔트와 근동에 공통적으로 나타난 관개 문명에 서구식의 극단적 현대성을 결합시키는, 다시 말해 수백만 노동력을 요하는 대규모 치수와 토목 사업을 벌이는 중앙 통제적 통치 양식의 특징을 보이고 있다.[23] 따라서 중국에서는 서구 민주주의와는 다른 형태의 혹독함과 역동성이 나타난다. 명목상의 중국 공산당 지도부 또한 4,000년 역사를 지닌 25개 중국 왕조의 최신판과 다를 바 없으므로, 서구 기술과 서구식 관례를 흡수하더라도 그것은 억제된 문화 체계의 틀 안에서 이루질 수밖에 없다. 조공 관계가 그것을 보여주는 대표적인 사례다. 싱가포르의 한 관리도 "중국은 당신의 환심을 사려고 들면 얼마든지 사고, 당신을 쥐어짜려고 들면 얼마든지 쥐어짤 수 있는 나라입니다. 그리고 그 일을 매우 체계적으로 행합니다"라고 말했다.

그런가 하면 중국은 경기 침체를 비롯한 그 모든 사회 불안과 비효율성이 포함된 내적 활력을 외적 야망으로 분출시키는 능력도 지니고 있다. 국가는 때로 의식하지 못하는 사이에 제국을 추구하기도 한다. 힘이 강해질수록 부족함과—직관에 반하게—새로운 불확실성에 사로잡히게 되고, 그것이 국가를 유기적 방식으로 세력을 팽창하게 만드는 요인이 된다는 얘기다. 미국도 그런 전례가 있다. 특별할 것이 없어 기억에도 가물가물한 대통령들—러더퍼드 B. 헤이스[19대], 제임스 가필드[20대], 체스터 앨런 아서[21대], 벤

저민 해리슨〔23대〕 등등—이 재임하던 시절, 미국 경제는 남북전쟁 〔1861~1865년〕이 종결될 무렵부터 미국-에스파냐 전쟁(1898년)이 시작되기 전까지의 기간에 고공행진을 보인 연평균 성장률로 승승 장구하고 있었다. 그 결과 내수보다는 해외 무역량이 늘어나 역사 상 처음으로 미국은 머나먼 지역들에서 경제적, 전략적으로 복잡한 이해관계를 갖게 되었고, 그로 인해 다른 군사행동들 중에서도 특히 남아메리카와 태평양에 해군과 해병대를 파견하게 되었다. 당시 미국 사회에 병폐가 만연했는데도 그런 일을 행했던 것이고, 사회 적 병폐는 병폐대로 역동성이 만들어낸 산물이었다. 1890년에 마지막 대전투를 치른 인디언전쟁에 이은 아메리카 대륙의 통합도 미국을 외부로 눈 돌리게 만든 또 다른 요인이었다.

중국도 이와 마찬가지로 지금 변경지들을 통합하면서 외부로 세력을 팽창하기 시작했다. 미국과 다른 점이라면 선교적 방식을 쓰지 않는다는 것이다. 중국에는 세계에 전파할 이데올로기도, 정부 제도도 없으니 당연한 일이다. 세계 정치를 도덕적으로 진보시키는 것은 중국이 아닌 미국의 목적일 뿐이다. 그렇다고 중국이 현상 유지에 만족하는 세력은 아니다. 전 세계 인구의 5분의 1을 차지하는 자국민들의 높아진 생활수준을 유지하기 위해서라도 중국은 해외로 나가 에너지, 금속, 전략적 광물을 확보해야 한다. 페어뱅크가 지적한 대로 중국은 "강 유역과 범람원들의 경작지 1제곱마일에 주민 2,000여 명이 복작거리게 하는 방식으로", 국토의 7퍼센트밖에 안 되는 농지로 세계 인구의 23퍼센트에 양식을 공급하는 재주를 지니고 있다.[24] 그런 중국이 지금은 대다수 도시 주민들에게 중산층의 생활수준을 제공해주어야 하는 그와 유사한 대중적 압박을 받

지리의 복수

고 있는 것이다.

중국은 이 목적을 달성하기 위해 인접 지역뿐 아니라 경제성장에 필요한 자원을 풍부하게 보유한 멀리 떨어진 지역과도 유리한 권력 관계를 구축했다. 이렇게 중국이 공인된 국경 밖으로 나간 것은 핵심적 국가 이익—경제적 생존과 성장—과 관련돼 있고, 그 점에서 중국을 극도로 현실주의적인 국가로 규정해도 무방할 것이다. 석유와 광물질이 풍부한 사하라사막 이남 아프리카 지역에서 으스스한 식민지풍의 존재감을 드러내려 한다거나, 탄화수소가 풍부한 아랍-페르시아권과 중국 해안지대를 이어주는 남중국해와 인도양 유역에서 항구 접근권을 얻으려 하는 것이 좋은 예다. 자원 확보에 관한 한 찬밥 더운밥을 가릴 계제가 아니므로 중국은 상대하는 나라의 정치체제도 문제 삼지 않는다. 중국이 필요로 하는 것은 안정이지 덕이 아닌 까닭이다. 문제는 중국이 교류하는 일부 나라들—이란, 수단, 짐바브웨 등—의 정부가 미개하거나 독재적이거나 혹은 그 두 요소를 모두 가졌다는 것이고, 그러다보니 전 세계 자원을 싹쓸이하려는 중국의 행동이 인도와 러시아처럼 중국과 세력권이 겹치는 나라들뿐 아니라, 선교적 태도를 지닌 미국과도 충돌을 일으킬 소지가 있다는 것이다. 이들 나라와 동남아시아, 중앙아시아, 중동의 여타 국가들이 지난날 중국의 이런저런 왕조의 세력하에 있었다는 것 또한 종종 간과되는 사실이다. 심지어 수단도 15세기 초 명나라의 수군 제독 정화가 진출했던 홍해 유역 변에 위치해 있다. 이렇게 보면 중국은 제국적 영역을 새롭게 구축하는 것이 아니라 재확립하고 있는 것이다.

그렇다고 중국이 실존적 위협까지 제기하는 것은 아니다. 미국과 중국 간의 전쟁이 일어날 가능성은 매우 희박하다. 뒤에 다시 나오겠지만 중국의 군사적 도전이 있는 것은 사실이지만, 그것은 어디까지나 간접적 위협일 뿐이다. 그보다 채무, 교역, 기후변화와 같은 중요한 문제들이 산적한 상황에서 중국이 가장 본질적인 수준에서 제기하는 도전은 지리적인 것이다. 유라시아와 아프리카—즉 매킨더의 "세계 섬"—에서 중국의 영향을 받는 지역이 새롭게 늘어난 것도 그것을 말해주는 요소다. 19세기의 제국주의적 의미에서가 아니라 세계화 시대에 걸맞은 보다 교묘한 방식으로 세력을 확대하고 있는 것이다. 중국은 단순히 경제적 필요를 충족시키는 것만으로 동반구에서 힘의 균형을 변화시키고 있으며, 미국도 그 점을 상당히 우려하게 될 것이다. 중국은 지도에서 유리한 위치를 점하고 있는 것을 활용해 중앙아시아에서 러시아권 극동으로, 남중국해에서 인도양으로, 육지와 바다에서 종횡으로 세력을 확대해나가고 있는 것이다. 이렇듯 중국은 떠오르는 대륙 국가이고, 나폴레옹의 유명한 말처럼 그런 나라들의 정책이 내재돼 있는 곳이 바로 지리인 것이다.

그러나 중앙아시아와 동아시아 지도에서 유리한 위치를 점하고 있기는 하지만 21세기의 중국은 다른 면에서는 위험할 정도로 불완전하다. 북쪽에 몽골("외몽골")이 자리해 있는 것만 해도 그렇다. 마치 중국에 물어뜯긴 것처럼 지도에 커다란 얼룩 모양으로 찍혀 있는 몽골은 남, 서, 동쪽으로 중국과 접경하고 있고, 인구밀도도 세계에서 가장 낮은 나라 축에 속한다. 그리고 그런 이유로 최근 유라시아에서 진행되고 있는 역사적 대이주, 다시 말해 북진 경향을 보이는 중국 도시 문명의 위협에 직면해 있다. 몽골이 우려하는 것은 내몽골[네이멍구]이 이미 한족 이주민들로 가득 차 있는 상황에서, 그들이 다음 차례가 되어 중국에 인구적으로 정복당하지 않을까 하는 것이다. 경작선을 북쪽으로 이동시켜 외몽골을 한번 점령한 적이 있는 중국이 세계화를 통해 몽골을 재정복할 개연성이 있기 때문이다. 중국이 탐내는 것은 몽골의 석유, 석탄, 우라늄, 그 밖의 광물, 그리고 한때 청나라가 소유했던 비옥하고 광활한 초원지대다.[25] 중국이 몽골로 통하는 접근 도로를 건설한 것도 그것을 염두에 둔 조치로 해석될 수 있다. 현재 중국은 산업화와 도시화를 거침없이 진행하고 있다. 그런 이유로 세계 유수의 알루미늄, 구리, 석탄, 납, 니켈, 아연, 주석, 철광석 소비국이 되었다. 그런데 이 모든 자원을 몽골이 풍부하게 보유하고 있는 것이다. 중국이 세계에서 차지하는 금속 소비율은 1990년 이래 10퍼센트에서 25퍼센트로 껑충 뛰었다. 그러다보니 중국 광산업체들은 몽골 지하 자산의 지분을 얻는 데 혈안이 되었다. 그 점에서 티베트, 만주, 홍콩이 중국 본토에 흡수된 것을 감안할 때 몽골은 앞으로 중국의 의도를 알 수 있는 판단의 척도가 될 만하다. 실제로 지난 2003년 내가 자민우드 시와 가까운 몽골-중국 국경을 찾았을 때 그곳은 편평하고 완만하게 경사진 고비사막에 세워진 인위적 경계에 지나지 않았다. 그리고 그곳에 아치형으로 멋지게 설계된 중국의 국경 검문소는 펠트 천막과 고철 오두막들이 늘어선 인구 희박한 몽골의 스텝 지역을 잠식해 들어가는, 사람들로 북적이고 산업화된 남쪽의 단일체를 상징하듯 빛을 발하고 있었다. 반면에 중국이 가진 인구적, 경제적 이점은 중국의 내몽골 자치구에서 인종적 분쟁이라도 일어나면 양날의 칼이 될 수도 있다. 주변부의 목초지대를 광범위하게 보유함으로써 얻어지는 중국의 영향력이 다인종 국가 특유의 약점으로 작용할 수도 있다는 얘기다. 최근의 급속한 경제 발전으로 전 세계 투자가들이 몽골로 쇄도함에 따라 베이징 정부의 영향력이 줄어들고 있는 것도 중국의 계획에 차질을 줄 수 있는 요소가 된다.

한편 중국의 세 성이 있는 만주 북부처럼 몽골 북부에는 바이칼 호와 블라디보스토크 사이에 끝없이 펼쳐진 자작나무 숲지대, 곧 러시아령 극동이 위치해 있다. 크기가 유럽의 두 배에 달할 만큼 광 대한데도 인구는 670만 명에 지나지 않고, 그마저 지금은 450만 명 수준으로 줄어드는 추세다. 앞서도 언급했듯이 러시아가 그곳으 로 세력을 팽창한 것은 19세기와 20세기 초 중국의 힘은 미약했던 반면 자국의 제국주의는 팽창하고 있을 때였다. 그런데도 러시아 는 자국 내의 다른 지역과는 비교가 안 될 정도로 동쪽의 그 3분의 1 영토, 특히 중국과 접경한 지역에서는 힘을 제대로 못 쓰고 있다. 그와 달리 국경 너머의 북만주[외만주] 지역에는 동부 시베리아 인 구밀도보다 무려 62배나 높은 100만 명의 중국인이 거주하고 있다. 몽골 북쪽에 위치한 시베리아 도시 치타Chita만 해도 다수의 중국인 들이 거주하고 있으며, 그 수는 날로 늘어나고 있다. 인구가 희박 한 러시아령 극동이 중요한 이유는, 중국이 자원 획득을 외교정책 의 주요 목표로 삼고 있는 시점에 천연가스, 석유, 목재, 다이아몬 드, 금 등의 자원이 그곳에 풍부하게 매장돼 있기 때문이다. 〈데일 리 텔레그래프〉의 데이비드 블레어 기자도 "러시아와 중국이 전략 적 동맹을 가동할 개연성도 없잖아 있지만, 극동에 관한 한 두 나라 사이에는 이미 긴장이 조성되어 있다. 모스크바는 중국인 이주민들

지리의 복수

에 이어 목재 회사와 광산 회사들까지 그곳으로 들이닥치지 않을까 촉각을 곤두세우고 있다"고 썼다.[26] 몽골에서와 다를 바 없이 그곳에서도 침략군이나 형식적 병합이 아닌, 명대와 청대에 많은 부분을 잃었던 지역을 중국이 인구적, 상업적으로 지배하려고 드는 것이 문제인 것이다.

냉전 시대에는 중소 간 국경 분쟁이 무력 충돌로 이어져 시베리아의 그 궁벽한 지역에도 병력 수십만 명이 집결하는 사태가 빚어졌다. 1969년 소련은 러시아 쪽의 아무르[헤이룽]강과 우수리강 변에 53개 사단 병력을 주둔시켰고, 마오쩌둥의 중국도 그에 질세라 국경 자국 영토에 병력 100만 명을 배치한 것도 모자라 방공호까지 구축했다. 소련의 지도자 레오니트 브레즈네프[1906~1982년]가 당시 데탕트 정책을 취해 미국과 긴장 완화를 시도한 것도 소련에 가해지는 서방의 압력을 누그러뜨려 극동에 보다 집중하기 위해서였다. 그리하여 중국은 사실상 소련, 소련의 위성국 몽골, 친소 국가 북베트남, 북베트남에 예속된 라오스, 또 다른 친소 국가 인도에 둘러싸인 나라가 되었다. 닉슨 행정부가 1971~1972년에 중국과 관계 정상화를 할 수 있었던 것도 알고 보면 이 모든 긴장이 중소 분쟁으로 이어졌기 때문이다.

그렇다면 다시금 지리는 지금은 주로 전술적 동맹에 머물고 있는 러시아와 중국의 관계에 금이 가게 할 수 있을까? 그리고 이번에도 미국은 과거에 그랬듯 양국 분쟁의 수혜자가 될 수 있을까? 그러나 이번에는 상황이 조금 달라질 수 있다. 미국이 제1도련선First Island Chain으로부터 중국의 관심을 돌려놓기 위해, 중국과 [세력] 균형을 맞추려는 전략적 동맹의 일환으로 러시아와 손잡을 개연성이 있다는 얘기다. 실제로 앞으로 일본, 한국, 타이완 가까운 곳에 주둔하는 중국 해군이 늘어나는 것을 막기 위해서라도 미국은 러시아와 특별한 우호 관계는 물론이고, 중국에 인접한 중앙아시아에 기지를 두고 그곳에서 중국에 압력을 가할 필요성이 생겨날 수 있다. 육지에 가하는 압력만으로도 중국 해군력을 저지하는 것은 얼마간 가능하기 때문이다.

반면에 또 다른 시나리오, 북만주와 러시아령 극동 주민들에게는 한층 낙관적이고 유용한 것이 될 시나리오도 생각해볼 수 있다. 1917년 이전으로 역사를 거슬러 올라가는 이 시나리오는, 중국의 교역과 인구가 아무리아와 우수리아로 유입돼 러시아령 극동에서 경제적 르네상스가 일어나고, 진보적 러시아 정부가 그것을 받아들여 블라디보스토크를 동북아시아의 글로벌 중심지로 지금보다 좋게 발전시키는 데 이용한다는 가정에 근거하고 있다. 여기서 한 발짝 더 나아가면 한반도의 북한에도 지금보다 더 나은 정부가 등장하고, 그리하여 동북아시아가 동해를 중심으로 개방된 국경들을 가진 역동적 지역이 되는 시나리오가 가능할 수도 있다.

구 소련령 공화국들과 접하고 있는 중국의 국경은 불완전하다기보다는 오히려 임의적이며, 그 점에서 얼마간 비역사적이다. 유라시아의 중심으로 지나치게 멀리 뻗어나간 것만 해도 그렇다. 그렇다고 만족할 수준으로 뻗어나간 것도 아니어서, "새로운 영토"를 뜻하는 중국 서단의 신장웨이우월[위구르] 자치 지구만 해도, 서투르키스탄*을 제외한 동투르키스탄만 포함돼 있을 뿐이고, 게다가 그곳은 중간의 고비사막에 가로막혀 중국의 인구 중심지와도 동떨어져 있다. 또한 이런저런 형태로 3,000년 역사를 지닌 중국과 달

　　　　　　　　　　　지리의 복수

리 신장웨이우얼 자치 지구는 청조의 6대 황제 건륭제[1711~1799년]가 서쪽의 거대 영토를 정복하여 중국의 크기를 두 배로 늘리고 러시아와의 "서쪽 국경"도 확정 지은 18세기 중엽에야 중국의 한 성으로 편입되었다.[27] 지금은 고인이 된 영국의 외교관 겸 여행 작가 피츠로이 매클린에 따르면 신장웨이우얼 자치 지구가 "소요가 끊이지 않는 역사"를 갖게 된 것도 그때부터였다.[28] 실제로 1940년대까지도 그곳에서는 반란이 끊이지 않았고, 그 과정에서 투르크족 독립국가가 수립되기도 했으나 결국에는 1949년 그곳으로 진군해 들어온 마오쩌둥 군대에 의해 중화인민공화국에 편입되었다. 그러나 1990년 그리고 2009년에 다시 중국의 지배에 항거하는 투르크계 위구르족의 폭동과 유혈 사태가 일어난 것으로도 알 수 있듯이 신장웨이우얼 자치 지구는 여전히 불안정한 상태에 놓여 있다. 745년부터 키르기스족에 밀려 동투르키스탄으로 쫓겨났던 840년까지, 한때 몽골을 지배하기도 했던 위구르족은 인구가 800만 명 정도로 중국 전체 인구의 1퍼센트도 안 되지만, 텍사스주 크기의 두 배에 이를 만큼 중국에서 두 번째로 큰 성인 신장에서는 인구의 45퍼센트를 점하고 있다.

실제로 중국 인구는 태평양 연안지대와 강기슭의 저지대 그리고 대륙 중심부 하천 유역의 충적토 지대에 집중돼 있어, 광대한 서부와 남서부의 3,500미터 고지대에 주로 위치한 건조한 고원들에는 상대적으로 인구가 희박하다. 중국에 적대적인 위구르족과 티베트

---

* 구 소련 영토였으며, 지금의 투르크메니스탄, 우즈베키스탄, 타지키스탄, 키르기스스탄, 카자흐스탄 남부 지역에 해당한다.

인들의 근거지가 될 정도로 그곳의 상태는 심각하다. 앞서도 언급했듯이 중국의 발상지는 선사시대부터 인류가 살았을 것으로 믿어지는 황허강과 특히 웨이허강 유역이며, 그곳에서 로마제국의 도로들과 같은 효과를 나타낸 큰 강들을 따라 문명적 개념으로서의 중국이 조직적으로 퍼져나가기 시작했다. 그곳, 중국 문명의 중심으로부터 땅은 "푸르른 채소밭과 논들로 흘러드는 무수한 강, 운하, 관개수로들"에 의해 종횡으로 뻗어나갔으며, "주기적으로 일어나는 하천 범람으로…… 땅은 필요한 자양분을 공급받았다".[29] 하지만 지금은 중국 영토가 하천 유역의 그 중심지뿐 아니라 투르크족의 중앙아시아와 역사적 티베트와도 중복되는 상황이며, 그것이 바로 베이징 정부가 현재 안고 있는 지도 제작상의 고민이다. 게다가 그것은 중국의 제국 역사와도 부합되기 때문에 중국 정부로서는 인접한 고원지대를 지배하는 것 외에는 다른 선택지가 없는 실정이다. 20세기 중엽에 활동한 미국의 중국 전문가 오웬 래티모어도 "황허강은 티베트의 적설積雪에서 발원하며, 그 강의 줄기는 몽골 초원 부근으로도 흘러간다"고 그 점을 일깨워주는 글을 썼다.[30] 실제로 티베트는 황허강, 양쯔강, 메콩강, [미얀마의] 살윈강, [중앙아시아와 남아시아를 흐르는] 브라마푸트라강, 인더스강, [인도 북부와 파키스탄을 지나는] 수틀레지강이 발원하는 세계 최대의 담수 저장고가 될 여지가 있고, 게다가 2030년 무렵에는 중국의 용수 수요가 25퍼센트 부족할 것으로도 예측되고 있다.[31] 그러므로 석유, 천연가스, 구리가 수십 억 톤이나 매장돼 있는 그 지역을 확보하기 위해서라도 중국은 앞으로 수십 년에 걸쳐 인구 밀집 지대에 사는 한족을 그곳으로 이주시킬 필요가 있는 것이다. 이 상황을 신장웨이우얼 자치 지구에 적용하면 위구르족이 정치적, 지리적 배후 기지를 갖지 못하도록 중국이 중앙아시아의 투르크족 공화국들에 적극적으로 구애해야 하는 것을 의미한다.

현재 중국은 시베리아 동부에서와 마찬가지로 중앙아시아에서도 러시아와 치열한 세력권 다툼을 벌이고 있다. 중국과 구 소련권 중앙아시아 간의 교역 규모는 1992년에 5억 2,700만 달러이던 것이 2009년에는 물경 259억 달러로 늘어났다.[32] 그렇지만 중국이 앞으로 한동안 중앙아시아를 지배하는 데는 수송관 두 개만으로도 충분할 것이다. 카스피해에서 카자흐스탄을 가로질러 신장으로 이어지는 송유관 하나와, 투르크메니스탄과 우즈베키스탄 국경지대로부터 우즈베키스탄과 카자흐스탄을 가로질러 신장으로 연결되는 가스관이 그것이다. 재차 말하지만 탐욕스런 에너지 수요와 소수민족이 제기하는 내적 위험이 있다 해도 대중국이 매킨더의 유라시아 심장지대로 세력을 확대하는 데 굳이 군대까지 필요로 하지는 않을 거라는 얘기다.

중국은 이 모든 일을 행함에 있어 위험 부담을 지는 것도 마다하지 않는다. 아프가니스탄에 세계의 모든 지역들 중에서 마지막으로 아직 개발되지 않은 구리, 철, 금, 우라늄, 보석이 묻혀 있는 것에 주목하여 전쟁으로 피폐해진 카불 이남 지역에서 이미 구리 채굴 작업을 시행하고 있는 것에서도 그 점이 드러난다. 중국은 아프가니스탄(과 파키스탄)을, 이제 막 지배하기 시작했다고 해도 좋을 중앙아시아와 연계시켜, 인도양 항구들로부터 천연자원을 실어 나르는 도로와 에너지 수송관들을 위한 안전한 도관으로 만들려는 구상을 하고 있다. 중국이 신장웨이우얼 자치 지구와 키르기스스탄,

타지키스탄, 아프가니스탄을 잇는 도로 건설에 "이례적으로 적극성"을 보인 것도 그래서였다. 중국의 국영기업 시시주철도그룹China Railway Shisiju Group도 아프가니스탄의 와르다크주에서 "위험을 무릅쓰고" 선로를 건설하고 있다. 중국은 이렇듯 여러 방향에서 아프가니스탄으로 진입할 수 있는 철도 인프라를 개선하는 중에 있다.[33] 이렇게 보면 미국이 알카에다와 탈레반 극렬분자들을 소탕해봤자 좋아지는 것은 결국 중국의 지정학적 위치라는 얘기가 된다. 군사행동은 일시적인 것에 그치지만 도로, 철도, 수송관은 거의 영구적일 수 있기 때문이다.

중국 정부가 자국 영토의 많은 부분을 차지하고 있는 티베트의 독립은 말할 것도 없고 자치에도 호들갑스럽게 손사래를 치는 것 또한, 신장웨이우월 자치 지구에 위치한 타클라마칸사막과 마찬가지로 방만하게 뻗어나간 산악 지형인 티베트 고원지대에 구리와 철광석이 풍부하게 매장돼 있는 것과 관련이 있다. 티베트가 없어지면 중국의 영토가 크게 줄어드는 반면 인도 아대륙은 실질적으로 넓어지는 것도 문제다. 중국이 티베트 산괴를 가로지르는 도로와 철도 건설 계획에 속도를 내는 것도 그것으로 설명될 수 있다.

그리하여 만일 중국의 도로 건설과 인도양 항구 접근 계획이 실현되어 파키스탄이 미래의 대중국권에 편입되고, 상대적으로 허약한 동남아시아 국가들도 같은 범주에 들어온다고 가정하면, 10억 명 이상의 인구를 가진 인도가 그 막강한 중국 세력권을 분열시키는 지리적 요인이 될 수 있다. 즈비그뉴 브레진스키의 『거대한 체스판』에 나오는 대중국 지도에도 그 점이 명시돼 있다.[34] 실제로—두 나라 모두 인구 대국인 데다, 찬란하지만 또 매우 다른 문화적 배경을 지니고 있고, 지리적으로 가까우며, 골치 아픈 국경 분쟁을 겪고 있기도 한―인도와 중국은 상보적 교역관계를 맺고 있음에도, 지리 때문에 어느 정도의 경쟁이 불가피한 상황이다. 그 점에서 티베트 문제도 두 나라 관계에 불을 지르는 것이 되고, 심지어 중심적 역할을 할 수도 있다. 게다가 인도 다람살라에는 티베트 망명정부가 수립돼 있어, 그곳에서 달라이 라마는 티베트 문제를 전 세계 여론에 지속적으로 환기시키고 있기도 하다. 워싱턴 DC에 소재한 독일 마셜 펀드의 아시아 담당 선임연구원인 대니얼 트위닝은 최근 긴장감이 높아지고 있는 인도-중국 간 국경 문제도 어쩌면 차기 달라이 라마가 중국 이외의 지역, 다시 말해 북인도, 네팔, 부탄을 아우르는 티베트 문화권에서 지명될 수 있는 개연성으로 볼 때, "달라이 라마의 승계에 대한 중국 정부의 우려와 관련이 있을 수 있다"고 썼다.[35] 티베트고원의 일부고, 따라서 지리적으로 인도 아대륙의 경계가 되는 저지대 외곽에 위치해 있다는 이유로, 중국이 영유권을 주장하고 있는 인도의 아루나찰프라데시주도 이 티베트 문화권에 포함돼 있다. 그 밖에 중국은 네팔공산당〔마오이스트〕이 지배하는 정정이 불안정한 히말라야산맥의 완충국 네팔로도 군사적 영향력을 확대하고 있으며, 인도도 그에 맞서 인도-네팔 방위협력 협정을 체결했다. 중국과 인도의 이 거대한 게임은 거기서 그치지 않고 방글라데시와 스리랑카에서도 계속될 전망이다. 1962년의 인도-중국 국경 분쟁으로까지 치달아간 인도 북쪽에서 가해지는 중국의 이런 압박은 티베트에 대한 지배력을 유지하기 위해서라도 계속될 수밖에 없는 상황이다. 나날이 열기를 더해가는 전 세계의 미디어 환경으로 볼 때, 티베트 민족주의라는 낭만적 대의가 사라지기는커녕 오히려 격화될 것이라는 점이 그것을 말해준다.

물론 혹자는 골치 아픈 분쟁 지역들을 잔뜩 껴안고 있는 국경들로 인해 중국의 힘이 제한되고, 따라서 지리도 중국의 야망을 채워주기보다는 오히려 걸림돌이 될 수 있다고 주장할 수 있을 것이다. 중국이 사실상 포위되기 때문이라는 것이다. 그러나 최근 몇십 년 동안 중국이 보여준 경제적, 인구적 팽창과 정도는 줄어들겠지만 가까운 미래까지 경제성장이 지속될 거라는 합리적 전망이 나오는 것으로 볼 때, 중국이 가진 다수의 국경은 이점으로 작용할 여지도 있다. 역동성이 떨어지고 인구밀도가 낮은 지역들로 잠식해 들어가는 것은 중국이지, 그와 정반대의 상황이 전개될 개연성은 없기 때문이다. 일각에서는 중국과 접경한, 실패했거나 혹은 반ᵗ실패한 국가들—즉 아프가니스탄과 파키스탄—이 베이징에 위험을 제기할 수 있다고도 말하지만 내가 그 국경들에 가본 바로는 그럴 가능성 또한 희박하다. 해발이 높고 매우 외딴 지형에 속해 있어 사람이 거의 살지 않는 것만 해도 그렇다. 파키스탄이 완전히 해체된다고 해도 중국 쪽 국경에서는 무슨 일이 벌어지는지 거의 알아차릴 수 없을 정도다. 문제는 중국의 국경들이 아니라 중국 사회에 있다. 나라가 번창일로를 걷는 시점에서 경제성장률이 둔화되면 정치적 격변의 유령이 되살아날 수도 있다는 의미에서다. 격변의 정도가 심하면 소수민족들이 사는 중국 주변부도 별안간 취약해질 것이다.

중국이 야망을 실현하기에 가장 유리한 출구는 나라들이 비교적 허약한 동남아시아 방면이다. 그리고 그곳에서도 중국의 지리는 역시 불완전하다. 베트남만 해도 근대의 1,000년기에 중국에 지배당한 역사를 지니고 있다. 13세기 말엽 (몽골족의) 원나라가 버마, 시암〔타이〕, 베트남에 침략군을 보낸 것이다. 중국인들의 타이 이주도 몇백 년의 역사를 지니고 있다. 래티모어에 따르면, 중국 남동쪽에 만리장성이 없는 것은 중국과 버마 사이에 울창한 숲과 습곡 산지가 있었던 것도 원인이지만, 그 못지않게 서쪽의 버마로부터 동쪽의 베트남에 이르기까지 전 국경지대에 걸쳐 있던 중국의 세력 범위가 북부 지역에 비해 불안정했던 것도 요인이었다.[36] 지금도 중국과 버마의 일부 지역, 그리고 중국과 타이, 라오스, 베트남 사이에는 자연적 방해물이 거의 없다. 그 점에서 중국 도시 툰밍이 앞으로, 윈난성의 댐들로 세계의 인구 전란터인 그곳에 타이와 여타 국가들이 소비하는 전력을 제공함으로써, 인도차이나의 모든 국가들이 도로와 강으로 연결되는 메콩강 번영권의 수도가 될 개연성도 있다. 5억 6,800만 명의 인구를 보유한 동남아시아의 메콩강 번영권이야말로 중국의 13억 인구가 인도 아대륙의 15억 인구로 수렴되는 곳이기 때문이다.

　동남아시아 국가들 중에서 중국에 특히 중요한 나라는 그 지역에서 영토도 가장 넓고 여기저기로 뻗어나간 버마다. 몽골, 러시아령 극동, 중국의 인위적 국경과 접하고 있는 여타 지역들과 마찬가지로 버마는 중국이 절실히 필요로 하는 금속, 탄화수소, 기타 천연자원을 풍부하게 보유하고 있으면서도 허약한 나라인 것만 해도 그렇다. 중국과 인도가 개발권 경쟁을 벌이고 있는 버마 쪽 인도양 연안에서 중국 윈난성까지의 거리가 채 800킬로미터도 되지 않는 것도 버마가 중요한 이유다. 그리고 여기서도 관건이 되는 것은 벵골만의 가스전에서 가스를 실어나를 미래의 수송관이다. 이를 통해 중국의 영역은 법적 경계를 벗어나 자연적 지리, 역사상의 한계까지

다다르게 될 것이다. 그동안은 타이가 그 지역의 버팀목 및 중국에 맞선 균형자 역할을 해왔으나, 타이 정치에 깊숙이 내재된 구조적 문제—국왕이 병약하여* 왕실도 안정적 세력이 되지 못하고, 군부는 군부대로 당파 싸움에 열을 올리고 있으며, 일반 시민들 또한 도시 중산층과 진취적 농민층으로 갈린 채 이데올로기 싸움을 벌이고 있다—때문에, 그것도 이제는 여의치 않아 중국의 파이프라인은 실제로 건설될 것이다. 그런가 하면 중국은, 미국의 힘이 중동 전쟁들에 쏠린 뒤로는 중요성이 감소되었던 코브라 골드^{Cobra Gold} 연합 훈련**으로도 드러났듯 그 지역에 미군이 주둔해 있는 상황에서도 현금 뭉치를 싸들고 다니며 타이 및 여타 동남아시아 국가들과 군사적 쌍무 관계를 맺고 있기도 하다(물론 지금은 상황이 달라져, 오바마 행정부도 군사적으로 더욱 강해진 중국에 맞서기 위해 중동보다는 아시아 중시 정책을 취하고 있다).[37]

중국에서 멀리 떨어진 동남아시아의 또 다른 두 나라, 말레이시아와 싱가포르도 국가 건설의 동력이 되었던 강력한 두 정치 지도자 마하티르 빈 모하마드***와 리콴유****가 정치 무대를 떠남에 따라 민주주의로 이행해가는 힘겨운 시기를 맞고 있다. 말레이시아의 경우 말레이인들이 모두 무슬림인 데다 이슬람교 또한 민족적 성향을 띠다보니 말레이인, 중국인, 인도인 공동체들 간에 틈이 벌

---

* 푸미폰 국왕이 2016년 10월 서거하여 라마 10세가 왕위를 계승했다.
** 1981년부터 미국 태평양 사령부와 타이군 사령부가 공동으로 주관하여 시행하는 동남아시아 지역의 다국적군 연합 훈련.
*** 1981~2003년 말레이시아 총리를 역임했다.
**** 싱가포르 초대 총리로, 1959~1990년 싱가포르 총리를 역임했다.

어지게 된 것이다. 슬금슬금 이슬람화되는 것을 견디다 못해 지난 20년간 말레이시아를 떠난 중국인만 해도 7만 명에 달했다. 반면에 수입품 대부분을 중국에서 들여올 만큼 중국에 대한 말레이시아의 경제 의존도는 갈수록 심화되고 있다. 중국인들은 인기가 없지만, 그렇다고 막강한 "나라" 중국을 거부하지는 못하는 것이다. 중국에 대한 은밀한 두려움은 말라카해협 중에서도 폭이 가장 좁은 곳, 전략적으로 중요한 해역에 위치한 도시 국가 싱가포르의 예로 가장 극명하게 드러난다. 싱가포르 인구는 중국계가 77퍼센트, 말레이계가 14퍼센트로 중국인 비율이 압도적으로 높다. 그런데도 싱가포르는 중국의 속국이 될 것을 우려하여, 타이완과 오랫동안 군사훈련 관계를 유지하고 있는 것이다. 총리직에서 물러난 뒤 고문 장관으로 재임 중인 리콴유도 최근 미국에 싱가포르와 군사, 외교적 관계를 계속 유지해줄 것을 공개적으로 촉구했다. 그 점에서 싱가포르가 앞으로도 당당히 독립을 유지할 수 있느냐의 여부는 몽골에서 전개되었던 것처럼 그 지역에서의 베이징의 영향력을 간파할 수 있는 판단의 척도가 될 만하다. 인도네시아도 중국에 맞설 수 있는 방어벽으로서 미 해군 주둔을 필요로 하면서도, 지나친 친미로 기울면 또 이슬람권의 심기를 건드릴 수 있다는 점 때문에 난처한 입장이다. 근래에는 중국이 동남아시아국가연합[ASEAN]과 자유무역협정[FTA]을 타결, 자유무역지대를 시행함으로써 중국과 남아시아 국가들 간에 조공 관계가 형성되고 있음을 보여주기도 했다. 중국은 분할 정복 전략으로 일괄 협상이 아닌, 동남아시아국가연합의 각 나라들과 개별 협상을 진행하는 방식을 사용한다. 그런 식으로, 동남아시아국가연합을 자국의 고가 상품을 내다 팔고 그 나라들로부터는 저가의 농산물을 수입하는 시장으로 이용하는, 고전적 식민지풍 관계를 만들어가고 있는 것이다.[38] 그러다보니 동남아시아국가연합 국가들은 중국의 값싼 도시 노동력이 만들어내는 공산품의 쓰레기 처리장이 되는 반면 중국은 무역수지에서 흑자를 올리는 결과가 초래되고 있다. 실제로 21세기의 첫 10년간 중국과 동남아시아국가연합 간의 무역수지 격차는 다섯 배로 벌어졌다. 근래의 예로도 그 점이 확인된다. 1998년부터 2001년까지 말레이시아와 인도네시아의 대중국 수출액은 2003~2004년 필리핀의 대중국 수출액과 마찬가지로 곱절이 불어났고, 2002년부터 2003년까지의 동남아시아국가연합 국가들의 대중국 수출액 또한 51.7퍼센트 늘어나, 2004년에는 "미국을 제치고 중국이 그 지역의 주도적 교역국이 된 것이다".[39] 그런가 하면 중국의 경제적 지배는, 중국이 동남아시아 전역에서 현대화의 엔진 역할을 한다는 점에서 부조적 성격을 지니고 있기도 하다. 하지만 이 시나리오에는 역사적으로 중국의 적이었고, 앞으로 인도 및 일본과 더불어 중국에 맞서는 장벽이 될 수 있는 대규모 육군과 전략적 지점에 해군기지도 보유하고 있는 베트남이라는 까다로운 요소가 내포돼 있다. 그러나 이런 베트남조차 북쪽의 강력한 이웃 나라로 인한 두려움 때문에 중국과 우호 관계를 유지할 수밖에 없는 입장이다. 물론 아직은 중국의 대륙 팽창이 초기 단계에 머물러 있고, 따라서 주변부에 미치는 중국의 지배력도 시작 단계에 있다. 그 점에서 앞으로 몇십 년간 중국이 이 목적을 달성하기 위해 어떤 행보를 보이느냐는 매우 중요해질 전망이다. 그리하여 이 목적을 달성하면 중국은 과연 이 지역에서 어떤 종류의 패권국이 될까?

몽골, 러시아령 극동, 중앙아시아, 동남아시아는 모두―물론, 그렇다고 정치적 국경이 변하지는 않겠지만―중국의 영향력과 팽창이 미치는 자연적 지대에 속한다. 그러나 세계가 점차 정보 기술에 뚫리고 있는 상황에서 은둔의 나라 북한의 전망도 극히 어두울 수밖에 없다는 주장을 받아들인다면, 이들 지역 중에서도 중국의 지리가 가장 불완전한 곳은 역시 정치적 국경이 변할 개연성이 높은 한반도일 것이다. 그리고 그렇게 되면 북한은 정권이 해체되어, 향후 수십 년간 동아시아 전역의 운명에 영향을 미칠 수 있는 그 지역의 진정한 핵이 될 것이다. 만주에서 자연적으로 돌출해 나온 부속지 한반도야말로 중국 북동부의 해상 교통권을 죄다 장악하고 있을 뿐 아니라, 무엇보다 중국 최대의 근해 유전 지대가 있는 보하이만을 옆구리에 끼고 있기 때문이다. 〔한국은〕 고구려 시대에는 남만주와 한반도 이북의 3분의 2를 지배했고, 나중에는 전쟁을 벌였지만 〔북〕위 시대에는 중국에 조공도 했다. 그보다 오래된 고대의 한나라와 근대의 청나라 때는 한반도의 일부 지역, 특히 북부가 중국의 지배를 받기도 했다. 그러나 어느 곳이 됐든 중국이 앞으로 한반도를 병합하는 일은 결코 없을 것이다. 다만 한국이 주권을 갖는 상황에 대해서는 중국도 좌절감을 갖게 될 것이다. 중국이 김정일과 김정은의 스탈린식 정권을 지지해준 것도 그들을 좋아해서가 아니라―러시아와 가까운 태평양으로의 출로와 더불어―북한의 지리에 대한 욕심이 컸기 때문이다. 그러므로 중국은 골칫거리만 계속 안겨주는 "친애하는" 고 김정일 "동지"와 그의 아들 지배 이후의 한반도에 대한 계획도 세워두고 있다. 중국은 어쩌면 자국에 있는 탈북자 수천 명을, 일본을 마주하고 있는 데다 훌륭한 항만 시설까지 갖춘 태평양 연안의 러시아령 극동 및 중국과 접경하고 있는 북한의 두만강 유역으로 보내, 점진적인 경제적 흡수에 앞서 유리한 정치적 토대를 구축하는 데 이용할 수도 있다. 북한에 대해서는 역동적 중산층 민주주의가 뿌리내린 남한과 중국 사이에서 완충국 역할을 할 수 있는 보다 현대적이고 독재적인 고르바초프식 정권 수립을 목표로 하고 있을 것이다.

그러나 북한에서 일어나는 일은 중국도 통제하지 못한다. 몇십 년 전 다른 분단국가들―베트남, 독일, 예멘―의 시나리오에서는 통일의 힘이 승리를 거두었다. 그러나 이들 나라가 성취한 통일의 어느 것도 의도된 과정에 따른 결과가 아니었다. 그보다는 주요 관련 당해국들의 이해관계와 관계없이 갑작스럽고 소란스러운 방식으로 이루어진 통일이었다. 그럼에도 만일 한반도가 통일된다면, 중국 또한 비록 통일을 두려워하고는 있지만 종국에는 그로 인해 득을 보게 될 것이다. 통일이 되면 대한국은 대체로 서울의 통제를 받게 될 것이고, 그에 따라 중국도 한국의 가장 큰 교역국이 될 것이기 때문이다. 반면에 통일 한국은 한반도보다 규모가 크고 지난날 자국을 통제, 영유하려고 했던 이웃 나라 중국 및 일본에 대한 적대감이 저변에 깔린 민족주의 국가가 될 것이다. 두 나라 중에서도 특히 1910년~1945년 한반도를 강점한 일본에 대한 적의가 강할 것이다(지금도 두 나라는, 한국은 동해로 부르고 일본은 일본해로 부르는 해역의 독도/다케시마에 대한 영유권 분쟁을 벌이고 있다). 경제적인 면에서는 일본보다는 중국의 견인이 강할 것으로 예측된다. 그리하여 만일 통일 한국이 일본과 멀어지고 중국 쪽으로 약간 기울게 되면 미군이 그곳에 계속 주둔해 있을 이유도 전혀 없거나 혹은 거의

지리의 복수

없어지게 될 것이고, 그렇게 되면 일본의 재무장이 촉진될 것이다. 이것을 달리 표현하면 앞으로 한반도의 미래는 대중국 내에서 손쉽게 상상할 수 있고, 동북아시아의 미 지상군 규모는 축소될 거라는 말이다.

중국은 이렇듯 중앙아시아 심장지대로 잠식해 들어가는 것과 더불어, 동남아시아와 한반도가 속한 스파이크먼의 주변지대에도 큰 영향을 미칠 개연성이 높다.

역사상의 현 시점에서 볼 때 중국의 국경들도 위험하기보다는 오히려 기회가 손짓하고 있는 듯하다. 시카고대학교 정치학과의 존 J. 미어샤이머 교수가 『강대국 정치의 비극The Tragedy of Great Power Politics』에서 "국제 체제 내에서 가장 위험한 국가들은 대군을 보유한 육지세력"이라고 말한 것에서도 그 점이 드러난다.[40] 그렇지만 이 묘사에 부합하는 중국은 일부분에 지나지 않는다. 중국이 그 나름으로 팽창하는 육지세력이고, 세계 최대 규모인 160만 명의 인민해방군 육군을 보유하고 있는 것은 사실이다. 그러나 앞서도 지적했듯이 인민해방군은 인도 아대륙과 한반도를 제외하고는 경쟁 국가들을 위협하는 세력이기보다는 공백을 메우는 존재에 지나지 않는다. 게다가 2008년과 2009년의 사태 때도 드러났듯이 인민해방군이 조만간 원정 역량을 키울 수 있을 것으로도 보이지 않는다. 그 두 해에 인민해방군은 티베트의 반중국 시위, 쓰촨성 대지진 그리고 베이징 올림픽의 안전 문제에 대처할 임무를 부여받았다. 그러나 미 해군 분석센터의 수석고문 에이브러햄 덴마크에 따르면 중국인들이 말하는 이른바 "지역 횡단 기동 훈련"은 규정된 속도로 군수품과 중장비를 이동하는 것이 아니라, 중국 대륙의 이 끝에서 저 끝으로 군대를 이동시키는 행위에 지나지 않았다. 모르면 몰라도 인민해방군이 중국 국경을 넘는 상황은 인도와 또 다른 지상전이 일어났을 때 오판을 하거나, 혹은 북한 정권의 붕괴로 권력의 공백을 메울 때나 상상할 수 있을 것이다. 북한 정권의 붕괴는 그 모든 인도주의적 긴급사태의 시작을 의미하는 만큼 미군과 남한 군대도 당연히 거기에 가담할 것이다(북한 주민들은 현대 역사에서 이라크보다도 책임 있는 자치를 해본 적이 별로 없기 때문에 그 나라보다도 빈곤하다). 그런 반면 중국이 이렇게 원정군 지원 없이도 거대한 국경지대들에서 권력의 공백을 메울 수 있다는 사실은 몇십 년 전, 아니 몇백 년 전에 비하면 육지 상황이 매우 안전해졌음을 나타내는 증거가 될 수 있다.

중국 외교관들이 최근 몇 년 동안 중앙아시아 국가들 및 그 밖의 인접국들과 국경 분쟁을 해결하기 위해 동분서주해온 것도 그것과 관련이 있다(인도는 당연히 제외되었다).⁴¹ 그렇다고 모든 것이 중국의 바람대로 타결되지는 않겠지만, 국경 문제를 포괄적으로 다루고 있는 것 자체가 이미 중국 정부의 확고한 전략적 방침을 드러내는 행위인 것이다. 중국은 러시아, 카자흐스탄, 키르기스스탄, 타지키스탄과 군사협정을 체결했다. 야쿠프 그리기엘 교수도 "중국 국경들의 안정화야말로 지난 몇십 년간 아시아에서 일어난 가장 중요한 지정학적 변화들 중 하나라 해도 무방하다"고 지적했다.⁴² 그에 따라 해군을 홀대하고 육군에만 방위비를 집중 배정했던 마오쩌둥 시대의 냉전기 때와 달리 만주에도 이제는 소련군이 주둔하지 않는다. 이것의 중요성은 아무리 과장해도 지나치지 않다. 고대 이래 중국은 이런저런 육지 침략에 노상 시달렸기 때문이다. 기원전 3세기에 쌓은 만리장성도 투르크족〔돌궐족〕의 침략을 막기 위해서였고,

15세기에 명나라가 인도양 원정을 중단한 것도 북쪽의 몽골족 침입 때문이었다. 같은 맥락에서 중국이 현재 강력한 해군을 구축하여 태평양은 물론 어쩌면 인도양까지도 자국 지리의 일부로 환원시킬 구상을 하고 있는 것도 다른 어떤 변수보다도 육지 상황이 유리해진 것에 요인이 있다. 연안의 도시 국가와 섬나라들이야 크든 작든 해군력을 보유하는 것이 당연하지만, 중국처럼 대륙 국가이면서 역사적으로 고립되었던 나라가 해군력을 보유하는 것은 일종의 사치고, 따라서 제국이라 할 만한 것을 시작하는 징표로 볼 수 있는 것이다. 극한의 불모지에서 살기가 힘들어 해양으로 진출했던 노르드인(바이킹)과 달리 고대의 중국인들은 비옥한 하천 유역에서 안락하게 살았던 탓에 가난하지 않았고, 따라서 구태여 바다로 나갈 일이 없었다. 태평양으로부터도 얻을 것이 별로 없었다. 폐쇄된 해역에 섬들이 박혀 있어 인구가 조밀했던 지중해 및 에게해와 달리 태평양은 여러모로 갈 곳 없는 망망대해에 지나지 않았기 때문이다. 19세기 초의 독일 철학자 헤겔도 중국인들이 유럽인들과 달리 해양 탐험에 필요한 대담성을 갖지 못했던 것은 평야의 농사 주기에 묶여 있었기 때문이라고 그에 부합하는 말을 했다.[43] 중국인들이 포르모사Formose(타이완)의 존재에 대해 알게 된 것이 13세기고, 포르투갈과 네덜란드 상인들이 교역 기지를 설치한 뒤인 17세기에야 비로소 그곳에 정착했던 것도 그 점을 말해준다.[44] 따라서 중국이 바다로 진출했다는 사실만으로도 아시아의 중심에서 중국의 육지 상황이 유리해졌음을 나타내기에는 충분하다.

그리하여 육지세력 중국은 이제 타이완과 한반도를 주요 기점으로 하여 동아시아에서 해양세력 미국과 경쟁을 벌이게 되었다. 몇십 년 전만 해도 육지에만 집중했던 것을 생각하면 격세지감을 느낄 만한 일이다. 반면에 미국은 특히 베트남에서 재난을 당한 뒤로는 육지에 흥미를 잃었고, 아시아의 육지에 대해서도 이라크와 아프가니스탄에서 겪은 시련의 여파로 여전히 흥미를 갖지 못하고 있다. 그 와중에 중국이 육지세력에 덧붙여 해양세력도 되기 위한 초기 단계에 진입한 것이다. 따라서 이것은 아시아 지역에 일어난 큰 변화가 아닐 수 없다.

중국은 아시아 내륙을 차지하고 있는 것은 물론 해안지대도 보유하고 있고 바다와도 가까운, 지리적으로 혜택받은 나라이다. 온대와 적도 지대에 속하는 태평양의 동아시아 해안선도 지배하고 있고, 남쪽의 국경도 인도양과 가까이 접해 있어 머지않은 장래에 도로와 수송관들로 중국과 그곳을 연계시킬 구상을 하는 것도 가능하다. 그러나 중국은 육지의 국경들에서는 전반적으로 유리한 입지를 보유하고 있으나 바다에서는 여전히 적대적 환경에 직면해 있다. 북쪽에서 남쪽을 향해 일본, 류큐제도*, 반半섬을 뜻하는 한반도, 타이완, 필리핀, 인도네시아, 오스트레일리아까지 뻗어나간 제1도련선만 해도 중국 해군이 그곳에서 맞닥뜨리는 것은 고민과 좌절밖에 없다. 오스트레일리아를 제외한 제1도련선의 모든 곳들이 일촉즉발의 위기를 안고 있는 지역들인 것이다. 북한의 붕괴나 남북한 전쟁, 타이완을 둘러싼 미국과 중국 간의 분쟁 가능성, 해적이나 테러 행위가 발생하여 중국 상선이 말라카와 여타 인도네시아 해협

---

* 오키나와 현에 속하는 섬들.

지리의 복수

들로 접근하지 못하게 될 개연성 등이 일촉즉발의 시나리오에 포함된다. 중국은 해저에 다량의 천연자원이 묻혀 있을 가능성이 높은 동중국해와 남중국해에서도 영토 분쟁을 벌이고 있다. 동중국해에서는 일본과 센카쿠/댜오위다오 열도의 영유권 분쟁을 벌이고 있고, 남중국해에서는 스프래틀리제도의 일부 혹은 전부에 대한 영유권 문제로 타이완, 필리핀, 베트남과, 파라셀제도〔중국명 시사군도〕의 영유권 문제로 베트남과 갈등을 빚고 있다(뿐만 아니라 중국은 말레이시아 및 브루나이와도 남중국해에서 심각한 영토적 갈등에 직면해 있다). 이중 센카쿠/댜오위다오 열도의 영유권 분쟁은 중국 정부가 필요로 할 때마다 민족주의의 군불을 때주는 이로운 수단이 되고 있기도 하다. 그러나 다른 면에서는 중국 해군 전략가들을 골치 아프게 하는 존재일 뿐이다. 미 해군대학의 제임스 홈스 교수와 요시하라 도시 교수의 말을 빌리면, 태평양 연안에서 센카쿠/댜오위다오 열도를 바라보면 "만리장성이 반대로" 세워진 것 같은 모양새, 다시 말해 마치 일본에서 오스트레일리아까지 뻗어나간 방어탑들처럼 잘 조직된 미국 동맹선이 구축되어 중국의 대양 진출을 가로막는 상황이 연출될 수도 있기 때문이다. 중국의 전략가들이 이 지도를 보고 안절부절못하는 것도 자국 해군이 상자 속에 갇힌 꼴이 되기 때문이다.[45]

　그래서인지 중국은 이 부분에 있어서는 눈에 띄게 공세적 태도를 취해왔다. 그간 여러 정황에서 해군이 육군보다 온건했다는 점에서 보면 의외의 행동을 보인 것이다. 그러나 해군은 정밀유도무기를 보유하고 있지만 혼자 힘으로는 영토를 점령할 수 없고, 따라서 자유를 위협하는 세력도 되지 못한다. 게다가 교역의 보호 등 전투 말고도 해군이 할 수 있는 일은 다양하다. 해군은 본래 지상전에서 대량 사상자를 감내할 여력이 없는 나라들에 적합한 군대 방식이다. 따라서 21세기에는 주로 해군을 통해 하드파워[경성 권력]를 투사할 계획을 갖고 있는 중국도 그 점을 감안하여 베네치아, 영국, 미국 등 역사상의 다른 해양 국가 및 제국들이 해온 방식대로 관대함을 보여야 할 것이다. 요컨대 상품의 자유로운 이동과 평화로운 해상 체제의 유지에 주안점을 두어야 한다는 말이다. 문제는 중국이 아직 자신감을 갖는 단계에 도달하지 못했다는 것이다. 그러다보니 중국은 스파이크먼이 제안한 방식에 따라 동심원의 형태로 팽창하려고 하는 불안정한 육지세력처럼 바다에 관해서도 영토적으로 생각을 하게 되는 것이다. 중국이 사용하는 용어 "제1도련선"과 "제2도련선"에도 그 점이 나타난다. 두 명칭 모두 중국 대륙을 군도로까지 확장하는 의미로 해석될 수 있는 영토적 용어인 것이다. 그런가 하면 중국은 대양 해군의 단계로는 아직 진입하지 못해 앨프레드 세이어 머핸의 이론을 적용하는 것이 시기상조인데도, 그의 공격적 이론을 그대로 수용하고 있다. 2006년 11월 중국 잠수함이 미 항공모함 키티호크호를 미행하다 어뢰 발사가 가능한 지점에서 수면 위로 모습을 드러내는 도발적 행위를 한 것이나, 2007년 기상이 악화되어 파도가 거세지는데도 불구하고 중국 정부가 키티호크 항공모함 타격단의 홍콩 입항을 거부한 것이 그것을 보여주는 좋은 예다(2010년 초에는 키티호크호가 홍콩을 방문했다). 2009년 3월에도 여러 척의 중국 함선이 남중국해의 중국 12마일 영해 밖에서 공개적으로 작전을 수행 중이던 미 해군 소속 정찰선 임패커블호를 괴롭히는 행동을 했다. 미 정찰선은 진로를 가로막고 들이받을 기세

지리의 복수

를 보이는 중국 함선들을 소방 호스로 물을 뿌려 쫓았다. 이것은 지배적 위치에 있는 국가로서의 평온함을 누리고, 세계의 다른 나라 해군들과 해양에서 친선 관계를 유지해야 할 필요성을 아는 대국의 행동이 아니다. 떠오르는 세력이기는 해도 19세기와 20세기에 당한 영토적 굴욕감을 아직 벗어나지 못한 미성숙한 나라가 보이는 행동일 뿐이다.

현재 중국은 미 해군이 동중국해와 그 밖의 해역에 쉽사리 진입하지 못하게 할 목적으로, 비대칭적 반反접근 군사 능력을 개발하고 있다. 다만 이것의 중요성에 대해서는 전문가들의 의견이 엇갈리고 있다. 보스턴대학교 정치학과의 로버트 S. 로스 교수와 전략예산평가센터의 대표인 앤드루 F. 크레피네비치 박사가 그에 대해 상반된 의견을 나타내는 대표적인 예다. "중국은 상황 인식 능력을 배양하여 미국의 대對 감시 기술을 무력화시키기 전에는, 신뢰할 수 있는 반접근[접근 거부] 전략을 제한적으로만 사용할 수 있을 것"이라고 본 로스 교수와 달리, 크레피네비치 박사는 일시적으로 기술적 난관에 부딪힐 수는 있겠지만 그래도 중국은 동아시아를 "핀란드화" 하는 과정에 있다는 견해를 피력한 것이다.[46] 중국이 구축함 선단을 현대화하고, 항공모함 한두 척을 보유할 계획을 세우면서도 해군 플랫폼을 일률적으로 구입하지 않고 핵 잠수함, 재래식 잠수함, 탄도미사일 잠수함을 건조해온 것도 그런 맥락으로 이해할 수 있다. 미 해군성 부차관을 지낸 세스 크롭시는 중국이 조만간 미 해군보다 규모가 큰 잠수함 부대를 보유하게 될 것으로도 전망했다. 그러면서 그는 중국 해군이 서태평양의 광범위한 수역으로 미 해군이 접근하지 못하게 막으려는 노력의 일환으로 급성장 중인 잠수함 함대와 더불어, 초지평선레이더, 인공위성, 해저 소나망, 기동 핵탄두를 장착한 대함對艦 탄도미사일을 사용할 계획도 세우고 있다고 주장했다. 뿐만 아니라 중국은 기뢰전 역량을 향상시켰으며, 러시아제 4세대 전투기들인 수호이 27Su-27과 수호이 30Su-30을 취득했고, 중국 연안에 러시아제 지대공미사일 1,500기도 배치했다. 중국은 여기에서 그치지 않고 미국의 부와 힘을 나타내는 최고의 상징물인 항공모함 타격을 목표로 한 공격적 전략을 수립하는 내내 지하에 광섬유 시스템을 설치하는가 하면, 미사일 사거리 범위를 벗어나는 서부 지역의 깊숙한 곳으로 방어 능력도 이동시키고 있다. 중국은 미국이 스텔스 전투기 F-22 생산에 늑장을 부리거나 생산을 중단하는 동안, 2018~2020년에는 5세대 전투기도 실전에 배치할 수 있을 것으로 보인다.[47] 서태평양의 전략적 지도가 중국의 무기 구입으로 인해 변하고 있는 것이다.

그렇다고 중국이 미 항공모함을 실제로 공격할 의도를 가지고 있을 개연성은 희박하다. 중국은 미국에 직접적으로 군사적 도전을 감행할 능력이 없다. 따라서 미국의 마음을 돌리려는 것이 중국의 목적이다. 중국이 자국 연안에 공격과 방어 능력을 집중 배치하는 것은 군사적 도전을 하기 위해서가 아니라 미 해군으로 하여금 제1도련선과 중국 연안 사이의 일에 개입하는 것에 대해 재고, 삼고하도록 만들려는 데 목적이 있는 것이다. 적의 행동에 영향을 끼치는 것이야말로 힘의 본질인 까닭이다. 대중국은 이렇듯 제해制海적인 면으로 현실이 되어가고 있고, 해군, 공군, 미사일 획득으로 세력권을 의식하고 있다는 사실도 분명히 드러내 보이고 있다. 그 점에서 앞으로 미-중 관계를 결정짓는 요소도 무역, 채무, 기후변화,

인권과 같은 양자적이고 글로벌한 문제도 문제지만, 그보다는 아시아 해역에서 중국이 갖게 될 세력권이라는 특정 지리가 될 것이라는 것이 나의 생각이다.

그리고 그 세력권의 중심에 있는 것이 바로 타이완의 미래다. 타이완을 보면 세계 정치의 본질이라 할 만한 점이 드러난다. 도덕적 문제로 겉꾸림해놓았지만 뒤집어보면 결국 힘의 문제인 것만 해도 그렇다. 타이완이 주권을 갖느냐 갖지 못하느냐에 따라 중요한 지정학적 결과가 초래되는데도, 타이완에 대한 논의는 주로 도덕적인 면으로만 이루어지고 있는 것이다. 중국은 모든 중국인들의 이익을 위해서라도 통일이 필요하다는 논리, 다시 말해 국가 유산의 통합이라는 관점에서 타이완 문제를 논하고 있고, 미국은 미국대로 모델 민주주의의 관점으로 타이완 문제를 접근하고 있다. 타이완의 중요성은 정작 다른 데 있는데도 말이다. 미 육군 원수를 지낸 더글러스 맥아더의 말을 빌리면 타이완은 불룩하게 튀어나온 중국 연안지대의 중심에 자리한 "침몰시킬 수 없는 항공모함" 같은 존재고, 홈스와 요시하라에 따르면 타이완은 미국과 같은 외부 세력이 중국 연안의 주변부에 힘을 "방사할" 수 있는 나라인 것이다.[48] 따라서 이런 타이완의 실질적 독립이 중국 해군 정책 입안자에게는 눈엣가시일 수밖에 없다. 비유적으로 말하자면 반대로 된 만리장성을 이루고 있는 그 모든 방어탑들 가운데 가장 높고, 가장 중심에 위치한 탑이 바로 타이완이기 때문이다. 그렇지 않고 만일 타이완이 중국 본토의 품안으로 돌아오면 중국은 별안간 만리장성과 그것이 상징하는 바다의 구속으로부터 활짝 벗어날 수 있다. 요컨대 타이완을 중국에 통합시킬 수 있다면 중국 해군은 제1도련선에서 유리한 입지를 확보하는 것은 물론 힘의 투사적 관점에서 국가의 에너지, 특히 군사적 에너지도 지금까지와는 전혀 다른 차원으로 엄청난 폭발력을 보이며 외부를 지향할 수 있게 되는 것이다. 지금은 글로벌한 상황을 이야기할 때 "다극"이란 용어가 다소 무분별하게 사용되는 감이 있지만, 타이완이 본토에 병합되면 군사적인 면으로도 진정한 다극 체제가 등장하게 된다.

미국의 중요한 싱크탱크들 가운데 하나인 랜드연구소의 2009년 보고서에는, 2020년 무렵이 되면 미국이 타이완을 중국의 공격으로부터 지켜줄 수 없는 것으로 나온다. 그 무렵이면 본토에 사이버 무기, 신형 4세대 전투기들을 완비한 공군, 잠수함 발사 탄도미사일, 타이완과 타이완의 전투기 둘 다를 겨냥한 미사일 수천 기가 배치될 것이기 때문이라는 것이다. 보고서에는, 중국이 미국의 F-22 보유 여부, 일본의 가데나공군기지 사용 유무, 두 항공모함 타격단의 사용 유무에 상관없이 미국을 격파할 수 있는 것으로 나타난다. 보고서에 특히 강조돼 있는 부분이 공중전이다. 물론 중국은 앞으로도 병력 수십만 명을 해상으로 상륙시켜야 하고 미국 잠수함들에도 취약할 테지만, 그럼에도 보고서에는 그 모든 경고와 더불어 불안한 추세가 역설돼 있다. 중국에서 타이완까지의 거리는 160킬로미터에 지나지 않지만 미국과 타이완 간의 거리는 엄청나게 멀어 미국은 해외기지의 사용 의존도가 점차 줄고 있는 탈냉전적 환경, 다시 말해 지구 반대편에서 군사력을 투사할 수밖에 없다는 것이다. 게다가 중국의 반접근 해군 전략은 통상적인 방법으로 미군의 접근을 차단하려는 목적뿐 아니라 특정한 방식으로 타이완 정복을 용이하게 하려는 목적으로도 고안되었다. 전 세계에 지고 있는 책무 때

지리의 복수

문에 타이완에만 힘을 집중할 수 없는 미국과 달리 중국 군부는 타이완에 진력할 수 있다는 것도 변수가 된다. 타이완이 이라크와 아프가니스탄에서 미국이 진구렁에 빠지는 것을 보고 특별히 아연해한 데는 그럴 만한 까닭이 있는 것이다.

중국은 군사적 압박 외에 경제, 사회적으로도 타이완을 옥죄고 있다. 중국과의 교역이 타이완 전체 교역의 30퍼센트를 차지하고 있고, 타이완의 대중국 수출액이 타이완 전체 수출액의 40퍼센트를 차지하고 있는 것에도 그 점이 드러난다. 타이완과 본토를 오가는 상용 비행기의 운항 횟수도 주 270회에 달하며, 지난 5년간 중국에 투자한 타이완 기업도 타이완 전체 기업의 3분의 2에 해당하는 1만여 업체에 이른다. 타이완을 찾는 본토 관광객이 연간 50만 명이나 되다보니 중국과 타이완 사이에는 우편의 직접 교류와 공동 범죄 퇴치도 시행되고 있다. 한 해의 절반을 본토에서 지내는 타이완인도 75만 명이나 되며, 타이완과 본토를 오가는 사람도 연간 500만 명에 달한다. 이런 식으로 미묘하게 전개되는 경제 전쟁이 침략과 동일한 결과를 가져오면 굳이 침략해야 할 필요성은 줄어들게 될 테고, 그러면 타이완 분리 운동도 종언을 고하게 될 것이다.[49] 그러나 중국과 타이완이 통합될 개연성과는 별개로, 통합이 진행되는 방식은 앞으로 강대국 정치의 중심이 될 것이다. 미국만 해도 인도는 물론 아프리카의 몇몇 나라들까지 포함해 일본, 한국, 필리핀, 오스트레일리아, 그 밖의 태평양 우방국들과의 관계에 손상을 주면서까지 타이완을 단념하기는 힘든 형편이다. 그렇게 되면 그 나라들이 미국의 다른 공약에 대해서도 의혹을 갖게 되고, 그리하여 종국에는 중국 쪽으로 기울어져 반구적 크기를 가진 진정한 대중국이 출현할 수도 있기 때문이다. 따라서 그런 사태가 일어나는 것을 막기 위해서라도 미국과 타이완은 중국에 군사적으로 맞서기 위한, 그들 나름의 질적이고 비대칭적 방식을 강구할 필요가 있다. 해협 전쟁을 벌여 중국에 이기는 것이 아니라 감당하기 힘들 만큼 값비싼 전쟁을 만들어 중국으로 하여금 전쟁에 대해 심사숙고하게 만들고, 그런 식으로 타이완의 기능적 독립을 질질 끌어가면서 중국이 자유주의적 국가가 될 때를 기다리려는 것이 이 방식의 목적이다. 그러면 우방국들도 미국에 대한 신뢰를 잃지 않을 것이다. 그 점에서 2010년 초 오바마 행정부가 발표한 타이완에 64억 달러 어치의 무기를 판매한다는 계획과 더불어, 타이완의 중층적 미사일 방어 및 대공 대피소들은 유라시아 전역에서 미국의 위치를 지키는데 더할 나위 없이 중요한 존재가 될 것이다. 중국 내부를 변화시키려는 목표는 황당무계한 꿈이 아니다. 중국이 억압된 나라가 아닌 개방된 나라가 될 가능성이 높다는 것은 타이완을 찾는 본토인 수백만 명이 TV의 활발한 정치 토크쇼를 시청하고, 책방에서 불온서적들을 구입하는 것에도 나타난다. 거기서 한 발 더 나아가 중국이 경제, 문화, 군사적인 면에서 민주주의국가가 된다면야 물론, 억압적 국가일 때와는 비교가 안 될 정도로 역동적인 대국이 될 것이다.

타이완 밑에도 멀리 떨어진 오스트레일리아와 더불어 동남아시아 대륙, 필리핀, 인도네시아의 인구 전란터로 둘러싸인 남중국해가 도사리고 있다. 해상으로 수송되는 전 세계 상품의 3분의 1, 동북아시아가 필요로 하는 에너지의 절반이 통과하는 해역이다. 중국이 인도양으로 들어가는 통로—중국이 다수의 항구 개발 프로젝트에 관여하고 있기도 한 탄화수소의 수송로—가 되는 이 남중국해

　　　　　　　　　　　　　　　　　　　　지리의 복수

또한 대중국이 실현되면 머지않은 장래에 중국 해군의 실질적 지배를 받게 될 것이다. 이곳이야말로 중국 유조선과 상선들이 통과해야 하는 다양한 인도네시아 해협들(말라카, 순다, 롬보크, 마카사르 해협)의 좁은 통로들뿐 아니라 해적, 급진적 이슬람, 인도의 해군력 증대 등 위험 요소가 많은 지역이기 때문이다. 미 해군대학 교수인 앤드루 에릭슨과 라일 골드스타인은 중국이 남중국해에 묻힌 엄청난 양의 석유와 가스를 개발, 그곳을 "제2의 페르시아만"으로 만들 기대도 하고 있는 것으로 보는 일부 사람들의 견해도 기록했다.[50] 스파이크먼도 역사를 통틀어 국가들이 근해의 지배권을 차지하기 위해 "주변을 에워싸며 바다를 가로지르는 팽창을" 했던 점에 주목했다. 그리스는 에게해, 로마는 지중해, 미국은 카리브해를 통제하려고 했다는 것이다. 따라서 이 논리에 따르면 중국도 남중국해를 지배하려고 할 것이 분명하다.[51] 실제로 파마나운하 건설 때 카리브해 통제가 미국의 태평양으로의 진출 길을 열어주었던 것처럼 말라카해협과 남중국해에 대한 통제 또한 중국에 인도양으로의 진출 길을 열어주게 될 것이다.[52] 그렇다면 카리브해의 중요성을 역설하기 위해 스파이크먼이 대카리브해를 "아메리카 지중해"로 부른 것처럼, 앞으로 몇십 년 동안 정치 지도의 중심에 놓이게 될 남중국해를 **아시아 지중해**Asian Mediterranean로 불러도 무방할 것이다.[53] 그런가 하면 중국은 미국이 카리브해를 지배했던 것과 유사하게, 남중국해를 지배하려고 할 개연성이 높다. 그렇게 되면 미국도 전과는 다른 방식으로 베트남 및 필리핀 같은 우방국들과 연계해 남중국해를 국제수로로 유지시키기 위한 노력을 기울일 것이다. 하노이도 미국을 좋아해서가 아니라 중국에 대한 두려움 때문에 워싱턴의 품 안으로 들어오게 될 것이다. 베트남전의 역사를 감안하면 적국이었던 두 나라의 새로운 관계가 어색할 수도 있겠지만, 달리 생각하면 미국을 패배시킨 나라인 만큼 베트남도 이제 어깨를 쭉 펴고 심리적으로 홀가분하게 미국과 선언되지 않은 동맹을 맺을 수도 있을 것이다.

중국은 역사상 제국적 힘이 절정에 달했을 때의 국경들을 되찾기위해—정치, 외교, 상업, 군사, 인구 등—모든 형태의 국력을 동원해 육해 양면으로 법적인 국경을 확대하려 하고 있다. 하지만 여기에는 자가당착적 요소가 내포돼 있다. 이런 이야기다.

앞서도 지적했듯이 중국은 자국 연안으로의 진입을 가로막기 위한 반접근 전략을 개발하는 중이다. 미 해군대학 교수 앤드루 에릭슨과 랜드연구소 연구원 데이비드 양이 "중국은" 지상 발사 미사일로 미 항공모함 같은 움직이는 해상 목표물을 타격하는 능력을 "숙달하는 데 그 어느 때보다 가까이 근접해 있고, 그러므로 미래의 어느 시점에는 전략적 과시를 목적으로 한 시험을" 계획하고 있을 개연성을 시사한 것에서도 그 점이 드러난다.[54] 그러나 자국의 해상교통로를 보호할 능력이 없는 상태에서 반접근 전략을 취해 미국의수상 전투함을 공격해봐야 중국이 얻을 수 있는 것은 없다(미국과의해전은 두말할 나위도 없다). 미 해군이 태평양과 인도양에서 중국 함선들을 가로막아 에너지 공급을 차단할 것이기 때문이다. 물론 중국은 미국과 직접 부딪치기보다는 미국의 행동에 영향을 끼치는 편을 택할 것이다. 그렇다면 사용하지도 않을 반접근 전략을 중국이구태여 개발하려는 의도는 무엇일까? 매사추세츠주 케임브리지에소재한 방위 컨설팅 업체의 대표 재클린 뉴마이어는 베이징 정부가

"중화인민공화국에 유리하게 힘을 배치할 계획을 세운 것은 무력을 사용하지 않고도 자국의 이익을 지키기 위해서"라고 그것을 설명했다.[55] 중국과 싸울 의도 없이, 방위력을 증강하고 있는 타이완과 마찬가지로, 중국도 미국과 싸울 의사는 없지만 미국을 경계하여 반접근 전략을 취하고 있다는 말이다. 모든 당사국들이 전쟁은 피하되, 반대 진영의 행동을 바꾸려 하고 있는 것이다. 그렇다면 베이징 정부가 중국 영토와 인도양 사이에 위치한 연안 국가들에 군사원조를 제공하는 것, 태평양과 인도양에 항구 시설 및 청음 초소들을 세우는 것, 새로운 무기 체계를 과시하는 것(앤드루 에릭슨과 데이비드 양의 주장이 맞다면) 역시 비밀일 것도 없는 힘의 전시에 지나지 않는다는 말이 된다. 하지만 거기에는 불안하고 찜찜한 구석도 있다. 중국이 남중국해 중앙에 위치한 하이난섬 남단에 핵잠수함과 디젤-전기 잠수함 20척이 들어갈 수 있는 지하 대피소를 특징으로 하는 주요 해군기지를 건설하고 있는 것만 해도 그렇다. 이것은 단순히 반대 진영의 행동에 영향을 주기 위한 의도를 넘어, 중국 주변 해역에 먼로주의풍의 종주권을 주장하는 행위다. 어쩌면 중국은 인도양을 가로질러 중동으로 이어지는 자국의 해상 교통로를 보호할 능력을 갖게 해주고, 그리하여 중국의 관점에서는 미국과의 군사 충돌도 비합리적으로만은 보이지 않게 해줄, 대양 해군으로 나아가기 위한 장기 계획을 수립하는 동안 남중국해와 동남아시아가 중심에 놓인 대중국을 먼저 건설하고 있는지도 모른다(지금이야 중국이 미국과 전쟁을 벌일 이유가 없지만 몇 년, 몇십 년을 지나는 동안 동기는 변할 수 있는 것이고, 따라서 동기를 따지기보다는 공군, 해군 능력을 탐지하는 것이 현명한 처사일 것이다). 게다가 그 사이 타이완마저 중국

세력권으로 더 깊이 들어오면 중국 군부가 인도양 및 반구적 해로들의 보호에만 힘을 쏟을 개연성도 더욱 높아진다. 인도양 반대편에 위치한 사하라사막 이남 지역에 중국이 보호해야 할 천연자원의 지분이 갈수록 늘고 있기 때문이다. 수단, 앙골라, 나이지리아의 석유 시장, 잠비아와 가봉의 철광석 광산, 콩고민주공화국의 구리와 코발트 광산 모두 중국이 건설한 도로 및 철도와 연계돼 있고, 이 도로와 철도들은 다시 대서양과 인도양 항구들로 연결돼 있는 것이다.[56] 해상 교통로의 통제 및 접근이 머핸의 시대보다 확실히 중요해진 것은 이 점으로도 드러난다. 그리고 미국이 그 통로들에 갖고 있는 우위도 영원히 지속되지는 않을 것이다.

이 모든 것이 뜻하는 바는 결국 타이완의 실질적 독립을 연장시켜 주기로 한 미국의 약속이 섬의 방위에만 국한되지 않고 그것을 훌쩍 뛰어넘는 문제라는 것이다. 타이완과 북한의 미래에 따라 유라시아 대부분 지역의 힘의 균형이 달라질 수 있는 것만 해도 그렇다.

아시아의 현 안보 상황은 2차 대전 이후 몇십 년 사이의 안보 상황보다 기본적으로 더 복잡하고, 따라서 더 불안정하다. 미국의 일극 체제가 약해지고, 미 해군의 규모가 줄어드는 것에 반비례해 중국의 경제와 군사력은 강해지고(전보다 진행 속도는 느려졌지만), 그에 따라 다극 체제가 아시아 권력관계의 특징이 되어가고 있는 것이 좋은 예다. 중국은 하이난섬에 지하 잠수함 대피소를 건설하고 대함 미사일을 개발하고 있다. 미국도 타이완에 패트리어트 방공 미사일 114기와 향상된 군 통신시스템 수십 기를 제공해주고 있다. 일본과 한국 또한 잠수함에 특별한 역점을 두고 함대의 현대화 작업에 전면적으로 착수한 상태며, 인도도 대규모 해군을 건설 중에 있다. 아시아 국가들은 이렇듯 자신들에게 유리한 방향으로 힘의 균형을 조정하기 위해 모든 형태의 조치들을 노골적으로 취하고 있다. 이는 군비 확장 경쟁을 벌이는 행위이고, 아시아에서 그 일이 일어나고 있는 것이다. 그런가 하면 아시아는 미국이 이라크와 아프가니스탄에서 철군을 완료하고 자신들에게 와주기를 기다리는 곳이기도 하다. 또한 아시아의 어떤 나라도 전쟁을 벌일 만한 특별한 동기는 갖고 있지 않지만, 시간이 갈수록 복잡성을 더해가는 군사적 대치 상황으로 인해 해상 분쟁의 위험성과—모든 나라가 끊임없이 조정 방안을 찾는—힘의 균형을 치명적으로 오판할 위험성은 커지는 추세에 있다.

육지의 긴장도 해상의 긴장을 부추기는 요인이 된다. 힘의 공백을 메워가노라면 중국은 싫어도 러시아 및 인도와 껄끄러운 접촉을 해야 할 것이기 때문이다. 그에 따라 지도의 빈 공간도 동심원이 중첩되는 미사일은 물론이고 더 많은 사람, 더 많은 전략적 도로와 에너지 수송관, 더 많은 해상의 배들로 가득 차게 될 것이다. 1999년 폴 브래큰이 썼듯이, 아시아가 점점 "공간"의 위기가 다가오는 폐쇄된 지리로 변해가고 있는 것이다. 이 현상은 앞으로도 계속될 것이고, 그에 따라 갈등의 골 또한 깊어지게 될 것이다.

그렇다면 미국이 아시아의 안정을 도모하면서 군사적 참여도 계속할 수 있는 방법은 무엇일까? 미국이 우방국들을 보호해주고 대중국의 국경들이 확장되지 못하게 저지하면서, 그와 동시에 중국과의 분쟁을 피할 수 있는 길은 무엇일까? 중국 경제가 지금처럼 성장을 계속하면, 중국은 20세기에 미국이 상대했던 그 어느 적국보다 위험한 세력이 될 것이기 때문에 그것은 간단한 문제가 아니다.

일각에서 제시하듯이 미국이 역외 균형자$^{offshore\ balancer}$가 되는 것만으로는 문제를 해결할 수 없다. 인도의 고위급 관리도 내게 말했듯 일본, 인도, 한국, 싱가포르 등 미국의 주요 동맹국들은 미 해군과 공군이 자국군과 "공조"하기를 원하고 있다. 머나먼 지평선에 잠복해 있기보다는 육지 경관과 바다 경관의 일부가 되어주기를 바란다는 뜻이다.

그렇다면 해양들과 스파이크먼의 유라시아 림랜드에서의 세력 공조는 어떤 모습을 띠게 될까? 2010년 미 국방부 내에서 회람된 계획에 따르면 21세기에는 미 해군이 "중국과 직접적 군사 대결을 하지 않고도…… 중국의 전략적 힘에 맞설 수 있는" 것으로 나타나 있다. 함선 280척을 250척으로 줄이고, 국방 예산을 15퍼센트 삭감하고도 가능하다는 것이다. 해병대 퇴역 대령 팻 개릿이 마련한 이 계획이 언급할 만한 가치가 충분한 것은, 미군의 괌 주둔이 극적으로 늘어나고 있는 시점에 오세아니아의 전략적 중요성을 유라시아 림랜드 등식에 포함시켰기 때문이다.

괌, 팔라우, 북마리아나제도, 솔로몬제도, 마셜제도, 캐롤라인제도 모두 미국 영토이거나, 미국과 방위조약을 맺고 있는 연방이거나, 혹은 빈곤 때문에 그런 협약을 맺을 공산이 큰 독립 공화국들이다. 미국은 미국-에스파냐 전쟁과, 2차 대전 때 미 해병대가 일본과 치열한 격전을 벌여 이 섬들을 해방시킨 결과로 오세아니아에 입지를 갖게 되었다. 이 오세아니아의 중요성이 커질 개연성이 높은 것은, 중거리 탄도미사일 DF-21과 그보다 향상된 대함 미사일로 확충 중에 있는 중국의 반접근 계획 외곽에 있으면서도 동아시아와는 충분히 가까이 접해 있기 때문이다. 따라서 반대로 세워진 만리장성의 "방어탑"을 형성하고 있는 일본, 한국 그리고 (1990년대까지의) 필리핀 기지들과 달리 오세아니아에는 상대방을 지나치게 자극할 만한 기지를 설치하지 않아도 된다. 괌에서 북한까지는 비행기로 4시간 거리이고, 타이완도 배편으로 이틀이면 닿을 수 있다. 무엇보다 중요한 것은 미국 영토이거나 혹은 지역 경제의 특성상 미국에 대한 실용적 의존도가 높은 까닭에 일부 섬들에서는 미국이 쫓겨날 염려 없이 거액의 군비를 투자할 수 있다는 점이다.

실제로 괌에는 이미 미국의 하드파워를 투사할 수 있는, 세계에서 가장 막강한 앤더슨공군기지가 들어서 있다. 10만 개의 폭탄과 미사일 그리고 6,600만 갤런의 제트 연료를 비축하고 있는 이곳은 공군 최대의 전략적 급유 발진 시설을 갖춘 공군기지다. 전략 수송기 C-17 글로브매스터와 F/A-18 호넷 전투기들도 길게 늘어선 채 앤더슨공군기지의 활주로를 가득 메우고 있다. 그런가 하면 괌은 미국 잠수함 선단의 기지이자 확대된 해군기지의 본거지이기도 하다. 둘 다 미국 영토인 괌과 인근의 북마리아나제도가 일본 및 말라카해협과 거의 같은 거리에 위치해 있는 것도 이점이 될 수 있다.

오세아니아의 남서단도 오스트레일리아령 애시모어 카르티에제도의 연안 정박지들과 다윈에서 퍼스에 이르는 서오스트레일리아의 해안지대를 주변에 가진, 전략적 잠재력이 큰 지역이다. 이 해안지대 전역이, 중동에서부터 중산층이 급성장하고 있는 동아시아에 이르기까지의 모든 지역에 석유와 천연가스를 운송해줌으로써, 세계 경제의 중심지로 부상하고 있는 인도네시아제도에서 인도양까지의 지역을 가시권에 두고 있기 때문이다. 개릿의 안에는 미 해군과 공군이 오세아니아의 이런 지리를 이용해 대중국과 유라시아 주요 힝로의 가상 경계들 "지평선 바로 밖"에 "현존하는 지역 세력" 화를 도모해야 된다는 내용이 포함돼 있다.[57] "현존하는 지역 세력"은 영국의 해군 전략가 줄리안 코벳이 지금으로부터 100년 전 흩어져 있다가도 필요하면 재빨리 함대로 조직되는 배들을 가리키는 말로 사용한 "현존 함대"를 변형시킨 말이고, "지평선 바로 밖"은 강대국 간의 공조 체제에서 역외 균형과 참여를 적절히 참작하여 붙인 용어다.[58]

오세아니아 주둔 미 공군과 해군력을 증강하려는 데는 중국이 대중국화되는 것을 기필코 막되, 제1도련선 경비에 있어 중국의 역할을 얼마간 인정해주고, 타이완에 대한 군사적 공격에 대해서는 값비싼 대가를 치르게 한다는 절충적 의미가 내포돼 있다. 따라서 구체적으로 표현하지는 않았지만 이 관점에는 미국의 함정과 비행기들이 중국의 반접근 지역에서 순찰을 도는 것과 별개로, 제1도련선에 있는 "전통적" 미군 기지들을 축소할 수 있다는 뜻이 암시돼 있다. 반면에 인도양에서의 미 해군의 활동은 극적으로 늘린다는 것이 개릿의 계획이다. 기지를 확충해서 활동을 늘리는 것이 아니라 "작전 기지들"에 내핍을 기하고, 싱가포르, 브루나이, 말레이시아와 방위 협정을 체결하면 목적을 달성할 수 있을 것으로 보았다. 코모로, 세이셸, 모리셔스, 레위니옹, 몰디브, 안다만제도 등 인도양 일대에 산재한 섬나라들이 직간접적으로 미국의 우방인 프랑스와 인도의 관리를 받는 것도 목적 달성에 도움이 될 수 있다. 이것이 에너지의 원활한 흐름과 유라시아에서의 자유로운 항해를 보장해줄 것이라는 게 개릿의 생각이다. 개릿의 안에 나타난 또 다른 특징은 일본과 한국의 미군 기지들의 중요성을 낮추고, 괌에 가해지는 과도한 압박감을 보완해 오세아니아 일대로 미군의 족적을 다변화시킴으로써, 표적이 되기 쉬운 "주요" 기지들을 폐지하려 한다는 점이다. 경박한 매스미디어의 보호를 받는 까다로운 주권의 시대인 만큼 해외기지들을 확충하려다 자칫 지역민들의 정치적 반발을 살 수 있기 때문이다. 미국 영토 괌이 그나마 그 법칙의 적용을 받지 않는 예외에 속한다. 미국은 2003년 2차 페르시아만전쟁〔2차 걸프전쟁, 이라크 자유 작전〕을 앞두고도 터키 내 기지 사용에 어려움을 겪었고, 단기간이라고는 하지만 2010년 일본의 기지 사용 때도 어려움을 겪었다. 미군의 한국 주둔이 그나마 괴로움을 덜 겪는 것도 최근 몇 년 새에 미군 병력이 3만 8,000명에서 2만 5,000명으로 줄어든 데다, 서울 도심에 있던 미군 부대 대부분이 다른 곳으로 이전한 데 따른 결과일 뿐이다.

아무튼 제1도련선에 대한 미국의 장악력은 약해지기 시작하고 있다. 외국군 기지들에 대한 현지 주민들의 태도도 전보다 우호적이지 않고, 중국의 부상 또한 위협인 동시에 매력으로도 작용하여 미국의 태평양 우방들 간의 관계가 복잡해진 것도 그것에 영향을 미치는 요인이다. 어쩌면 이 일은 터질 때가 되어 터지는 것인지도 모른다. 경험 없는 일본의 신내각〔하토야마 내각〕이 중-일 관계를 심화시키겠다는 발언까지 서슴지 않으며 미-일 관계의 규칙을 일본에 유리하게 바꾸려고 한 데서 비롯된 2009~2010년의 미-일 관계 위기 역시 여러 해 전에 일어났어야 할 일이 일어난 것이었다. 미국이 태평양에 보유한 독보적 위치도 알고 보면 중국, 일본, 필리핀을 황폐화시킨 2차 대전의 구닥다리 유산에 지나지 않는다. 60년 전 미군을 한반도의 지배적 지위에 남겨놓고 끝난 전쟁의 결과물인 남북 분단도 영원히 지속되지는 않을 것이다.

반면에 중동 아시아와 서태평양에서는, 동중국해와 남중국해에서의 해군 규모가 커짐에 따라 정치, 경제적인 면에서 대중국이 부상하고 있다. 중국 정부는 인도양 연안의 항구 개발 계획과 무기 이전에도 관여하고 있다. 중국 내부에서 심각한 정치, 경제적 혼란이 일어나지 않는 한 이러한 추세는 앞으로도 바뀌지 않을 것이다. 그러나 이 새로운 세력권의 경계들 바로 외곽에는 많은 경우 오세아니아에 본거지를 두고 있는 미국의 전함들이 인도, 일본 그리고 여타 민주주의국가들—그 안에는 중국의 포섭에 응할 나라도 있겠지만 중국의 팽창을 견제하기 위해 균형을 유지하려고 하는 나라들도 있을 것이다—의 전함들과 공조해 진을 치고 있을 개연성이 높다. 중국이 지향하는 대양 해군도 시간이 가고 해군력 자체에 자신감이 붙으면 영토적 주장을 하던 태도를 누그러뜨려 이 같은 동맹체제로 편입될 수 있다. 정치학자 로버트 S. 로스가 1999년에 발표했을 때 못지않게 지금도 여전히 타당성을 지니고 있는 기고문에서 지적했듯이, 동아시아의 특별한 지리로 인해 중국과 미국 간의 갈등 관계도 소련과 미국 간의 갈등 관계에 비해서는 안정을 유지하게 될 것이다. 냉전기에는 미국이 소련을 견제할 만한 해군력을 보유하지 못했고, 유럽에도 상당한 지상군을 필요로 했으나, 설령 〔통일된〕 대한국이 친중국적 성향을 띤다 해도, 유라시아 주변지대에는 그 정도로 많은 지상군이 필요하지는 않을 것이고, 중국 해군 또한 미국 해군에는 역부족일 것이기 때문이다[59](일본의 미 지상군 병력이 줄어들고 있는 것에서도 그 점이 드러나고 있으며, 그렇지 않더라도 그것은 어차피 중국이 아닌 북한을 겨냥한 병력이다).

그렇기는 하지만—군사력도 수반될—중국 경제력이라는 현실로 인해 앞으로도 얼마간은 긴장이 계속될 것이고, 그에 따라 서반구의 패권국인 미국도 『강대국 정치의 비극』에 나오는 미어샤이머의 주장을 되새겨, 중국이 동반구 대부분 지역의 패권국이 되지 못하도록 선제적 조치를 취하게 될 것이다.[60] 이것이야말로 이 시대의 주목할 만한 드라마가 될 수 있고, 매킨더와 스파이크먼도 그 점에는 놀라지 않을 것이다.

12장
—
인도의 지리적 딜레마

미국과 중국이 강대국으로서 경쟁을 벌이게 된 것처럼 인도가 취할 태도도 21세기 유라시아 지정학의 방향을 결정짓는 변수가 될 수 있다. 인도가 궁극적인 중추 국가로 부상하게 된다는 것이고, 스파이크먼에 따르면 주변지대 세력이 확대되는 것이다. 앨프리드 머핸도 인도가 인도양 연안의 한가운데에 위치해 있어 양쪽 바다를 통해 중동과 중국으로 침투해 들어갈 수 있는 나라인 점에 주목했다. 그런데도 인도의 역사와 지리적 상황에 대한 미국 정치권의 이해력은 인도의 정치권이 미국의 역사와 지리적 상황에 매우 정통해 있는 것에 비하면 수준이 많이 떨어진다. 그보다 심각한 것은 미국이 특히 파키스탄, 아프가니스탄, 중국과도 연관돼 있는 극도로 불안정한 인도의 지정학을 제대로 파악하지 못함에 따라, 그 관계 역시 매우 서툴게 다룰 수 있다는 점이다. 인도의 역사와 지리가 고대 초기부터 뉴델리가 세계를 바라보는 방식에 영향을 끼친 본래적 요소였는데도 말이다. 내가 인도 아대륙을 유라시아의 전체적인 문맥 속에 넣고 이야기를 시작하려는 것도 그래서이다.

유라시아는 인구가 희박한 러시아가 대륙을 지배한 가운데, 유라시아의 4대 인구 중심지인 유럽, 인도, 동남아시아, 중국이 그 주변에 포진하고 있는 모습을 띠고 있다. 영국의 지리학자 제임스 페어그리브도 썼듯이, 이들 중 중국과 유럽 문명은 웨이허강 유역과 지중해 유역 요람지들에서 유기적인 방식으로 외부로 전파되었다.[1] 동남아시아 문명들은 이보다 좀 더 복잡하게 전개되어, 푸오족과 몬족에 이어 버마족, 크메르족, 시암족〔타이족〕, 베트남족, 말레이족, 그 밖의 종족들이—남쪽으로 이주해온 중국인들의 영향도 받아—자바섬과 수마트라섬뿐 아니라 〔미얀마 남서부의〕 이라와디강과 메콩강 유역에도 응집하는 형태를 보였다. 인도 문명은 이와는 또 다른 양상을 나타냈다. 서쪽과 남서쪽으로는 아라비아해, 동쪽으로는 벵골만, 북쪽과 북서쪽으로는 히말라야와 카라코람산맥에 둘러싸인 점에서는 중국과 지리적 요건이 동일했다. 영토가 거대하다는 것도 중국과 유사했다. 다만 인도가 중국에 못 미쳤던 점은 웨이허강 유역이나 황허강 하류 유역과 같은 단일한 인구 요람지가 없어, 사방으로 정치체가 퍼져나가지 못한 것이었다.

갠지스강 계곡마저 인도 아대륙 남쪽의 반도로까지 단일 정치체가 깊숙이 확산되는 토대가 되지는 못했다. 갠지스강 외에도 인도 아대륙에 산재한 다양한 하천 체계—브라마푸트라강, 나르마다강, 통가바드라강, 카베리〔코베리〕강, 고다바리강 등등—는 정치체의 분열을 심화시킨 요인이었다. 갠지스강이 힌디어 사용 종족 삶

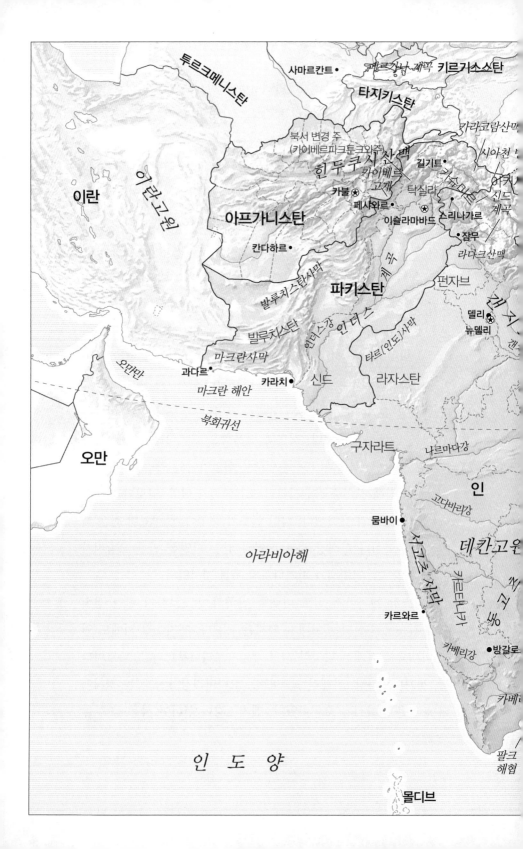

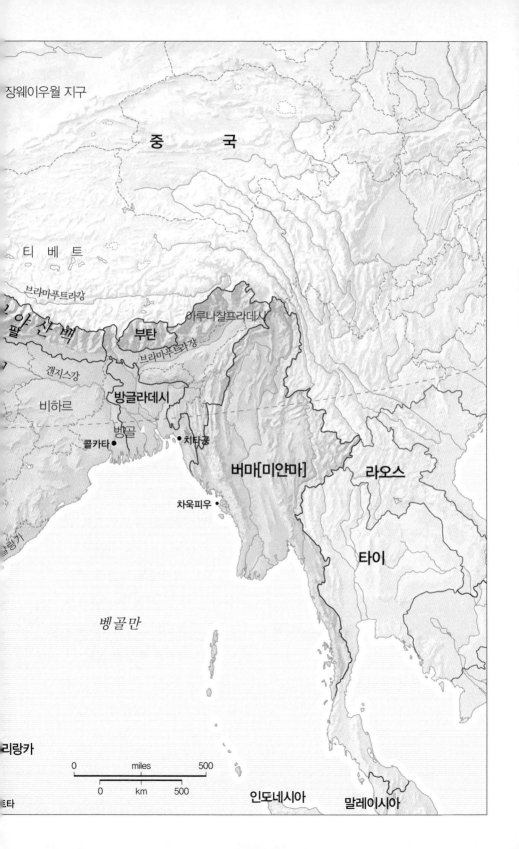

장웨이우월 지구

중 국

티 베 트

브라마푸트라강

야 산 맥
팔

아루나찰프라데시

부탄

브라마푸트라강

갠지스강

비하르

방글라데시

벵골

콜카타 •

• 치타공

버매[미얀마]

라오스

차욱피우 •

타이

리랑카

벵골 만

인도네시아

말레이시아

0   miles   500

0   km   500

의 중심이 된 것처럼 카베리강 삼각주가 드라비다어 사용 종족 삶의 중심이 된 것도 그것을 보여주는 좋은 증거다.[2] 인도는 유라시아의 인구 밀집 지대를 통틀어 가장 무더운 기후와 가장 풍요롭고 비옥한 지형을 가진 관계로, 페어그리브에 따르면, 주민들이 적어도 온대의 중국인과 유럽인들과 같은 정도로는 자원을 조직화하는 데 필수적인 정치 기구의 필요성을 느끼지 못했던 것도 단일 정치체가 발달하지 못한 요인이었다. 물론 이 마지막 요인은 과도하게 결정론적이고, 상황을 지나치게 단순화시켰다는 점에서 인종 차별적인 면이 있다고도 할 수 있을 것이다. 이것은 페어그리브가 글을 쓰던 시대에는 흔한 현상이었다. 그러나 중국의 "황화"를 두려워했던 매킨더의 경우처럼 인도에 대한 페어그리브의 분석도 기본적으로는 통찰력과 더불어 타당성을 지니고 있다.

인도 아대륙도 물론 그 나름의 독특한 문명을 만들어냈다. 그러나 앞에 언급된 이유들로 인해 역사기 거의 내내 중국과 같은 정치적 통합을 이루지는 못했다. 그 밖에 인도는 "활기찬" 온대 문명을 지닌 중앙아시아의 스텝 지역 및 페르시아-아프간 고원지대와 위험할 정도로 가까이 접해 있어, 윤곽도 가장 불분명하고 방비도 가장 허술한 북서 변경지로부터의 응집력 있는 침략에도 노출돼 있었다.[3] 인도가 역사기 내내 침략에 시달렸던 것은, 페르시아-아프간 고원이 아래쪽의 인도 아대륙 평지, 다시 말해 인더스강과 그 지류로부터 물을 공급받고 적절한 강우 덕에 늘 비옥한 특징을 지닌 펀자브 평원으로 이어져 있었기 때문이다. 실제로 서아시아와 중앙아시아로부터의 습격과 침입은 근대기까지도 인도 아대륙의 통합과 안정의 추구를 방해한 훼방꾼이었다. 매킨더도 지리학 강연들 중 하나에서 "영국제국을 통틀어 전쟁 준비가 된 곳은 육지 변경 한 곳뿐으로, 인도 북서 변경이 바로 그곳이다"라고 말했다.[4]

그런데 21세기에도 이 지리가 강대국 지위를 노리는 인도의 장단점으로 작용하고 있는 것이다. 지금은 고인이 된 미국의 인도학자 버턴 스타인이 언급한 것처럼, 중세까지도 인도 지도는 중앙아시아의 일부 지역과 이란까지를 포괄하고 있었다. 그런데 정작 인더스강 계곡의 인도 북서 지역과 갠지스강 아래쪽 인도 남부 지역 간의 교류는 희박했다.[5] 오늘날의 중국이 내륙 아시아의 스텝 지역과 중국 핵심지 범람원들 간의 관계가 만들어낸 최고의 결과물이듯, 인도 또한 수천 년 동안 중국과 달리 아직 지배하지 못한 고高고도 지역들의 영향을 강하게 받았고, 그로 인해 여태껏 중소 세력의 위치를 벗어나지 못하고 있는 것이다.

인도 아대륙이 아프가니스탄의 남동부 지역과 밀접했던 것은 지리적으로 가까웠으니 당연한 일이다. 그런데 인도는 중앙아시아 스텝 지역 및 이란과도 그 못지않게 깊은 관계를 맺고 있었다. 인도는 중앙아시아의 몽골족에게 습격당한 상처를 이란과 공유하고 있을 뿐 아니라 아케메네스왕조(기원전 6~4세기) 시대 이래 침략당한 여파로 이란의 역동적 문화까지도 받아들여, 심지어 페르시아어는 1835년까지도 인도의 공용어로 쓰였을 정도다.[6] 인도의 정치가이자 학자인 K. M. 파니카르에 따르면, 16세기와 17세기에는 무굴제국의 황제들마저 "페르시아 문화의 화신이 되었고, [고대 페르시아의 새해인] 나우로즈Nauroz의 전통 축제를 즐겼으며, 페르시아의 예술 기법도 대중화시켰다".[7] 파키스탄—인도 아대륙 북서부의 사분

면을 차지하고 있는 나라—의 공용어인 우르두어^{Urdu} 또한 (아랍어
와 더불어) 페르시아어의 영향을 강하게 받았고, 〔페르시아에서 사용
되는〕아랍 글자의 변형을 필기체로 쓰고 있다.[8] 인도는 이렇듯 아
대륙인 동시에 대중동의 중요한 말단을 형성하고 있다. 그 점에서
문명의 혼합과 융합을 논한 윌리엄 맥닐의 관점이 진정으로 이해되
는 부분도 바로 이곳, 인도라고 할 수 있다.

이렇듯 아대륙으로서의 인도가 뚜렷한 지리적 의미를 갖는 반면
자연적 경계들은 허약하다는 것을 아는 것이야말로 인도 파악의 열
쇠가 된다. 인도에 대한 세간의 인식과 달리 인도 아대륙에는 역사
기 내내 다양한 국가들이 공존했고, 사실상 아대륙 양쪽에 걸쳐 있
었다. 지금의 인도도 아대륙 국경들과는 일치하지 않으며, 이것이
바로 현재 인도가 안고 있는 딜레마이다. 파키스탄, 방글라데시, 그
보다 정도는 약하지만 네팔 또한 아대륙에 속한 채 인도에 중대한
안보적 위협을 제기하여 유라시아 지역에 진력해야 할 인도의 중요
한 정치적 에너지를 빼앗아가고 있는 것이다.

그렇다고 아대륙의 인간 정주가 고대 초기부터 그곳 지리와 동떨
어지게 진행되었던 것은 아니다. 그보다는 다른 지역보다도 특히
북서쪽의 지리가 복잡해 겉으로 드러난 지도의 모습과는 다른 양상
이 전개되었던 것뿐이다. 인도의 기복지도를 일견하면 현재 아프가
니스탄과 파키스탄의 국경지대 변, 아대륙의 푸르른 열대성 평지와
중동의 황무지를 뚜렷이 구분 지어주는 산악과 고원의 갈색층만 두
드러져 보인다. 그런데 내막을 살펴보면 아프가니스탄에서 파키스
탄 중앙을 관통해 흐르는 인더스강 유역까지의 내리막 경사는 매우
완만해 하라파 문명, 쿠샨왕조, 투르크족 문명, 무굴왕조, 인도-페

르시아 문명, 인도-이슬람 문명이 됐든, 파슈툰족 문화가 됐든 유사한 문화가 수천 년 동안이나 고지대 고원과 저지대 강기슭 평원 모두를 점유하고 있었음을 알게 된다. 이란의 마크란과 발루치스탄의 알칼리성 사막도 아대륙과 맞닿아 있었고, 계절풍을 이용할 줄 알았던 중세의 해상 교통 덕에 아라비아도 인도와 연결돼 있었다. 남아시아 역사 전문가인 위스콘신대학교의 앙드레 윙크 교수가—아랍 용어를 본떠—이란 동부에서 인도 서부에 이르는 지역을 지칭한 "알-힌드Al-Hind의 변경", 다시 말해 페르시아화된 무슬림 주민들에게 지배되었던 그곳도 역사기 내내 문화적 유동성을 보였고, 따라서 국경들로 경계를 정하기에는 무리가 있었다.[9]

기원전 4000년기 말에서 기원전 2000년기 중엽까지 복잡한 중앙 집중적 족장국 체제를 가동시킨 하라파 문명*이 그것의 뚜렷한 사례가 될 수 있다. 발굴된 고고학 유물에 따르면 이 문명을 대표하는 두 도시는 [파키스탄 남동부의 주] 신드 위쪽의 인더스강 유역에 위치한 하라파와 모헨조다로였다. 문명의 핵심을 이루었던 요소가 내륙 아시아와 아대륙을 구분 짓는 경계가 아닌 인더스강이었다는 것이 이 부분에서도 드러나는 것이다. 하라파 문명권은 발루치스탄에서 북동쪽의 카슈미르로 뻗어나갔다가, 거기서 다시 타르Thar사막 [인도사막]과 접경한 남동쪽의 델리와 뭄바이로 뻗어나갔다. 오늘날로 치면 이란과 아프가니스탄에 거의 닿을 정도로 파키스탄의 많은 지역을 포괄했고, 인도 북서부 및 서부 지역까지 걸쳐 있었던 것이 된다. 하라파 문명은 이렇듯 관개 가능한 지형에 밀집하여 복잡한

---

* 인더스 문명 또는 인더스 계곡 문명이라고도 한다.

정주 지도를 형성하고 있었다. 거대한 아대륙이 내부적으로는 얼마나 세분돼 있었는지도 이것으로 확인된다.

기원전 1000년경에는 아리아인들이 이란고원을 넘어 인도로 침입해 들어온 뒤, 인도 아대륙의 토착민들과 더불어 인도 북부 갠지스강 평원에 정치조직을 공고히 하는 과정의 일부가 되었다. 그 결과 기원전 8세기와 기원전 6세기 사이 인도 아대륙에는 기원전 4세기 펀자브에서 벵골 지역에 이르는 인도 북부와 갠지스 평원 일대로까지 세력이 확대된 난다제국으로 정점을 맞은 일군의 군주국이 세워졌다. 그러다 기원전 321년에는 다시 찬드라굽타 마우리아가 난다왕조의 마지막 왕 다나 난다를 타도하고 마우리아제국을 창건, 인도 남단을 제외한 아대륙 대부분 지역을 점유함으로써 인도 역사상 처음으로 남아시아 지리에 부합하는 정치체로서의 인도 **개념**이 촉진되었다. 버턴 스타인은 기원전 326년 군대의 폭동으로 갠지스강 계곡 정복 계획을 단념하고 회군한 알렉산드로스 대왕이 제기한 위협도, 인도의 수많은 도시국가와 족장국들이 단일 정치체로 통합되고 그들 간에 "활발한 교역"이 이루어지게 하는 데 얼마간 영향을 끼친 것으로 이야기했다. 스타인은 "교역하는 사람들의 충성을 이끌어낸" 새로운 범아대륙적 이데올로기, 곧 불교와 자이나교의 출현도 도시국가와 족장국들이 단일체로 통합되는 데 기여한 또 다른 요인이었다고 썼다.[10]

마우리아왕조의 왕들은 불교를 채택하면서도, 에게해 유역과 서아시아에서부터 인도에 이르기까지 온대의 이주로 일대에 퍼져 있던 그리스와 로마제국의 관행에 따라 제국을 통치했다. 그런데도 인간의 모든 지략을 동원해서야 제국을 겨우 통합시킬 수 있었다. 찬드라굽타의 고문을 지낸 것으로 알려진 카우틸리아의 고전적 "정치 치침서"『아르타샤스트라^Arthashastra』에 정복자가 제국을 건설하기 위해서는 다양한 도시국가들 간의 관계를 이용할 줄 알아야 한다는 내용이 수록돼 있는 것도 그 점을 뒷받침한다. 자국과 접해 있는 도시국가는 제국 건설 과정에서 어차피 정복해야 할 대상이므로 적으로 간주해야 하고, 적국에 접해 있는 머나먼 도시국가는 우방으로 간주해야 한다는 것이다. 카우틸리아는 방만한 아대륙을 제국으로 통합시키기는 쉽지 않으므로 복잡한 동맹 관계를 유지하고, 피정복자에 대해서도 본래의 생활방식을 유지하게 해주는 등 호의를 베풀어야 한다고도 믿었다.[11] 마우리아왕조가 찬드라굽타의 손자인 아소카 왕[?~기원전 238년] 치세 때 줄잡아 말해도 동부 갠지스 평원의 중핵지대와 지역 중심지 네 곳을 가진 분권적 제국이었던 것도 그것을 말해준다. 파키스탄의 현 수도 이슬라마바드 외곽에 위치한 인도 북서쪽의 탁실라, 인도 중서부의 말와 지역에 위치한 우자인, 인도 남부 카르나타카주의 수바르나기리, 콜카타 남쪽 벵골만에 위치한 칼링가가 그곳들이었다.

원시적 교통과 통신 수단밖에 없었던 점을 고려하면, 인도의 초기 역사에서 단일 제국이 이처럼 많은 아대륙 영토를 차지한 것은 실로 대단한 성과였다. 마우리아왕조의 사례로 단일 국가도 거대한 지역에 꽤 오랫동안 지리적 논리를 적용시킬 수 있음이 입증된 것이다. 그런데 아뿔싸, 마우리아왕조의 쇠퇴와 더불어 인도 아대륙은 북서쪽으로부터의 예의 그 익숙한 침략, 특히 기원전 2세기에는 그리스인, 기원전 1세기에는 스키타이족이 거쳐갔던 카이베르 고개를 통한 침략에 시달렸고, 그것이 아대륙의 분할을 다시금 촉진시키는 결과를 가져와 인도에는 슝가왕조, 판디안왕조, 쿠닌다왕조〔또는 쿨린다왕조〕 등이 수립되었다. 그러다 기원후 1세기 아프가니스탄 북부와 타지키스탄 및 우즈베키스탄이 만나는 지점인 박트리아에서 왕조의 인도유럽어족 지배자들이 중앙아시아의 인구 밀집지대인 페르가나 계곡에서부터 인도 북동부의 비하르에 이르는 지역을 정복하면서 쿠샨제국이 출현했다. 쿠샨제국은 현대인의 지각으로는 상상할 수 없을 정도로 세력권이 넓게 미쳐 있었다. 구 소련령 중앙아시아, 아프가니스탄, 파키스탄, 인도 북부의 갠지스 평원 대부분 지역을 포괄하고 있었으니 말이다. 한쪽으로는 하천 유역들을 따라가고, 또 다른 쪽으로는 산맥들을 가로지름으로써, 지리에 순응도 하고 부정도 하는 두 가지 양상을 동시에 나타냈다. 그 점에서 쿠샨제국은 지금의 국경들도 중앙아시아와 남아시아 정치제도를 나타내는 마지막 말이 아닐 수도 있음을 보여주는 중요한 본보기가 될 수 있다.

인도 아대륙은 굽타제국(기원후 320~550년)이 서동으로는 인더스강 계곡에서 벵골 지역까지, 북남으로는 히말라야산맥에서 중부의 데칸고원까지를 지배하게 되면서 다시금 통일 비슷한 것을 이루게 되었다. 그러나 아대륙 남쪽 태반은 굽타왕조의 지배권을 벗어나 있었고, 라자스탄과 갠지스 초원의 서쪽 지역도 북서쪽 기마민족의 침략에 노상 시달렸다. 굽타왕조는 마우리아왕조와 유사하게, 단일 국가라기보다는 교역과 갠지스 평원의 중핵지대에 바치는 조공으로 결합된 속국들의 허약한 체계에 지나지 않았다. 신앙적 형태로서의 힌두교가 북부의 갠지스강 유역으로 전파된 것도 굽타왕조의 지배권 밖에 놓여 있던 인도 남부를 통해서였다. 그 밖에 인도 남부는 드라비다어를 사용한다는 점에서도 산스크리트어를 사용한 북부와 뚜렷한 차이를 보였고, 지형적으로도 아대륙 중앙에 자리한 데칸고원에 막혀 북부와 분리된 채 중동 및 인도차이나반도의 해양적 영향을 받았다. 중앙아시아 훈족의 침입으로 촉진된 굽타왕조의 쇠퇴 이후에는 인도 아대륙에 600년이 넘게 소국들이 다시금 난립하면서 중앙 집중화와 정치 통합의 경향이 뚜렷이 나타난 중국과 큰 대조를 보였다. 버턴 스타인의 말을 빌리면, 실제로 굽타왕조 이후의 인도 왕국들은 "통치가 아니라 언어, 종파적 제휴, 사원寺院으로" 규정되었다.[12]

페어그리브에 따르면 이슬람교도들도 7세기부터 16세기까지의 기간에 인도에 성공적으로 진출했다. "당연한 일이지만 처음에는 아랍인들이 해안 변의 육지와 연안을 따라 이어지는 해상을 통해 먼저 들어왔다. 하지만 이들이 거둔 영속적인 결과는 아무것도 없었다. 아랍인 다음에는 투르크족이 이슬람권의 패자가 되어 기원전 1000년이 되기 직전 이란고원과 아프가니스탄을 침략했고, 그 결과 1세기 뒤에는 주로 힌두교 지배자들 간의 분쟁에 힘입어 북부 평원 일대가 이슬람의 지배를 받아들이게 되었다."[13] 남쪽의 발루치스탄과 신드도 메소포타미아까지 뻗어나간 "사막지대"의 일부가 되었다.[14] 인도 아대륙이 진정 대중동에 접목된 것이다. 그것을 보여주는 몇몇 대표적 사례를 꼽아보면, 8세기 초에는 이라크의 아랍인들이 신드, 펀자브, 라자스탄의 일부 지역을 정복했고, 11세기 초에는 투르크계 맘루크 전사인 마흐무드가 아프가니스탄 동부 가즈나[가즈니]왕국을 정복, 지금의 이라크령 쿠르디스탄, 이란, 아프가니스탄, 파키스탄, 델리에 이르기까지의 인도 북서 지역을 아우르는 제국으로 성장시켰으며, 남쪽의 아라비아해 연안에 위치한 구자라트도 습격했다. 뒤이어 13~16세기에는 이슬람 국가였던 델리 술탄국이 투르크계 투글루크왕조, 아프가니스탄계의 로디왕조, 그 밖의 중앙아시아 출신 왕조들을 통해 북부 인도와 남부 인도의 일부 지역을 지배했다.

지리는 이들 침략자들이 델리를 인도의 수도로 택한 것에도 큰 영향을 미쳤다. 페어그리브에 따르면 "신드와 펀자브를 포함한 인더스강 계곡은…… 인도사막[타르사막]과 히말라야산맥 사이 너비 240킬로미터의 비교적 좁은 통로로 연결되는 인도의 입구를 형성하고 있었고, 델리가 바로 이 통로의 출구에 위치해 있었다"는 것이다.[15] 델리의 뒤쪽에는 이슬람권, 앞쪽에는 힌두권이 포진해 있었다(이 무렵에는 불교가 발상지인 인도에서 사실상 자취를 감추고, 동쪽과 북동쪽으로 이동해갔다). 이처럼 지리는 인도 아대륙의 북서 지역을 고정된 국경이 아닌, 이란과 아프가니스탄에서 시작해 델리에서 끝나는 일련의 끝없는 가변적 존재로 만들어놓았다. 인류 문명을 개관한 장대한 역사서에서 맥닐이 주장한 견해의 타당성이 다시금 입증된 것이다.

그것의 정치, 문화적 표현이 바로 무굴제국이었다. 무굴제국이 다른 제국들에서는 좀처럼 찾아보기 힘든, 예술과 종교에서 절충주의를 추구했다는 점에서다. 무굴제국은 1500년대 초부터 1720년까지 인도와 중앙아시아의 일부 지역을 열정적으로 지배하다 이후에는 급속히 쇠락한 이슬람 국가다. 그 영향으로 몽골Mongol의 아랍어와 페르시아어 표기인 무굴Mughal이 당시에는 인도 북부 북서부 지역의 토착민을 제외한 모든 외국인 무슬림을 부르는 통칭으로 사용되었다. 제국의 창건자는 1483년에 우즈베키스탄의 페르가나 계곡에서 태어난 투르크계 차가타이족 자히르 웃 딘 무함마드 바부르였다. 바부르는 청년기에는 티무르(태멀레인)의 옛 수도 사마르칸트를 회복하는 일에 진력했고, 칭기즈 칸의 후예인 〔우즈베크 통치자〕무함마드 샤이바니 칸에게 패해 사마르칸트를 잃은 뒤에는 추종자들을 이끌고 남쪽으로 내려가 카불을 점령했다. 바부르가 그의 군대와 함께 아프가니스탄의 고원지대에서 펀자브에 이르는 지역을 점령한 것이 카불을 본거지로 삼고 있던 바로 이때였으며, 이것을 계기로 그의 인도 아대륙 정복이 본격화되었다. 그리하여 바부르의 손자 악바르 대제에 의해 토대가 다져진 무굴제국은 인도의 이슬람교 수니파와 시아파, 힌두교도는 물론이고, 라지푸트족, 아프간족, 아랍인, 페르시아인, 우즈베크족, 차가타이족, 그 밖에 여러 요소가 혼합된 집단들의 귀족층을 보유함으로써, 북서쪽의 러시아 남부와 서쪽의 지중해에서 시작된 인종과 종교의 세계를 이루게 되었다.[16] 인도가 부근의 중동에서 진행되고 있던, 문화와 정치적 추세의 저장고 역할을 한 것이다.

그러나 아프가니스탄의 카불과 칸다하르는 델리에 기반을 둔 이 숭엄한 제국의 자연적 범주에 포함된 반면, 지금의 방갈로르―인도의 첨단 기술 도시―를 중심으로 한 인도 남부의 힌두교 중심지는 정작 제국의 경계에서 벗어나 있었다. 그 탓에 "세계의 정복자" 아우랑제브 황제는 무굴제국이 최대 판도를 이루었던 17세기 말에도 여전히 80대의 노구를 이끌고 인도 남서부에서 마라타족 반도들과의 전쟁을 수행하고 있었다. 아우랑제브는 그들을 제압하지 못한 채 1707년 데칸고원의 막사에서 끝내 숨을 거두었다. 파니카르의 말을 빌리면 데칸고원이 "인도 중앙에서 언제나" 갠지스강 계곡 사람들이 정복할 수 없는 "거대한 성벽을 형성하고 있었기" 때문이었다. 아우랑제브도 경험했듯, 아대륙은 북남으로 이어진 반면, 강들은 서동으로 흐르는 것도 인도 역사의 비교적 늦은 시기까지 북부의 남부 정복을 어렵게 만든 요인이었다. 이것을 달리 표현하면 인도에는 북부와 남부를 이어주는 지리적 연결 고리가 거의 없었다는 뜻이다.[17] 실제로 인도 북부를 점유하고 있던 무굴제국 귀족층의 결속력과 의욕을 떨어뜨린 것도 장기간에 걸쳐 진행된 인도 남부의 끈질긴 반란 행위였다. 그것이 아우랑제브로 하여금 제국의 다른 현안들은 제쳐둔 채 마라타 문제에만 골몰하게 만들어 국력이 급속히 쇠퇴했고, 그 틈을 타 네덜란드, 프랑스, 영국의 동인도 회사들이 해안가에 근거지를 마련한 것이 영국의 인도 지배로까지 이어지게 된 것이다.[18]

여기서 중요한 점은 아우랑제브 치세의 아대륙 상황이 수백 년 전 델리를 기반으로 했던 군주들은 물론이고, 심지어 그보다 더 오래된 고대 군주들이 지배했을 당시의 아대륙의 상황과도 같았다는 것이다. 파키스탄 및 아프가니스탄의 상당수 지역과 더불어 지금의 인도 북부가 포함된 거대 지역이 단일 정치체의 지배를 받았고, 그 정치체의 지배권이 미치지 못한 곳은 인도 남부 지역뿐이었다는 얘기다. 따라서 지금의 인도 지배층의 관점에서 보면 파키스탄뿐 아니라 아프가니스탄도 인도의 홈그라운드가 되는 것이고, 이것은 자연스러울 뿐 아니라 역사적 타당성도 있는 것이다. 바부르의 무덤이 델리가 아닌 카불에 있는 것도 그 점을 말해준다. 그렇다고 인도 정부가 아프가니스탄에 영토와 관련된 의도를 품고 있다는 뜻은 아니다. 인도는 아프가니스탄의 지배자가 누가 되느냐에 지대한 관심을 가지고 있으며, 자국에 우호적인 인물이 아프가니스탄을 지배해 주기를 바란다는 의미다.

영국은 인도의 이전 지배자들과 달리 육지세력보다는 해양세력으로서의 면모가 훨씬 강한 나라였다. 영국 지배의 중심이 된 봄베이〔뭄바이〕, 캘커타〔콜카타〕, 마드라스의 예로도 알 수 있듯이, 그러므로 영국의 인도 정복도 당연히 바다를 통해 이루어졌다. 2,000년이 넘는 기간 동안 서쪽과 북서쪽으로부터의 침략과 이주에 시달린 인도에 아대륙 지리의 본질적 사실을 정치적 사실로 되돌려놓은 것도 영국이었다. 그 점은 영국이 건설한 선로들이 북남으로는 아프간 국경에서 아대륙 남단의 실론〔스리랑카〕과 가까운 팔크해협까지, 서동으로는 파키스탄의 카라치에서 방글라데시의 항구도시 치타공까지, 마치 인체의 동맥처럼 아대륙을 빼곡히 채우고 있는 1901년의 인도 지도로도 확인된다. 기술이 인도 아대륙의 거대한 내적 공간을 다수의 정치체로 갈라지거나 혹은 허약한 제국적 동맹 체제의 지배를 받는 곳이 아닌 단일 정치체로 통합시킨 것이다.

물론 그것은 인도 아대륙의 많은 지역을 요령껏 통치할 줄 알았던 무굴제국(과 그보다는 역량이 모자란 근대 초의 마라타 동맹^{Maratha Confederacy})이라는 선임자가 있었기에 가능한 일이었다. 그러나 위대한 왕조였다는 무굴제국도 알고 보면 북서쪽에서 온 또 다른 무슬림 침략자에 지나지 않았고, 힌두교 민족주의자들이 지금껏 무굴제국을 헐뜯는 것도 그래서이다. 반면에 해양세력 영국은 힌두교와 이슬람교 사이에 벌어진 역사적 드라마—침략이 빈발했던 아대류의 북서 지역뿐 아니라, 농업적으로 풍요로웠고 13세기 투르크계 몽골족의 침략으로 숲의 개간이 이루어져 이슬람이 전파된 갠지스 평원의 동단, 곧 동벵골 지역에도 다수의 무슬림이 살았다는 점에서 지리에 토대를 둔―의 어디에도 속하지 않는 중립국이었던 것이다.[19]

그리하여 19세기 말과 20세기 초 영국은 현대적 관료 제도와 철도 체계로 인도 아대륙을 통합시켰다. 그러나 통합에는 성공했을지 몰라도 [2차 대전 종전과 더불어 영국령 인도제국이 해체되면서] 1947년 갑자기 그리고 혼란스럽게 인도를 떠남으로써, 영국은 예전의 그 어느 제국적 분리보다 심각하고 형식화된 방식으로 인도 아대륙이 다시금 분리되게 만들었다. 굽타제국이 인도-그리스인들과 싸운 곳이나 무굴제국이 마라타 동맹과 싸운 곳 어디에도―오늘날의 국경들에 나타나는 것과 같은―철책선, 지뢰밭, 상이한 여권, 미디어에 의한 전쟁(모두 후기 기술 단계에 속하는 것들)이 만들어지지는 않았다. 그런데 이제는 합법적이고 얼마간은 문명적인 국경들로 분단이 고착된 것이고, 그것도 지리가 아닌 인간의 결정으로 그렇게 된 것이다.

그러므로 파키스탄도 인도의 역사적 관점으로 보면 핵무기를 보유한 적국, 테러 지원국, 대규모 재래식 군대로 국경의 좁은 통로를 감시하는 나라 이상의 존재가 되는 것이다. 인도의 북서쪽 산맥이 평원과 만나는 지점에 위치한 파키스탄은 역사기 내내 인도로 쇄도해 들어온 그 모든 무슬림 침략의 지리적, 민족적 표현이었다. 그런데 이 파키스탄이 지난날의 대규모 무슬림 침략군이 그랬던 것처럼 지금도 인도 북서부에서 불안한 그림자를 드리우고 있는 것이다.

지리의 복수

전략정보 전문 분석업체 스트랫포의 조지 프리드먼 박사도 이란 및 아프가니스탄 남부의 아랍 무슬림군에 처음 점령당했던 아대륙이 파키스탄 남서부였던 점을 염두에 두고 "파키스탄이 중세에 인도를 지배했던 무슬림의 현대적 유물"이라고 썼다.[20]

그렇다고 인도의 정책 결정권자들이 반무슬림적 태도를 지니고 있는 것은 아니다. 인도는 1억 5,400만 명의 무슬림 인구를 가진, 인도네시아와 파키스탄에 이어 세계 3위의 이슬람 국가다. 무슬림 대통령도 세 차례나 나왔다. 문제는 인도가 힌두교도가 압도적으로 많은 나라다보니, 힌두교도와 이슬람교도 간의 분열을 막기 위해 종교의 정치성을 벗어날 필요성을 느껴 세속적 민주주의를 추구한다는 점에 있다. 따라서 자유주의 원칙을 토대로 삼는 인도로서는 이슬람의 급진성은 말할 것도 없고, 파키스탄이 이슬람 국가라는 사실마저도 눈에 거슬릴 수밖에 없는 것이다.

인도가 파키스탄에 두려움을 느낀다는 사실—혹은 역으로 파키스탄이 인도에 두려움을 느끼는 것—은 새삼스러울 것이 없다. 물론 재래식 전쟁에서는 인도가 파키스탄을 이길 수 있을 것이다. 그러나 핵 교환을 하거나 테러전을 하면 파키스탄도 인도에 밀리지 않을 수 있다. 그리고 파키스탄과의 전쟁만으로 끝나지도 않을 것이다. 무굴제국에 적으나마 내포돼 있던 코즈모폴리턴적인 면은 쏙 빠진 또 다른 무굴〔무슬림〕 공격의 개연성이 파키스탄에만 있지 않고 아프가니스탄에도 있기 때문이다. 익히 알려져 있듯이 파키스탄과 아프가니스탄을 가르는 국경은 예나 지금이나 신기루 같은 존재다. 아프가니스탄과 접경한 파키스탄의 북서 변경 주(공식 명칭은 카이베르파크툰크와주)의 험한 바위산과 협곡들만 해도 자잘한 구멍들이 수없이 나 있다. 나도 파키스탄-아프가니스탄 국경을 여러 차례 넘어보았지만, 합법적으로 통과해본 적이 한 번도 없다. 카이베르 고개에 공식 검문소가 있는데도 수만 명의 파슈툰족은 매주 신분증 조차 제시하지 않고 고개를 넘고 있으며, 징글 트럭 수백 대가 매일 검사도 받지 않고 고개를 통과하고 있다. 이렇게 입출국 절차가 제대로 시행되지 않는 것은 양쪽 국경지대의 부족들이 동일 종족이기 때문이기도 하지만, 아프가니스탄과 파키스탄의 국가적 성격이 모호한 데도 원인이 있다. 두 나라 모두 인도-이슬람과 인도-페르시아 연속체들의 중심으로서 사실상 구분이 불가능한, 따라서 지리적 응집력이 부족한 것이 일이 그렇게 된 요인이었다. 아케메네스 왕조, 쿠샨왕조, 인도-그리스왕국*, 가즈나왕조, 무굴제국, 그 밖의 제국들 모두 인도를 위협하기도 하고, 인도에 일부가 포함되기도 한 아프가니스탄과 파키스탄을 영토로 보유하고 있었던 것이다. 그 다음에는 중앙아시아의 티무르(태멀레인)와 투르크멘족계였던 이란 왕 나디르 샤가 1398년과 1739년 지금의 이란, 아프가니스탄, 파키스탄의 제국 본거지들에서 각각 델리를 정복했다.

이것은 서구에서는 아는 사람이 별로 없지만 인도의 엘리트층은 직감하는 중요한 역사적 사실이다. 인도인들은 아대륙 지도를 볼 때마다 북동쪽의 네팔, 부탄, 방글라데시와 마찬가지로 아프가니스탄과 파키스탄도 인도의 직접적 세력권으로 파악하고, 이란, 페르시아만, 구 소련령 중앙아시아 국가들, 버마를 중요한 그림자 지역으로 본다는 얘기다. 인도 정부의 관점으로는 지도를 그렇게 보지

---

* 기원전 180~10년, 인도 북서부에 존속했던 왕국.

않으면 역사와 지리의 교훈을 무시하는 것이 된다.

수천 년 동안 이어진 제국들의 이런 혼란스런 기록이 말해주듯, 인도가 아프가니스탄과 그곳에서 벌어지는 전쟁을 자국이 대처해야 할 또 다른 안보적 문제로만 간단히 치부하지 못하는 것도 그래서이다. 아프가니스탄을 중앙아시아의 일부로 보는 것은 서구의 시각일 뿐, 인도인들에게는 그곳이 아대륙의 일부이기 때문이다.[21] 아프가니스탄의 지리가 중요한 것은, 그곳이 지난날의 군대가 그랬듯 오늘날에는 테러분자들이 인도를 침범할 수 있는 주요 길목이 될 뿐 아니라 인도의 주적인 파키스탄에 필수적인 전략적 후방 기지도 될 수 있기 때문이다.

인도의 지리적 논리가 이렇게 완벽하지 않은 반면, 지난날의 침략 경로에 직각 방향으로 자리한 파키스탄의 경우에는, 많은 사람들의 견해에 따르면, 지리적 논리라는 것이 아예 없고, 아프가니스탄도 거의 없는 것이나 마찬가지다. 파키스탄은 아마도 이란-아프간 고원과 아대륙 저지대 사이의 변경에 걸쳐진 인위적이고 골치 아픈 영토로 볼 수 있을 것이다. 펀자브의 동쪽 절반이 아니라 (세계에서 가장 높은 준령들이 솟아 있는) 북쪽의 카라코람산맥과 남쪽으로 거의 1,600킬로미터나 떨어진 아라비아해 옆의 마크란사막 지대를 무리하게 연결시켜주는 펀자브의 서쪽 절반이 포함돼 있다는 사실만 해도 그렇다.[22] 인더스강이 국경 역할을 한다고는 하지만 파키스탄이 그 강의 양안에 걸쳐 있는 것도 문제다. 그런가 하면 파키스탄은 서로 간에 적의를 품고 있고, 특정 지역을 기반으로 하고 있는 네 인종 집단의 본거지이기도 하다. 북동쪽의 펀자브, 남동쪽의 신드, 남서쪽의 발루치스탄, 파슈툰족 지배지인 북서 변경 주가 그곳들이다. 파키스탄 통합의 접착제 구실을 했다는 이슬람교도 이렇게 보면 실패한 것이 분명하다. 파키스탄의 이슬람 집단들이 급진화되고 있는 것, 파키스탄을 펀자브인들이 좌지우지하는 외래 국가로 보는 발루치족과 신드족의 태도가 바뀌지 않고 있는 점, 북서쪽의 파슈툰족이 탈레반에 오염된 아프간-파키스탄 국경지대의 정치에 강하게 빨려들고 있는 점이 그것을 말해주는 증거다. 이런 상황에서 펀자브인 일색인 군대마저 없으면 파키스탄은 존재감을 상실한 채, 인도 세력권에 더욱 가까워진 반무정부 상태의 발루치스탄과 신드로 구성된 대이슬람 펀자브로 전락할 개연성마저 있다.

구자라트 출신 상인의 아들로 태어나 런던에서 법률을 공부한 뒤 봄베이에서 변호사로 활동한 무함마드 알리 진나[1876~1948년]에 의해 1947년에 건국된 파키스탄은 인도 아대륙 이슬람교도들의 본향이라는 이념적 토대 위에 건설되었다. 그러나 아대륙 무슬림의 대다수가 동파키스탄(1971년 방글라데시로 독립했다)과 서파키스탄에 거주하기는 했지만 수천만 명의 무슬림은 여전히 인도에 남아 있었고, 이런 지리적 모순 때문에 파키스탄의 이데올로기도 지극히 불완전할 수밖에 없었다. 실제로 파키스탄 건국으로 무슬림과 힌두교도 수백만 명은 난민이 되었다. 아대륙 역사가 침략과 이주로 점철되다보니 인종, 종교, 종파가 어지럽게 뒤섞인 것이 문제였다. 인도는 여러 종교—힌두교, 불교, 자이나교, 시크교—의 발상지인 동시에 조로아스터교, 유대교, 기독교 또한 수백 년, 수천 년 전부터 존재해 있던 곳이었다. 그런데 인도는 이 현실을 받아들이고 찬양하는 국가 철학을 지니고 있는 반면, 파키스탄은 그 현실을 인정하지 않고 있는 것이다. 인도가 안정적인 것과 달리 파키스탄이 불안정한 것도 어느 정도 이에 기인한다.

반면에 이에 대한 지리적 해석은 다르게 나온다. 또 다른 관점에서 보면 파키스탄은 문명을 이어준 매개자이자, 아대륙과 인도-이슬람권의 중심인 중앙아시아를 연결해준 도관으로서의 뚜렷한 지리적 의미를 갖기 때문이다. 따라서 혹자는 인도-무슬림 지역인 알-힌드에 대한 앙드레 윙크의 개념이 현대 국경들의 관점으로는 이해하기 어렵다는 이유로 파키스탄이 인도보다 인위적이라고 볼 이유가 어디에 있느냐고 따져 물을 법도 하다. 파키스탄의 라호르만 해도 인도의 델리 못지않게 무굴제국의 중심 지역이었으니 말이다. 인도 아대륙 북부 평원의 진정한 지리적 중심지인 펀자브도 그 어떤 역사적, 지리적 관점에 비춰봐도, 양쪽 어디에도 온전히 속하지 않은 채 인도와 파키스탄 사이에 분리돼 있다. 인도 북부가 갠지스강 유역의 인구 밀집 지대에서 발전돼 나온 것과 마찬가지로 파키스탄 역시 또 다른 주요 인구 밀집 지대인 인더스강과 그 지류들에서 성장해 나왔다는 주장도 펼 수 있을 것이다. 이 주장대로라면 인더스강은 분할적 존재가 아니라 통합의 존재가 되는 것이다.[23] 그 점은 파키스탄의 정치 활동가 아이트자즈 아산(1945년~)이 쓴 『인더스강의 사가와 파키스탄의 형성The Indus Saga and the Making of Pakistan』에 가장 잘 표현돼 있다. 신드를 기반으로 한 베나지르 부토*의 파키스탄인민당 당원이었던 아산은 이 작품에서 인도 아대륙 역사를 통틀어 "가장 중요한 경계선"은 펀자브 동부의 구르다스푸르부터 아라비아해 쪽의 구자라트주에 위치한 카티아와르반도까지 남서쪽으로

---

* 2007년에 암살당했다.

이어진, 따라서 지금의 인도-파키스탄 국경과 가까운 구르다스푸르-카티아와르반도선이라고 주장했다.[24]

상황이 혼란스러운 것은, 인도와 파키스탄의 지역들이 결합돼 있었던 비교적 짧은 역사기 동안—마우리아제국, 무굴제국, 영국제국—에는 중앙아시아(와 아프가니스탄 그리고 그 너머로 이어지는) 교역로들을 누가 지배하느냐에 대한 문제가 없었다는 점이다. 나머지 역사기 동안에도 쿠샨제국, 가즈나왕조, 델리 술탄국 같은 제국들이 갠지스강 동부 지역은 지배하지 않고 인더스강과 갠지스강 서부 지역만 지배했기 때문에 델리와 라호르도 단일 정치체의 지배를 받았고, 중앙아시아 또한 그 제국들의 지배를 받았던 관계로 분쟁이 없었기 때문에 문젯거리가 없었다. 그 점에서 현재의 정치 지리는 역사적으로 유례를 찾기 힘든 독특한 사례로 볼 수 있다. 인더스강 계곡을 차지한 나라와 갠지스강 계곡을 차지한 강국이 그곳과 가까운 역외의 중앙아시아 독립국의 통제권을 두고 다투고 있기 때문이다.

파키스탄의 경우 펀자브 지방을 중심에 둔 인더스강과 그 지류들이 지금의 파키스탄과 아프가니스탄을 포괄하는 인더스강-옥수스강[아무다리야강] 지역의 인구 밀집 지대를 형성하고 있다. 따라서 펀자브인들에 장악돼 있는 파키스탄 정보부[ISI]가 인더스강-옥수스강 전역을 무대로 활동하는 [이슬람 무장 단체] 하카니 네트워크Haqqani Network의 테러리스트와 밀수입에 깊숙이 관여하고 있는 것도 역사적 혹은 지리적 면으로 보면 전적으로 부당한 행위가 아닌 것이 된다. 파키스탄 정보부가 가장 관심을 갖는 부분이 아프가니스탄 남동부 지역의 지배고, 그것이 실현되면 힌두쿠시 이북이 옥수스강과 우즈베키스탄 남부와 타지키스탄 남부의 옥수스강과 트란스옥시아나* 지역의 결합에 영향을 주게 되어 고대 박트리아의 부활로 이어질 수 있기 때문이다. 21세기 초의 지도가 고대 지도와 흡사한 모습을 띠게 된다는 얘기다.

그럼 지금부터는—역사적으로 인도의 지정학적 운명에 그토록 중요한 영향을 미친—아프가니스탄이 어떤 나라인지 한번 살펴보기로 하자. 아프가니스탄은 국민의 기대 수명이 44세밖에 되지 않고, 문해율도 28퍼센트(여자들은 이보다도 훨씬 낮다)에 지나지 않으며, 여성이 중등학교에 진학하는 비율도 9퍼센트에 불과하고, 상수上水를 이용할 수 있는 인구가 전체 인구의 5분의 1에 지나지 않는다. 유엔의 인간개발지수도 세계 182개국 중 두 번째로 낮다. 2003년 미국이 침공하기 직전 이라크의 인간개발지수가 130위, 문해율 역시 높지도 낮지도 않은 74퍼센트였으니, 아프가니스탄의 상황이 어느 정도인지 짐작할 수 있을 것이다. 이라크의 도시화 비율이 77퍼센트에 달해 가령 2007년 종파 간 내전이 일어났을 때 수도 바그다드의 폭력이 줄어든 것이 이라크 전역에 진정 효과를 나타낸 것과 달리, 아프가니스탄의 도시화 비율은 30퍼센트에 지나지 않아 부락이나 지역 단위로 게릴라 진압 노력을 기울여도 다른 지역에 파급력을 갖지 못하는 것도 문제다.

게다가 편평한 지형에 도시들이 광범위하게 산재해 있어 점령군에게 유리한 메소포타미아에 비해, 아프가니스탄은 거의 나라라고도 할 수 없을 만큼 매우 난해한 지리를 가지고 있다. 아프가니스탄

---

* 지금의 우즈베키스탄 전역 및 카자흐스탄 일부 지역에 해당하는 곳.

과 파키스탄을 가르는 장애물 혹은 아프가니스탄과 이란을 가르는 자연적 장애물이 없는 것은 물론이고, 영토 내의 산맥들마저 마치 성당처럼 파슈툰족, 타지크족, 그 밖의 소수 민족들을 가르는 경계선의 봉인 역할을 하고 있는 것이다. 기복지도를 보고 전 세계 파슈툰족 4,200만 명의 절반이 파키스탄에 살고 있는 것을 알아챈 누군가는 또 아프가니스탄과 파키스탄에 걸쳐 있는 힌두쿠시산맥과 인더스강 사이에 파슈투니스탄이라는 국명의 나라를 세우는 것도 생각해볼 수 있을 것이다.

아프가니스탄은 나디르 샤가 지휘하는 페르시아군의 아브달리족 분견대 대장을 맡았던 아흐마드 칸이 18세기 중엽 페르시아와 쓰러져가는 무굴제국 사이에 완충국을 세움으로써 얼추 나라의 꼴을 갖추게 되었다. 나중에는 이것이 또 러시아제국과 영국령 인도제국 간의 완충지대도 되었다. 그렇다면 중앙아시아의 구 소련제국이 서서히 와해되고, 파키스탄도 점진적으로 약화된 끝에 아프가니스탄이 정치 지도에서 영영 사라질 수 있는 역사적 개편이 현재 진행되고 있다는 논거를 상정해볼 수도 있을 것이다. 미래에는 (인도 아대륙의 진정한 북서 변경인) 힌두쿠시산맥이 파슈투니스탄과 대타지키스탄의 국경이 될 개연성도 있다는 것이다. [미국의 국제정책센터 선임연구원인] 아시아 전문가 셀리그 해리슨의 말을 빌리면, 이 변화는 규모가 너무나 커서 조급증에 빠진 워싱턴의 민간인들이 관리하는 외국군으로서는 도저히 감당이 안 되고, 그리하여 탈레반, 파슈툰족 민족주의의 귀결, 이슬람의 광기, 마약 자금, 부패한 군 지도자, 미국 점령에 대한 현지인들의 증오도 결국은 그 변화의 도구만 될 뿐이라는 가설이다.

지리의 복수

반면에 이 가설에 역행하는 현실, 다시 말해 그런 결정론에 찬물을 끼얹는 현실도 있다. 아프가니스탄이 이라크보다 인구는 적지만 영토는 넓다는 사실만 해도 기본적으로는 의미가 없다. 아프가니스탄 인구의 65퍼센트가 중세의 대상로와 가까운 주도로 체계의 56킬로미터 반경 내에 거주하고 있고, 따라서 중앙집권적 지배에 문제가 되는 것은 342개 지방 가운데 80곳에 지나지 않는 것만 해도 그렇다. 아프가니스탄은 아흐마드 칸 시대부터 중앙집권적 통치라고 할 만한 것을 시작했다. 늘 권력의 중심지였던 것은 아니지만 카불이 그럭저럭 지방과 중앙을 잇는 중재지 역할을 했다. 그리하여 1930년대 초부터 1970년대 초까지는 아프가니스탄에 아흐마드 칸의 후손인 입헌군주 〔무함마드〕 자히르 샤Zahir Shah가 지배하는 온건하고 건설적인 정부도 수립되었다. 고속도로망이 주요 도시들을 연결하여 안전한 여행이 가능해졌고, 예측 가능한 보건 발전 계획이 수립되어 말라리아 퇴치도 눈앞에 두고 있었다. 나도 그 시기의 끝 무렵 히치하이크도 하고 지방 버스도 타고 다니며 아프가니스탄 일대를 여행했으나 위험을 못 느꼈고, 책과 옷가지들을 미국으로 보내는 데 문제 없을 정도로 우체국도 제 기능을 하고 있었다. 이란이나 파키스탄, 소련과는 확연히 다른 아프간 특유의 정체성도 느껴졌다. 따라서 허약한 부족들의 허약한 네트워크에 지나지 않았을지는 몰라도 아프가니스탄이 완충국 이상의 존재로 발전하고 있는 것은 분명해 보였다. 그 점에서 설사 파슈투니스탄이 현실이 된다 해도 그것은 아프가니스탄의 정체성은 그대로 유지한 채 이중국적을 부여하는 방식으로 진행될 개연성이 높다. 1970년대에 카불에서 일어난 세 차례의 쿠데타로 아프가니스탄이 언제까지고 지속될 것만 같은 폭력의 악순환에 빠져든 것도 알고 보면 아프간인들 뿐 아니라 인접한 대국 소련에도 책임이 있었다. 아프가니스탄을 자국 세력권에 묶어두려는 과정의 일부로 소련이 알게 모르게 아프간 정정을 불안하게 만든 다음 그것을 빌미로 1979년 12월 아프가니스탄을 침공한 것이다. 아프가니스탄은 이란고원, 중앙아시아의 스텝, 인도 아대륙 사이에 놓인 지리적 완충지대로, 전략적 중요성이 말할 수 없이 큰 지역이다. 따라서 러시아뿐 아니라 이란과 파키스탄도 탐을 냈으며, 인도의 정치 지도자들도 아프가니스탄 문제에 사로잡혀 있었다.

그런 아프가니스탄이 만일 탈레반 휘하로 들어가면 인도-파키스탄 국경으로부터 중앙아시아에 이르기까지의 지역에 일련의 급진적 이슬람 공동체들이 생겨날 수 있다. 사실상 대파키스탄이 된다는 얘기다. 그리고 그렇게 되면 파키스탄은 헤즈볼라와 하마스가 이스라엘에 맞서는 방식으로 인도에 대항하기 위해, 자국 정보부 ISI에 잘랄루딘 하카니*, 굴부딘 헤크마티아르**, 라시카르-에-타이바^{Lashkar-e-Taiba} 같은 부류의 사람이나 단체들에게 비밀 제국을 구성할 수 있는 자격을 부여해줄 것이다. 그와 반대로 만일 아프가니스탄이 평화를 유지하고 카불 정부도 자유주의적 통치를 하면, 인도는 북서 변경의 역사적 강적으로부터 해방될 뿐 아니라, 서쪽과 동쪽 양쪽 국경 모두에서 파키스탄에 도전을 할 수도 있게 될 것이다. 1980년대에 인도가 아프간 정부의 전복을 꾀했던 친파키스

---

* 아프가니스탄의 이슬람당 당수이며 무자헤딘 지도자.
** 파키스탄을 중심으로 활동하는 남아시아 최대의 테러 단체들 중의 하나.

지리의 복수

탄적 〔이슬람 반란군〕 무자히딘에 비하면 세속적이고 자유주의적이기까지 했던 모하마드 나지불라 대통령〔1947~1996년〕의 소련 괴뢰 정권을 지지한 것도 그래서였다. 같은 이유로 인도는 현재 하미드 카르자이 정부를 지지하고 있다.

아프가니스탄의 정치적 안정과 온건함은 이렇듯 중앙아시아 남부 지역뿐 아니라 유라시아 전체의 핵심 문제가 되고 있다. 중앙아시아를 통과하는 수송망을 얻기 위해 러시아, 중국, 인도, 이란의 이해관계가 "한곳으로 수렴된다는" 면에서 매킨더의 심장지대가 여전히 존재하는 것이다. 이때 유라시아 교역로의 가장 강력한 동력은 중국과 인도 경제가 될 것이다. 중앙아시아를 넘어 유럽과 중동 시장들로 가는 인도의 육로 교역만 해도 연간 1,000억 달러 이상 성장할 것으로 예측되고 있는 것이 그것을 말해준다. 뉴델리와 이스탄불 그리고 〔조지아의 수도〕 트빌리시가 트럭, 기차, 카스피해 횡단 선박으로 연결되지 못하는 것이나 인도와 알마티, 타슈켄트가 도로와 철도로 연결되지 못하는 것도 아프가니스탄이 여전히 전시 상태에 놓여 있기 때문이다. 하지만 그런 가운데서도 인도는 이란 및 사우디아라비아와 함께 아프가니스탄의 도로망 건설에 크게 기여했다. 서아프가니스탄과 아라비아해 변에 위치한 이란의 항구도시 차바하르***를 잇는 자란즈-델라람 고속도로만 해도 인도의 재정 지원으로 건설된 것이다.[25] 아프가니스탄에서 30년 넘게 폭력이 이어져오고 있기는 하지만, 인도는 평온한 아프가니스탄이 가져다줄 이익을 간파하고 있었던 것이다. 평온한 아프가니스탄은 자국의

*** 지금의 반다르베헤슈티.

모든 영토를 가로지르는 것은 물론이고, 파키스탄을 가로지르는 도로, 철도, 에너지 수송관 건설에도 박차를 가할 것이고, 파키스탄의 불안정성에 대한 궁극적 해답이 바로 거기에 있기 때문이다. 따라서 중국을 제외하면 세계의 어떤 나라도 작게 만들 수 있는 경제 대국이라는 점에서 인도에게는 그 지역의 평화가 가장 유리할 수밖에 없다.

문제는 현재로서는 그럴 형편이 못 된다는 점에 있다. 지금 당장은 대인도 아대륙이 세계에서 가장 불안정한 지정학적 특성을 나타내고 있는 것만 해도 그렇다. 작금의 고질적 불안정과 정치 문제는 지난날의 제국 및 침략들과 직접적으로 연관된 채 살아 있는 역사가 되고 있는 것이다. 여러모로 볼 때 대인도는 근대 초의 유럽 지도와 매우 흡사한 모습을 띠고 있다. 아니 핵무기로 인해 상황은 오히려 그때보다 더 나빠졌다. 근대 초의 유럽에서도 인종과 민족 집단들 간에 투쟁이 일어났고, 그 과정에서 관료주의 국가들이 출현했다. 유럽의 나라들은 빈번한 상호작용과 그에 따른 오판으로, 때로는 서로 간에 공공연하게 전쟁을 벌이기도 하면서, 힘의 균형을 잡아가는 복잡한 과정에도 참여했다. 근대의 유럽도 지금의 남아시아와 마찬가지로 혈기왕성한 민족주의 초기 단계에 있었던 것이다. 그러나 지금의 남아시아가 근대 유럽과 다른 점은, 근대 유럽이 다극 체제를 이루고 있었던 것에 비해 지금의 남아시아는 한쪽에는 아프가니스탄이라는 전쟁터가 있고, 또 다른 쪽에는 히말라야의 카슈미르가 영유권 문제로 분쟁 지역이 된 가운데 인도와 파키스탄이 양극 투쟁을 벌이고 있다는 것이다. 강대국들 간의 양극 투쟁과 달리, 냉정함과 의례적인 면이 결여된 것도 인도-파키스탄 양극 투쟁에만 나타나는 특징이다. 서로 간에 종교적 갈등이나 역사적 증오감이 없고 반구와 북극해의 얼음으로 멀찌감치 떨어진 채 벌이는 이데올로기적 충돌이 아니라, 세속 정권이기는 하되 힌두교도가 다수를 차지한 국가와 무슬림 국가 간의 투쟁, 두 나라 모두 열정적인 현대 민족주의의 단계에 있고, 수도와 대도시들이 지척에 있는 것은 물론 지극히 혼잡한 국경을 공유하고 있기도 한 국가 간의 투쟁인 것이다. 파키스탄의 인더스강 핵심지와 인도의 갠지스강 핵심지 사이의 거리래야 320킬로미터도 되지 않는다.[26] 아대륙 지리에 관한 다른 모든 사실은 제쳐두고, 아대륙이 폴 브래큰이 새로운 핵시대를 고찰한 책에서 잘 묘사한 것과 같은 유의 폐쇄된 지리라는 점 하나만 해도 양국 투쟁의 특징이 될 수 있다.

인도는 이런 지리와 역사로부터 탈출하기 위해 안간힘을 쓰고 있다. 인도가 중국과 경쟁을 벌이고 중국에 집착하는 것도 이 탈출 과정의 일부로 볼 수 있다. 인도-중국 간 경쟁이 인도-파키스탄 간 경쟁과 사뭇 다른 양상을 보이는 것도 그래서이다. 인도-파키스탄 관계와 달리 인도-중국 관계는 추상적이고, 감정에 흐르지도 않으며, 〔그보다 한층 중요한 요소로〕 변덕스럽지도 않은 것이다. 게다가 중국과 인도는 이렇다 할 배후의 역사도 없다.

인도가 히말라야 국경 분쟁이 일어났을 때 북서쪽 카슈미르 지역의 아커사이친과 북동쪽의 부탄과 가까운 아루나찰프라데시의 해발 4,200미터 고지에서 중국과 제한적인 전쟁을 벌인 것도 벌써 반세기 전의 일이다. 1950년 중국이 티베트를 침공, 점령한 데 이어 1959년 티베트에서 봉기가 일어난 여파로 제14대 달라이 라마

〔1935년~〕가 인도로 망명한 것이 2,000명의 사망자와 2,744명의 부상자를 낸 1962년 국경 분쟁의 배경이었다. 따라서 티베트 독립 정부나 자치 정부가 조금이라도 친인도 색채를 띠는 것에 중국 전략가들의 신경은 극도로 예민해질 수밖에 없었다. 그런 상황에 인도가 분쟁의 소지가 있는 국경선 북쪽에 전초기지를 세우자 중국이 그것을 빌미 삼아 전쟁을 벌인 것이다. 당시 중국은 가을 한 달간 벌인 전투로 인도군을 완전히 몰아냈다. 그러나 양측 모두 해군이나 공군은 동원하지 않았고, 그에 따라 전투도 습지와 사막을 지나쳐야 하는 것은 물론 수백만 명이 거주하는 펀자브 농업지대도 통과해야 하는 인도-파키스탄 국경에서와 달리, 사람이 거의 살지 않는 오지들에서만 제한적으로 진행되었다.

지금도 중국이 인도와 접경하고 있는 몇몇 지역은 분쟁의 소지를 안고 있다. 중국은 또 티베트 전역에 도로와 비행장들을 건설했으며, 60개 기지에 1,300대가 넘는 항공기를 보유하여 세계 4위의 막강한 공군력을 지닌 인도마저 자국 전투기 비행사들의 작전 지역에 포함시켰다. 인도도 그에 맞서 위성과 정찰기들로 티베트의 중국군 움직임에 대한 첩보를 입수하고 있다. 두 나라는 해군력도 증강하고 있다. 중국 해군의 부상은 앞 장에 소개했으므로 여기서는 인도에 대해서만 간략히 언급하기로 한다. 인도는 폐쇄된 해역에 섬들이 옹기종기 모여 있어 선원들의 구미를 당기게 하는 지중해 같은 바다가 없는 데다, 땅도 따뜻하고 생산성이 높아 최근까지도 대양에 반하는 육지 위주의 정책을 시행했다. 그런데 군사기술이 발달하여 해양 지리가 단순해진 관계로 상황이 갑자기 변했고, 국내 경제의 발달로 조선과 함선 구입에도 재정을 투입할 수 있게 되었다.

해군 강국이 될 대망을 품고 서태평양 너머 인도양으로 진출한 중국의 위협도 인도로 하여금 바다를 지향하게 만든 또 다른 요인이었다.

중국이 버마의 차욱피우, 방글라데시의 치타공, 스리랑카의 함반토타, 파키스탄의 그와다르 등 인도 주변의 항구도시들을 개량하거나 건설하는 작업에 일조해온 것이다. 게다가 중국은 이 모든 나라들에 군사, 경제, 정치적으로도 원조를 아끼지 않았다. 중국이 자국의 이익을 지키고, 탄화수소가 넘쳐나는 중동과 중국 쪽 태평양 연안 사이의 교역로를 보호하기 위해 대규모 상선대를 보유하고 있고, 대양 해군이 되려는 대망을 품고 있다는 것은 이미 잘 알려진 사실이다. 그것도 인도가 아프리카 남부에서 오스트레일리아까지 인도양 전역에 먼로주의풍 존재감을 심으려는 야망을 품고 있을 때 그런 일을 벌였다. 두 나라의 해군 세력권이 중복되는 이런 상황은, 여전히 미해결인 채로 남아 있는 히말라야 북쪽의 국경분쟁을 악화시키는 요인이 되기도 한다. 최신 설비를 갖춘 우호적 항구도시들과 연계해 자국의 해상 병참선을 지키려는 것이 중국의 의도지만, 인도로서는 포위당한다는 느낌을 지울 수 없는 것이다. 인도가 아라비아해에 위치한 카르와르해군기지를 확대한 것도 페르시아만 입구와 가까운 그와다르에 앞으로 파키스탄-중국 해군 작전기지가 들어설 수 있다는 판단에서였다. 인도는 중국이 버마의 차욱피우에 항구와 에너지 수송관을 건설하는 것을 보고도, 그곳에서 북쪽으로 80킬로미터 떨어진 버마의 시트웨에 그들만의 항구와 에너지 복합단지를 짓기 시작했다. 인도차이나 반도 서쪽에서 수송로와 자원을 두고 벌이는 두 나라의 경쟁은 이렇듯 날이 갈수록 속도를 더해가고 있다.

그래도 혹자는 여전히 인도-중국 간 경쟁은 배후 역사의 영향을 받지 않는 새로운 투쟁이라는 점을 되풀이할 수 있을 것이다. 먼 과거에 있었던 인도와 중국 간의 상호작용도 대체로 생산적이었다. 그것을 보여주는 가장 유명한 사례가 고대 중기와 후기 인도에서 전파된 불교가 당나라 때 중국의 국교가 된 것이다. 인도의 지정학에는 이로운 반면 중국의 지정학에는 명백히 해가 되는 티베트의 자치와 독립이라는 문제가 있기는 하지만, 히말라야라는 장대한 방벽이 두 나라 주민들을 갈라주고 있으니 그것도 심각할 것은 없다. 동양의 토착 군부가 해군, 공군, 미사일 공격력을 개발함으로써 유라시아의 새로운 분쟁 지도가 뚜렷한 관심의 대상이 된 것이래야 최근 몇십 년 사이의 일이었다. 따라서 오늘날의 인도-중국 관계를 괴롭히는 요인도 문명적 차이보다는 오히려 거리의 소멸에 있다. 중국은 인도의 정책 입안자들에게만 우려의 대상이지만 파키스탄 문제는 인도 전체, 특히 인도 북부 지역의 우려를 자아내고 있는 것만 해도 그렇다. 게다가 인도와 중국은 세계에서 가장 역동적이고 상보적 교역 관계에 있는 나라들이기도 하다. 따라서 인도와 중국 간의 긴장도 어느 면에서는 성공의 문제점들이 나타나는 것을 반영하는 것일 수 있다. 뉴델리나 베이징 모두 이제는 경제 발전을 군사적 목적, 특히 값비싼 공군 및 해군 플랫폼을 구입하는 데 활용할 수 있게 되었다는 말이다. 실제로 새로운 인도-중국 간 경쟁으로, 전쟁의 기술과 부의 창조 간에는 밀접한 관련이 있고, 군사적 하드웨어와 소프트웨어가 지정학적 지도의 거리를 좁혀줌에 따라 지구의 유한한 크기가 점점 불안정의 요인이 되고 있다고 한 브래큰 주장의 타당성은 입증되고 있다.

냉전 뒤의 첫 몇십 년 동안만 해도 인도와 중국은 비교적 기술 수준이 낮은 군대를 보유한 채, 그것〔군대〕이 자국 국경들을 감시하고 국가 통합을 위한 보루 역할을 하는 데에 만족했다. 따라서 서로 간에 위협을 제기하지도 않았다. 그런데 비행기, 미사일, 전함들이 군사 장비에 포함되고, 육군도 원정 능력을 갖추게 되면서 두 나라는 별안간 상대방을 새로운 전장의 반대편 진영으로 간주하게 된 것이다. 이것은 비단 인도와 중국에만 해당되는 것이 아니라, 서로 간에 미사일을 날릴 수 있는 새롭고 치명적인 지리권에 속하게 된 이스라엘, 시리아, 이란, 파키스탄, 북한 등 유라시아의 광범위한 지역에 산재한 국가들에게도 해당되는 이야기다.

그 점을 염두에 두고 대양과 산맥들에 둘러싸인 인도 아대륙을 다시금 살펴보면, 내적으로는 거대하지만 가까운 장래에 정치 통합과 조직을 이루기에는 자연적 토대가 부족하다는 것을 알게 된다. 반면에 중국은 민주주의가 결여돼 있지만 인도보다 잘 조직되고 효율적인 통치가 이루어지는 나라다. 중국이 연간 건설하는 고속도로 길이가 인도의 총 고속도로 길이보다 길고, 인도 각료들이 고압적이기만 할 뿐 중국 각료들에 비해 줏대가 약한 것에서도 그 점이 드러난다. 파업과 시위로만 몸살을 앓는 중국과 달리 인도가 폭력적인 봉기, 특히 인도 중동부의 마오쩌둥 사상을 추종하는 낙살라이트 단체의 봉기로 몸살을 앓는 것도 두 나라의 차이점이다. 그 점에서 일부 외부 문명들에 비해 "발전이 덜 된" 문명론을 논한 페어그리브의 글은 여전히 유효하다.[27]

무슬림 중앙아시아를 등지고 있는 델리의 정치가들로서는 인도 북서부 고원지대의 불안정한 정국에 대한 우려도 만만찮을 것이다. 미국도 아프가니스탄 주둔군을 철수시킬 것이고, 그러면 인도는 그에 대처하기 위해서라도 그 지역 문제에 깊숙이 관여할 수밖에 없을 것이기 때문이다. 요컨대 인도는 난관에 부딪히게 된다는 얘기다. 중국과의 정치, 경제적 경쟁 관계가 중요한 것도, 허약하고 부분적으로 기능장애를 일으키는 아대륙의 나라들과 접경하고 있는 상황에서는 그것[중국과의 경쟁 관계]이 특히 새로운 세기에 인도의 강대국으로서의 입지를 고양시켜줄 것이기 때문이다. 한편 아대륙에는 지금까지 내가 주로 다루었던 아프가니스탄과 파키스탄 외에 네팔과 방글라데시도 포함돼 있다. 지금부터는 네팔과 방글라데시가 어떤 나라들인지 잠시 살펴보기로 하자.

현재 네팔은 왕정이 붕괴하고 마오쩌둥주의를 추종하는 반군 세력이 정권을 잡은 여파로, 인구의 85퍼센트가 모여 사는 농촌 지역에는 정부의 통제력이 거의 미치지 못할 만큼 정정이 불안한 상태이다. 식민 지배를 받아본 적이 없어 영국으로부터 강력한 관료주의 전통도 물려받지 못했다. 히말라야가 부여해준 아우라에도 불구하고 네팔인들의 대다수는 치안 상태가 극도로 불안한 인도-네팔 국경지대의 습한 저지대에 살고 있다. 네팔을 여행해본 내 경험으로 볼 때 그곳은 여러모로 갠지스 평원과 구분이 쉽지 않은 곳이다. 따라서 네팔 정부가 국가의 역량을 높이지 않는 한 국가로서의 네팔은 서서히 자취를 감출 개연성이 있다. 방글라데시는 이런 네팔보다도 상태가 더 열악해 국가의 테두리가 될 만한 변변한 지리적 방어물조차 없는 실정이다. 네팔과 마찬가지로 편평한 논으로 이루

지리의 복수

어진 습한 지형에, 인도와 접경한 지역 양쪽에는 덤불만 우거져 있다. 내가 목격한 바로는 국경 초소도 황폐하고 체계가 잡혀 있지 않아 제 기능을 발휘하지 못하고 있다. (벵골, 인도령 동 벵골, 파키스탄령 동파키스탄, 방글라데시의 단계를 밟아온) 이 인위적으로 조성된 영토는 그럼에도 지역 정치, 이슬람의 종교적 극단성, 기후변화의 질풍 속에 또 한 번 변형될 소지가 있다. 파키스탄과 마찬가지로 방글라데시의 역사도 제 역할을 다한 적이 별로 없는 군정과 민정이 오락가락하는 전철을 밟아왔기 때문이다. 방글라데시인 난민 수백만명이 불법으로 인도 국경을 넘은 사실도 그 점을 말해준다. 그렇지만 방글라데시 정부는 내가 글을 쓰는 이 시점에도 여전히 국정을 개선시키기 위해 안간힘을 쓰고 있다. 그 밖에 방글라데시는 육로교역과 인도, 중국, 그리고 미래의 자유민주주의 국가 버마를 잇는 에너지 수송로의 중심지로 성공할 가능성도 있다.

인도 아대륙은 고대 초기부터 정치적으로 분열돼 있었고, 그것이 지금까지도 아대륙을 괴롭히는 요인이 되고 있다. 아대륙 북단의 카라코람산맥이 히말라야산맥과 만나는 카슈미르 지역도 그런 곳이다. 파키스탄, 아프가니스탄, 인도, 중국 사이에 끼어 있다보니 이들 국가 간에 복잡한 영유권 분쟁이 벌어지고 있는 것이다. 길기트를 중심으로 한 카라코람산맥의 북쪽 지역은 서쪽의 아자드 Azad("자유Free") 카슈미르와 더불어 파키스탄령인데도 인도가 영유권을 주장하고 있고, 스리나가르와 잠무를 주도로 하는 카슈미르 중앙의 라다크산맥 지역은 북쪽의 시아천 빙하와 더불어 인도령이지만 파키스탄이 영유권을 주장하고 있다. 인도 아대륙 북단과 북서쪽에도 중국령으로 되어 있으나 인도가 영유권을 주장하는 샤크

삼 계곡과 아커사이친이 있다. 그런가 하면 잠무 카슈미르(라다크 산맥 지역)는 인도령인데도 주민의 75퍼센트가 무슬림이어서 수년째 지하드 반란을 촉진시키는 요인이 되고 있다. 연전에 사망한 오사마 빈 라덴도 생전에 발표한 선언문들에서 힌두교 국가 인도가 카슈미르를 지배하는 것에 저주의 말을 퍼부었다. 카슈미르는 또 고도가 높고 주거가 불가능한 불모지가 대부분인데도 그곳과 그 너머 지역에서는 전쟁이 벌어졌고, 그러므로 앞으로도 전쟁이 벌어질 개연성이 있다. 1962년에도 그곳에서는 동카슈미르를 통해 신장웨이우월 지구와 티베트를 잇는 도로를 건설하려고 한 중국과, 중국이 파키스탄과 접경하는 것을 막으려는 인도 간에 국경분쟁이 벌어졌다.

카슈미르의 중요성은 팔레스타인과 마찬가지로 사이버스페이스와 새로운 미디어의 영향으로 수백만 사람들의 증오심을 부추겨 복잡한 문제들의 해법을 더욱 어렵게 만들 수 있다는 데 있다. 기술은 지리를 패배시키기도 하지만 지리의 중요성을 높이는 능력도 지니고 있다는 것이다. 인도 아대륙이 적나라한 지리적 현실인 반면, 국경들을 규정하는 일은 무한정 계속될 수 있다는 것도 문제다.

앞에서도 살펴보았듯이 중국의 고대 왕조들이 지금의 중국 국경들 범주에 거의 완벽하게 들어맞는 반면 역사상의 인도 왕조들은 그렇지 못하다. 따라서 아프가니스탄과 여타 인도의 그림자 지역을 바라보는 인도의 심기도 중국에 비해 불안할 수밖에 없다. 인도가 이 지리를 극복하지 못하면 지역 강국에 머무르는 것이고, 이 지리를 뛰어넘는다면 강대국이 되는 것이다.

지리의 복수

13장
—
이란의 축

역사학자 윌리엄 맥닐이 주장했듯이 인도, 중국, 그리스는 모두 산맥, 사막, 원거리에 의해 보호되는 "고대의 문명화된 세계의 언저리"에 위치했다는 특징을 지니고 있다.[1] 물론 그리스는 페르시아의 공격을 받았고, 중국도 몽골족과 투르크계 스텝 민족의 침공을 받았으며, 인도 또한 무슬림의 침략을 받았으니 완전하게 보호받은 것은 아니었다. 그렇지만 지리가 독특하고 위대한 세 문명이 뿌리 내리기에 충분한 방벽이 되어준 것은 사실이다. 이 세 문명권 사이에는, 맥닐의 시카고대학교 동료 교수였던 마셜 호지슨이 고대 그리스어로 세상 "사람이 사는 모든 땅"을 뜻하는 오이쿠메네로 부른 곳이 놓여 있었다. 오이쿠메네라면 북아프리카에서 중국 서부의 경계지까지 뻗어나간 아프리카-아시아의 메마른 온대 대륙으로, 호지슨이 나일강-옥수스강 영토 지대로도 부른 헤로도토스의 세계이기도 했다.[2]

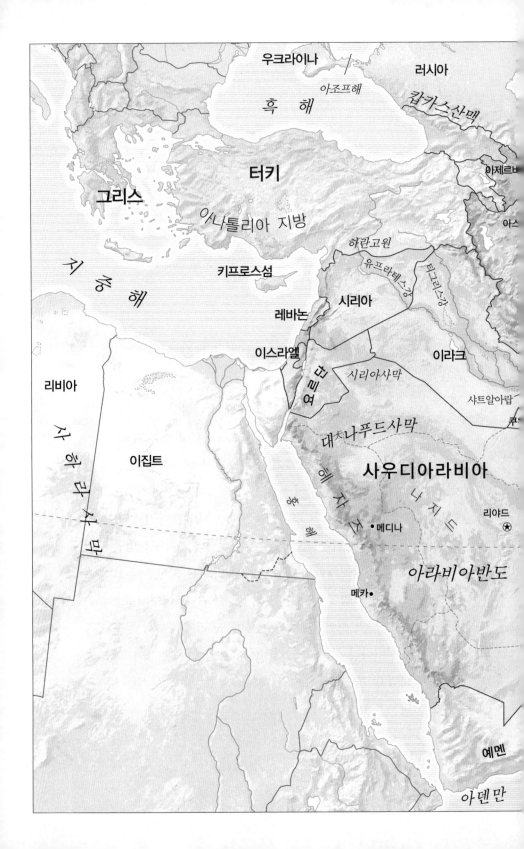

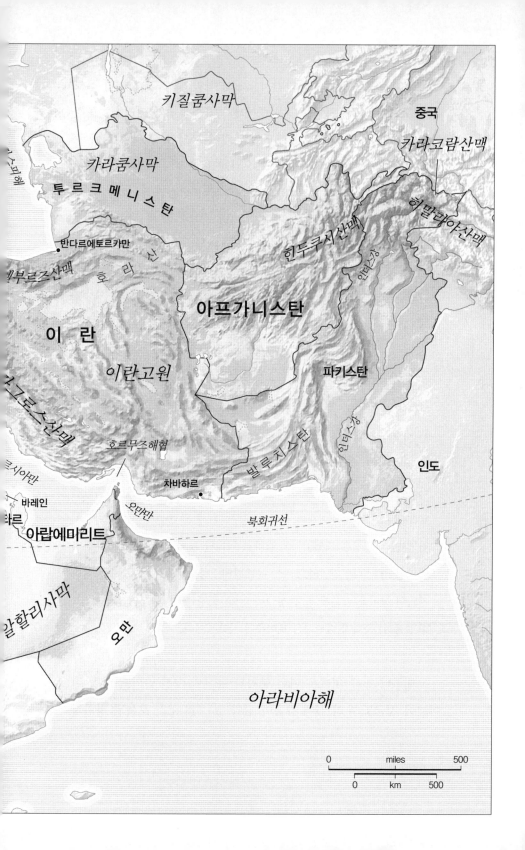

호지슨의 관점에는 중요하면서도 모순적인 몇 가지 사실이 절묘하게 포착돼 있다. 하나는 오이쿠메네―대중동―가 그리스, 중국, 인도 사이에 있으면서도 그 셋과는 뚜렷이 분리된 채 각 지역에 중요한 영향을 끼침으로써 세 지역의 관계를 매우 유기적이 되게 했다고 말한 것이다. 또 다른 하나는 대중동이 이슬람과―작물 농사를 하는 중국 및 인도와는 다르게―기마 유목주의 및 낙타 유목주의의 유산으로 통합되었지만, 그와 동시에 하천, 오아시스, 고지들로 인해 극단적으로 분리되었고, 그 파급효과가 지금의 중동 정치조직에도 미치고 있다고 주장한 것이다. 현재 나타나고 있는 대중동과 중국 간의 확연한 차이로도 그 점이 확인된다. 미국의 중국학학자 존 킹 페어뱅크는 이렇게 썼다.

고대 중동의 민족, 국가, 문화들에 나타난 다양성과 변화무쌍함은 고고학 기록으로 드러난 고대 중국의 문화적 동질성과 극명한 대조를 이룬다. 이집트인, 수메르인, 셈족, 아카드인, 아모리족…… 아시리아인, 페니키아인, 히타이트인, 메디아인, 페르시아인, 그 밖의 종족들은 기원전 3000년을 시작으로 전쟁과 정치가 난무하는 혼돈 속에…… 밀치락달치락 끝없는 변천을 겪었고, 그 결과로 나타난 것이 바로 고도의 문화적 다원성이다. 나일강, 티그리스-유프라테스강, 인더스강 계곡 등 여러 지역의 농사를 이롭게 한 관개…… 언어, 문자 체계, 종교의 급증이〔고대 중동의〕문화적 다원성을 보여주는 사례들이다.[3]

고대부터 전해 내려온 이런 분리의 유산이 수천 년의 간극을 뛰어넘어 지금도 우리 곁에 깊숙이 남아 있는 것이고, 오늘날 정치적 불안정을 겪고 있는 대중동에 그것이 중요한 까닭은 그래서이다. 대중동의 많은 지역이 아랍어로 결속돼 있는 반면, 북부의 고원지대는 페르시아어와 투르크어가 지배하고 있고, 중앙아시아와 캅카스 지역에는 그 외의 또 다른 다수의 언어가 존재해 있는 것에도 그 점이 드러난다. 호지슨도 지적했듯이 중동의 여러 나라들은 식민지 시대에 임의로 그어진 경계선의 산물인 것 못지않게 고대, 요컨대 지리에도 굳건한 토대를 두고 있는 것이다. 반면에 이들 국가의 다양성은 이들 국가 내에서 작용하는 종교, 이데올로기, 민주적 요소와 더불어, 이 나라들이 앨프리드 세이어 머핸이 말한 이른바 계쟁지의 일부임을 더욱 확실히 해주는 요소가 된다. 실제로 지리적으로 정중앙에 위치한 건조지가 가장 불안정한 곳일 수도 있다는 것은 21세기 세계 정치의 가장 중요한 현실인 것이다.

두 정치학자 제프리 캠프와 로버트 E. 하커비의 말을 빌리면, 중동은 유럽, 러시아, 아시아, 아프리카가 교차하는 곳에서 "거대한 사각四角지대"를 이루고 있다. 서쪽으로는 지중해와 사하라사막, 북쪽으로는 흑해, 캅카스산맥, 카스피해, 중앙아시아의 스텝, 동쪽으로는 힌두쿠시산맥과 인도 아대륙, 남쪽으로는 인도양에 둘러싸여 있다는 의미에서다.[4] 그러나 중국이나 러시아와 달리 이 사각지대는 단일한 거대 국가를 형성하고 있지도 않고, 인도 아대륙처럼 단일 국가가 압도적 지위를 보유하고 있지도 않다. 그랬다면 적으나마 응집력을 가질 수 있었을 텐데 말이다. 그렇다고 또 유럽처럼 엄격하게 규제되는 기구들(북대서양조약기구, 유럽연합)이 설치돼 있는 것도 아니다. 중동은 이 모든 사례들과 동떨어지게 마치 무딘 칼로 자른 듯한 국경들을 가진 왕국, 술탄국, 신정국가, 민주주의국가,

군정을 방불케 하는 독재국가들이 어지럽게 나열돼 있는 곳일 뿐이다. 당연한 얘기지만 그러다보니 북아프리카, 아프리카의 뿔, 중앙아시아 그리고 인도 아대륙의 일부도 포함된 그곳 전역은 대륙들, 역사적 도로망, 해로들이 모여들어 복잡하게 뒤엉킨 불안정의 축을 이루게 되었다. 전 세계 석유 매장량의 70퍼센트와 천연가스의 40퍼센트가 이 지역에 묻혀 있는 것도 상황을 혼란스럽게 만드는 요인이 된다.[5] 게다가 중동은 극단적 이데올로기, 군중심리, 서로 간에 미사일을 쏠 수 있는 상황, 폭스 뉴스와 같이 이윤 추구에 급급한 대중매체들이 자신들의 관점에만 열을 올리는 현상 등, 예일대학교 교수 폴 브래큰이 말한 온갖 병리 현상이 일어나기 쉬운 요건을 지니고 있기도 하다. 핵 확산만 해도 한반도를 제외하면 세계의 그 어느 곳보다 중동에서 문제가 될 소지가 높다.

중동은 또 30세 미만 연령층이 인구의 65퍼센트를 점하고 있을 정도로 청년층 인구가 급증하는 추세에 있다. 따라서 1995년부터 2025년까지 이라크, 요르단, 쿠웨이트, 오만, 시리아, 웨스트뱅크, 가자 지구, 예멘의 인구가 곱절로 불어날 것으로 예상되고 있다. 게다가 아랍의 봄으로도 입증되었듯 청년층은 격변과 변화의 동력이 될 개연성이 가장 높은 연령층이기도 하다. 그러므로 이란과 여타 아랍 국가들의 차세대 중동 지배자들도 이제는 전임자들과 같은 정도의 독재권을 휘두르지는 못할 것이다. 또한 중동의 민주주의 실험에서도 나타났듯, 선거를 치르기는 쉽지만 자유민주주의 질서가 안정적으로 자리 잡기 위해서는 앞으로 수세대가 필요할 것이다. 청년층의 급증과 통신 혁명이 (일당 지배 국가들을 극심한 파벌과 다당적 국가들로 바꿔놓은) 멕시코풍의 혼란스러운 정치 시나리오에 불을 붙이기는 했지만, 중동 국가들의 대다수는 여전히 멕시코와 같은 제한적 수준의 제도적 장치조차 갖추고 있지 못하기 때문이다. 그 점은 미국이 사실상 일당 지배하에 있던 멕시코보다 오히려 민주화된 멕시코를 상대하는 데 더 많은 애를 먹었던 것에서도 드러난다. 뿐만 아니라 앞으로 몇십 년 뒤면 중동에 대량살상무기와 더불어 진보된 병기들이 가득 차게 될 것이므로 근년의 아랍-이스라엘 분쟁도 도덕성과 전략적 우위에 대한 판단이 비교적 수월했던, 암갈색풍의 낭만적 기운이 감도는 냉전 및 탈냉전기와 유사한 모습을 띠게 될 것이다.

호지슨의 나일강-옥수스강 지대는 기본적으로 이집트에서 중앙아시아까지의 지역을 의미하고, 이때 이집트는 북아프리카의 모든 지역을 가리킨다. 따라서 아랍권인 중동 남부의 사막과 평원은 물론이고, 흑해에서 시작해 인도 아대륙에서 끝나는, 비아랍권에 속하는 북부의 산악 고지대도 포함된다. 이 중 산만하게 뻗어나간 북부의 고원지대는 중앙아시아로부터의 이주 영향을 강하게 받은 보스포루스해협에서 인더스강까지의 영토 지대로도 지칭될 수 있다. 나일강에서 옥수스강까지의 지대도 그 점에서는 다를 바 없어 지중해, 홍해, 인도양 해로의 영향을 받은 것 못지않게 중앙아시아로부터의 이주 영향도 강하게 받았다. 중동은 이렇듯 유럽을 제외하고는 세계의 어느 곳과도 비교할 수 없을 만큼 내부 사정이 복잡한 반면, 시간대는 유럽의 곱절에 이를 정도로 방대한 지리를 가진 대륙들의 교점을 이루고 있다. 그러므로 그에 대한 논의도 여러 지역으로 나누어 할 필요가 있다. 물론 근자에는 전자 통신과 항공 여행으로 지리가 극복되었으므로, 각 지역에서 일어나는 위기도 중동 전역의 정치적 상호작용에 따라 결정되기 마련이다. 이스라엘이 〔팔레스타인 자치 정부의 통치 지역인〕 가자 지구로 가는 구호물자 선단의 진로를 차단해 터키와 이란은 물론 아랍권 전역이 들고 일어난 것이나, 튀니지 중남부의 청과 노점상의 분신 자살이 튀니지와 아랍권 대다수 지역의 독재 정권에 대한 시위를 촉발시킨 것이 그것을 보여주는 좋은 예다. 하지만 지도와 지도에 나타난 분할들을 검토함으로써 알 수 있는 사항들도 많다.

중동 지도를 살펴보면 세 가지 두드러진 지리적 특징이 나타난다. 아라비아반도, 이란고원, 아나톨리아 육지다리가 그것이다.

이 중 아라비아반도는 얼핏 사우디아라비아왕국의 지배를 받는 것 같지만, 반도 내에는 사우디아라비아 외에 다른 중요한 나라들도 있다. 실제로 사우디아라비아의 인구는 반도 전체 인구의 절반에도 못 미치는 2,870만 명에 지나지 않는다. 반면에 연간 인구 성장률은 거의 2퍼센트에 달해, 이런 고성장이 앞으로도 지속되면 몇십 년 안에 사우디아라비아 인구는 지금의 곱절이 될 것이고, 그렇게 되면 스텝 지역과 물 없는 사막에 위치한 사우디아라비아로서는 심각한 자원 부족에 시달리게 될 것이다. 사우디아라비아 인구의 40퍼센트 정도가 15세 미만이고, 사우디아라비아 청년 인구의 40퍼센트가 실업 상태인 것도 문제다. 일자리와 교육이 필요한 청년 인구가 앞으로 심한 정치적 압박으로 작용할 것이기 때문이다. 사우디아라비아의 힘은 인구 규모가 아닌 2,620억 배럴을 보유한 세계 최대의 석유 매장국이자 240조 입방피트를 보유한 세계 4위의 천연가스 매장국이라는 사실에서 나온다. 따라서 인구 증가가 사우디아라비아에는 사실상 짐밖에 되지 않는다.

한편 국가로서의 사우디아라비아와, 사우디와 관련이 깊은 이슬람 수니파의 극단적 청교도 운동 와하브주의의 지리적 요람을 이루는 곳은, 북쪽의 대大나푸드사막과, 텅 빈 지역을 뜻하는 남쪽의 룹알할리사막 사이, 아라비아반도의 중앙부에 자리한 불모지 나지드다. 나지드의 동쪽에는 페르시아만의 해안지대가, 서쪽에는 헤자즈의 산악지대가 있다. "나지드Najd"가 고지대를 뜻하는 지명인 것으로도 알 수 있듯이, 그곳은 서쪽의 1,500미터 지대부터 동쪽의 760미터 지대에 이르기까지 고도가 다양한 지형적 특징을 지니고 있다. 아랍 애호가였던 19세기 말의 영국 탐험가 찰스 M. 다우티는 나지드를 이렇게 묘사했다.

[도르래] 삐걱거리는 소리와 물 떨어지는 소리가 마치 나지드에 있는 모든 부락들의 메마른 땅이 내지르는 비명소리처럼 들린다. 물을 얻기 위해 기울이는 이런 노력은 밤낮없이 계속될 것이다. 황소의 힘만으로 3미터 내지 5미터나 되는 깊은 우물에서 물을 끌어올리기는 불가능하다. 신이 낙타를 만들어주었기 망정이지 그렇지 않았다면 나지드는 주민 없는 고장이 되었을 것이라는 게 사람들의 말이다.[6]

나지드는 확실히 낙타에 토대를 둔 유목 생활의 중심지였다. 근래의 몇백 년 동안 사방으로 공세를 펼친 와하비 광신도들도 나지드에 기반을 두고 있었다. 와화브주의자인 나지드인들은 이슬람의 두 성도 메카와 메디나가 사우디아라비아 서쪽 홍해 연안의 헤자즈 지방에 있는데도—메카의 카바로 순례[haj]하는 것을 제외하고는—여러 성지로 순례 다니는 것을 이교주의의 한 형태로 보았다. 서구인들도 메카와 메디나를 무슬림의 종교적 신실함을 보여주는 곳이라고 알고 있지만 실상은 그와 반대로, 이슬람권 전역의 무슬림들이 메카와 메디나로 순례를 함에 따라, 두 성도와 주변의 헤자즈 지방이 오히려 코즈모폴리턴적 특징을 얻고 있다. 미 중앙정보국[CIA] 출신으로 지금은 브루킹스연구소에 몸담고 있는 브루스 리델도 헤자즈를 "활기 넘치고, 도시적이며, 다양한 종교를 가진 사람들이 거주하는, 따라서 사우디아라비아와 와하브주의의 지배에 결코 완전히 순응하지 못한 곳"이라고 기록했다.[7] 그 점은 헤자즈 주민들이 문화의 지속성을 와하브주의의 중심지인 금욕적인 나지드 사막에서 찾지 않고 홍해, 이집트, 시리아에서 찾는 것으로도 알 수 있다. 여기서 중요한 역사적 사실이 드러난다. 와하비의 적들이 나지드의 핵심 지대를 정복하기 어려웠던 것만큼이나 와하비들 또한 아라비아반도의 주변지대를 영원히 차지하지는 못했다는 것이다. 그 점에서 지금의 사우디아라비아도 비록 20세기 전반기에 압둘 아지즈 이븐 사우드[1880?~1953년]—나지드의 리야드 출신으로 1925년 헤자즈를 정복했다—의 통찰력과 기량으로 세워지기는 했지만, 그 지리적 내용에 부합하는 것으로 볼 수 있다.[8] 사우디아라비아가 페르시아만 연안의 토후국들이나 오만, 예멘을 포함시키지는 못하고 나지드와 나지드 지방의 수도인 리야드를 중심으로 통합되었다는 의미에서다.

나지드가 중심이 된 사우디아라비아에 본질적 위협이 되는 것은 예멘이다. 예멘이 면적으로 따지면 사우디아라비아의 4분의 1에 불과하지만 인구는 사우디아라비아에 버금갈 정도로 많은 것만 해도 그렇다. 아라비아반도의 가장 중요한 인구 핵심지가, 모래성과 화산 모양으로 솟아오른 거대한 현무암 고원들이 고대부터 줄곧 인구가 조밀했던 오아시스들의 네트워크를 껴안고 있는, 반도의 남서쪽 귀퉁이에 있는 것이다. 오스만제국과 영국도 〔북예멘과 남예멘만 각각 지배할 수 있었을 뿐〕 예멘 전역을 결코 완전히 지배하지는 못했다. 게다가 예멘은 네팔이나 아프가니스탄과 마찬가지로 진정한 의미에서의 식민 지배를 받아본 적이 없어 엄정한 관료주의도 발달시키지 못했다. 연전에 내가 사우디아라비아와 예멘의 국경지대를 찾았을 때도, 그곳은 이런저런 족장들에 충성을 바치는 무장한 젊은 이들로 빼곡한 픽업트럭들로 북새통을 이루고 있었다. 예멘 정부도 있으나 마나 한 존재였다. 예멘은 화기도 8,000만 정이나 보유하고 있는 것으로 추정된다. 예멘인 1인당 3정의 무기를 보유하고 있는 셈이다. 나는 예멘의 수도 사나에서 미국의 군사 전문가로부터 들은 말을 결코 잊지 못할 것이다. "예멘에는 공격적이고, 상업적 기질이 다분하며, 무장도 잘되고, 이웃 나라 사우디아라비아인들에 비하면 지극히 근면하기도 한 2,000만 명 이상의 주민이 살고 있습니다. 그것이 예멘의 미래고, 리야드 정부가 두려워하는 것이 바로 그 점입니다."

사우디아라비아는 인도가 인도 아대륙과 동일시되는 것과 같은 방식으로 아라비아반도와 동일시되고 있다. 두 나라의 차이점은, 전국에 걸쳐 인구밀도가 높은 인도와 달리 사우디아라비아는 메마르고 방대한 지역들로 분리된, 지리적 구분이 쉽지 않은 오아시스들의 네트워크를 형성하고 있다는 것이다. 따라서 전국을 연결시키려면 고속도로와 비행기가 필수적이다. 인도가 민주주의 이념을 근간으로 삼고 있는 반면 사우디아라비아는 대가문인 사우드왕가에 대한 충성을 근간으로 삼는 나라인 것도 다른 점이다. 반면에 사실상 기능장애를 일으키는 나라들에 둘러싸인 인도와 달리 사우디아라비아는 북쪽으로는 무해한 사막이 있는 듯 없는 듯 국경을 이루고 있고, (바레인을 제외한) 동쪽과 남동쪽의 지역들도 대부분 강건하고, 안정적이며, 독립적인 토후국들—역사와 지리의 산물인—에 의해 보호되고 있다. 영국이 그 토후국들과 거래하여 2차 대전 뒤 그 나라들이 독립을 이룬 것도 알고 보면 현재의 쿠웨이트, 바레인, 카타르, 아랍에미리트가 들어서 있는 그 영토들 모두 19세기 최대의 해양세력이었던 영국제국의 교역로 변, 특히 인도로 가는 교역로 변에 위치해 있었기 때문이다. 영국의 아랍 애호가 겸 저널리스트였던 피터 맨스필드의 말을 빌리면 "엘도라도 국가들"이었던 그 나라들의 이후 스토리는 막대한 석유 매장량이 말해준다.[9]

이렇게 보면 아라비아반도에서 사우디아라비아에 가장 취약한 곳은 역시 무기, 폭발물, 마약성 잎사귀 카트가 예멘 국경을 넘어 흘러들어오고, 인구밀도 또한 높은 남서쪽 지역이라는 이야기가 된다. 사람들로 북적이고 부족성에 토대를 둔 예멘의 미래가 사우디아라비아의 미래를 결정하는 요소가 될 것이라는 말이고, 그렇다면 그것과 관련이 깊은 것은 사상이 아닌 지리일 것이다.

사우디아라비아와 달리 이란은 다른 요소가 낄 여지 없이 이란고원과 곧바로 동일시된다. 이란은 인구가 사우디아라비아보다 2.5배 많은 7,400만 명으로, 터키 및 이집트와 더불어 중동에서 인구가 가장 많은 나라다. 인구 성장률 또한 1퍼센트 이하로 낮추는 데 성공했고, 15세 미만 인구도 전체 인구의 22퍼센트에 지나지 않는다. 그러므로 이란에서는 인구가 짐이 아닌 자산이 된다. 혹자는 터키가 이란보다 인구도 많고, 인구 증가율도 이란과 비슷하게 낮게 유지하고 있으며, 문해율도 높지 않느냐고 반문할 수 있을 것이다. 게다가 터키는 안정적인 농업경제를 유지하고 있으며, 산업화의 수준도 이란보다 높다. 상세한 내용은 나중에 다루기로 하고 일단 기본적인 사항만 언급해도, 터키는 이란 북서쪽에 위치해 있고, 유럽과는 가깝고 아랍의 수니파 인구 밀집지들로부터도 멀찌감치 떨어져 있다. 탄화수소 산출량도 거의 꼴찌에 가깝다. 반면에 이란은 1,330억 배럴의 석유를 보유한 세계 3위의 석유 매장국이자 970조 입방피트의 천연가스를 보유한 세계 2위의 천연가스 매장국이기도 하다. 무엇보다 중요한 것은 이란이 매킨더의 심장지대 남쪽과 스파이크먼의 주변지대 내에 속한, 지리적 이점을 지니고 있다는 것이다.

대중동의 석유와 천연가스는 사실상 모두 페르시아만이나 카스피해 지역 중의 하나에 묻혀 있다. 그러므로 페르시아만으로부터 항로들이 퍼져나가듯, 에너지관들 또한 지금도 그렇고 앞으로도 계속 카스피해 유역에서 지중해, 흑해, 중국, 인도양으로 퍼져나가게 될 것이다. 그런데 중동에서 이 두 에너지 산출 지역에 걸쳐져 있는 유일한 나라가 바로 카스피해에서 페르시아만까지 뻗어 있는 이란인 것이다.[10] 일부 추정치에 따르면 세계 원유 매장량의 55퍼센트가 페르시아만에 묻혀 있고, 이라크 국경을 따라 흐르는 샤트알아랍Shatt al Arab[알아랍강]으로부터 그곳에서 1,000킬로미터 떨어진 호

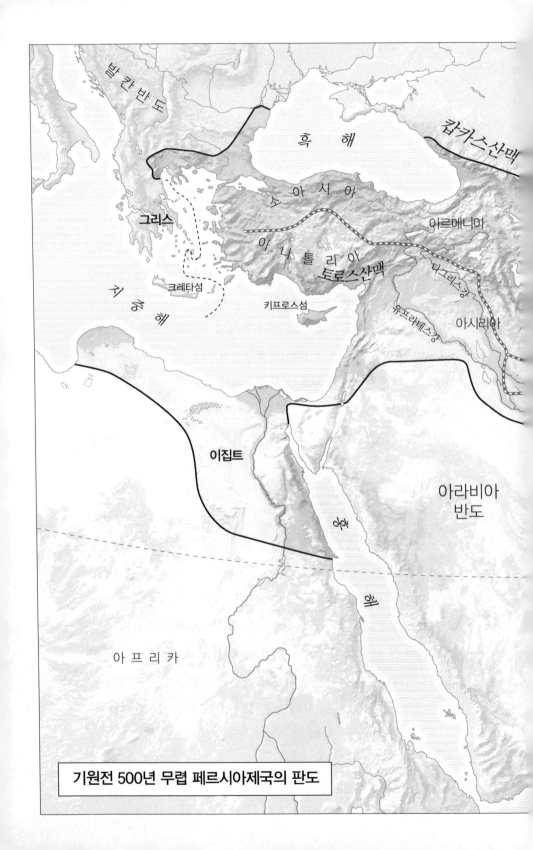

발칸반도

흑 해

캅카스산맥

소 아 시 아

그리스

아르메니아

아 나 톨 리 아

티그리스강

토로스산맥

크레타섬

키프로스섬

유프라테스강

아시리아

지 중 해

이집트

아라비아
반도

아 프 리 카

기원전 500년 무렵 페르시아제국의 판도

아랄해

소그디아나

박트리아

• 박트라

힌두쿠시산맥

인더스강

카의 왕도

파르티아

페르시아

자그로스산맥

페르시아만

인더스 계곡

아라비아해

0   miles   500

0   km   500

르무즈해협까지 페르시아만 전역도 이란이 지배하고 있다. 게다가 호르무즈해협은 안쪽에—고속 모터보트로 유조선을 들이받는 자살 행위를 감추기에는 최적의 장소들인—만, 후미, 협만, 섬들이 촘촘히 박혀 있어, 해안선 길이만도 1,356해리에 이른다. 호르무즈해협에 이어 두 번째로 길다는 아랍에미리트해협의 해안선 길이가 733해리밖에 안 되니, 호르무즈해협의 해안 길이가 어느 정도인지 짐작이 갈 것이다. 이란은 아라비아해 쪽으로도 파키스탄 국경에 접한 차바하르(지금의 반다르베헤슈티)항이 포함된 300킬로미터 길이의 해안지대를 보유하고 있다. 그러므로 육지에 둘러싸인 구 소련령 중앙아시아 국가들이 부동의 바다로 나가느냐 못 나가느냐의 칼자루도 이란이 쥐고 있는 셈이다. 숲이 우거진 산으로 둘러싸인 이란 북단의 카스피해 해안지대 또한 서쪽의 구 소련령 아제르바이잔의 도시 아스타라에서부터 투르크메니스탄과 접경하고 있는 동쪽의 반다르에토르카만〔또는 반다르토르카만〕까지 거의 640킬로미터나 뻗어나가 있다.

유라시아의 기복지도를 보면 이란에 대한 더 많은 사실이 드러난다. 아나톨리아에서부터 발루치스탄까지 북서쪽에서 남동쪽으로 흐르며 이란의 등뼈 역할을 하는 자그로스산맥과 산맥 서쪽의 도로들 모두 메소포타미아로 뚫려 있는 것만 해도 그렇다. 그 점은 영국의 지역 전문가 겸 기행 작가 프레야 스타크가 1934년 자그로스산맥에 위치한 루리스탄〔로레스탄〕주를 탐험할 때, 테헤란을 출발점으로 삼지 않고 바그다드를 출발점으로 삼았던 것에도 드러난다.[11] 자그로스산맥의 서쪽뿐 아니라 동쪽과 북동쪽에도 호라산 및 투르크메니스탄과 우즈베키스탄에 속한 카라쿰(검은 모래)사막과 키질

쿰(붉은 모래)사막으로 통하는 도로들이 나 있다. 이란은 이렇듯 페르시아만과 카스피해의 자원 풍부한 유전지대에 걸쳐져 있을 뿐만 아니라 중동과 중앙아시아에도 걸쳐져 있다. 아랍의 어떤 나라도 갖지 못한 입지를 보유하고 있는 것이다(아랍에는 두 자원 지대에 걸쳐져 있는 나라 또한 없다). 최소한 수십만 명의 인명을 앗아가고 카나트qanat 관개 체계도 망가뜨린 몽골족의 침입 때 이란이 생각보다 많은 피해를 입었던 것도 중앙아시아를 면하고 있었기 때문이다. 같은 맥락에서 현재 구 소련령 캅카스 지역과 중앙아시아 공화국들에도 이란의 영향력이 만만치 않게 미치고 있다. 그런 반면 북부 이란에는 이 공화국들의 주민과 같은 인종이 살고 있다는 점에서, 이론상으로는 이 공화국들이 이란의 정정을 불안하게 할 소지도 있다. 아제르바이잔계 투르크인들만 해도 이란의 북서 국경지대에 접한 나라 아제르바이잔에는 대략 800만 명 정도만 거주하고 있지만, 이란령인 아제르바이잔주와 테헤란주에는 그것의 곱절인 1,600만 명이 거주하고 있는 것이다. 아제르바이잔인들은 사실상 이란의 공동 건설자였다. 이란 최초의 시아파 왕 이스마일 1세〔재위 1501~1524년〕만 해도 아제르바이잔계 투르크인이었다. 지금도 이란에는 유력한 아제르바이잔계 실업가와 아야톨라*들이 있다. 이것이 말해주는 바는 이란의 영향력이 인근의 터키와 아랍권에 잘 확립된 것과 마찬가지로 북동쪽에도 강력하게 미치고 있다는 것이다. 그러므로 이란과 남쪽의 구 소련령 이슬람 국가들에 만일 지금보다 덜 억압적인 정부가 들어선다면 문화적, 정치적 상호 관계가 늘어

---

* 시아파의 고위 성직자를 부르는 칭호.

나 이란의 영향력도 더욱 커질 개연성이 있다.

게다가 이란은 언론 매체의 기사로도 알 수 있듯 2011년까지는 지중해 유역 국가들—(반이스라엘 무장투쟁을 하는) 하마스 지배하의 가자 지구, 헤즈볼라 지배하의 남부 레바논, 알라위 시아파가 지배하는 시리아 등—이 부러워할 만한 정치적 입지를 갖추고 있었다. 반면에 어떤 역사적, 지리적 해석에는 이란이 사방으로 세력 확대하기를 좋아하는 나라로도 나타난다. 6세기 사산왕조 때 지금의 바그다드 남쪽에 위치한 크테시폰의 왕궁에 왕 중의 왕(페르시아 왕의 별칭)이 앉을 옥좌 아래로—로마와 중국의 황제들, 중앙아시아 유목민의 지도자와 같은—그에게 탄원하러 오는 군주들이 앉을 빈자리가 놓여 있었던 것도 그 점을 말해준다.[12] 이란 지배자들의 그같은 거드름이 현대에도 줄어들지 않았음은 성직자들이 지난날의 샤를 방불케 하는 태도를 취하는 것으로도 알 수 있다. 러시아가 궁극적으로 이란과의 관계에 조심성을 보이는 것도 그래서이다. 이란 북부를 지배한 1세기 전에 비하면 세력이 많이 약화되었지만, 그래도 이란과의 지리적 근접성은 신경 써야 할 부분이기 때문이다.

이란은 사우디아라비아와 달리 20세기에 가문과 종교적 이념으로 급조되고 임의적 국경들로 둘러싸인 나라도 아니다. 이란고원과 이란이 거의 완벽하게 일치하는 것—프린스턴대학교 명예교수인 역사학자 피터 브라운의 말을 빌리면 "근동의 카스티야"—도 그렇고, 사우디아라비아와는 비교가 안 될 만큼 문명적 역동성이 넘쳐나는 것도 그렇다. 피터 브라운은 그리스를 침공했을 당시 페르시아제국이 "마치 용이 똬리를 풀듯…… 옥수스강, 아프가니스탄, 인더스 계곡까지 침범해 들어갔다"고 썼다.[13] 20세기 초에 활동한 러시아의 위대한 지리학자 W. 바르톨트도 대이란을 유프라테스강에서 인더스강까지 뻗어나간 곳으로 표시하고, 쿠르드족과 아프간족을 이란족과 동일시했다.[14]

그런가 하면 이란인은 영국의 언어학자 니컬러스 오슬러〔1952년 ~〕가 썼듯, 히브리인과 더불어 "원전과 문화 전통을 현대까지 잔존시킨" 근동의 유일한 고대 민족이었다.[15] 페르시아어(Farsi)만 해도 아랍어로 교체된 다수의 다른 언어들과 달리, 문자는 아랍문자를 채택해 쓰고 있지만 11세기의 형태가 지금까지도 사용되고 있다. 국가와 도시 문명으로서의 이란도 아랍권의 대부분 지역과 메소포타미아 및 팔레스타인이 포함된 비옥한 초승달 지대의 전 지역을 압도하는 유서 깊은 역사를 지니고 있다. 요컨대 이란에는 인위적 요소가 없다는 얘기다. 이란 종교계에 다수의 경쟁적 권력 중심들이 있는 것도 이스라엘과 터키를 제외하고는 그 지역의 어느 곳보다 수준 높은 제도적 장치가 마련돼 있음을 나타내는 것이다. 그 점에서 아프리카-유라시아 지역, 다시 말해 세계 섬에서 사각지대를 형성하고 있는 중동과 마찬가지로 이란도 그 자체로 보편적 이음새를 형성하고 있는 것으로 볼 수 있다. 그렇다면 매킨더의 중추지대도 중앙아시아의 스텝에서 남쪽의 이란고원으로 이동시키는 것이 옳을 것이다. 21세기의 어느 시점에는 인도와 중국의 해군 모두 유라시아 항로에서 미국과 어깨를 견주게 될 개연성이 있다는 점에서 두 나라의 이란에 대한 구애가 최근 들어 부쩍 심해진 것도 놀랄 일은 아니다. 이란은 인구와 영토 면에서는 중국과 인도에 밀리고, 러시아와 유럽보다도 규모가 작지만—위치, 인구, 에너지 자원의 면에서는—중동의 핵심적 지리를 보유하고 있고, 그러므로 전 세계 지정학에 매우 중요한 나라이기 때문이다.

영국의 역사가 마이클 액스워시가 인종과 역사 못지않게 문화 및 언어와도 깊이 관련된 것으로 설명한 "이란의 개념"도 눈여겨보아야 할 사항이다.[16] 액스워시는 이란을 고대 그리스 및 중국과 마찬가지로 다른 민족 및 언어들을 자국 언어권으로 빨아들이는 문명적 흡인력을 가진 나라로 파악했다. 요컨대 이란을 소프트파워의 정수, 문화와 문명들 간의 지속적 상호작용을 역설한 맥닐의 관점을 상징적으로 보여주는 나라로 파악한 것이다. 다리어^{Dari}, 타지크어, 힌디어, 벵골어, 이라크 아랍어 모두 페르시아어의 변형이거나 페르시아의 영향을 강하게 받은 언어들인 것만 해도 그렇다. 이것을 달리 표현하면 바그다드에서 캘커타까지 여행을 해도 페르시아 문화권에 머물러 있다는 이야기가 된다. 그럼 지금부터는 오래된 지도들에 역점을 두고 이란 역사를 개관함으로써 페르시아 문화의 역동성을 좀 더 면밀히 살펴보기로 하자.

대이란은 고대 이란 민족인 메디아인들이 스키타이족의 도움을 받아 기원전 700년 이란 북서부에 독립국(메디아왕국)을 세우는 것에서 시작되었다. 그리하여 기원전 600년 무렵에는 이 제국이 서남으로는 중부 아나톨리아에서 힌두쿠시산맥(터키에서 아프가니스탄까지), 남으로는 페르시아만까지 뻗어나갔다. 기원전 549년에는 아케메네스왕조의 키루스 2세(대왕)가 서부 이란에 위치한 메디아제국의 수도 엑바타나(지금의 하마단)를 점령하고, 본격적인 정복 사업에 돌입했다. 그리하여 기원전 6~4세기, 남부 이란의 페르세폴리스(지금의 시라즈 인근)를 수도로 삼았던 아케메네스제국의 전성기 때는 고대 페르시아 세력권이 북서쪽의 트라키아와 마케도니아, 남서쪽의 리비아와 이집트부터 동쪽의 펀자브까지, 북쪽의 남캅카스[자카프카지예, 트란스캅카스라고도 불린다], 카스피해, 아랄해로부터 남쪽의 페르시아만과 아라비아해까지 미쳐 있었다. 나일강이 포함된 보스포루스해협에서 인더스강까지의 영토를 차지한 것으로, 당시의 세계 역사에서는 이란 이외의 어느 제국도 이루지 못한 업적이었다. 또한 고대 이란에 대한 서구인들의 시각이—서구적 그리스가 아시아적 페르시아에 맞선 전쟁이었다는 인식하에 그리스에 호의를 가진—기원전 5세기의 페르시아전쟁에 맞춰져 있는 것과 별개로, 호지슨도 언급했듯이 그 무렵의 오이쿠메네 또한 상대적인 평화와 관용 그리고 아케메네스왕조 및 그 이후 제국들의 종주권 아래 위대한 고백 종교들이 탄생하고 번영할 수 있는 굳건한 토대가 되어주었다.[17]

액스워시는 "파르티아제국*도 자신들이 지배한 전 지역의……복잡한 문화들을 인정하고, 수용하며, 관용을 베풀었다는 점에서 이란의 탁월성을 보여주는 대표적 사례가 될 수 있다"고 썼다.[18] 이란 북동부의 호라산 지역과 그에 인접한 카라쿰 지역을 근거지로 하고 중세 이란어(파르티아어)를 사용한 파르티아제국은 기원전 3세기~기원후 3세기의 기간에 시리아와 이라크로부터 중부 아프가니스탄과 파키스탄에 이르기까지 아르메니아와 투르크메니스탄이 포함된 영토를 지배했다. 따라서 보스포루스해협에서 인더스강까지의 영토 지대 혹은 나일강에서 옥수스강까지의 영토 지대를 보유한

---

* 파르티아는 아케메네스왕조의 멸망을 불러온 알렉산드로스 대왕의 점령 시대 이후 이란에 들어선 제국이다.

아케메네스왕조 시대의 페르시아보다는 21세기의 대이란에 적합한 보다 현실적 제국을 형성하고 있었다. 그렇다고 이것이 꼭 나쁜 것만은 아니다. 파르티아만 해도 직접 통치가 아닌 그리스로부터 전수받은 기술, 건축, 행정 수완에 많이 의존한 매우 분권화된 제국이었기 때문이다. 지금의 이란도 성직자 정부가 강력하다고는 해도 인구, 경제, 정치적 힘이 그 못지않게 역동성을 보이고 있고, 인구의 주요 구성원들 또한 고분고분하지만은 않다는 것이 공공연한 사실이듯, 그때와 유사한 면이 있다.

[파르티아제국과 사산왕조 이후에 들어선] 중세 [이슬람 제국의] 역사도 방식만 복잡해졌을 뿐 지도상으로나 언어상으로나 고대 제국들과 별반 다를 게 없다. 시리아에 있던 아랍권의 정치적 중심이 8세기 무렵 동쪽의 메소포타미아로, 다시 말해 우마이야왕조에서 아바스왕조로 이동한 것에 지나지 않는다는 얘기다. 왕조가 절정에 달한 9세기 중엽에는 아바스왕조의 세력권이 서동으로는 아프리카의 튀니지에서 파키스탄까지, 북남으로는 캅카스 지역과 중앙아시아에서 페르시아만까지 뻗어나갔다. 그에 따라 수도도 사산왕조의 수도였던 크테시폰에서 새로 건설된 도시 바그다드로 옮겨갔다. 그러나 아바스왕조의 통치권을 떠받쳐준 것은 새로운 계급제도가 더해진 페르시아의 관료제도였다. 그러다보니 아바스 칼리프조朝는 아랍 토후국의 상징이기보다는 오히려 이란의 전제주의를 나타내는 상징이 되었다. 일부 역사가들도 아바스왕조를 페르시아가 아랍 지배자의 탈을 쓰고 중동을 "문화적으로 재정복한" 것으로 묘사했다.[19] 소아시아와 가까운 우마이야왕조가 비잔티움의 관례에 압도되었던 것처럼 아바스왕조도 페르시아의 관례에 굴복했다는 의

지리의 복수

미에서다. 레바논 출신의 아랍 역사가 필립 K. 히티도 "페르시아의 관념과 사고는 물론이고, 페르시아식 호칭, 페르시아 술, 페르시아의 처첩, 페르시아의 시가詩歌까지도 [아바스왕조 시대를] 풍미했다"고 썼다.[20] 페르시아는 중세의 바그다드에 웅대한 벽돌 건축과 원형 평면 설계가 도입되는 데에도 일조했다.

역사학자 피터 브라운은 "서구인들의 마음속에는 이슬람[아바스] 제국이 동방 국가의 전형으로 각인돼 있지만, 알고 보면 이 중요한 특징은 무함마드 때문도 아니고, 유연한 태도를 지닌 7세기의 황제들 때문도 아닌, 8세기와 9세기 동방의 페르시아 전통이 크게 되살아난 결과였다"고 썼다. 베두인족 기병대의 역동성이 제국적이고 호사스러운 페르시아풍 지배의 역동성으로 바뀐 것도 프랑크왕국의 궁재 카를 마르텔이 투르[푸아티에]전투에서 "아랍의 전쟁 기계[우마이야왕조의 이슬람군]를 막아주었기" 때문이라기보다는 [아바스왕조의] 수도 바그다드가 페르시아 전통에 토대를 둔 것에 요인이 있었다.[21]

이라크 영토를 황폐화시킨 것은 물론이고 (이란 정복 때와 마찬가지로) 특히 관개 체계를 파괴하여 이라크를 회복 불능 상태에 빠뜨린 13세기 몽골족의 바그다드 정복*도 활력에 넘치는 페르시아 예술과 문학의 기세를 꺾지는 못했다. 페르시아의 시인들인 잘랄 앗딘 알 루미**, 이라키, 사디, 하페즈만 해도 메소포타미아를 말라리아 창궐지도 바꿔놓은 훌라구 칸***의 공격 뒤에 이름을 날렸다. 페

---

* 이란의 이슬람 제국에 이은 셀주크제국 시대 이후에 일어났다.
** 알 루미는 별칭이다.
*** 1217~1265년. 칭기즈 칸의 손자로 일한국의 창건자.

르시아의 예술인과 학자들은 파르티아제국보다 위대했고, 아케메네스제국과도 거의 동등하게 위대했던 사산제국의 조상들에 대한 노스탤지어를 느끼며 아바스, 가즈나, 셀주크, 몽골, 무굴 등 비페르시아계 제국들의 지적, 언어적 영역에 세련미를 더해주었다. 페르시아어가 무굴제국에서는 궁중 언어로 쓰이고, 오스만제국에서는 외교 언어로 쓰인 것에도 그 점이 드러난다. 페르시아는 이렇듯 중세의 몇백 년 동안에도, 비록 고대와 달리 보스포루스해협에서 인더스강까지의 지역을 직접 통치하지는 않았지만 문예적 삶은 지배하고 있었다. 액스워시의 말처럼 "정신의 제국, 이란^{Iranian Empire of the Mind}"이야말로 이란의 지리적 입지를 타의 부러움을 사는 위치로까지 끌어올려, 대이란에 역사적 당위성을 부여해준 효과적인 사상이었던 것이다.[22] 아널드 토인비도 만일 티무르(태멀레인)가 중북부 유라시아에 등을 돌리고 1381년 이란을 침공하지 않았다면 대략 소련의 크기를 가진 영토를 러시아가 아닌 사마르칸트의 이란인이 통치함으로써, 트란스옥시아나와 러시아의 관계도 근대에 전개된 것과는 "정반대의" 양상이 전개되었을 거라는 흥미로운 가설을 제시했다.[23]

시아파 이슬람도 1979년부터 최소한 2010년까지는 시아파 성직자들이 문화적 황폐함과 억압적 이미지를 투영하기는 했지만 위에서 말한 사상의 한 요소를 이루고 있었다. 숨어 있는 12번째 이맘의 모습으로 마디^{Mahdi}*가 돌아오면 불의가 없어진다는 믿음 때문에 급진적 행동주의가 촉진된 면은 있지만, 그것만 제외하면 시아파

---

* 이슬람 종말론에 나오는 메시아적 구세주로 시아파 교리에서 중요한 위치를 차지한다.

지리의 복수

가 공공연한 정치적 역할을 하도록 성직자들을 부추기는 일은 없었다. 그러기는커녕 시아파 이슬람에는 권력에 복종하라는 무언의 압력이 내포돼 있고, 그 점은 수피즘에 의해서도 빈번히 고지되고 있다.24 이라크 시아파의 대표적인 성직자인 아야톨라 알리 시스타니도 근래에 결정적인 순간에만, 그것도 막후에서 정치적 화해를 간원함으로써 그것의 본보기를 제시했다. 그런가 하면 이라크와 이란은 역사기를 통틀어 지리를 기반으로 공생 관계를 유지했다는 점에서 이슬람혁명 이후의 이란이 이란의 시아파 성지 콤에서 이라크의 시아파 성지들인 〔안〕나자프와 카르발라로 신앙의 방향을 돌리는 것도 전적으로 가능한 일이다.** 아니면 콤이 나자프와 카르발라의 정적주의를 받아들일 수도 있다.

프랑스 학자 올리비에 루아〔1949년~〕는 시아파 이슬람이 역사적으로 아랍적 현상이었고, 따라서 이란에는 늦게 들어왔는데도 종국에는 집권을 위해 시아파가 성직 계급제까지 수립한 것으로 설명했다. 이란고원이 주는 공간적 응집력에, 고대부터 강력한 관료주의 국가를 형성했던 이란의 전통이 시아파를 더욱 강화시켰다. 시아파 이슬람이 이란에 소개된 것은 16세기의 사파비왕조^{Safavids} 때였다. 사파비라는 명칭도 본래는 수니파였던 호전적인 수피 종단 사파비예^{Safaviyeh}에서 비롯된 것이다. 사파비왕조〔1502~1736년〕는 15세기 말 아나톨리아 동부, 캅카스산맥, 이란 북서부 지역이 만나는 흑해와 카스피해 사이의 산악 지형인 고원지대를 점유하고 있던 투

** 이란 이슬람혁명의 주재지였던 콤에서 보다 온건한 이라크 성지들로 방향을 돌린다는 의미.

르크, 아제르바이잔, 조지아, 페르시아 출신들이 혼합된 다수의 기마 집단들 가운데 하나에서 출현했다. 언어적, 지리적으로 출신 성분이 다양한 새 지배자들이 페르시아어를 쓰는 이란고원에 견실한 국가를 수립하기 위해—예언자 무함마드의 직계 자손인, 12이맘 중의 마지막 12번째 이맘이 죽지 않고 숨어 있다 나타나리라고 믿는—12이맘파Twelver Shiism(일명 이스나 아샤리야, 이마미스)를 국교로 받아들인 것이었다.25 물론 이 전개 과정은 역사나 지리로 인해 예정돼 있던 것이 아니라 다양한 인물과 상황에 따른 결과였다. 따라서 몽골족 칸의 자손인 일한국의 지배자 올제이투[모하마드 후다반다]가 만일 13세기에 12이맘파로 개종하지 않았다면 북서부 이란의 시아파도 전혀 다른 방향으로 전개되었을 것이고, 그 뒤에 어떤 일이 벌어졌을지도 알 수 없는 일이다. 아무튼 그렇게 해서 시아파는 북서부 이란의 다양한 투르크 집단들 속에서 위력을 더해갔고, 그런 식으로 사파비왕조의 창시자 이스마일 1세가 등장할 수 있는 토대를 쌓아갔다. 이스마일은 이스마일대로 자신이 정복한 곳들에 시아파를 강요하고, 지금의 남부 레바논과 바레인에서 아랍 신학자들을 데려와 그들을 국가 성직자군의 핵으로 만들었다.26

그리하여 전성기 때의 사파비제국은 대략 아나톨리아와 시리아-메소포타미아로부터 중부 아프가니스탄과 파키스탄까지 세력이 미쳐, 역사적으로 대이란의 또 다른 변형을 이루게 되었다. 이때 사파비왕조의 이란을 근대의 민족국가로 응집시켜준 것이 시아파였고, 16세기에 일어난 비페르시아계 시아파 소수민족들의 이란화도 그것에 얼마간 도움이 되었다.27 이렇게 보면 물론 이란은 고대부터 위대한 국가, 민족을 이루었을 수는 있지만, 이란을 개편해 근대기로 접어들게 한 일등 공신은 역시 이란고원에 이슬람 시아파를 도입한 사파비왕조였다는 이야기가 된다.

그 점에서 20세기 말과 21세기 초 이슬람혁명을 겪은 현대의 이란도 강렬하고 독특한 그 유산에 부합하는 표현일 수 있다. 물론 관능적이고 세련되며 지적으로 활발했던 지난날의 이란에 가한 폭력—과장이 아니다—에 비하면, 아야톨라들의 부상은 대단한 사건이 아닐지도 모른다(영국 작가 제임스 J. 모리에이의 소설 『이스파한의 하지 바바의 모험The Adventures of Hajji Baba of Ispahan』의 도입부 서신에도 페르시아, "시인과 장미의 나라!"라고 감탄하는 말이 나오지 않던가).[28] 하지만 잘 알려진 대로 비교는 모든 진지한 학문의 시작이다. 냉전의 초, 중기 아랍권에 일어난 격변 및 혁명들과 비교해봐도, 1978~1979년의 이슬람혁명과 더불어 시작된 성직자 정부는 확실히 활력과 현대성을 갖추고 있었다. 고대의 아케메네스왕조 시대와도 직결된 이 특징이 말해주는 것은 결국, 이란의 과거와 현재에 관련된 모든 요소는, 키루스 대왕으로부터 전 이란 대통령 마무드 아마디네자드(그러나 그도 레바논, 가자, 이라크에서 테러리스트 네트워크들을 가동하는, 알고 보면 제국적 통치의 한 측면인 이란의 진정한 수완은 부정할 것이다!)에 이르기까지의 이란제국들이 보여준 역동성이든, 시아파 성직자들의 정치적 사고와 저술이든, 반체제 인사들의 탄압 과정에서 드러난 관료제도와 안보 기관의 복잡한 효율성이든, 질적으로 우수하다는 것이다. 테헤란의 혁명적 질서가, 사담 후세인이 통치했던 이라크처럼 투박한 일인 깡패 정부가 아닌, 권력의 중심들이 분산된, 고도로 발달된 정부 조직을 구성하고 있었던 것만 해도 그렇다. 올리비에 루아도 이슬람혁명의 "독창성"은 성직자와 이슬람 지식인들 간의 제휴에 있다고 하면서 이렇게 썼다.

비이슬람권에 대한 시아파 성직자들의 태도가 수니파의 (아랍) 울라마*
들에 비해 개방적인 것은 확실하다. 아야톨라들도 (카를 마르크스와 포
이어바흐 등을 읽을 정도로) 독서 수준이 상당히 높다. 요컨대 이들에게
는 예수회와 도미니쿠스회 같은 측면이 있는 것이다. 아야톨라들은 이
런 식으로 엄정한 결의론적 율법주의에 명백한 철학적 싱크레티즘[통합
주의]을 합치시킨다…… 시아파 성직자들의 이원적 문화는 실로 놀라운
바가 있다. 극도로 전통적이면서…… 또 현대 세계에도 매우 개방적인
것이다.[29]

루아에 따르면, 상대적으로 진보적이고 현대적인 그런 특징이야
말로 "시아파의 상상력"을 "혁명의 개념에 보다 수월하게 결합시
켜주는" 요소가 된다. 이 개념은 개념대로 또 순교의 의미가 포함
된 역사성과 사회적 정의감을 필요로 한다. 이와 달리 수니파를 신
봉하는 아랍권에는 19세기 말과 20세기 초의 인물들인 무함마드 아
브두**와 라시드 리다*** 같은 개혁가와 현대주의자들이 있었다고
는 하나, 수니파 아랍은 헤겔이나 마르크스와 같은 서구 정치철학
자들을 오래도록 접하지 못했고, 그러다보니 물라들[종교 지도자들]
이 자신들의 도덕적 우월성의 토대를 헤겔과 마르크스적 논조로 역

---

* 이슬람의 지식층.
** 1849~1905년. 이집트의 종교학자.
*** 1865~1935년. 시리아의 학자.

지리의 복수

사의 목적을 이해하는 것에 두는 이란과 차이가 날 수밖에 없었다. 아프가니스탄 무자히딘의 보수적 경향이나 아랍권의 숨 막히는 군정과 달리 이슬람혁명을 겪은 1980년대의 이란이 스스로를 니카라과의 산디니스타〔민족해방전선〕와 남아프리카의 아프리카민족회의 African National Congress를 비롯한 단체들의 일부로 파악한 것도 그래서였다.30 근년에는 성직자 지배가 무자비한 억압으로 변질되기는 했지만—부패한 브레즈네프의 단계에 접어들어 피곤해진 정부의 특징—이란 정계의 막후에서 벌어지는 내분의 교리적, 추상적 성격도 이란 문화가 수준 높다는 것을 보여주는 증거가 된다. 이란은 터키와 이스라엘을 제외하면 대중동의 어느 나라보다 강력하고 정교하게 조직된 국가를 형성해왔으며, 이슬람혁명도 그런 국가성을 파괴하기보다는 오히려 그것에 속하는 편을 택했다. 비록 부정이 자행된 것이 분명한 2009년의 대통령 선거를 통해 성직자와 안보 기관이 대통령제를 남용하기는 했지만, 혁명정부가 보편적 참정권을 유지하고 대통령제를 시행한 것에도 그 점이 나타난다.

재차 말하지만 이란의 성직자 정부가 레바논에서부터 아프가니스탄까지에 이르는 지역에서 자신들의 이익을 그처럼 효율적으로 추구할 수 있었던 것은 역사와 지리의 산물인 국가 이란과의 제휴 때문이었다. 부정선거 시비가 일었던 2009년의 대통령 선거 뒤에 일어난 대규모 반정부 시위의 과정에서 촉발된 녹색운동Green Movement(야권의 개혁 운동 단체)도 알고 보면 타도의 대상인 정부와 별반 다를 바 없는 존재였다. (최소한 2년 뒤 튀니지에서 재스민혁명이 일어나기 전까지) 중동의 기준에서는 매우 세련된 운동이었고, 따라서 이란의 비범함을 나타내는 특징이라는 점에서다. 녹색운동은 자신들의 목적을 달성하기 위해 최신의 통신 기술 수단—트위터, 페이스북, 휴대전화로 문자 보내기—을 이용하고, 민족주의에 보편적 도덕성을 설득력 있게 결합시킨 세계적 수준의 운동이었다. 이란 정부가 교묘하든 교묘하지 않든 모든 억압 수단을 동원해 녹색운동을 지하로 몰아넣으려 한 것도 그래서였다. 만일 녹색운동이 정권을 잡았거나 혹은 성직자 정부를 도와 철학과 외교정책의 변화를 도모할 수 있었다면, 이란은 특유의 강력한 국가성과 역동적 사상을 발판 삼아 미국이 알카에다와 급진주의에 온 신경을 쏟느라 2011년 아랍의 봄이 일어나기 전까지는 주목하지 못한 계층, 다시 말해 중동 전역에서 조용히 부상하고 있던 중산층 가치를 지닌 새로운 부르주아지들에게 정치적 표현을 제공하는 방식으로 중동의 토대를 전면적으로 바꿔 급진주의를 몰아낼 수 있었을지도 모른다.[31]

운의 관점으로 사안을 논하는 것은 숙명과 결정론을 수용한다는 의미가 담겨 있어 위험할 수 있다. 하지만 이란의 지리, 역사, 인적 자본의 면에서 볼 때 대중동과 나아가 유라시아가 이란에서 전개되는 정치 발전의 결정적 영향을 받을 개연성이 높은 것은 사실이다.

이란의 운명이 채 완수되지 못했음을 나타내는 가장 뚜렷한 징후는 중앙아시아에서 아직 일어나지 않은 일들에서 찾아볼 수 있다. 이런 이야기다. 앞서도 언급했듯이 이란은 메소포타미아나 중동과 같은 정도로 중앙아시아를 면하고 있다. 그런데도 대이란의 전반적 역사를 감안할 때, 소련의 붕괴가 이란에 가져다준 이득은 제한적이었다. 중앙아시아 국가들의 명칭에 붙은 "istan"이라는 글자도 알고 보면 사실 "장소place"를 뜻하는 페르시아어이고, 중앙아시아

지리의 복수

의 이슬람화와 문명화의 도관 역할을 한 것도 페르시아어와 문화였다. 중앙아시아의 인텔리겐치아와 여타 엘리트들이 20세기 초까지 사용한 언어도 이런저런 형태의 페르시아어였다. 반면에 루아와 다른 학자들도 상술했듯, 1991년 이후에는 북서쪽의 시아파 국가인 아제르바이잔만 해도 라틴문자[로마문자]를 받아들이고, 보호국도 이란에서 터키로 바꿨다. 이란 북동쪽의 다른 공화국들 사정도 다를 게 없어, 수니파 국가인 우즈베키스탄은 그곳에서 자생한 근본주의자들의 눈치를 보느라 이슬람보다는 민족주의 경향으로 기울어져, 이란의 심기를 불편하게 하고 있다. 반면에 수니파 국가지만 페르시아어를 사용하는 타지키스탄에 대해서는 이란이 중앙아시아 다른 지역의 투르크계 무슬림들을 적으로 만들 것을 우려하여 보호를 원하는데도 선뜻 손을 내밀지 못하고 있다.[32] 게다가 유목인이거나 반유목민이었기 때문에 애당초 신실한 무슬림이 아니었던 중앙아시아인들은 70년간에 걸친 공산주의 지배로 세속성이 강화되었고, 그런 탓에 이란 성직자 정부가 시행하는 이슬람 재교육도, 그들이 불쾌감을 주거나 위협을 가하는 통에 원활하게 진행되지 않는다.

물론 테헤란 정부의 관점에서 보면 긍정적인 측면도 있었다. 이란은 핵 프로그램이 입증해주듯 기술도 (문화 및 정치와 보조를 맞춰) 중동 최고 수준을 가진 나라에 속하고, 그런 나라답게 중앙아시아의 여러 국가들에 수력발전소, 도로, 철도를 건설해주었다. 따라서 언젠가는 그것들 모두 직통으로든 아프가니스탄을 통해서든 이란과 연결될 것이 분명하다. 또한 남동부 투르크메니스탄과 북동부의 이란이 천연가스관으로 연결되어 투르크메니스탄의 가스가 이란의 카스피해 쪽으로 들어옴에 따라, 이란도 이란 남부에서 나는 가스를 페르시아만을 통해 다른 곳으로 자유롭게 수출할 수 있게 되었다(1990년대에 이란과 투르크메니스탄을 잇는 철도가 건설되면서 가능해진 일이다). 세계 4위의 천연가스 보유국인 투르크메니스탄은 자국의 천연가스를 이란, 중국, 러시아에 전량 수출하고 있다. 때문에 2011년까지도 유라시아의 에너지 축은 서구 민주주의에 맞서는 세 대륙 국가의 결정적 지리로 통합될 가능성이 대두되기도 했다.[33] 이란과 카자흐스탄을 잇는 송유관도 건설되어 카자흐스탄 석유가 이란 북부로 수송됨에 따라, 이란 남부에서 생산되는 그와 동량의 석유 또한 페르시아만을 통해 다른 곳으로 빠져나가고 있다. 앞으로 카자흐스탄과 이란에는 양국을 잇는 철도도 건설될 것이므로, 카자흐스탄의 페르시아만으로의 직접 접근도 가능해질 전망이다. 뿐만 아니라 이란은 아프가니스탄을 통해 산악 국가인 타지키스탄과도 철도로 연결될 개연성이 있다. 이란은 이런 식으로 천연자원이 풍부한 이 모든 나라들과 국제 시장들에 도달하기에 좋은 최단 거리를 유지하고 있다.

이란이 대중동에서 가동 중에 있는, 제국을 방불케 하는 준국가적 테러리스트 네트워크들과 더불어, 중앙아시아의 에너지 수송로들도 그런 식으로 가로지르면 21세기에 매킨더의 심장지대를 계승하는 나라가 되지 말라는 법도 없을 것이다. 그러나 거기에는 문제점도 있다.

이란이—팔레스타인의 대의와 거기에 내포되어 있는 반유대주의에 대한 전폭적 지지로—남부 레바논과 시아파가 압도적으로 많은 이라크는 물론 아랍권의 일부 지역에서도 위세를 떨치고 있다해서, 자국 국경 밖 대중을 매료시키는 그런 능력이 중앙아시아에도 전적으로 통하지는 않을 것이라는 점만 해도 그렇다. 구 소련령 중앙아시아 국가들이 이스라엘과 외교 관계를 맺고 있고, 그러므로 아랍의 봄이 아무리 초기 국면에 접어들었다고는 해도, 중앙아시아 국가들에는 아직 아랍권에 편재해 있는 유대인 국가에 대한 증오감이 없기 때문이다. 그보다 더 크고 깊은 모종의 요소도 작용하고 있다. 중앙아시아뿐 아니라 아랍권에서도 이란의 매력에 제동을 걸 그 요소는 다름 아닌 숨 막히는 성직자 통치, 다시 말해 민주적 반대파를 탄압하고 사람들을 고문, 강간하는 데 이란의 강력한 국가 전통을 영리하게 이용한다는 점에서, 부정적인 면으로는 감탄을 자아내게 하지만 역사를 통틀어 대이란 문화의 상징이 된 언어적 매력과 코즈모폴리턴적 매력은 감퇴시킨 통치 방식이 지속되고 있다는 점이다. 이런 정권의 지배 아래 이란의 경관도 선명한 색채를 잃고 칙칙한 흑백의 색조로 바뀌었다.

몇 년 전 내가 투르크메니스탄의 수도 아슈하바트[아시가바트]를 찾았을 때, 그 유리한 고지에서 국경 너머를 바라보니 언제나 그렇듯 호라산주의 두 이란 도시 테헤란과 마슈하드[메셰드]는 상업과 순례의 코즈모폴리턴적 중심지로서의 위용을 뽐내며 인구가 희박한 투르크메니스탄의 유목적 지형과 선명한 대조를 이루었다. 그러나 이란은 교역과 에너지 수송관 정치에서는 급속한 발전을 보였지만 세속적인 면이 강하고, 따라서 물라들에 대해서도 거부감을 느끼는 무슬림 투르크멘족에게 어필할 만한 진정한 매력을 갖고 있지 못했다. 그래서 말이지만 만일 이란이 지금처럼 미국과 이스라엘에 공공연하게 도전하는 방식으로 영향력을 넓혀가는 한, 이란이 지닌 그 모든 문화적 위광에도 불구하고 진정한 매력을 발산하기는 힘들 것이다. 성직자 정권이 개방적으로 변하거나 혹은 전복되기 전에는 매력적일 수 없을 거라는 얘기다. 반면에 이란이 만일 민주주의국가 혹은 유사 민주주의국가가 된다면, 이란이 보유한 지리적 힘이 있으므로 아랍권과 중앙아시아의 무슬림 수억 명에게 활력을 불어넣는 존재가 될 것이다.

그렇게 되면 수니파를 믿는 아랍 자유주의도 서구의 본보기나 민주적이지만 기능장애를 일으키는 이라크 때문만이 아니라 새롭게 자유주의적이 되고 절충주의적 역사성을 지닌 시아파 이란이 제기한 도전 때문에라도 소생할 수 있을 것이다. 민주주의국가 이란은 또 20년간에 걸친 탈냉전적 서구 민주주의와 시민사회의 성장으로도 하지 못했던 일, 다시 말해 구 소련령 중앙아시아에 존재하는 경찰국가의 제약들도 상당 부분 타파할 수 있을 것이다.

이란의 시아파 정부가 한동안 수니파 떠돌이 신도들 및 억압받는 사람들을 부추겨 전제적이고 진부해진 그들 정부에 맞서게 만들었고, 이후 몇몇 정부들이 실제로 실각한 것은 사실이다. 강력한 메시지와 민첩한 첩보 활동을 통해 팔레스타인의 하마스, 레바논의 헤즈볼라, 남부 이라크의 마디운동을 비롯한 비재래적이고 준국가적 성격을 지닌 정치체들의 포스트모던 제국을 오래도록 경영해온 결과다. 그런데 이런 이란 정부가 정작 자국 내에서는 알게 모르게 경멸의 대상이 되었다. 이란인들이 직접 경험한 바에 따르면 이슬람 혁명이라는 개념은 기껏해야 빈번한 정전, 통화 파괴, 서툰 관리를 의미하는 것에 지나지 않았기 때문이다. 앞서도 설명했듯이 유라시아 쟁탈전은 모든 요소가 상관관계에 있는 다수의 전선을 가진 전쟁이다. 하지만 그중에서도 가장 중요한 전선은 역시 투르크인과 더불어 무슬림권에서 지적 수준이 가장 높은 이란인들의 열의와 마음을 얻는 일이다. 그것이야말로 이념들의 투쟁이 지리의 명령과 만나는 부분, 이사야 벌린이 주창한 자유주의적 인도주의가 헬퍼드 매킨더의 유사 결정론과 만나는 부분인 까닭이다.

지리의 힘은 일견 압도적으로 보이지만 그 못지않게 일촉즉발적인 측면도 지니고 있다. 사파비왕조에 이어 아프샤르왕조를 연 18세기의 유능한 정복자 나디르 샤의 사례에도 그 점이 드러난다. 이란 북동부 호라산의 투르크계 출신인 나디르 샤가 지배한 페르시아 제국은 남캅카스에서 인더스강 유역까지 뻗어 있었다. 그가 공격한 곳들도 21세기 초 미국을 지독하게 괴롭혔고 이란의 지배에도 낯설지 않은 바그다드, 바스라, 키르쿠크, 모술, 칸다하르, 카불 등 수두룩했다. 따라서 마이클 액스워시도 썼듯이, 이런 나디르 샤가 만일 죽기 5년 전 정신착란만 일으키지 않았어도 이란은 19세기 영국과 러시아의 "식민적 개입에 저항할 수 있을 정도의 현대화된 국가"로 변모할 수 있었을 것이다. 하지만 결국 이란을 긍정적으로 드라마틱하게 변화시키지 못함에 따라 나디르도 후세에 이란 판 표트르 대제로 기억되지 못했고, 그의 정부 또한 실정과 경제적 파탄으로 끝나고 말았다.[34]

1979년에 일어난 모하마드 레자 샤 팔라비[1919~1980년]의 실각도 이란이 변혁에 실패한 또 다른 사례가 될 수 있다. 헨리 키신저는 언젠가 내게 지미 카터 행정부가 반팔라비 폭동에 좀 더 능란하게 대처했다면 팔라비도 권좌에서 축출되지 않고, 이란도 지금의 한국처럼 미국과의 이런저런 사소한 불화에도 불구하고 기본적으로는 동맹을 유지하는 불완전하게 발달한 민주주의를 가진 역동적 정부를 운영할 수 있었을 것이라고 말한 적이 있다. 그 10년 뒤 특히 소련에서 민주주의 격변이 일어난 점을 고려할 때 이란의 샤 정부도 개혁할 수 있었을 거라는 것이 그의 생각이었다. 물론 이제 와서 샤의 실각 책임을 카터 대통령에게 떠넘기기는 쉬운 일일 것이다. 그러나 이란의 이슬람혁명이 조금은 다른 결과로 나타날 수 있었을 개연성을 제기하는 것 또한 흥미로울 수 있다. 누가 알겠는가? 이집트에서 돌아온 지 얼마 안 된 1990년대에 이란 전역을 여행했던 나도 이집트보다는 이란에서 오히려 반미, 반이스라엘 정서가 약했던 것을 기억하고 있다. 유대인에 대한 이란의 상대적 친절함은 고대부터 팔라비 국왕의 치세 때까지 계속돼온 현상이다. 이란인들에게는 희망과 가능성도 있다.

미국은 팔라비의 실각뿐 아니라, 2001년 9월 11일에 발생한 이른바 9/11 테러 사건 이후에 찾아온 기회 역시 살리지 못했다. 이란의 최고 종교 지도자 아야톨라 알리 하메네이와 모하마드 하타미 이란 대통령 모두 수니파 알카에다의 테러리즘을 단호히 비판하고, 아랍권 일부 지역의 군중이 테러 공격에 환호하는 상황에서도 이란인들이 테헤란 거리에서 희생자들을 위해 밤샘 기도를 하는 상황의 기회도 제대로 살리지 못한 것이다. 2001년 말엽에 미국이 주도한 반탈레반 동맹에 이란이 제공한 도움이나 2003년 봄 바그다드 함락 직후에 나온 이란의 실질적 대화 제의의 기회 역시 살리지 못했다. 이 모든 것이 말해주는 것은 결국 지금까지 진행된 역사는 다른 식으로 전개될 수 있었고, 그랬다면 결과도 달라졌을 거라는 것이다.

지리는 이란이 장차 대중동과 유라시아에 나타나는 추세선들의 중심이 될 거라는 것과 어떤 식으로 중심이 될 것인지는 알려줄 수 있다. 그러나 어떤 목적으로 중심이 될 것인지까지는 알려주지 못한다. 그것은 인간들의 결정에 달린 문제이므로.

이 글을 쓰고 있노라니 정녕 이란이야말로 고대와 중세의 혁신적 제국주의 전통에 걸맞게 포스트모더니즘적 군사 제국을 훌륭하게 수립했다는 생각이 든다. 식민지도 없고, 힘에는 으레 따라붙게 마련인 탱크, 기갑부대, 항공모함도 없는, 그런 종류로는 최초의 군사 제국을 수립했다는 의미에서다. CIA 전문요원 출신으로 지금은 저술 활동을 하고 있는 로버트 베어도, 이란을 침략과 점령이 수반되는 고전적 제국주의가 아닌 "세 갈래의 대리전 전략, 비대칭 무기, 억눌린 [청년 군단]……", 특히 좌절한 청년 군단들에 대한 "호소력을 지녔다"는 점에서 중동의 초국가라고 보았다. 시아파 이란 정부를 대리하는 아랍계의 레바논 헤즈볼라만 해도, 베어의 말을 빌리면, 베이루트의 레바논 정부 당국보다 오히려 더 군사적이고 조직적인 세력, 더 공적인 참여를 하는 "사실상의 국가다". 가자 지구의 사정도 그와 다를 바 없어, 이란은 은밀한 군사, 재정적 지원과 "노골적 반(反)식민적 메시지"로 이집트의 전 독재자 무바라크 같은 인물들이 통치하는 인근의 수니파 아랍 국가들로부터 소외된 팔레스타인인들—소웨토와 같은 열악한 환경에서 허우적대는 가난한 팔레스타인인들—을 유혹했다. 억눌린 팔레스타인들이 가자와 접경하고 있는 무바라크 통치하의 이집트보다 오히려 동쪽으로 1,600킬로미터나 떨어진 이란에 더 친밀감을 느끼게 만든 것이다.[35] 이것도 이란이 지닌 수완이다. 게다가 2011년까지는 시리아와 이라크에 친이란 정부도 들어섰다. 시리아는 유일한 동맹국인 이란에 죽기 살기로 들러붙는 형편이고, 이라크도 이라크 정세의 안정과 불안정을 마음대로 요리할 수 있는 이란 첩보 기관과 연계된 정치체제를 수립했다. 마지막으로 페르시아만도 이란을 중동의 초국가로 만들어주는 요소가 된다. 이란이야말로 자잘하고 상대적으로 허약한 아랍 국가들, 다시 말해 테헤란 정부가 군사적으로도 격파할 수 있고, 앞에도 나왔듯이 특히 바레인 같은 나라에 심어놓은 현지의 시아파 스파이 집단들을 통해 기반을 약화시키거나 호르무즈해협에서의 테러 행위를 통해 경제적 피해를 줄 수도 있는 국가들의 맞은편에 길고도 복잡한 해안선을 가진 유일한 주요 국가이기 때문이다.

그러나 꺼림칙하고 두려운 사실이기는 하지만 이번에도 가장 중요한 점은 역시, 계몽과 관련된 부분이 결여되었다는 것이다. 아케메네스, 사산, 사파비, 그 외의 이전 제국들만 해도 어진 정치를 하거나 도덕적, 문화적인 면으로 감화를 주는 부분이 있었다. 그러나 현재의 이란제국은 주로 공포와 협박, 그리고 시인詩人보다는 자살 폭파범으로 통치를 하고 있는 것이다. 두 요소 모두 이란의 힘을 제한하고, 그러므로 몰락의 전조일 수 있는데도 말이다.

이란은 찬란한 문화, 거대한 영토, 인구밀도가 높고 방만하게 퍼져나간 도시들을 가진 나라라는 점에서 중국이나 인도처럼 그 자체로 하나의 세계를 이루고 있다. 그러므로 나라의 장래도 내정과 사회적 여건에 따라 결정될 확률이 높다. 그렇지만 빈틈없이 짜인 이란의 운명에서 이음새를 하나 분리시킬 수 있는 나라가 있다면 그것은 이라크일 것이다. 이라크야말로 역사와 지리가 말해주듯, 다른 어느 나라보다도 이란의 정치와 복잡하게 뒤엉켜 있기 때문이다. 이라크 중남부에 위치한 두 도시, 이맘 알리(예언자 무함마드의 사촌이자 사위)의 무덤이 있는 나자프와 이맘 후사인(예언자 무함마드의 손자)의 무덤이 있는 카르발라에서 시아파의 성직자 집단이 생겨나, 이란의 시아파 성지인 콤의 성직자 집단에 도전하는 것도 그렇게 볼 수 있는 요소가 된다. 따라서 만일 이라크의 민주주의가 적으나마 안정까지 담보할 수 있다면, 이란의 성지보다 분위기가 자유롭고 지적이기도 한 이라크 성지들도 이란 정치에 영향을 끼칠 수 있을 것이다. 그보다 범위를 넓히면, 민주주의국가 이라크가 앞으로 이란 개혁가들이 이용할 수 있는 '매력의 힘'으로 작용할 여지도 있다. 그리하여 이란이 이라크 정치에 보다 깊숙이 빨려 들어오면, 기나긴 국경을 접하고 있는 두 나라의 친숙함으로, 두 체제에 내재돼 있는 억압적 부분도 얼마간 약화될 것이다. 이란 정치가 다원적이고 인종적으로 아랍계인 시아파 사회와의 상호작용에 따라 분란을 겪을 것이기 때문이다. 게다가 경제적 위기가 지속되면 이란 대중은 수억 달러를 쏟아부어 이라크와 레바논 같은 나라들의 영향력을 돈으로 매수하려고 한 정부의 행태에 대해 걷잡을 수 없는 분노를 표출하게 될 것이다. 이라크 내에서의 이란인들에 대한 증오 역시 "추한 미국인"과 같은 정도로 높아질 것이다. 이란은 이라크의 시아파를 수니파에 맞서는 지렛대로 이용하려고 하겠지만, 그렇게 되면 이란이 범수니파 세계에서 상징적 존재로 만들려고 하는 급진적 이슬람 보편주의를 시아파 사회를 벗어나면 호소력을 갖지 못하는 종파주의로 몰아가는 꼴이 되어 그것도 실현 가능성이 없다. 결국 이란은 남의 나라 내정에 간섭하는 이란에 대한 이라크인들의 증오감이 더해가는 가운데서도, 이라크 수니파와 시아파의 제휴를 도모해 그 제휴가 영원히 작동되도록 노력하는 기존의 방식을 고수할 수밖에 없을 것이다. 2003년에 이라크 침공이 계획되고 실행된 방식의 정당성을 입증하지도 못하고, 수십조 달러의 돈이 낭비되고 수십만 명의 인명이 희생된 것에 대한 해명도 시원하게 못한 채, 때가 되면 그저 사담 후세인의 몰락은 한 나라가 아닌 두 나라의 해방으로 귀착되어가는 과정의 시작이었다는 식으로 얼버무리고 말 것이다. 지리는 이렇듯 이란이 이라크 정치를 교묘하게 식민화하는 것을 도와준 것 못지않게, 이라크의 영향력이 이란에 미치도록 촉진하는 역할도 하게 될 것이다.

그러나 녹색운동이 당장은 실패했지만, 이란의 평화적 정권 교체―혹은 평화적 정권 교체로의 진전―에 대한 전망은 냉전기 때의 소련보다는 여전히 높다. 그리하여 만일 이란이 자유주의국가가 되면, 독재 정치가 완화된―그리고 자국의 불안정성 때문에 내치에 좀 더 신경을 쓰게 될―아랍권 정부들과 더불어, 중동의 수니파와 시아파 간의 힘의 균형도 지금보다는 좀 더 균등하고 유동적으로 변할 것이다. 그리고 그렇게 되면 중동도 미국과 이스라엘보다는 중동 자체에, 그리고 중동 내부 문제와 지역적 힘의 역학 관계에 한층 치중하게 될 것이다.

이란의 자유주의 정부는 옛 페르시아제국들의 이름에 손색없는 거대한 문화적 연속체, 성직자들이 제기하는 반동적 힘의 구속을 받지 않는 문화적 연속체를 촉발시키기도 할 것이다.

또한 이란의 북부와 여타 지역에는 쿠르드족, 아제리인, 투르크멘족, 그 밖의 소수민족 집단들이 대규모로 존재해 있으므로 그 종족들이 거주하는 주변부가 테헤란 정부의 세력권을 벗어남에 따라 중앙 집중적인 면도 많이 약화될 것이다. 이란은 역사적으로도 국

가가 아닌 무정형의 다민족 제국을 이룬 적이 왕왕 있었다. 따라서
영토도 공식적으로 지정된 지도보다 크거나 작거나, 항상 들쭉날쭉
했다. 지금의 이란 북서부가 쿠르드족과 아제리 투르크족의 거주
지역인 반면, 아프가니스탄 서부와 타지키스탄의 일부 지역은 문화
와 언어적으로 이란 국가에 부합되는 것도 그것을 말해준다. 이란
의 이슬람 극단주의 물결과 물라 정권의 정통성이 쇠퇴하면 돌아가
게 될 곳이 바로 파르티아적 요소*가 다분한 이 무정형성이다.[36]

---

* 광대한 영토를 분권적으로 지배한 제국이었다는 의미이다.

14장
—
구 오스만제국

이란고원이 대중동에서 가장 중요한 지리면 아나톨리아의 육지다리, 곧 소아시아도 당연히 중요한 지리가 된다. 이란고원이 한 나라, 곧 이란에 지배돼 있는 것처럼 아나톨리아의 육지다리 역시 터키에 완전히 지배돼 있기 때문이다. 북쪽에서 사막지대인 아라비아를 내려다보는 곳에 위치해 있고, 산들과 고원들로 경계가 지어지는 이렇게 중요한 두 나라는 인구도 남쪽의 비옥한 초승달 지역과 아라비아반도로 구성된 12개 아랍 국가들을 합친 것보다 조금 많은 1억 5,000만 명에 달한다 . 따라서 아랍권이 인구적으로 터키와 이란을 누르려면, 이집트와 대서양 쪽으로 뻗어나간 북아프리카 국가들을 끌어들이는 수밖에 없다.

게다가 터키와 이란—매킨더가 언급한 미개 지역과 스파이크먼이 말한 림랜드의 주요 부분—은 중동 최고의 산업화 수준과 기술 지식을 보유한 것은 물론 가장 비옥한 농업경제를 이룬 나라이기도 하다. 이란에 핵 프로그램이 존재하고 터키도—국가의 위상을 높일 생각으로—원하기만 하면 그것을 실행할 능력이 있다는 사실 또한, 핵 프로그램을 가동하기에는 지적 능력이 모자라고, 그러므로 그 능력을 갖추기 위해서는 파키스탄과 같은 기존의 핵 보유국으로부터 기술 이전을 받아야 하는 사우디아라비아와 여타 아랍 국가들과 뚜렷이 대비되는 점이다.

그런가 하면 터키는 이란처럼, 그 자체로 주요 지역을 형성한 채 시곗바늘 방향으로 발칸 지역, 흑해, 우크라이나와 남부 러시아, 캅카스 지역, 아랍권 중동에 영향을 미치는 나라다. 스트랫포의 조지 프리드먼 박사에 따르면 아랍권과 비교할 때 터키의 중요성은 특히 "혼란한 지역의 한가운데서 견고한 지지 기반이 되고 있다"는 점에 있다.[1] 그러나 터키는 주변의 모든 지역에 영향을 끼치고는 있지만 남쪽의 지중해와 북쪽의 흑해 사이에 낀 섬나라 같은 존재이기도 하다. 그리고 이렇게 육지와의 연계가 부족하다보니 주변 지역에는 영향력을 발휘하지만 이란이 이웃 국가들과의 관계에서 누리는 정도의 지리적 중요성은 갖지 못한다. 서쪽의 발칸 국가들과 남쪽의 시리아 및 메소포타미아에 미치는 터키의 영향력도 경제적인 면에 치우쳐 있고, 구 유고슬라비아 지역의 전후 중재에 터키가 관여한 것도 근래의 일이었다. 터키가 타국의 일상 정치에 파급력을 가질 정도로 외교적 힘을 보유한 곳은 터키어와 매우 유사한 언어를 쓰는 캅카스 지역, 특히 아제르바이잔 한 곳뿐이다.

물론 터키는 티그리스강과 유프라테스강의 발원지로서 수원을 통제하고 있으므로, 시리아와 이라크에 대한 급수를 중단할 수 있는 강력한 지리적 이점을 지니고 있기도 하다. 그러나 실제로 급수

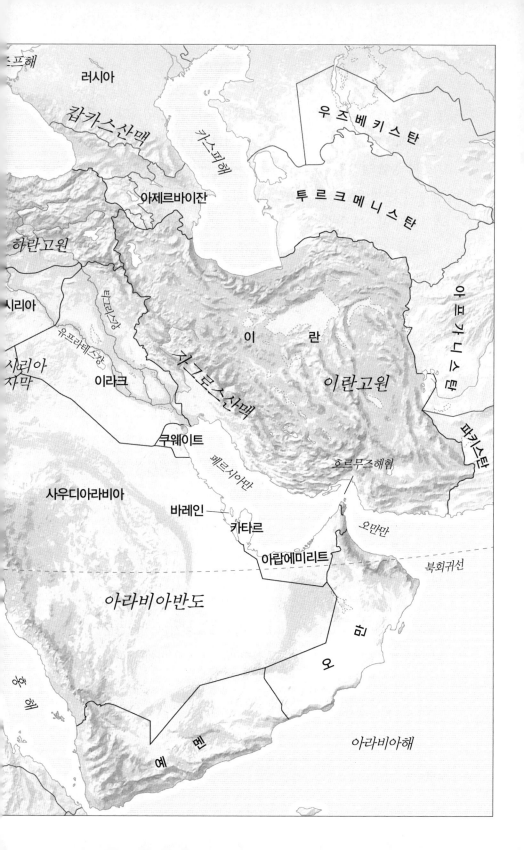

를 중단하면 전쟁에 상응하는 일이 터질 수도 있으므로, 터키가 그것을 행동으로 옮길 개연성은 희박하다. 터키가 수원지의 이점을 교묘하게 이용한 것도 그래서였을 것이다. 강 상류의 물길을 돌려 자국의 농업 발전도 꾀하고, 아랍 정치에 미치는 영향력도 함께 높일 수 있는 방법을 사용하려 한 것이다. 자주 간과되고 있는 새로운 지정학적 사실이지만, 시리아 국경에 접한 터키 남동부의 도시 샨리우르파[우르파]에서 북쪽으로 40킬로미터 떨어진 곳에 터키가—아타튀르크 댐이 중심이 된—남동부 아나톨리아 프로젝트^{Southeast} ^{Anatolia Project}를 시행한 것이 바로 그것이다. 그리하여 현재 터키는 이 댐에서 나오는 물로 2,000평방마일에 달하는 하란고원의 경작지에 관개를 하고 있다. 1970년대에 계획되어 1980년대와 1990년대에 완성된 유프라테스강 댐 체계—물에 목마른 팔레스타인 서안지구에까지 공급할 능력을 갖추었다—도 터키가 20세기보다는 21세기에 아랍권 중동에서 더 큰 힘을 가질 수 있는 요인이 된다. 근래에 높아진 터키의 정치적 위상을 새롭게 바뀐 지리적 현실의 관점에서 바라봐야 하는 것도 그래서이다.

그렇다고 최근의 신문 기사들에 나오듯 터키가 예로부터 중동에만 관심을 기울였던 것은 아니다. 13세기 오스만제국이 흥기한 이래 터키의 관심은 주로 부와 수지맞는 교역로가 있는 북서쪽의 유럽에 쏠려 있었다. 중세 후기에 중부 유럽과 카롤링거제국*이 부상하자, 아나톨리아 너머 서쪽의 발칸반도와 소아시아에 인접한 가장 비옥한 농업지대 정복에 몰두해 있던 투르크족이 마치 자석에 이끌

---

* 다시 말해 프랑크족이 지배한 지역.

지리의 복수

려가듯 북서 유럽으로 관심을 돌린 뒤부터 생겨나기 시작한 현상이다. 터키는 또 아나톨리아 육지다리와 동일시되고는 있지만, (러시아와 마찬가지로) 인구와 산업 기반은 수백 년 전부터 발칸과 가깝고, 따라서 중동과는 상대적으로 먼 서쪽에 몰려 있었다. 일이 그렇게 된 데는 오스만제국의 중심이 유럽과 가까운 곳에 위치해 있었기 때문이기도 하지만, 산골짜기들이 제각기 분리된 높고 험한 아나톨리아의 지형이 부족 간 동맹을 가로막아 캅카스 및 중동에 가까운 지역들이 오스만제국의 지배에 도전할 수 없었던 이유도 있었다. 실제로 셀주크나 오스만 같은 조직화된 제국들이 동쪽의 불안정성에 대한 걱정 없이 머나먼 아나톨리아 서부, 다시 말해 유럽 쪽의 그들 본거지에서 수백 년 동안 안전하게 통치할 수 있었던 것도 지리가 아나톨리아 동부의 사회적 "혼란"에 유리하도록 형성된 데 요인이 있었다.[2] 동부 시베리아와 러시아령 극동의 험난한 지형이 유럽 쪽 러시아에 대한 조직적 도전을 어렵게 했듯, 아나톨리아의 지세도 오스만에 대한 도전을 힘들게 만든 것이다. 아나톨리아가 바다와 길게 접경하고 있었기 때문에 콘스탄티노플의 오스만 지배자들은 러시아 지배자들과 달리 주변부 종족들의 침범에 그다지 병적인 반응을 보이지 않았다는 것이 두 곳의 차이라면 차이였다. 아나톨리아의 지리가 촘촘한 반면 러시아의 지리가 방만하다는 것도 두 곳의 다른 점이다.

그 점에서 인구도 터키의 지리를 두드러지게 하는 요소가 된다. 아나톨리아가 이란고원보다 중동의 중추 지역에서 더 멀어진 것도 그것과 관련이 있고, 이 현상[중동의 중추 지역과 더 멀어진 것]은 최근 몇 세기 동안 터키 인구가 북서쪽에 배치됨으로 인해 더 심화되었다. 유럽의 정치적 분열도 그것에 한몫했다. 유럽 국가들의 정치적 분쟁으로 유목민 특유의 방랑적 특성을 지녔고, 1683년의 빈 포위전으로 절정에 달한 오스만제국의 중부 유럽 침략 행위가 수월해졌기 때문이다. 당시 프랑스, 영국, 에스파냐는 상대국을 앞서기 위한 경쟁과 대서양 너머 신세계의 식민지들에 몰두해 있었고, 베네치아는 베네치아대로 제노바와의 기나긴 분쟁에 휘말려 있었다. 교황도 다른 위기들에 연루돼 있었다. 발칸 남부의 슬라브족 또한 내부적으로 분열되어, 산악 지형인 지리가 사회, 정치적 분리를 촉진하는 요인이 될 수 있음을 보여준 또 다른 사례가 되었다. 끝으로 20세기 초 근동을 비롯한 여러 지역에서 특파원을 지낸 허버트 애덤스 기번스[1880~1934년]는 "유럽에서는 소아시아와 여타 지역의 정복이 가능했던 반면, 아시아에서는 유럽 지역의 정복이 불가능했던 것"도 오스만의 침략을 부른 원인으로 파악했다.[3] 이것을 달리 표현하면 오스만투르크가 아나톨리아의 황무지를 통합해 중동으로 세력을 확대하기 위해서는 발칸의 정복으로만 얻을 수 있는 부를 먼저 필요로 했다는 얘기다. 오스만제국의 수도 콘스탄티노플도 발칸, 지중해, 북아프리카로의 접근을 가능하게 해준 안전한 항구이자 페르시아, 캅카스, 그 너머 지역에서 오는 대상로들의 종착지이기도 하여 유럽과 중동 간의 유연한 결합을 용이하게 해주는 역할을 했다.

그런데 이런 지리에서 태동하여 산만한 다인종 제국을 구성하고 있던 오스만 술탄국이 19세기 말 단말마의 고통을 겪다가 1차 대전의 패전국이 됨으로써 종말을 고하게 된 것이다. 이후 오스만제국에서 유일하게 패배를 몰랐던 장군 무스타파 케말 아타튀르크(아타튀르크는 '터키의 아버지'라는 뜻)가 세계대전 패망의 결과로 발칸과 중동의 제국령들을 모두 상실한 뒤 아나톨리아에 수립한 것이 바로 현대 국가 터키공화국이다. 그 점에서 아타튀르크는 터키 민족의 가치 체계를 바꾼 진정한 의미에서의 혁명가라 할 만했다. 그는 유럽 국가들이 오스만제국을 누를 수 있었던 것이 군대의 탁월함 때문이 아니라, 탁월한 군대를 만들어준 문명의 탁월함 때문이라는 점을 간파했다. 아타튀르크가 문화, 정치적으로 유럽을 지향하는 터키의 서구화를 말한 것도 그래서였다. 이어 터키에서는 이슬람 율법에 기초한 종교재판소가 철폐되고, 남자들의 페즈〔터키모자〕 착용이 금지되며, 여자들의 베일 착용이 억제되고, 아랍문자 대신 라틴문자를 도입하는 조치가 취해졌다. 하지만 그것은 혁명적 조치였던 것 못지않게 수백 년 동안 터키가 유럽에 갖고 있던 강박관념이 정점에 이른 조치이기도 했다. 2차 대전의 대부분 기간에는 중립을 지켰지만 케말주의—친서구적이고 세속적인 케말 아타튀르크주의—가 냉전이 끝난 후 첫 10년이 지날 때까지도 터키의 문화정책은 물론 특히 외교정책의 기조를 이루었던 것에도 그 점이 드러난다. 1980년대와 1990년대에 터키를 여러 차례 방문한 내게 터키 관리들도 분명히 밝혔듯 터키가 수년 동안 유럽연합의 회원국이 될 기대에 부풀어 있었던 것도 그래서이다. 그러나 2010년대의 시점에서는 터키가 유럽연합의 정회원국이 될 개연성이 요원해 보인다. 지리적, 문화적 결정론의 냄새를 풍기는 그 이유도 분명하다. 터키는 민주주의국가고 나토 회원국이지만, 그와 동시에 무슬림 국가이기도 하고, 그래서 환영받지 못하는 것이다. 유럽연합 가입이 거부된 것은 터키에도 충격이었다. 그보다 중요한 것은 그것이 터키의 역사와 지리에 대규모 수정이 가해지는 시점에 있는 사회의 다른 추세들과도 연관돼 있다는 것이다.

　사실 아타튀르크가 취한 유럽 지향 정책에는 자가당착적 요소가 내포돼 있었다. 아타튀르크는 [오스만제국 지배하에 있던] 북부 그리스의 살로니카[지금의 테살로니키]에서 태어나 그리스인, 유대인, 그 밖의 소수민족들 틈바구니에서 자랐다. 따라서 19세기 말의 살로니카가 여러 언어를 쓰는 코즈모폴리턴적 지역이었던 점을 감안하면 그도 유럽인이었다. 당연히 그는 민족성에 대해서도 두드러지게 현대적인 개념을 지니고 있었다. 그가 종종 "설사 유대인이나 기독교인이라 해도 스스로를 터키인이라고 말하고, 터키어를 쓰며, 터키에 살면 터키인"이라고 공언한 것에도 그 점이 드러난다. 수도를 유럽 쪽 터키의 이스탄불(콘스탄티노플)에서 아나톨리아의 중심지인 앙카라로 옮긴 것도 구체제[오스만제국]와의 연관성을 고려한 조치였다. 아타튀르크는 발칸이나 중동의 옛 오스만제국 속령들을 되찾으려는 노력도 기울이지 않았다. 그러기보다는 아나톨리아의 핵심지에서 유럽과 서구 지향을 목표로 인종적으로 단일한 터키 국가를 수립하는 것을 전략의 핵심으로 삼았다. 문제는 케말주의가 아타튀르크 생전에는 진정한 민주주의를 달성할 여유가 없다보니 터키 군부가 케말주의의 파수꾼이 된 것에 있었다. 게다가 케말주의는 실행에 몇십 년이 걸릴 뿐 아니라 아나톨리아에 중점을 두었던 관계로 아타튀르크도 의식하지 못하는 새에 오스만제국의 중심 콘스탄티노플이 있는 유럽 쪽 터키보다는 소아시아에 깊숙이 뿌리박힌 이슬람 문명을 더 중시하게 되었다. 정기적으로 군사 쿠데타가 일어나는 와중에 민주주의가 들쭉날쭉 발전하는 과정에서, 아나톨리아

배후지의 대다수 노동자 계층과 독실한 이슬람교도들에게 선거권이 교부된 것도 문제였다.

공화국이 수립된 뒤 첫 몇십 년 동안 터키의 권력과 부는 군부와 극도로 세속적인 이스탄불 엘리트들의 수중에 있었다. 미국 관리들도 그 무렵에는 터키의 친서방 외교정책을 편 것이 군부였는데도 터키를 민주주의국가라고 부르는 태만함을 보였다. 그런 상황은 1980년대 초, 중부 아나톨리아 출신으로 수피적 성향을 지닌 독실한 무슬림 투르구트 외잘이 수상으로 선출된 뒤 일련의 개혁을 단행, 통제 경제체제를 벗어남으로써 바뀌기 시작했다. 그 결과로 다수의 대기업들이 민영화되고 수입 규제가 완화되어 독실한 이슬람교도인 부유한 신흥 중산층이 생겨난 것이 대표적인 예다. 비록 케말주의에 내포된 극단적 세속성을 억제하고, 신실한 무슬림들에게 새로운 체제의 몫이 많이 돌아가게는 했지만 외잘도 때가 냉전 후기였던 점을 감안해 정치적으로는 친서방적 태도를 계속 고수했다. 그는 또 이슬람주의자답게 터키인들과 종교적으로는 통합되었으나 인종적으로는 분리된 쿠르드인들에게도 손을 내밀었다. 반면에 터키가 스파이크먼의 유라시아 주변지대에서 소련에 맞서 나토의 방벽이 된다는 점에 대해서는 군부와 의견이 대체로 일치했기 때문에, 장군들이 자신의 종교성을 극도로 불편해하는데도 국가 안보 정책의 통제는 군부에 계속 맡겨두었다.

이런 외잘이 총리와 대통령으로 10년을 역임한 뒤 1993년 예순다섯 살의 나이로 갑자기 세상을 떴다. 그의 죽음이 터키의 미래에 끼친 영향은 자못 심대하여, 영원하다는 점 때문에 가장 중시되는 지리 못지않게 개인의 삶과 죽음 또한 지정학의 운명에 큰 영향을 미칠 수 있음을 보여준 또 다른 사례가 되었다. 대립각을 세우던 친이슬람계와 친미국계를 손잡게 한 그가 죽자, 몇 년에 걸쳐 서서히 나타난 현상이기는 하지만 희박했던 국민적 공감대가 와르르 무너져내린 것만 해도 그렇다. 외잘이 죽은 뒤 10년 동안 터키에는 그렇고 그런 세속적 지도자들만 등장했다. 하지만 그런 가운데서도 아나톨리아 중심지의 경제력과 독실한 무슬림의 성장은 두드러져, 2002년 말에 실시된 의회 선거에서는 위스키나 홀짝이는 세속 엘리트들이 탈락하고, 이스탄불 시장을 역임한 레제프 타이이프 에르도안이 이끄는 이슬람계의 정의개발당이 과반을 넘는 의석을 차지했다. 이스탄불은 세속적 엘리트들의 본거지이기도 하지만, 하위 중산층 자리에라도 비집고 들어가볼 요량으로 아나톨리아의 농촌 지역에서 일자리를 찾아 이주한 수백만의 빈곤층 이슬람교도들의 본거지이기도 한 것이다. 이들이 에르도안에게 몰표를 주었다.

그리하여 2003년 집권하게 된 에르도안은, 공식적인 케말주의 레이더 스크린의 감시 속에서도 터키인들 삶 속으로 다시금 파고들어 외잘에 의해 강화되었던 이슬람주의에 힘을 실어주었다. 1945년에는 2만 곳, 1985년에는 7만 2,000곳이던 터키의 이슬람 사원이 인구에 비해 급격히 늘어난 것도 그 점을 말해준다. 일부 연구 자료에는 대다수의 농촌 사람들뿐만 아니라 도시 노동자의 3분의 2도 매일 기도를 올린 것으로 나타나며, 그 비율은 근년에도 지속적으로 높아졌다.[4] 파키스탄 출신으로 런던에서 활동하는 작가 겸 저널리스트인 딜립 히로에 따르면, 부활한 이슬람은 더 이상 케말주의를 일상의 지침이 되는 "사회, 윤리적 체계"로 보지 않는, "환멸에 빠진 도시 젊은이들의 구세주로서" 우익(파시즘) 및 좌익(마르크스주

지리의 복수

의) 이데올로기와도 당당히 어깨를 겨루는 존재였다. 그리하여 이슬람과 연계된 통상적 민족주의가 뿌리내리자 케말주의도 서서히 "존재 이유"를 잃게 되었다.[5]

하지만 2003년 3월, 이라크 침공에 앞서 제출된 터키의 미군 주둔안을 터키 의회가 부결함으로써 미국의 입지에 타격을 입힌 것은 오히려 이슬람계의 정의개발당이 아닌 세속적 정당이었다. 9/11 사태 이후에 나온 조지 W. 부시 행정부의 직설적 표현과 행동에 대한 반감으로 반미적 입장을 취한 유럽 국가들의 대열에 세속 정당이 합류한 것이다. 대량살상무기는 찾지 못하고 이라크 내의 종파 분쟁만 야기한 이라크 침공의 파멸적 결과가, 터키의 유럽연합 가입이 성사되지 않으리라는 사실이 드러난 것과 거의 비슷한 시기에 일어난 것도 그것에 영향을 미쳤다. 뿌리가 확고한 대중적 이슬람계 정부가 터키에 새로 들어서면서 일어난 이런 극적인 사건들로 인해 터키의 정치적, 문화적 추는 사실상 몇백 년 만에 처음으로 서구를 떠나 중동 쪽으로 급격히 기울었다.

앞서도 언급했듯이 어찌 보면 미국은 자기 꾀에 자기가 넘어간 것일 수도 있다. 미국의 지도자들이 터키의 외교와 안보 정책을 군부가 좌지우지한다는 사실을 뻔히 알면서도, 나토 회원국인 터키를 중동의 친이스라엘 거점으로서의 민주국가로 공표한 것만 해도 그렇다. 결국 터키는 21세기 초 터키 대중의 이슬람 성향을 반영해 정치, 경제, 문화적으로 진정한 민주주의국가로 부상했으며, 그 결과로 나타난 것이 바로 반미, 반이스라엘 경향이었던 것이다.

지난 1998년 가을 아나톨리아의 중부 도시 카이세리에서 나는 터키의 현 대통령인 압둘라 귈〔2007~2014년 재임〕을 비롯해 터키의 지도급 이슬람계 인사들과 회견을 가졌다. 나중에는 당을 해산하고 정의개발당과 합친 미덕당Virtue Party의 집회 때였다. 미덕당도 알고 보면 이슬람계인 복지당이 부패로 얼룩지자 오스만제국 시대의 이슬람교에는 존재했던 사회정의를 구현하기 위해 새로 설립된 정당이었다. 그리하여 2000년에 보고서로도 출간된 터키 인사들과의 회견에서 나는 두 가지 주요 사실에 대한 옳고 그름을 깨닫게 되었다. 내 판단이 옳았던 한 가지는 비록 소수당이지만 터키가 민주화로 나아갈수록 이슬람의 힘도 따라 커질 것으로 믿고 민주주의를 기본 테제로 삼은 미덕당이 몇 년 뒤에는 주요 정당이 되리라고 믿은 것이었다. 반면에 얄궂게도 서구와 독재적 군부 세력 조직을 연결시켜준 것 또한 미덕당이었다.

"미국은 대체 언제 터키의 민주화를 지지해줄 겁니까?" 미덕당의 정찬 때 내 옆자리에 앉았던 인사가 물은 말이었다. "군부만 계속 지원하고 있기에 묻는 겁니다." 내가 대답을 하기도 전에 그가 다시 덧붙여 말했다. "이스라엘에도 가보았는데, 터키보다 그곳의 민주주의가 더 발달했더군요."[6]

내가 잘못 알고 있었던 한 가지는, 이스라엘에 대해 비교적 열린 마음을 갖고 있던 지난날의 터키만 생각하고, 터키의 온건한 이슬람교도들이 언제까지고 그런 태도를 유지하리라고 믿은 것이었다. 하지만 그것은 나의 오산이었다. 전자 통신으로 범이슬람주의 사상과의 관계가 밀접해짐에 따라 초래될 터키 자체의 역사적 발전(다시 말해 지리의 패배)과 미국과 이스라엘 정부가 취할 행동 및 실책의 결과로 상황이 급변할 것이라는 점을 고려하지 않은 판단이었다.

2010년대 초의 터키 정치는 터키의 지리에도 그대로 반영돼 있다. 서쪽으로는 그리스, 동쪽으로는 이란, 북서쪽으로는 불가리아, 남동쪽으로는 이라크, 북동쪽으로는 아제르바이잔, 남쪽으로는 시리아와 접경한 가운데 아나톨리아의 절반 이상이 흑해 또는 지중해 해안선을 형성하고 있다는 점에서 터키야말로 진정 유럽, 러시아, 중동 사이에서 등거리를 유지하고 있다는 의미에서다. 터키의 외교, 국가 안보 정책에도 그 점이 나타난다. 나토 회원국인 데다 미국 정보기관에 협조를 하고 있고, 이스라엘에도 대사관을 두고 있으며, 이스라엘과 시리아 간의 간접적 평화 협상을 조성하는 한편으로, 북부 이라크의 쿠르드인들에 대한 군사적 침략 행위도 하고 있고, 핵무기 개발에 따른 제재를 받지 않도록 이란을 돕고 있으며, 팔레스타인의 가장 급진적 집단들에 정치적, 정서적 지원을 해주고 있으니 말이다.

지난 2010년 5월 인도주의적 구호 물품을 싣고 터키를 떠나 하마스가 통제하는 가자 지구로 항해 중이던 선박 6척을 이스라엘 특공대가 급습한 것에 터키가 거친 반응을 보인 것이 터키의 역사적 축이 바야흐로 서방에서 동방으로 옮겨갔음을 만천하에 알리는 기폭제가 되었다. 터키는 그것을 자신들이 끼어들 명분이 없는 아랍-이스라엘 간 분쟁이 아닌, 무슬림의 대의를 옹호할 수 있는 무슬림 대 유대인 간의 분쟁, 다시 말해 팔레스타인을 위한 분쟁으로 본 것이었다. 새뮤얼 헌팅턴의 『문명의 충돌The Clash of Civilizations and the Remaking of World Order』도 종종 간과하고 지나친 주요 논점들 중 하나지만, 세계화는 통합의 요소이기도 하지만 광범위하게 산재한 연대 집단들을 결집시켜 문명적 긴장을 야기하는 힘이 될 수도 있고, 터키야말로 그것의 주요한 사례가 될 수 있는 것이다. 따라서 설사 이

크로아티아
헝가리
트란실바니아
몰다비아
보스니아
루마니아
왈라키아
헤르체고비나
세르비아
몬테네그로
불가리아
루 멜 리 아
마케도니아
아
그리스
크레타섬
지
중
해
트리폴리
벵가지
리비아
이집트

구 오스만제국의 판도

1683년 무렵의 제국 경계   오스만제국의 속령

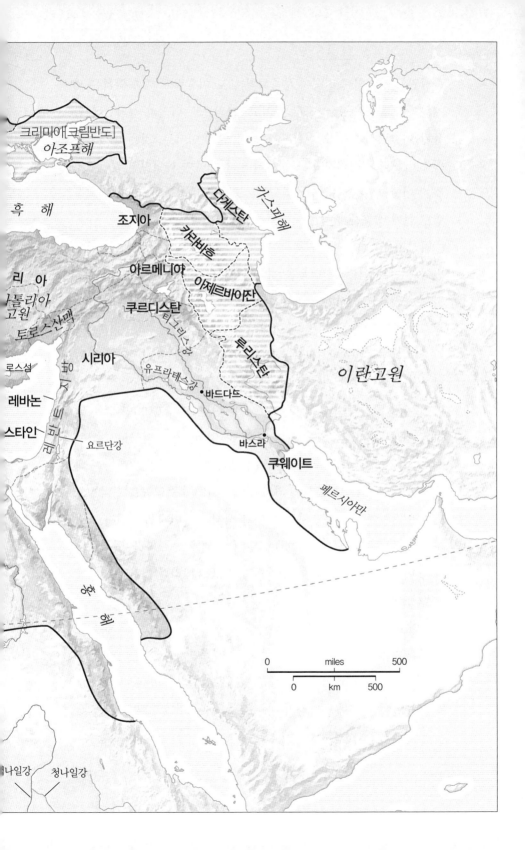

크리미애[크림반도]
아조프해

흑 해

다게스탄

카스피해

조지아

카라바흐

아르메니아

아제르바이잔

리 아
나톨리아
고원

토로스산맥

쿠르디스탄

티그리스강

루리스탄

이란고원

로스섬

시리아

유프라테스강

•바드다드

레바논
스타인

요르단강

바스라

쿠웨이트

페르시아만

홍 해

나일강   청나일강

0   miles   500

0   km   500

슬람권의 정치적 응집력이 부족하다 해도 이슬람에 대한 의식은 세계화와 더불어 동반 상승할 것이고, 그러므로 터키의 정체성에 함유된 이슬람적 측면도 함께 발전하게 될 것이다. 그것은 비서구권이 지금보다 건강해지고, 도시화되며, 문해율이 높아지면 일어나게 될 일이고, 그에 따라 터키와 같은 중간급 나라들의 정치, 경제적 힘도 함께 상승하게 될 것이다.[7]

터키는 1071년 셀주크제국이 아나톨리아 동부 만지케르트에서 벌어진 전투에서 비잔티움을 격파한 때로부터 1918년 1차 대전에서 오스만제국이 서방 연합국에 패할 때까지 850여 년간 이슬람의 집House of Islam을 이끌어왔다. 아랍이 이슬람 문명의 수장 자리를 꿰찬 것이래야 지난 세기였을 뿐이다. 1978~1979년 이란에서 이슬람혁명이 일어나기 전까지 이란의 이슬람교도 5,000만 명이 서방에 보이지 않는 존재였던 것도 그 점을 반증한다. 7,500만 명에 달하는 터키의 무슬림 또한 그와 다를 바 없이, 가자 지구로 향하던 구호 물품 선단을 이스라엘이 급습한 사건이 일어나기 전까지는 대체로 보이지 않는 존재였다. 터키가 이란의 농축우라늄을 자국으로 반출하는 안에 합의하고 유엔의 이란 제재안에 반대표를 던진 것이 우연히 그와 같은 시기(2010년)에 일어난 것이고, 그리하여 서구 대중과 미디어도 돌연 이때를 계기로 터키의 적나라한 지리적 현실에 눈을 뜨게 된 것이다.

그리고 나서 2011년 북아프리카와 중동 일대의 대중이 독재에 신물을 내며 일으킨 봉기도, 역사와 지리적 측면에서 보면 터키가 수혜자였다. 근대기의 몇백 년 동안 북아프리카와 레반트 지방〔동부 지중해 유역〕을 지배한 나라가 바로 오스만제국이었기 때문이다. 게다가 오스만의 지배는 전제적이기는 했지만 지금의 아랍인들 마음에 지울 수 없는 상처로 남을 만큼 억압적이지는 않았다. 그러므로 지금의 터키도 이슬람 민주주의의 본보기로, 새롭게 자유를 얻은 나라들의 롤 모델이 될 수 있다. 그렇게 보는 이유는, 특히 최근까지도 군 장성과 정치인들이 권력을 나눠 갖는 일종의 혼성 정부를 구성한 터키식 민주주의가, 앞으로 일부 아랍 국가들이 자유민주주의국가로 발전해가는 노정에서 겪게 될 일이기 때문이다. 게다가 터키는 인구도 7,500만 명이나 되고 근래까지도 착실하게 경제성장을 해온, 따라서 지중해 일대에 소프트파워를 투사할 수 있는 인구 및 경제 대국이기도 하다. 간단히 말해 터키는 북아프리카에 접한 다른 지중해 유역 국가들—그리스, 이탈리아, 에스파냐—이 갖고 있지 못한 이점을 지니고 있는 것이다.

그러나 터키가 이렇게 중동에서 부상하고는 있지만, 터키 이슬람에는 서구에 희망적인 주요 논점들도 내포돼 있다.

실제로 13세기에 〔빙글빙글 도는 신비적인 춤을 주요 의식으로 행한다 하여〕 빙글빙글 데르비시들로도 불리는 타리카^{tariqa} 공동체*를 창설한 잘랄 앗 딘 알 루미에 대한 내용을 조금만 알아도, 이슬람이 민주주의와 양립할 수 있고, 이슬람 원리주의도 생각보다는 획일적이지 않으며, 위협적이지도 않다는 사실을 깨닫게 될 것이다. 루미는 음악과 시를 경멸한 "미숙한 광신도들"을 멀리했고,[8] 성직자의 턱수염과 콧수염도 지혜의 상징이 아니라며 주의를 주었으며, 군중

---

* 페르시아어로는 'tariqat'이고, 신비주의 공동체가 준수하는 의례 체계 혹은 공동체 자체를 의미한다.

보다는 개인을 우위에 두었고, 폭정도 나쁘게 이야기했다. 이렇게 보면 서구에 익숙한 아랍과 이란의 만신전에 모셔진 인물들보다는 오히려 루미의 유산이 이슬람권의 민주주의 추세에는 더 적합할 수 있다. 터키 이슬람도 루미가 입증해주었듯 절충적 성격을 지니고 있으므로 터키의 서구화와 조화를 이룰 수 있다. 터키의 민주주의 제도가 비록 불완전하고 오랫동안 오만한 군부의 입김 아래 있기는 했지만, 수십 년 동안 정통 이슬람 영역과 합체돼 있었던 것도 그렇게 볼 수 있는 요인이 된다. 터키의 산업 기반과 중산층도 일부 아랍 국가들 및 이란과는 달리 석유 수익으로 불쑥 생겨난 존재가 아니다. 앞서도 이야기했지만 터키는 중동의 대부분 지역보다 진보된 인간 개발을 할 수 있는 지리를 보유하고 있기도 하다. 터키가 육지 다리로 유럽과만 연결되는 데 그치지 않고, 루미의 시가 대변해주듯 아나톨리아 문명에 활력소가 된 중앙아시아 유목민의 침략에 도움을 준 것만 해도 그렇다. 유럽 정치―최소한 발칸식 유럽 정치―가 중동 정치에 접목되는 데 중요한 역할을 한 것도 오스만제국이었다. 19세기에 세르비아, 불가리아, 루마니아, 그리스에서 일어난 독립 투쟁이 다마스쿠스와 베이루트의 아랍 민족주의 집단들이 궐기하는 데 촉진제 역할을 한 것이다. 20세기 초 마케도니아와 불가리아에서 탄생한 현대의 테러리즘도 대시리아로 침투해 들어왔다.

21세기 초 터키는 활력에 차고 정치적으로 우세한 이슬람 운동, 이스라엘을 제외한 중동의 그 어느 나라보다 막강한 군사력, 수년 동안 연 8퍼센트의 성장률을 보였고 세계적인 경기 불황 속에서도 5퍼센트의 성장률을 꾸준히 보인 경제, 이란과 사우디아라비아가 석유 강국인 것과 같은 정도로 터키를 물 강국으로 만들어준 댐 체

지리의 복수

계를 갖춘 나라가 되었다. 따라서 유형무형의 이런 힘을 바탕으로 터키는 이슬람의 지도력과 정통성을 놓고 이란과 경쟁을 벌일 수도 있을 것이다. 따지고 보면 터키도 이스라엘 못지않게 중동에서 오랫동안 고립돼 있었다. 오스만 시대에 아랍 지역을 속령으로 보유한 역사로 인해 이웃한 시리아와는 특히 공공연하게 적대 관계에 있었을 만큼 아랍과의 관계도 복잡했고, 바트당 집권 시절의 이라크와 시아파 원리주의가 지배하는 이란과도 늘 긴장 관계에 있었기 때문이다. 1998년에는 다마스쿠스 정부가 쿠르디스탄〔쿠르드〕 노동당을 지원한 것 때문에 터키와 시리아 간에 일촉즉발의 전운이 감돌기도 했다. 그 무렵 터키가 중동에서 얼마나 따돌림을 받았는지는 이스라엘과 군사적 동맹 관계를 유지하고 있던 것으로도 알 수 있다. 그러다 이 모든 상황은 에르도안과 정의개발당이 집권하면서 변하기 시작했다. 터키의 유럽연합 가입이 사실상 무산되고 미국 우익과 이스라엘 우익의 호전성이 날로 심해지면서, 서구에 대한 터키 내 여론이 급격히 나빠진 때와 같은 시기에 벌어진 일이었다.

그렇다고 터키가 나토를 탈퇴하거나 이스라엘과의 외교 관계까지 단절했던 것은 아니다. 그러기보다는 외무부 장관 아흐멧 다붓올루의 주도로 다른 어느 나라보다 특히 시리아, 이라크, 이란과의 역사적 화해를 의미하는 주변 국가들과의 "괜찮아no problems" 정책을 취했다. 터키는 주변국들보다 기술력이 월등하고 경제성장 속도도 빠르다. 따라서 그것을 발판으로 서쪽의 발칸 국가들과 동쪽의 캅카스 지역에 막대한 영향을 끼치고 있다는 것은 주지의 사실이다. 불가리아, 조지아, 아제르바이잔에는 터키 제품과 여타 소비재들이 봇물을 이루고 있는 것도 그 점을 말해준다. 하지만 무엇보다 중요한 것은 터키가 팔레스타인을 옹호한 것 때문에 가자 지구에서 터키인들에 대한 인기가 올라가고, 그 결과 터키가 아랍권에서 오스만제국 시대 이래 처음으로 완전한 조직적 현실로 인정을 받게 된 것이다. 이 신新오스만주의는 다붓올루가 개발한 독특한 전략일 수도 있지만, 그 못지않게 정치 발전의 자연스런 귀결이기도 했다. 터키의 우세한 지리적, 경제적 위치가 나날이 강해지는 터키의 이슬람화로 돌연 중요성을 얻게 되었다는 얘기다. 신오스만주의의 매력은, 지금과 같은 세계화 시대에는 터키가 지난 시대와 같은 제국을 중동에 수립할 의지도 방책도 없으며, 그러므로 예전 속령들과의 관계 정상화만을 원할 뿐이라는 언명되지 않은 가설을 함유하고 있다는 점에 있다. 아랍 국가들로서는 이스라엘에 대한 적대감을 몇 단계 높인 점을 고려해 터키를 아랍권의 일원으로 받아들이더라도, 최소한 수십, 수백 년에 걸친 시각으로 바라본 관점에서, 오스만의 지배는 충분히 멀리 떨어져 있고 충분히 관대하다는 확신이 필요했을 것이기 때문이다.

다붓올루의 진정한 혁신은 이란에까지 여파가 미쳤다. 투르크어와 페르시아어를 사용하는 아나톨리아 문명과 이란고원 문명은 역사적으로 길고도 복잡한 관계를 맺고 있었다. 페르시아어가 오스만제국의 외교 언어로 쓰였는데도 오스만제국과 사파비왕조가 16세기와 17세기에 군사적으로 오랫동안 대립한 것만 해도 그렇다. 혹자는 이런 터키와 이란을 보고 앙숙이면서 문화와 언어적으로는 깊이 연관된 나라들이라고 말할 수 있을 것이다. 루미도 생의 대부분을 터키에서 보냈지만 글은 페르시아어로 썼다. 게다가 터키와 이란은 서로 간에 식민적 관계의 고통을 주고받지도 않았다. 이란이 터키의 동쪽에 위치해 있어 두 나라의 세력권이 지리적으로 일부 겹치는 것 외에는 대체로 분리돼 있다보니 그렇게 된 것이다. 터키는 이란이 팔라비 왕 지배하에 있을 때도 이란과 더불어 친서방 정책을 취했고, 이슬람혁명 후 이란이 물라의 통치 아래 급진적으로 변했을 때도 테헤란 정부와 신중하게 적절한 관계를 유지했다. 아야톨라는 동시대의 정치 환경에서는 상당한 충격 가치를 갖지만, 역사적인 면에서 터키가 그들을 받아들이는 데는 큰 충격일 게 없었다.

　다음 사실에도 그 점이 나타난다. 세계적 인기를 누리는 버락 오바마 미 대통령*은 이스라엘의 이란 공격을 저지하기 위해 유럽 동맹국들과 손잡고 이란의 핵무기 보유를 막으려고 안간힘을 썼다. 이란이 핵무기를 보유하면 서구와 중동의 힘의 균형이 급변하는 것도 문제지만, 이스라엘이 이란을 공격하면 중동 전역이 불안정해져 그보다 더 나쁜 상황이 초래될 수도 있다는 판단에서였다. 그런데 2010년 5월 터키가 브라질과 함께 일련의 드라마틱한 외교 책략을 써서, 이란이 경제 제재를 피해가고 핵폭탄도 만들 수 있게 시간을 벌어준 것이다. 그렇게 이란의 농축우라늄을 터키로 반출하는 데 합의함으로써 터키는 이슬람권에서 가자 지구의 하마스를 지지해서 얻었던 것보다 더 큰 입지를 확보했다. 그에 따라 이란도 이제는 "(이란의) 천연가스와 석유를 서유럽 시장으로 운송해, 에너지 허브가 되려고 하는 터키의 핵심적 전략 목표가 실현될 수 있도록 도와줄" 개연성이 생겼다.[9] 그리하여 유프라테스강에서 이라크로 흐르는 물의 90퍼센트, 시리아로 흐르는 물의 40퍼센트를 딴 곳으로 돌

---

* 2017년 1월 퇴임했다.

릴 수 있는 힘을 가진 터키가 카스피해에서 캅카스산맥을 넘어 들어오는 탄화수소와 함께 이란의 에너지 이동 넥서스까지 확보하면, 산업화의 기초가 되는 석유, 천연가스, 물을 사방으로 날라다주는 파이프라인들을 갖게 되어 이란과 마찬가지로 중동의 초국가 대열에 합류할 수 있게 되는 것이다.[10]

앞서도 지적했듯이 터키는 석유 시대가 도래하기도 전 중동으로 세력을 확대하기에 앞서 경제력을 먼저 갖추기 위해 발칸과 유럽으로 진출했다. 그런데 이번에는 그와 정반대의 상황이 벌어졌다. 터키가 이란 및 카스피해의 석유를 운반하는 유럽의 도관이 되어, 유럽도 무시하지 못할 중요한 경제적 힘을 갖게 된 것이다. 단순히 세계 최대의 육지다리인 것에 머물지 않고 G-20의 일원으로 이란과 더불어 핵심지가 됨으로써, 수십 년 동안 살벌한 안보 정치를 펴는 정권들 탓에 격변에 시달리는 아랍권의 비옥한 초승달 지대를 중립화시킬 수 있는 힘까지 보유한 것이다.

터키가 브라질과 손잡고 이란의 농축우라늄을 보호해주기로 한 조치에도 이란 원리주의 정권의 핵폭탄 보유를 돕는다는 사실상 별 쓸모 없는 행동을 한 것 이상의 의미가 담겨 있었다. 그것이야말로 개발도상국의 중산층 인구가 수백만 명씩 계속 불어남에 따라 전 세계적으로 중간급 나라들이 부상하고 있음을 나타내는 것이기 때문이다.

그러나 물론 서방에 희망적인 면들도 있다. 터키의 부상 없이도 이란은 중동의 지배 세력이 될 수 있겠지만, 터키가 오스만제국 붕괴 이후 처음으로 중동에서 호전적인 세력으로 부상하면 이란의 동맹국인 동시에 경쟁국이 될 테고, 그렇게 되면 이란도 이웃 나라 터

지리의 복수

키와 주도권 다툼을 벌일 것이라는 점만 해도 그렇다. 터키가 나토 회원국이고, 많이 퇴색되기는 했지만 그래도 아직은 이스라엘과 관계를 맺고 있는 점도 잊지 말아야 할 부분이다. 터키의 이슬람 지도부가 서방이 용인하기 힘든 면을 보이고는 있지만 이란 성직자 정부에 비하면 상당히 진보적인 면이 있고, 그러므로 터키가 이스라엘과 무슬림 국가들 사이에서 중재국이 될 수도 있을 것이기 때문이다. 이란은 이란대로 정변이나 성직자 정부의 장기 집권과 모순점들로 인해 자체적으로 정치 변화를 이룰 개연성이 있다. 분명한 사실은, 사람들의 기억 속에서 냉전이 가물가물해지는 상황에서는 터키와 이란 모두 아랍권 중동에서의 역할 강화를 위해 자국의 지리를 개방적으로 운용할 개연성이 있고, 그렇게 되면 터키도 예전처럼 나토에 크게 지배되지는 않을 것이라는 점이다. 나토도 예전의 위력을 잃기는 했지만 말이다. 그런가 하면 이란은 냉전기 소비에트풍 경찰국가의 잔재인 사담 후세인 정부가 붕괴된 여파로, 과거 그 어느 때보다 아랍권 정치에 깊숙이 휘말려들게 될 것이다. 이것들 모두 미묘하기 그지없는 문제들이다. 터키만 해도 이란과 균형 유지를 도모하면서도 협력하게 될 것이고, 이라크 또한 지금은 허약하지만 이란을 대신해 앞으로는 시아파의 유력국으로 부상할 개연성이 있다. 전 세계적으로 일어난 통신 혁명도 최소한 터키와 이란의 경우에는 사람들로 하여금 하나의 정체성을 가진 집단으로 인종성을 극복하고 종교를 받아들이게 하는 데 일조하게 될 것이다. 그리하여 터키, 이란, 아랍인 모두 동일한 무슬림으로 이스라엘을 적대시하는 것은 물론, 어느 정도는 서구마저도 적대시할 개연성이 있다. 그렇게 해서 터키와 이란의 향상된 지리적 힘이 아랍권에 미치는 영향으로, 중동의 사각지대는 전례 없이 유기적으로 상호 관계를 맺게 될 것이다.

아랍 국가들은 터키나 이란과 달리 지중해와 이란고원 사이에 끼어 있어 20세기 전까지는 존재감이 미미했다. 팔레스타인, 레바논, 시리아, 이라크 모두 지리적 표현에 지나지 않았고, 요르단은 고려할 여지조차 없었다. 지금도 지도 위에 그어진 공식 선들을 제거하면 각국의 국경과는 맞지 않는, 수니파와 시아파의 거친 인구분포도만 남게 된다. 국경선을 가진 나라들 중 레바논과 이라크는 중앙권력이 있다고는 해도 거의 제 기능을 못하고 있고, 시리아의 중앙권력 또한 폭정을 일삼는 데다 지금은 대중의 강력한 공세에도 직면해 있다(이 책이 발간될 무렵에는 아마 끝나 있을 것이다). 요르단은 절대군주국이지만 입헌국으로서만 장래를 보장받을 수 있을 것이다(자주 간과되는 사실이지만, 이스라엘과 국경을 접하기 두려워하는 다른 아랍 국가들의 완충국 역할을 하는 것이 요르단의 중요한 존재 이유다). 이라크 독재 정권도 조지 W. 부시 대통령에 의해 와해되었다. 그 일은 당시만 해도 서구 지도자로서는 나폴레옹 이래 가장 소란스럽게 아랍권 역사를 움직인 행위로 평가받았으나, 이후 아랍권에서는 부시가 한 일과 상관없이 내부적 요인에 의해 민주주의 봉기, 아랍의 봄이 일어났다. 그러나 어느 경우가 됐든 1차 대전 이후의 탈오스만 국가 체계가 전례 없이 높은 긴장 상태에 놓인 것은 사실이다. 따라서 서구형 민주주의가 자리 잡을지는 미지수지만 그래도 어쨌거나, 이집트혁명과 아랍 국가들이 냉전기풍 경찰국가를 탈피한 변화의 도움을 받아 이런저런 형태의 자유주의는 이루게 될 것이다.

지리의 복수

다만 중부 유럽과 발칸 지역이 공산주의의 탈을 벗고 변화를 이룬 과정이 아랍권에 비하면 훨씬 수월하게 느껴질 정도로 그 과정은 험난할 것이다. 레반트 지역의 이곳저곳에서 독재 정권들이 무너지고 민주주의가 싹트고는 있으나 문제 해결에는 무능함을 보이는 것도 그 점을 말해준다. 터키와 이란 지도부의 특징이자 어느 정도는 지리의 산물이기도 한 공격적 에너지가 아랍권에서는 수십 년 동안 거의 어느 곳에서도 나타나지 않은 것 또한 아랍권이 최근 획기적인 정치적 과도기로 접어들게 된 또 다른 이유가 된다.

2011년 아랍의 여러 지역을 휩쓴 봉기들이 통신 기술의 힘 및 지리의 패배와 연관이 깊은 것은 사실이다. 그러나 시간이 지나면 튀니지, 리비아, 이집트, 예멘, 시리아, 여타 나라들의 지리는 다시금 중요성을 획득하게 될 것이다. 튀니지와 이집트만 해도 국가의 뿌리를 고대에 둔 유서 깊은 문명국들이고, 리비아와 예멘도 20세기에 국가가 수립되었기 때문에 지리는 다소 막연하지만 지난날에는 트리폴리 주변의 리비아 서부(트리폴리타니아)가 언제나 부유하고 도시적인 카르타고(튀니지) 문명을 지향했다. 벵가지 주변의 리비아 동부(키레나이카)도 이집트의 알렉산드리아 문명을 줄곧 지향했으며, 예멘도 고대부터 계속 풍요롭고 인구가 조밀한 지역이었으나, 다만 다수의 산악 왕국들은 언제나 분리돼 있었다. 이렇게 보면 리비아와 예멘이 튀니지와 이집트에 비해 현대적이고 비폭압적 정부를 수립하기가 한층 어려운 것도 충분히 이해가 가는 일이다.

그러나 분쟁의 다음 국면이 전개될 곳은 그곳들이 아닌, 레반트 지역과 비옥한 초승달 지대다.

이라크는 2003년 미국의 침공을 받은 여파로, 현재 힘겹게 정치 발전을 이루는 과정에 있다. 그리고 그 영향은 필연적으로 아랍권 전역에 미치게 될 것이다. (사우디아라비아에 이어 세계 2위의) 석유 매장국인 데다 인구도 3,100만 명이 넘고, 지리적으로도 수니파와 시아파 세계의 연결부를 이루는 곳에 위치해 있으며, 이란, 시리아, 사우디아라비아와의 사이에서 등거리를 유지하고 있고, 아바스왕조의 옛 수도로서의 역사적, 정치적 중요성을 지니고 있는 등 그렇게 볼 만한 이유는 허다하다. 반면에 이라크는 세 가지 유산으로 인해 고통을 당하고 있기도 하다. 사담 후세인으로 정점을 맞은 반세기에 걸친 가혹한 군부독재 탓에 정치 문화가 왜곡된 것, 최근 몇십 년 동안의 독재 수준을 훨씬 상회할 뿐 아니라 거칠고 의심 많은 국민성을 갖게 한 요인으로도 작용한 고대, 현대의 냉혹하고 폭력적인 역사, 심각한 인종 간, 종파 간 분열이 그것이다.

이라크는 역사적으로 한 번도 홀가분해본 적이 없었다. 이번에도 프레야 스타크의 글을 인용하면 그것은 "이집트가 인간의 교통로와 평행을 달리고 있어 평화를 유지할 수 있었던 반면, 이라크는 초기부터 인간의 예정된 길과 직각을 이루어 분쟁에 휘말리기 쉬운 변경지에 위치해 있었기" 때문이었다. 요컨대 메소포타미아는 인간들끼리 투쟁을 벌이고 그 결과로 비관주의가 싹튼 역사상 가장 피비린내 나는 이주로들 중 하나를 가로지르는 곳에 위치해 있었던 것이다.[11] 그러다보니 이라크는 서쪽의 시리아사막으로부터 공격을 받든, 이란의 고대 왕국인 동쪽의 엘람으로부터 공격을 받든 점령의 희생양이 되기 일쑤였다. 근동의 고대 민족들은 기원전 3000년기부터 메소포타미아의 지배권을 놓고 다투었다. 바빌론을 지배한 아케메네스왕조의 다리우스 대왕과 크세르크세스 대왕이 됐든, 나중에 그 지역을 황폐화시킨 몽골족이 됐든, 1차 대전으로 끝이 난 오스만의 장기 지배가 됐든, 이라크의 역사는 비극적 점령의 역사였다.[12]

이 유형을 조장하듯 메소포타미아는 인구적으로 통합된 나라였던 적이 거의 없었다. 이라크를 관통해 흐르는 티그리스강과 유프라테스강이, 때로는 그곳을 침범한 외국군의 잔재이기도 했던 다양한 집단들이 충돌하고 합치기도 한 오랜 변경지였던 것도 그것을 말해준다. 프랑스 출신의 동양학자 조르주 루[1914~1999년]가 『고대 이라크Ancient Iraq』에 기록한 것처럼, 고대 이후로 메소포타미아의 북부, 남부, 중부 지역에서는 전투가 그칠 날이 없었다. 최초의 도시국가들을 건설한 메소포타미아 남부의 수메르는 메소포타미아 중부의 아카드와 싸웠고, 그 둘은 또 북부의 아시리아와 싸웠으며, 아시리아는 바빌로니아와 전쟁을 벌였다. 그뿐만이 아니었다. 다수의 페르시아인 집단도 토착 메소포타미아인들 속에 섞여 살며 또 다른 분쟁의 씨앗이 되었다.[13] 극도로 억압적인 폭정만이 그 변경지대의 특징인 분열을 막을 수 있었다. 바그다드 출신의 역사학자 아디드 다위샤도 "메소포타미아 지역은 [역사기 내내] 사회질서가 구조적으로 허약했다"고 그것을 뒷받침하는 말을 했다.[14] 그렇다면 20세기의 폭정도 보호벽이 돼줄 경계 없이 인구밀도만 높은 강 유역에서 무리들 간에 싸움을 벌인 그 허약한 질서에서 비롯되었음이 분명하다. 요컨대 붕괴되기 무섭게 고대의 분위기 물씬 풍기는 무질서 속에 수년간 이어진 20세기의 폭정은 궁극적으로 그리고 외관상으로 고대의 허약한 질서에 뿌리를 두고 있다는 말이다.

이라크는 고대 역사 못지않게 근대 역사로부터도 괴롭힘을 당했다. 오스만제국 시대에는 이라크가 제국의 속령들 중에서도 가장 느슨한 통치를 받은 지역들 가운데 하나였다. 모호한 지리적 표현의 또 다른 사례로 부족, 종파, 인종들의 느슨한 집합체에 지나지 않았던 메소포타미아를 투르크가 북에서 남으로 쿠르드족의 모술, 수니파의 바그다드, 시아파의 바스라라는 빌라예트들^{villayets}*로 분리하여 지배한 것이다.[15] 그러다 1차 대전 종전으로 오스만제국이 붕괴한 뒤에는 영국이 이라크를 점령하고, 티그리스강과 유프라테스강 사이의 정치체**를 "조각내는" 과정에서 쿠르드족 분리주의, 시아파 부족주의, 수니파의 자기주장을 뒤섞어 가공할 혼합체를 만들어냈다. 인도를 보호하기 위한 육지–바다 전략^{land-and-sea strategy}의 일환으로 북부의 쿠르디스탄 유전과 남부의 페르시아만 항구를 연결시키기 위해 정상적 방법으로는 진정시키기 어려웠을 인종과 종파적 세력들을 합체시킨 것이다.

2차 대전 뒤에 발생한 아랍 민족주의도 메소포타미아의 분리를 조장하는 역할을 했다. 이라크 군인과 정치인들이 서로 간에 내분을 벌인 탓이다. 마그레브〔지중해에 접한 북아프리카 지역〕에서 메소포타미아까지 뻗어나간 단일 아랍국을 세우는 것이 이라크의 불완전한 정체성을 포용하기에는 최선이라고 본 진영과 어렵게 싸워서라도 통일 이라크를 세워야 하고 그러기 위해서는 지리적으로 불합리해도 종교적 열정을 억눌러야 한다고 믿은 측 간의 대립이었다.

---

* 행정구역의 단위를 뜻하는 말로 아랍어 명칭은 윌라야이다.
** 두 강 사이의 땅을 뜻하는 메소포타미아를 이렇게 표현한 것이다.

아무튼 그런저런 이유로 1921년***이래 봉기도 일어나고 왕궁의 이름으로 반˚독재도 시행되는 등 40여 년간 위태롭고 허약하게 지탱되던 이라크의 민주주의는 1958년 7월 14일에 일어난 군사 쿠데타로 친서방 정권이 무너지면서 갑작스런 종말을 맞고 말았다. 19년 동안 이라크를 통치한 하심가의 파이살 2세 국왕과 가족들은 벽 앞에 줄 세워진 채 총살당하고, 총리인 누리 알(앗) 사이드도 총살되어 매장되었으나 폭도들이 나중에 그의 시체를 무덤에서 파내 불태우고 난도질하는 만행을 저질렀다. 그것은 우발적인 행동이 아니라 이라크의 정치적 삶에 종종 나타나는 특징, 사악하고 무자비한 폭력의 상징이었다. 실제로 하심가 일족의 몰살 행위는 1918년 〔볼셰비키가 행한〕러시아 황제 니콜라이 2세 일가의 몰살 행위와 마찬가지로 향후 수십 년간 자행되고 이라크가 거기서 회복되려면 오랜 시간이 걸릴, 국가에 의한 살해와 고문의 전조라는 점에서 매우 상징적인 범죄 행위였다. 1958년 쿠데타를 일으켜 왕정을 무너뜨린 아브드 알 카림 카심〔압둘 카림 카심〕육군 준장으로부터 시작된 동구권 형태의 폭정, 극단성 면에서 후임 독재자가 선임 독재자를 능가한 폭정의 계보는 사담 후세인에 와서야 끝이 났으니 말이다. 그렇게 하지 않고서는 이질적 집단과 정치 세력이 난무하는 나라를 통합시킬 수 없었던 것이다.

그럼에도 아디드 다위샤에 따르면 "역사적 기억은 선형적이지도 않고 누적적이지도 않기 때문에…… 이라크 역사도 많은 부분 독재로 얼룩지기는 했지만 민주적 희망의 광선이 비치고 있었다".[16] 현

*** 영국의 보호를 받은 이라크 군주국이 세워진 해.

재의 이라크가 원초적 충성의 부담에 짓눌린 독재나 무질서로 되돌아가지 않기 위해 발버둥치고 있는 것에서도 나타나듯, 1921년부터 1958년까지의 이라크도 민주주의의 기능을 분명히 알고 있었다는 얘기다. 게다가 지리는 상이한 해석들을 낳게 하는 특징을 지니고 있기도 하다. 메소포타미아에 인간 분열적 경향이 있다고 해서, 마셜 호지슨도 지적했듯이 그 상황이 전적으로 인위적인 것은 아니고 고대에 토대를 두고 있다는 얘기다. 티그리스강과 유프라테스강이 만들어낸 경작지가 현재 중동의 현저한 인구적, 환경적 사실의 하나가 되고 있는 것도 그것을 말해준다.

그렇지만 21세기의 두 번째 10년기에 등장할 이라크 민주주의는 정치적 암살이 주기적으로 발생하는 불확실하고 부패하며 비능률적이고 상당히 무법적인 것이 될 것이다. 석유로 막대한 부가 창출되고 군대도 미국식으로 훈련되겠지만, 그럼에도 불구하고 민주적 이라크는 최소한 당분간은 허약한 국가가 될 것이라는 말이다. 반목하는 정치인들이 이란과 사우디아라비아 같은 주변국들로부터 재정적, 정치적 지원을 받으려 함에 따라 이라크가 그 나라들의 노리개가 될 개연성도 있다. 규모만 클 뿐 내전으로 얼룩진 1970~1980년대 레바논 같은 상황이 벌어질 수도 있는 것이다. 게다가 이라크에 걸린 이해관계는 레바논과는 비교가 안 될 정도로 크고—권력자들 또한 부정한 방식으로 석유 자산에 접근할 것이기 때문에—내전은 무자비하고 끈질긴 것이 될 것이다. 아랍권의 중심에 있는 친서방 전초기지야 물론 내적으로 강한 이라크를 원하겠지만, 지금으로서는 그런 징후가 보이지 않는다.

반면에 약체화된 이라크가 아랍의 여타 나라들에게는 기회가 될

지리의 복수

수 있다. 자신들이 또 다른 인구 및 천연 자원의 허브로, 아랍권에서 신망과 지도력을 얻을 수 있기 때문이다. 다만 그것이 어느 방면에서 오게 될지는 예단하기 힘들다. 사우디아라비아만 해도 그들이 보유한 막대한 석유 자산에 비해 상대적으로 적은 인구 때문에 본질적으로 소극적이고 우유부단한 경향을 보이고 있다. 게다가 그 적은 인구마저도 튀니지와 이집트에서 혁명을 촉발시킨 무리와 유사한 극단화 경향과 민주주의 열망을 가진 청년층이 다수를 점하고 있다. 아랍권 최대의 인구 보유국인 이집트도 무바라크 이후에 들어서는 정부가 민주적, 비민주적인 것과 관계없이 내적 지배를 공고히 하고, 수단과 에티오피아에 두고 있는 백나일강과 청나일강의 원류와 관계된 인구적 문제를 해결하는 일에 몰두하게 될 것이다(에티오피아는 이집트보다도 많은 8,300만 명의 인구를 보유하고 있고, 수단도 북수단과 남수단을 합쳐 인구가 4,000만 명이 넘기 때문에 21세기에는 물 사용을 둘러싼 다툼이 세 정부 모두에 상당한 부담으로 작용하게 될 것이다). 한편 터키와 이란은 규모가 큰 무슬림 움마[공동체]에 호소하는 방식으로 아랍권의 이런 허약함을 이용하려 들 것이다.

아랍권의 허약함은 미국 침공 이후의 이라크뿐 아니라 시리아에 의해서도 나타날 수 있다. 시리아도 이라크와 마찬가지로 중세와 근대에 아랍권의 중요한 지리적 축을 형성하고 있었기 때문이다. 시리아가 냉전기에 "고동치는 아랍주의의 심장throbbing heart of Arabism"을 자처한 것에서도 그 점이 드러난다.

지난 1998년 나는 북쪽의 흑해, 남서쪽의 지중해, 동쪽과 남동쪽의 산악 요새로 둘러싸이고, 이런 지리적 논리로 민족주의 색채가 강해진 확신에 차고 산업화된 터키 사회를 뒤로한 채, 남동 방면의 토로스산맥을 떠나 소아시아로부터―소나무와 올리브나무들이 듬성듬성한 사이로 석회암 구릉들이 간간이 솟아오른―가파르게 경사진 시리아 평원으로 내려왔다. 이 같은 천혜의 요새 속에서는 이슬람도 민주주의의 범주에 포함돼 있었으나 내가 들어서고 있는 곳은 바트당 이데올로기와 그에 수반된 개인숭배로나 간신히 통합이 유지되는, 어지럽게 뻗어나간 사막에 인위적으로 조성된 영토였다. 그것을 말해주듯 쇼윈도와 자동차 앞 유리들마다 붙은 하페즈 알 아사드 대통령의 사진이 눈앞의 경관을 해치고 있었다. 그곳에서는 지리도 시리아의 운명―혹은 터키의 운명―을 결정하는 요소가 아닌, 출발점에 지나지 않았던 것이다.

반면에 지리와 역사는 그와는 다른 사실, 인구 2,000만 명의 나라 시리아가 앞으로도 계속 아랍권에서 혼란의 진앙지가 될 것임을 알려준다. 시리아 북부의 도시 알레포가 시리아의 수도 다마스쿠스보다 오히려 이라크의 모술 및 바그다드와 역사적 관계가 깊은 교역 도시였던 것도 그것을 말해준다. 다마스쿠스의 운이 기울 때마다 그곳의 중요성을 회복시켜준 곳 또한 알레포였다. 실제로 알레포의 시장들을 거닐다보면 마치 딴 세상인 듯, 다마스쿠스와의 거리감이 느껴진다. 수니파 아랍인들 일색인 다마스쿠스 시장과 달리 알레포 시장들은 쿠르드인, 터키인, 체르케스인, 아랍계 기독교인, 아르메니아인 등 다양한 민족들로 넘쳐나는 것이다. 파키스탄이나 구 유고슬라비아처럼 시리아에서도 종파와 종교는 특정 지역과 연관돼 있다. 알레포와 다마스쿠스 사이에 수니파 색채가 짙은 홈스와 하마가 위치해 있는 것이나, 드루즈파 지역이 다마스쿠스와 요

지리의 복수

르단 국경 사이에 있는 것, 그리고 알라위파 본거지가 레바논에 인접한 산악지대에 있는 것이 좋은 예다. 드루즈파와 알라위파 모두 1,000년 전 시리아를 휩쓴 페르시아와 메소포타미아의 시아파 이주민 물결의 잔재들이다. 1947년, 1949년, 1954년에 실시된 시리아의 자유롭고 공정한 선거 또한 지역, 종파, 인종에 의해 표가 갈림에 따라 분열을 더욱 심화시키는 역할을 했다. 그러다 지난 1970년, 24년 동안 무려 21차례나 정부가 교체된 끝에 하페즈 알 아사드〔1930~2000년〕가 시리아의 정권을 잡았다. 그러나 30년간이나 시리아를 통치한 그도 시민사회 구축에 실패해 나라의 장래를 꼬이게 함으로써 결국 아랍권의 레오니트 브레즈네프가 되고 말았다. 유고슬라비아 붕괴 때는 지식인 계층이 남아 있었으나 시리아에는 그마저 없었던 것으로 아사드 정권의 무능을 미루어 짐작할 수 있다.

냉전기와 탈냉전 초기에 시리아는 허약한 국가적 정체성을 대체하기 위한 수단으로 범아랍주의pan-Arabism를 열렬히 주창했다. 지금의 레바논, 요르단, 이스라엘-팔레스타인이 포함된 오스만 시대의 지리적 표현인 대시리아Greater Syria가 그것과 관련된 개념이고, 그 점에서 현재의 시리아 국경도 매우 불완전한 것이 된다. 프린스턴대학교 교수인 역사학자 필립 K. 히티는 역사상의 대시리아를 유럽, 아시아, 아프리카가 합류하는 곳에서 "문명화된 세계 역사를 축소화된 형태로" 지리에 포함한, 따라서 "크기는 작아도 영향력은 무한대로 큰, 지구상에서 가장 광대한 소형 국가"라고 불렀다.[17] 시리아는 고전 시대에도 스토아학파와 신플라톤학파의 철학자들 같은 걸출한 사상가들을 그리스-로마 세계에 제공해주었고, 무함마드 이후 최초의 아랍 왕조로 세력이 절정에 달했을 때는 로마보다도 광대했던 우마이야제국의 본거지이기도 했다. 그리고 물론 이슬람과 서구가 벌인 역사상의 최대 드라마, 십자군의 무대였던 것도 빼놓을 수 없다.

하지만 근년의 시리아는 이 위대한 지리적, 역사적 유산의 유령에 지나지 않는다. 그 점은 시리아도 뼈저리게 인식하고 있다. 레바논 상실로, 시리아의 문화적 보고에 생명을 불어넣어준 지중해로의 출구를 거지반 봉쇄당한 것만 해도 그렇다. 시리아는 1920년 프랑스에 의해 레바논이 시리아에서 분리된 이래, 그곳을 되찾기 위해 부단한 노력을 기울였다. 그 점에서 2005년 2월 반시리아 성향의 레바논 총리 라피크 하리리가 암살되자 조지 W. 부시 대통령의 요구로 시리아가 레바논 주재 시리아군을 완전 철수한 것은, 시아파 소수 종파인 다마스쿠스 알라위 정권의 정치적 토대를 갉아먹는 큰 손실이었다. 이단적 종파인 알라위 신도들이 시리아와 레바논 양쪽 모두에 분포돼 있기 때문이다. 반면에 다마스쿠스의 알라위 정권이 붕괴하면 북서부 시리아에 알라위 미니 국가가 들어서는 것도 불가능한 일은 아니다.

실제로 시리아는 이라크와 아프가니스탄에 이어, 수니파 지하드 세력의 다음 목표가 될 개연성이 있다. 시리아의 현 대통령 바샤르 알 아사드[1965년~]가 이끄는 정부에 "독재적이고, 세속적이고, 이단적인" 지하드 세력의 적이 존재해 있기 때문이다.[18] 시아파 국가 이란과 가까웠던 시리아의 알라위 정권이 지난 1970년대와 1980년대에 수니파 이슬람주의자 수만 명을 살해한 죄과가 있는 것이다. 게다가 지하드 세력은 이라크에서 지하드를 수행할 때 시리아 전역에 아지트망을 설치해본 전력이 있어 시리아의 병참에도 매우 정통하다. 따라서 아사드 이후, 곧 독재 정권 이후의 시리아 운명이 어떻게 될지는 누구도 알 수 없다. 종파주의가 심각하지 않다 해도 일단 살육이 시작되면 오랫동안 억눌려 있던 종파적 정체성이 되살아날 공산이 있기 때문이다. 그렇지만 아사드 이후의 시리아는 사담 후세인 이후의 이라크보다는 상황이 나을 것이다. 폭정의 정도가 약해서 시리아 사회가 입은 손상도 그만큼 적기 때문이다. 나도 이따금씩 겪은 일이지만, 사담 후세인의 이라크에 있다가 아사드의 시리아로 들어가는 것은 자유로운 인도주의적 나라를 여행하는 기분이 들었다. 반면에 유고슬라비아의 사례에 비춰보면 시리아의 상황도 섣불리 예단할 수만은 없다. 냉전기에는 발칸의 이웃 나라들보다 훨씬 열린 사회였던 유고슬라비아가 냉전이 끝난 뒤에는 인종과 종교적 차이로 그처럼 갈기갈기 찢어졌으니 말이다! 요컨대 시리아의 소수 종파 알라위가 평화를 지킨다고 해서 수니파 지하드 세력도 똑같이 행동하리라는 법은 없는 것이다. 게다가 그들은 알라위파가 40년 장기 집권을 통해 습득한 것과 같은 복잡한 통치 지식도 습득하지 못했기 때문에 무자비하기도 할 것이다.

물론 실제로 일이 그렇게 전개되지는 않을 것이다. 시리아가 평화와 정치적 부활에 필요한 확고한 지리적 기반을 갖추고 있는 것도 그렇게 볼 수 있는 요인이 된다. 이번에도 호지슨을 인용하면, 시리아와 이라크 같은 나라들은 농업적 지형에 뿌리를 두고 있고, 그러므로 전적으로 인위적으로 조성된 곳이 아니기 때문이다. 시리아만 해도 지금의 국경을 갖기 전에는 교역으로만 통합되었을 뿐 다인종, 다종교의 세계를 이루었던 레반트 지역의 중심지였다.[19] 시리아 태생의 시인 알리 아흐마드 사이드(1930년~. 필명은 "아도니스")도 그 예전의 시리아를 윌리엄 맥닐이 역사의 핵심 드라마로 본, 문명의 상호작용이 활발하게 일어난 곳으로 적절히 표현했다. 그는 시리아 동포들을 향해 민족주의를 단념하고, 시리아의 특징인 절충주의와 다양성에 기초해 국가의 정체성을 새롭게 정립할 것을 권고했다. 20세기 초의 베이루트, 알렉산드리아, 스미르나〔지금의 터키 이즈미르〕로 돌아가라는 말이었다. 아도니스도 아사드 부자와 마찬가지로 알라위파 이슬람교를 믿는다. 그런데도 범아랍주의와 경찰국가를 방패 삼아 소수파의 입지를 지키려 하지 않고 세계주의를 채택한 것이다.[20] 같은 맥락에서 그는 〔아랍 국가들이 있는〕 사막을 지향하기보다는 레바논의 상실에도 불구하고 시리아가 여전히 상당한 영토를 보유하고 있는 지중해 쪽을 지향한다. 지중해야말로 견고한 시리아 민주주의의 유일한 관념적 토대가 될 인종적, 종파적 통합을 상징하는 곳이기 때문이다. 시리아의 장래성 면에서는 이렇게 맥닐, 호지슨, 아도니스의 견해가 모두 일치했다.[21]

그것이 지리적 대시리아의 여타 지역—레바논, 요르단, 이스라엘—에서 갖는 의미는 막대하다. 시리아가 민주화된 뒤 지하드 세력이 반란을 일으키든 일으키지 않든 아도니스식의 민주주의가 뿌리내리지 못하면 시리아의 중앙정부가 약화될 것은 불 보듯 뻔하고, 그에 따라 국가도 허약해질 것이라는 점만 해도 그렇다. 14세 이하 인구가 전체 인구의 30퍼센트를 차지할 정도로 시리아의 젊은 층이 불어나는 것도 문제다. 그런 식으로 시리아가 약화되면 베이루트가 대시리아의 문화, 경제적 수도로 부상하는 반면, 다마스쿠스는 소비에트풍으로 수십 년 동안 현대 세계에서 격리돼 있는 것에 대한 대가를 치르게 될 것이다. 한편 베이루트 남부의 친헤즈볼

지리의 복수

라 성향을 지닌 가난한 시아파들은 인구적으로 베이루트의 여타 지역을 계속 잠식해 들어갈 것이고, 다마스쿠스의 수니파 이슬람교도들의 정치적 영향력이 높아짐에 따라 대시리아는 지금보다 지리적으로 한층 불안정한 곳이 될 개연성이 있다.

한편 요르단은 그런 정치적 전개 과정에서도 살아남을 수 있을 것이다. (아사드 부자와 달리) 하심가가 수십 년간 공들여 엘리트들을 통합시켜놓은 덕에 국가 의식이 확립돼 있기 때문이다. 요르단의 수도 암만이, 개각 뒤에도 투옥되거나 살해되는 일 없이 부유하게 살면서 왕가에 지속적으로 충성하는 전임 각료들로 가득 차 있는 것도 그것을 말해준다. 그러나 이번에도 역시 문제가 되는 것은 인구다. 요르단 전체 인구의 70퍼센트가 도시에 거주하고 있고, 요르단강 동안의 토착민보다 출산율이 높은 팔레스타인 난민이 인구의 3분의 1을 차지하고 있는 것이다(픽업트럭과 휴대전화가 낙타를 대체한 것이 오래전 일이다보니 부족 문화가 진화하여, 요르단강 동안의 토착부족과 왕조와의 전통적 관계도 지금은 많이 악화되었다). 게다가 요르단에는 이라크 난민도 75만 명이 머물고 있어, 요르단은 1인당으로 치면 세계 최대의 난민 보유국이기도 하다.

그리하여 논점은 다시 폴 브래큰이 말한 이른바 폐쇄되고 밀폐된 지리, 엘리아스 카네티에 따르면 가난하고 혼잡한 도시 군중이 전자 매체의 자극으로 가일층 흥분하게 될, 폐쇄된 지리의 진실로 되돌아왔다. 우리가 이라크와 아프가니스탄에서 몇십 년간 지속된 폭력에 매몰되어 무관심했던 것뿐, 안정적으로 보인 중동의 다른 지역들도 실상은 매우 불안정했다는 얘기다. 그 무관심의 위험성을 보여준 것이 바로 아랍 국가들의 봉기였다. 게다가 그 봉기는 처음에는 경직된 국가 안보 정권들에 빼앗긴 시민사회와 개인의 존엄에 대한 열망의 표현으로 시작되었으나, 이제는 대중이 분노를 표출하는 방식도 도시화와 전자 통신의 영향을 받아 거칠게 변해갈 것이다. 따라서 알려진 불공정을 성토하는 군중을 어떻게 통제하느냐가 차세대 아랍 지도자들이 직면할 새로운 포스트모던적 강적이 될 것이다.

나는 요르단 국경을 넘어 이스라엘에도 여러 차례 가보았다. 요르단강 계곡이 시리아로부터 모잠비크까지 6,000킬로미터나 뻗어나간 동아프리카 지구대 단층의 일부를 이루고 있어 지형의 기복이 매우 심했기 때문에, 요르단 북부 도시 이르비드의 다갈색 고원에서 서쪽의 요르단강으로 내려가는 여정은 현기증이 날 정도로 드라마틱한 과정의 연속이었다. 때는 1990년대 말엽이었으므로 도로변도 먼지 자욱한 주차장, 엉성한 과일 가판대, 담배를 입에 물고 어슬렁대는 청년들로 장사진을 이루고 있었다. 계곡 아래쪽에는 강변을 따라 띠 모양의 푸른 들판이 조성돼 있었으며, 반대편 이스라엘 쪽에는 산맥이 가파르게 치솟아 있었다. 요르단 국경 검문소와 세관 공터에는 낡은 화물 컨테이너들이 줄지어 서 있었다. 요르단강은 강폭이 좁아 버스를 타면 불과 몇 초 만에 건널 수 있다. 강을 건너니 차선과 분리된 조경 구역이 눈에 들어왔다. 서방 어디서나 흔하게 볼 수 있는 안전지대지만, 요르단과 아랍권 대부분 지역의 황량하고 먼지 쌓인 공공장소들만 접해서인지 그 모습도 신기하게 느껴졌다. 이스라엘의 출입국 관리소도 미국 어디에서나 볼 수 있는 소규모 공항 터미널을 방불케 했다. 미국산 팀버랜드 티셔츠를 권총 찬 바지 틈에 억지로 쑤셔넣은 젊은 안전 요원들의 모습 역시 몇 주간 아랍 세계에 머물다 온 내게는 이채로워 보였다. 출입국 관리소 건너편에도 서구 어디에서나 볼 수 있는 신식 보도, 벤치, 관광 시설들이 늘어서 있었다. 그러나 공공장소는 텅 비어 있었고 사람들도 불친절했다. 실업이 만연한 아랍권과 달리 하릴없이 돌아다니는 사람도 없었다. 노점의 종사자들도 냉랭하고 무뚝뚝했다. 요컨대 그곳에는 중동의 전통적인 환대가 없었다. 1970년대에 이스라엘에서 살았고 그곳에서 군 복무까지 했던 내게도 그런 모습은 낯설었다. 이스라엘은 중동과 너무도 동떨어져 보였다. 하지만 그것이 엄연한 현실이었다.

매스컴에 의해 뭉치기도 하고 격분도 하는 전 이슬람권의 시각에서 볼 때, 팔레스타인인들이 처한 곤경은 인류사에 나타난 토템적 불의의 상징이었다. 그러므로 아랍의 봄의 첫 국면에서 이스라엘의 요르단강 서안 지구 점령이 명백한 요소로 작용하지 않았다고 해서, 그것에 현혹되어서는 안 될 것이다. 따지고 보면 사실들은 얼마간 무의미해지기도 했다. 지각이 전부이며, 그 모든 것의 바탕에는 지리가 있다. 시온주의가 관념의 힘을 보여주고는 있지만, 이스라엘과 팔레스타인 간—터키와 이란의 관점에서는 유대인과 무슬림 간—의 영토 전쟁이 전적으로 지리적 결정론에 관련된 문제인 것만 해도 그렇다.

지난 2005년, 보스턴에서 발행되는 월간 문예 평론지 〈애틀랜틱 The Atlantic〉의 편집장 벤저민 슈워츠는 그 잡지에 실린 '이스라엘은 100세까지 생존할 수 있을까?'라는 제하의 기사에서 이런 말을 했다. "유대인들은 머지않아 그들이 점령하거나 지배하는 요르단강에서 지중해까지의 영토에서 소수파가 될 것이고(일각에서는 이미 그런 현상이 벌어졌다고 추정한다), 몇몇 인구학자들에 따르면 15년 뒤에는 그 지역의 유대인 인구 비율도 전체의 42퍼센트에 지나지 않을 것으로 전망된다." 하지만 그때 이후로 이 추정이나 슈워츠의 냉정한 분석에 영향을 줄 만한 변화는 일어나지 않았다. 점령지의 아랍 구역 출산율이 이스라엘 출산율보다 월등히 높은 것만 해도 그렇다. 가자 지구도 평균적인 여성이 성인기에 갖는 아이가 5명을 넘어, 인구 증가율이 이스라엘의 곱절에 이른다. 급기야 21세기의 첫 10년대에는 이스라엘의 정치, 군사, 정보 분야에서 당장은 아니더라도 시간이 지나면 이스라엘은 점령지의 모든 곳에서 사실상 철수하거나, 아니면 [남아프리카공화국처럼] 인종 분리 정책을 시행하게 될 수도 있다는 전망을 일제히 내놓기에 이르렀다. 그리하여 그 대책으로 나온 것이 바로 인구는 불어나는데 경제적으로 궁핍한 서안 지구 팔레스타인인들을 이스라엘과 격리시키기 위해 "장벽the fense"을 세우는 것이었다. 이스라엘의 지리학자 아르논 소페르는 그 장벽을 "국가 이스라엘을 구하기 위한 최후의 필사적인 시도"라고 이야기했다. 하지만 점령 지구의 그린 라인Green Line*에 접한 유대인 정착촌만 해도, "지나치게 많은 이스라엘인들의 일상에 지나치게 깊이 뿌리박혀 있을 뿐 아니라 없어서는 안 될 요소이기도 하여, 간단히 내쳐버릴 수 있는 존재가 아니다"라고 슈워츠도 썼듯이, 그것은 간단한 문제가 아니었다.[22] 팔레스타인 이데올로기의 기본 원리이자 전제이기도 한 "귀향권right of return", 다시 말해 태

---

* 1967년 3차 중동전쟁 이전의 이스라엘 국경.

지리의 복수

어나자마자 이스라엘에서 추방된 70만 팔레스타인인과 그 자손들, 따라서 지금은 그 수효가 500만 명을 헤아릴 팔레스타인인 난민과 직결된 귀향권도 문제였다. 지난 2001년 팔레스타인 난민의 98.7퍼센트가 귀향권을 다른 것으로 보상받는 안에 거부한 것에서도 그 점이 드러난다. 마지막으로 3차 중동전쟁(1967년) 이전의 이스라엘 국경 내에 거주하고 있는 아랍인들도 고려의 대상이다. 이스라엘의 유대인 인구 증가율이 1.4퍼센트에 지나지 않는 반면 그곳의 아랍인 인구 증가율은 3.4퍼센트에 달하기 때문이다. 중위 연령도 유대인은 34세인 데 반해 아랍인은 14세로 훨씬 낮다.

합리적 세계라면, 이스라엘이 점령지 영토를 돌려주고 정착촌들도 대부분 철거하는 조건으로 팔레스타인은 귀향권을 단념하는 내용의 양자 간 평화협정을 체결하는 희망도 가져볼 수 있을 것이다. 그렇게 되면 대이스라엘은 최소한 경제적인 면에서 서안 지구와 가자 지구뿐 아니라 요르단, 남부 레바논 그리고 다마스쿠스가 포함된 남부 시리아에도 영향을 미치는 지중해 유역의 지역적 자석 역할을 할 수 있을 것이다. 하지만 이 글을 쓰고 있는 시점에는 심리적으로 전보다 더 초연해진 사람이 없는 듯하고, 그러므로 정치적 변화도 없어 이스라엘과 팔레스타인 간 강화가 이루어질 개연성은 없어 보인다. 따라서 지금으로서는 2011년과 2012년 초 아랍권에 일어난 정치적 격변에 이스라엘이 압박을 느껴 영토적 양보를 하는 것만이 유일한 희망이다.

중동은 인간의 상호작용이 치명적으로 일어나는 위태로운 곳이다. 인구밀도가 높은 폐쇄된 지리여서 더욱 그렇다. 통신과 무기 혁명이 일어나는 와중에도 지리는 사라지지 않았다. 사라지기는커녕 더 많은 사람들에게 더 값지고 소중한 존재가 되었다.

그런 세계에서는 보편적 가치도 상황에 따라 달라질 수 있다. 우리는 그저 하심가의 요르단이 살아남고, 아사드 이후의 시리아가 통합되며, 이란 성직자 정부의 독재가 끝나기를 바랄 수 있을 뿐이다. 이란에 민주주의 정부가 들어서는 것이 서방에는 도움이 될 것이다. 그래야만 가자에서 아프가니스탄까지를 아우르는 대이란이 악의 힘이 아닌 선의 힘이 될 것이기 때문이다. 그렇게 되면 중동 전역이 재편되고, 헤즈볼라와 하마스도 무기력해지며, 이스라엘-팔레스타인이 화해할 개연성도 높아질 것이다. 다만 요르단에서는 지금의 비민주적 군주제보다 더 온건하고 친서방적 정권이 들어서길 기대하기는 어려울 것이다. 사우디아라비아의 민주주의도 서방에는 잠재적으로 적이 될 수 있다. 시리아는 민주주의가 점진적으로 발달하는 것이 바람직하다. 2006년과 2007년 이라크에서 일어난 일[종파 분쟁]이 보여주듯, 대시리아의 정치조직도 수니파 지하드 세력에 의해 와해될 수 있기 때문이다.

19세기와 20세기 초 유럽 지도자들은 오스만제국의 와해로 야기된 불안정과 민족주의 분출을 처리하기 위한 일련의 과정을 뜻하는, 이른바 동방 문제Eastern Question에 매몰돼 있었다. 그러다 1차 대전이라는 격변이 일어나 그 문제가 해결되었고, 현대의 아랍 국가 체계도 그것으로부터 탄생했다. 마셜 호지슨이 그토록 설득력 있게 묘사한 오래된 지리적 특징과 인구 집단들로 현대의 아랍 국가 체계가 만들어진 것이다. 그러나 100년이 흐른 지금, 오이쿠메네 중심에 있는 그 탈오스만 국가 체계가 영원히 지속될지는 누구도 알수 없게 되었다.

3부

미국의 운명

15장

브로델, 멕시코 그리고 미국의 대전략

옥스퍼드대학교 교수를 역임한 영국의 역사가 휴 트레버-로퍼〔1914~2003년〕는 1972년 아날학파만큼 역사 연구에 "풍요로운 영향"을 끼친 학파는 없다고 썼다. 아날학파라면 1929년 뤼시앵 페브르와 마르크 블로크가 파리에서 창간한 역사 평론지 〈경제 사회사 연보Annales d'Historire Economique et Sociale〉를 중심으로 모인 일군의 프랑스 역사학자들을 일컫는 말이다.* 그러나 아날학파를 이끌어 간 학자들 중에서도 가장 대표적인 인물은 역시 지리, 인구, 물질주의, 환경에 주안점을 두고 집필하여 역사 서술의 신기원을 이룩한 『펠리페 2세 시대의 지중해와 지중해 세계The Mediterranean and the Mediterranean World in the Age of Philip II』(1949년)의 저자 페르낭 브로델이다.[1] 브로델은 자연을 역사 서술에 편입시킴으로써 역사학에 풍요

---

* 아날Annales은 연보를 뜻한다.

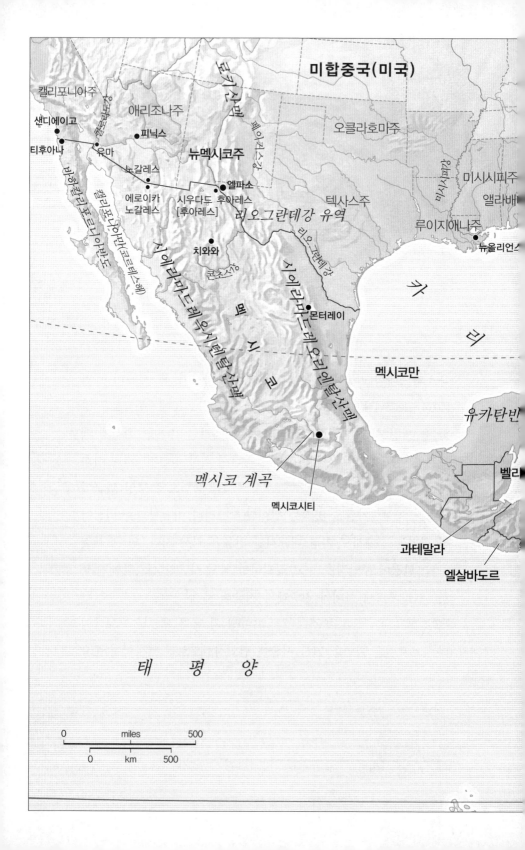

노스캐롤라이나주

사우스캐롤라이나주

조지아주

플로리다주

대　서　양

바하마

북회귀선

대 앤 틸 리 스 제 도

쿠바

케이맨제도

자메이카

아이티

도미니카공화국

푸에르토리코

카　리　브　해

온두라스

니카라과

카리브해

코스타리카

파나마운하

파나마

코르디예라옥시덴탈산맥

코르디예라오리엔탈산맥

야노스(대초원)

베네수엘라

가이아나

콜롬비아

브라질

로움을 더해주었을 뿐 아니라, 학계에서 잃어버린 지리학의 위상을 되찾는 데에도 도움을 주었다. 그보다 놀라운 것은 그가 2권으로 된 이 대작을 2차 대전 중 독일군 포로수용소에 갇혀 있을 때 집필했다는 사실이다. 브로델의 광대한 내러티브 속에서 영원히 불변하는 환경적 힘은 수십 년에서 수백 년 동안 지속되는 역사적 추이를 결정하는 요소가 되고, 그러다보니 우리가 관심을 갖는 정치적 사건과 지역적 전쟁과 같은 일들은 정작, 사소한 일까지는 아니더라도 미리 예정돼 있었던 것 같은 느낌을 받게 된다. 북유럽이 궁극적으로 지중해 유역보다 더 자유롭고 역동적 사회를 만들어낼 수 있었던 요인을 제시한 것도 브로델이었다. 그는 지중해 유역은 땅이 메마르고 불안정하여 관개를 필요로 했고 과두제도 그래서 출현했지만, 북유럽은 비옥한 산림 토양이어서 농부들이 생산성을 높이기 위해 별도의 노력을 기울일 필요가 없었기 때문으로 그것을 설명했다. 그리스와 로마가 해외 정복에 나선 것도 불확실하고 가뭄이 잦은 기후 조건과 더불어 척박한 토질 때문이었다는 것이 그의 논점이다.[2] 간단히 말해 인간이 스스로의 운명을 완전히 통제할 수 있다고 믿는 것은 착각이고, 그러므로 한계를 깊이 깨달을수록 더 많은 힘을 갖게 되어 그 한계 내의 결과에 영향을 미칠 수 있다는 것이 그의 생각이다.

브로델의 지리적 범주에서는 지중해가 거대 사막 사하라에 접한 바다들의 복합체로 분류된다. 그런 식으로 그는 북아프리카를 지중해 연구의 주요 요소로 새롭게 부각시킴으로써 이 시대에 벌어지고 있는 지중해 남부 유역(라틴인들은 돌투성이 산괴에 막혀 그곳에 정착하는 데 대부분 실패했다)에서 북부 유역 기독교권으로의 이슬람권 노동자들의 대량 이주에 대한 전후 맥락을 부여해주었다. 『펠리페 2세 시대의 지중해와 지중해 세계』는 브로델이 에스파냐 군주 펠리페 2세에 역점을 두고 집필한 것이기는 하지만, 난관을 극복하는 개개인의 역사가 아닌, 비개인적이고 깊숙이 내재된 구조적 힘들에 의해 복잡하게 형성된 인간과 인간 사회들의 역사다. 그리고 그 점에서 기후변화가 잦고, 북극해의 온난화로 통상 교통이 열리며, 해수면 상승으로 열대에 속한 제3세계의 혼잡한 연안 국가들이 재앙을 당할 개연성이 있고, 세계 정치가 본질적으로 석유와 여타 필수품의 가용성 여부에 좌우되는 이 시대야말로 지리적 결정론이 함유된 브로델의 서사적 작품을 읽기에는 다시없는 적기라고 하겠다. 실제로 브로델이 지중해 관련 작품을 쓴 것은 물 부족이 심화되고 인구 과밀 현상이 빚어지는 이 지구상에서 식량 부족과 환경 인자에 의한 사건들이 일어나고 있는 시대를 위한 모종의 문학적 맥락을 확립해준 것이나 다름없다.

트레버-로퍼는 "지리학, 사회학, 법률학, 사상을 광범위한 역사의 흐름에 쓸어넣은 뒤 그 흐름에 생명력을 부여하고 자양분을 공급하여 그 흐름을 더욱 힘차게 만든 것"이야말로 브로델과 아날학파의 여타 학자들이 이룩한 성과라고 이야기했다. 그러므로 "교통-통신, 경제, 정치조직을 결정하는 요소도" 결국은 "지리, 기후, 인구"라고 결론지었다.[3] 브로델은 매킨더, 스파이크먼, 머핸과 달리 자신만의 특정한 지정학적 이론을 갖고 있지는 않았다. 그런데도 그들 못지않게 두드러진 업적을 이뤄낸 것이다. 그것은 그가 단순한 지리학자나 전략가 이상의 존재임을 말해준다. 브로델은 자연적 힘이라는 캔버스 위에 인간 존재의 모든 분야를 세밀하게 그려낼 줄 알았던 고도의 서술 능력을 지닌 역사가였다. 지리를 거의 문학의 경지로까지 끌어올린 것도 브로델이었다. 그 점에서 그는 우리가 지금까지 접한 모든 전략적 사상가들의 총합이라고도 할 만하다.

한편 영국의 고고학자 배리 컨리프는 브로델이 "다양한 파장〔사고〕을 가진 시간"의 개념을 정립함으로써 역사 인식 방법 면에서 결정적인 기여를 했다고 주장했다. 시간대의 맨 아래쪽에는 감지하기 어려울 만큼 서서히 변해가는 지리적 시간, 가능성과 구속성을 동시에 지닌 지형들의 시간인 **장기 지속**^{longue durée}이 있고, 그 위에는 브로델이 인구, 경제, 농업, 사회, 정치 분야에 나타나는 체계적 변화를 일컫는 말로 **국면들**^{conjonctures}이라 칭한 "중기적 주기^{medium-term cycles}"가 좀 더 빠른 파장으로 온다고 했다. 컨리프는 주기〔변화, 국면〕에 대해서는 "시간적으로는 보통 1세기를 넘지 않고, 비개인적이며 집합적인 힘"으로 설명했다. 그리하여 이 **장기 지속**과 **국면들**이 합쳐져, 대개는 숨겨진 "기본 구조"를 형성한 채 인간 삶의 배경을 이룬다는 것이었다. 지리를 중시하는 나의 견해도 이 "기본 구조"를 강조한 데서 비롯되었다. 반면에 단기적 주기^{shortest-term cycle}는 신문의 기삿거리밖에 안 되는 정치와 외교의 일상적 변천사, 다시 말해 **사건의 역사**^{l'histoire événmentielle}에 지나지 않았다. 브로델은 이 시간대를 바다에 견주어, 모든 것을 품고 더디게 움직이는 심층 해역, 그 위의 조류가 일어나는 부분, 마지막으로 컨리프의 표현을 빌리면 "일순간 왔다 후다닥 사라지는, 파도가 부서지는" 수면으로 이야기했다.[4]

이것으로도 알 수 있듯 브로델이 분석한 비개인적 시간의 틀에 지정학이 어떤 작용을 하는지 파악하기는 불가능하다. 기후변화와 그것이 특정 지역들에 미치는 영향을 생각하면 더더욱 그렇다. 일이백 년 뒤의 미국과 유럽의 관계를 지금 논해봐야 부질없는 일이라는 얘기다. 아직까지 나타나지 않은 수많은 변수가 도사리고 있기 때문이다. 그 점에서 브로델도 인간의 결점을 초연하고 냉정하게 바라보도록 우리를 도와주는 지침으로 이해하는 것이 바람직하다. 가령 21세기의 첫 10년대에 일어난 일들을 염두에 두고 브로델을 읽으면 필시 이런 질문을 던지게 될 것이다. 이라크와 아프가니스탄에서 일어난 전쟁들은 일순간 왔다 사라지는 파도에 불과할까, 아니면 미국의 운명에 좀 더 깊숙하고 구조적인 어떤 요소로 작동하게 될까? 브로델의 말이 맞는다면, 인류 역사상 전무후무한 폭력이 난무했던 1, 2차 대전도 사건의 역사에 지나지 않는 것일까? 이에 대해 브로델은 인류에 일어나는 일들을 자연적 힘이 가하는 압력에 대비시킨 인물답게 **장기 지속**의 관점으로 생각할 것을 권유했을 것이다.

지난 2009년 6월 워싱턴에서 개최된 신미국안보센터^{CNAS}의 연례회의에서 21세기 미국의 지리와 관련된 나의 연구에 특별한 중요성을 갖는 문제가 제기되었을 때, 내가 주목할 만한 그 회의의 프롤로그로 제시한 것도 브로델이었다. 인간들로 하여금 순간의 집착에서 벗어나 보다 원대하고 장기적인 면을 바라보도록 하는 것이었으니 브로델도 좋아했을 만한 논제였다. 내가 선임연구원으로 있는 신미국안보센터의 당시 연례회의는 대게릴라 활동의 미세 조정에 특별한 주안점을 두고, 아프가니스탄과 파키스탄에서 미국이 취해야 할 다음 단계를 주제로 패널이 토론을 벌이는 방식으로 진행되었다.

그리하여 아프가니스탄-파키스탄 국경지대를 나타내는 워싱턴 외교가의 신조어인 이른바 "아프-팍Af-Pak"을 둘러싼 패널의 토론이 본격적으로 진행되었다. 그런데 패널로 참석한 보스턴대학교 교수 앤드루 바세비치가 이런 황당한 발언을 하는 것이었다. 당시 나는 맨 앞줄에 앉아 그의 말을 듣고 있었다.

어느 역사가가 먼 미래의 관점에서 이 패널을 주시한다면, 아마도 미국이 아프가니스탄과 대중동의 다른 지역에 몰두해 있는 동안 미국 코앞에 있는 남부 국경지대에서는 지구 반대편에서 벌어지는 그 어느 것보다 미국의 가깝고 먼 장래, 미국 사회, 그리고 미국의 힘에 중대한 의미를 갖는 심각한 국가적 위기 상황이 초래되고 있다는 결론에 도달했을 거라는 말이었다. 바세비치는 이어 1980년대 이후에 미국이 중동 문제에 개입해 얻은 것이 무엇인지 묻고는, 따라서 미국은 중동에 개입하기보다는 멕시코 문제를 해결하는 것이 옳았을 거라는 견해를 나타냈다. 이라크와 아프가니스탄에서 쓴 그 모든 돈, 전문 지식, 혁신을 멕시코에 쏟아부었다면 미국은 번영을 구가했을 것이라는 게 그의 주장이었다.

이 문제는 일견 단순해 보이지만 그 안에는 냉전 말기 이후 미국이 취해온 외교정책을 가장 본질적으로 비판한 내용—뒤에 다시 나오겠지만 멕시코를 훌쩍 뛰어넘어 유라시아를 포괄하지만 연원은 북아메리카 지리에 두고 있다—이 포함돼 있다. 내가 논의를 바세비치에서 시작한 것도 특별한 이유가 있어서가 아니라 그가 미 외교정책에 대해 느끼는 좌절감이 특히 심한 데다, 진정성 또한 남다르고 통렬했기 때문이다. 바세비치는 미 육군사관학교(웨스트포인트)를 졸업하고 월남전에 참전한 전력이 있는 인물이다. 그의 아들은 이라크전쟁에서 전사했다. 따라서 그가 논객으로서 자신의 저작들을 통해 미 동부 지역 엘리트들과 그들로 인해 미국이 휩쓸려 들어간 그 모든 형태의 해외 분쟁을 통렬히 비판한 것은 이해가 가는 일이다. 그런데 문제는 그와 생각을 같이하는 또 다른 논객들이 있고, 무엇보다 바세비치도 포함된 그들의 분석이 의식적으로 **사건의 역사**를 넘어 보다 장기적으로 문제를 바라보려는 시도에 기인하고 있다는 점이었다. 브로델의 **장기 지속**이 그 순간 내 마음속에 떠오른 것도 이들의 그런 분석이 진정으로 우려스러웠기 때문이다.

물론 바세비치를 비롯해 스티븐 월트, 존 미어샤이머, 폴 필러, 마크 헬프린, 테드 갈렌 카펜터, 고 새뮤얼 헌팅턴이 모든 경우에서 외교정책 분석의 일인자들은 아니고, 그러므로 그들을 같은 범주에 몰아넣는 것은 다소 무리일 수 있다. 하지만 포괄적인 면에서 보면 그들은 미국의 장기적 외교정책의 방향을 묻는 가장 본질적인 질문을 던졌다는 공통점을 지니고 있기도 하다. 하버드대학교 국제관계학 교수인 스티븐 월트와 시카고대학교 정치학 교수인 존 미어샤이머만 해도 화려한 타이틀에 수반되는 그 모든 명성에도 불구하고, 두 사람의 공동 저작 『이스라엘의 로비와 미국의 외교정책The Israel Lobby and U.S. Foreign Policy』(2007년)*에서 그 분석 그룹에 속한 논객들 모두가 반대한 이라크전쟁을 부추긴 범죄자는 다름 아닌 미국 내 이스라엘 지지자들이라고 주장해 혹독한 비판을 받았던 것이다. 그런가 하면 이스라엘에서 군 복무를 한 전력이 있는 미국의 소설가 겸 저널리스트 마크 헬프린은 앞으로 미국 제1의 군사적 적은 중국

---

* 국내에서는 『이스라엘 로비』(2010년, 형설라이프)라는 제목으로 발간되었다.

이 될 것이라고 확신했다. 미어샤이머의 생각도 그와 같았다. 두 사람 모두 전직 CIA 정보 분석가인 필러 교수와 더불어 중국이 최신 방어 기술을 습득하고 있을 때 미국은 중동의 무의미한 전쟁에 자원을 낭비한 것에 상당히 격앙된 태도를 보였다. 아닌 게 아니라 미국이 아프가니스탄과 파키스탄을 안정화시킨다 해도 그것의 주 수혜자는 중국이 되어, 에너지 및 전략적 광물과 금속을 얻기 위한 방편의 일환으로 그 지역을 관통하는 도로와 파이프라인을 건설할 개연성이 있다. 한편 카토연구소의 부소장 카펜터는, 헌팅턴이 말년에 그랬던 것처럼, 폭력이 만연한 멕시코가 제기하는 위험성에 대해 강력한 경고를 했다. 이들의 생각과 현실주의 외교정책을 지지하는 여타 학자들의 견해를 종합하면, 결국 미국이 세 지역에서 중요한 지정학적 딜레마에 빠져 있다는 결론에 이르게 된다. 무정부 상태에 빠진 중동의 유라시아 심장지대, 공격적으로 부상 중인 초강대국 중국, 커다란 곤경에 처해 있는 멕시코가 그곳들이다. 따라서 중국과 멕시코가 제기하는 도전들에 미국이 가장 효과적으로 대처하기 위해서는 중동에의 군사개입에 신중해야 한다는 것이 이들의 생각이었다. 그것이야말로 앞으로 수십 년간 미국이 힘을 유지하고 **장기 지속**의 일부를 지탱할 수 있는 유일한 길이라는 얘기였다.

물론 그들로서는 그렇게 장기적으로 생각하는 것이 안전하고 또 대가다운 면모를 보이는 일이기도 했을 것이다. 문제는 이들 중의 누구도 가령 아프가니스탄 주둔 미군을 대규모로 갑작스레 철수했을 때 벌어질 일에 대해서는 충분히 고려하지 않았다는 점에 있다. 와지리스탄*의 알카에다에 대한 드론 공격이 성공할 수 있게 해준 정보원이 고갈될 개연성, 아이만 알 자와히리**와 여타 알카에다

지도자들이 알 자지라 방송의 TV 카메라 앞에서 보란듯 잘랄라바드***로 당당히 입성할 수 있는 개연성, 아프가니스탄이 파키스탄 정보부의 보호를 받는 급진적 탈레반 국가가 될 수 있는 개연성, 그로 인해 미국이 21세기에 세계의 중추국이 된 인도의 신뢰를 잃을 개연성, 이란이 비공식적으로 서부 아프가니스탄을 병합할 개연성에 대해서는 이렇다 할 입장을 밝히지 않은 것이다. 폭력이 절정에 달했던 지난 2006년, 만일 미국이 이라크에서 이들 분석가의 일부도 분명히 원했을 철군을 감행했다면 어떤 일이 벌어졌을지에 대해서도 그들은 언급하지 않았다. 그랬다면 발칸을 방불케 하는 종파 분쟁이 일어나, 몇십만 명 정도가 아니라 100만 명의 사망자를 낸 르완다내전 수준으로 사태가 치달아갈 수 있었는데도 말이다. 아닌 게 아니라 그런 언급은, 그런 색다른 결과가 개별적 삶에 미치는 영향을 깨달을 정도의 냉혈한만이 할 수 있었을 것이다. 또한 그런 식으로 갑자기 철군하면 해당 지역에 어떤 일이 벌어졌을지도 알 수 없고, 강대국으로서의 미국의 명성 또한 손상을 입었을 수 있다. 게다가 즉각적 철수는 실행하기도 쉽지 않다. 그래도 상황이 더 나빠지지는 않았을 것이라는 말은 제발 하지 말았으면 좋겠다. 상황은 충분히 나빠질 수 있었으니까.

이라크와 아프가니스탄 주둔군의 갑작스런 철수가 무책임한 행동일 수밖에 없는 것은, 좋든 싫든 그 지역들을 침공하고 군대를 장

---

* 파키스탄 북서 변경 주에 속한 지방.
** 오사마 빈 라덴이 죽은 뒤 알카에다의 일인자가 되었다.
*** 아프가니스탄 동부 낭가하르주의 주도.

기간 주둔시킴으로써 미국은 거기에서 비롯된 결과에 상당한 이해
관계를 갖게 되었기 때문이다. 하지만 단순히 이라크와 아프가니
스탄 사태만 가지고 이 분석가들과 그들에 동조하는 다른 학자들을
판단하는 것은 공정하지 못한 일이다. 그들이 가진 신념의 이면에
는 미국은 애당초 그 나라들 일에 관여하지 말았어야 한다는 감정
의 샘이 숨어 있기 때문이다. 이라크전쟁의 결과가 어떻게 나왔든,
미국과 이라크가 그 전쟁에서 입은 인명 손실은 향후 수십 년간 미
국 외교정책을 논하는 토론회의 단골 메뉴로 끈질기게 등장할 것이
라는 점만 해도 그렇다. 사망자 수는 **사건의 역사**를 넘어서는 문제이
기 때문이다.

　미국이 아프가니스탄과 이라크에서 취할 다음 행보에 대해서도
당연히 그들은 관심이 없었다. 그들은 이번에도 미국이 저지른 실
책의 대가가 무엇일지에 대해서만 자문하면서, 그에 대한 중지를
모았다. 미국이 강대국 위치를 계속 보유할 수 있을지, 고도의 선
택이 요구되는 군대 배치와 비군사적 원조의 관점에서, 유라시아에
서 힘의 균형도 유지하고 앞으로 수십 년에 걸쳐 국경을 넘어오는
멕시코인들로 미국이 들끓지 않게 하려면 어느 곳에 최선의 노력을
경주하는 것이 좋을지를 판단하는 데만 골몰했다. 야쿠프 그리기엘
교수의 말을 빌리면 "지정학적 고립은 전략적 축복이고, 그러므로
팽창주의 전략으로 그것을 헛되게 만들어서는 안 되기 때문이다".[5]

　그렇다면 미국이 이미 낭비한 팽창주의 전략은 어느 정도나 될
까? 워싱턴에 본부를 둔 싱크탱크 뉴아메리카재단의 정책 책임자
마이클 린드는 그 부분에 대해서는 미국이 이라크를 침공하고 아
프가니스탄전쟁을 확대한 것은 어리석었다고 주장하며 바세비치와

견해를 같이했지만, 미국이 그 분쟁들을 감당할 여력이 있었는지에 대해서는 의견을 달리했다. 두 전쟁을 동시에 치른 것을 비롯해 군비 지출이 나라 빚에 끼친 영향은 크지 않았고, 그러므로 미국의 재정 적자 해소에는 오히려 건강보험 비용을 줄이는 것이 미국이 최근에 행한 제국주의 모험보다는 훨씬 중요하다는 얘기였다.[6] 실제로 지난날의 제국들이 저지른 몇몇 실책을 보더라도, 이라크와 아프가니스탄에서의 실패가 미국의 외교정책에 끼친 영향과 21세기에 중동, 중국, 멕시코가 제기할 도전들에 대처해야 할 미국의 역량에 미치는 영향의 관점에서 볼 때 이라크와 아프가니스탄의 실패는 전체적 맥락으로 파악할 필요가 있다.

1449년 명나라 군대가 몽골 원정에서 대패하고 귀환하던 도중 몽골군에 포위당했다. 그로 인해 급수를 차단당한 명나라군은 패닉에 빠졌다. 그리기엘에 따르면, 이때 "많은 명나라 병사들이" 몽골군이 자비를 베풀어줄 것으로 믿고 "무기를 버리고 적진을 향해 달려갔다"가, 50만 명이 도륙당하고 황제〔영종〕도 포로로 사로잡히는 수모를 당했다.* 이 몽골 원정을 계기로 명나라는 기나긴 쇠퇴기로 접어들어, 이후에는 북부 스텝의 몽골군에 대해서도 두 번 다시 대항할 엄두를 내지 못했다. 유럽 국가들이 주변지대로 진입할 수 있었던 것도 알고 보면 중국이 그때를 기점으로 해양적 아시아가 되기를 포기한 데 원인이 있었다.[7]

그러나 이라크전쟁 이후의 미국에는 그러한 파국적 사태가 일어

---

* 토목의 변.

나지 않았다. 전 세계, 특히 동아시아에서의 군사, 경제적 위치도 굳건하여 후퇴는 물론이고 축소의 징후도 나타나지 않았다. 미국이 입은 인명 피해도 사망 5,000명에 중상 3만 2,000명으로, 그 자체만 보면 물론 적지 않은 희생이었지만, 전체 병력이 50만 명이었던 것을 생각하면 압도적 손실은 아니었다. 게다가 미국은 그 덕에 이라크군과 정면 대결을 벌인 현역 군인을 거의 50만 명 보유하게 되었고, 이라크에서 비정규전을 치러본 경험이 있어 훈련 상태도 전보다 좋아졌으며, 종교적 신조도 유연해지고, 지적 능력도 과거 그어느 때보다 많이 향상되었다. 그 점은 해병대도 마찬가지였다.

미국이 설령 이라크와 아프가니스탄에서 중대한 실책을 저질렀다 해도 중세 후기 베네치아가 저지른 실책에는 비할 바가 아니다. 베네치아가 해상 제국을 수립할 수 있었던 데는 동서 지중해 사이의 지리적 요충지에 위치해 있었던 요인이 크지만, 그 못지않게 이탈리아 본토와의 사이에서 보호막이 돼준 수킬로미터의 물길과 해상 침입을 막아준 긴 모래톱도 중요한 역할을 했다. 그런 베네치아가 본토 이탈리아 세력이 되려고 하다가 15세기부터 내리막길을 걷게 되었던 것이다. 베로나, 파도바, 피렌체, 밀라노, 캉브레 동맹과 되풀이해 전쟁을 치르는 과정에서 육지의 "치명적인" 힘의 균형 정치에 휘말려들게 되었고, 그것이 해양세력을 투사해야 하는 베네치아의 역량에 역효과를 낸 결과였다.[8] 미국의 정책 입안자들도 이런 베네치아를 거울삼아, 만에 하나 미국이 지금처럼 대중동의 육지 일에 습관적으로 관여하려고 하면 경고등을 켜야 할 것이다. 그리하여 군사력 사용이 공군력과 해군력에 국한되면 제2의 베네치아가 되는 것은 쉽게 피해갈 수 있을 것이다. 미국을 파멸시킬 수 있는 것은 미국 역사가 33년마다 크게 요동친다는 요상한 계산법이 아니라, 가랑비에 옷 젖게 만드는 소규모 전쟁들의 연속인 까닭이다.

그 점에서 2006~2007년에 최악의 전투가 벌어진 이라크 사태도 1857~1858년에 일어난 인도 반란[세포이 항쟁]과 비교해볼 수 있을 것이다. 인도를 현대화하고 기독교화하여 영국에 가깝게 만들고자 한 영국 권력 조직 내의 복음주의, 공리주의적 개혁 세력이 전통적 인도를 고수하려고 한 동양학자들과 실용주의자들을 누르고, 서구 문명의 열매를 인도 아대륙에 가져다주려다 반제국 봉기에 직면했다는 의미에서다. 나중에 식민지군에 도로 빼앗기기는 했지만 델리, 러크나우, 그 밖의 도시들이 반란군에 포위, 점령되었을 정도로 당시 인도 반란의 기세는 높았다. 그렇다고 그것이 영국제국의 종말을 알리는 전조가 되지는 않아서 영국은 이후에도 100년 동안이나 더 번성했다. 그러나 국제 무역과 기술을 토대로 건설된 평온하고 실용주의적 제국에 복음주의 가치를 강요하려는 욕망으로 점화된, 특정 의도를 가진 지배권으로부터의 이행을 알리는 전조는 되었다.[9]

아프가니스탄과 이라크가 미국의 운명을 결정짓는 요소가 될 수 있는지의 여부는 고대 역사의 사례로도 알아볼 수 있다. 투키디데스의 『펠로폰네소스전쟁사』 6권에 나오는 저 유명한 시칠리아 원정이 그것이다. 아테네가 시라쿠사를 최초로 침략하고, 기원전 413년 시라쿠사해전이 재앙으로 끝날 때까지 걸린 기간 14년만 해도 존 F. 케네디 행정부가 베트남전에 개입하고 사이공이 함락되는 아수라장 속에 제럴드 포드 대통령이 베트남에서 철군할 때까지 걸린 기간과 동일했다. 시칠리아 원정으로 아테네 후방이 분열된 것과 베트남전과 이라크전으로 미국 여론이 갈라진 것도 같았다. 아테네는 비관주의와 자기들끼리 상대방 흠집 내는 일에만 골몰하다 어느 정도 시간이 지나고 나서야 겨우 그동안 잊고 있던 스파르타와의 전쟁을 본격적으로 재개했다. 해상 제국 아테네와 민주주의를 지키는 데 시칠리아는 하등 중요하지 않다는 사실을 뒤늦게 깨달은 결과였다. 많은 것을 잃고 고통을 당했지만 아테네에는 아직 동맹을 이끌어갈 재원도 있었다. 하지만 시칠리아 원정을 기점으로 아테네는 결국 펠로폰네소스전쟁에서 스파르타에 패하고 말았다.

그리스보다 규모가 큰 사례도 있다. 그것을 살펴보는 데는 미국의 군사전략 이론가 에드워드 N. 루트왁이 쓴 『로마제국의 대전략 The Grand Strategy of the Roman Empire: From the First Century A.D. to the Third』(1976년)에 상술된 로마의 쇠퇴 과정이 제격이다. 루트왁은 로마의 전반적 쇠퇴가 아닌, 로마가 사용한 대전략의 관점에서 쇠퇴를 논하는 방법을 채택하고, 그것을 위해 대전략을 세 단계 연표로 구분, 제시했다. 율리우스-클라우디우스 황조 혹은 공화주의 정체를 지닌 제국 시대, 안토니누스황조 시대, [4두 정치체제가 시작된] 디오클레티아누스 황제 시대가 그것이다. 이 가운데 첫 단계인 율리우스-클라우디우스 황조 시대에는 제국의 핵인 이탈리아의 주변 속국들이 로마 권력의 "전체성"에 감명받아, 점령군이 따로 상주하지 않아도 제국에 대한 의무를 성실히 수행했다. 따라서 로마군 병력이 "큰 원"을 그리며 로마 주변에 압도적으로 포진해 있기는 했지만, 군사력이 아닌 외교가 로마의 위세를 나타내는 실효적 힘으로 작용했다. 이렇게 대전략의 첫 단계에서는 로마군 병력이 속국들의 점령이나 영토적 방어에 사용되지 않았고, 따라서 루트왁의 표현을 빌

지리의 복수

리면 "본질적으로 기동성이 좋고 재배치하기도 용이했다". 간단히 말해 이 시기는 로마가 힘을 분별력 있게 사용하고, 병력 절약의 원칙으로 군대를 운용할 수 있었던 제국의 절정기였다. 따라서 우발적 사건이 발생하면 그 즉시 군대를 투입할 수 있는 대응 능력도 갖추고 있었으며, 전 지중해권이 그 사실을 알았기 때문에 모두가 로마를 두려워했다. 이것을 미국 상황에 대입시키면, 캐스퍼 와인버거 국방부 장관 재임 시절 위험을 감수하지 않고도 능력이 있음을 보여주기 위해 군사력을 대폭 증강하기는 했지만 실제로 사용하지는 않은 로널드 레이건 행정부 시대에 비견할 수 있을 것이다. 대전략의 두 번째 단계인 기원후 1세기 중반부터 3세기 중반까지의 안토니누스황조 시대에는 로마가 속국들의 충성을 얻기 위해 모든 지역에 군대 주둔의 필요성을 느낌에 따라 병력 절약의 원칙이 무너지고, 그리하여 루트왁이 제국의 "영토화"라고 부른 일이 진행되었다. 하지만 그런 가운데서도 제국은 번성하여 한동안은 "토착민들이 〔로마에 대해〕 갖고 있던 불만의 마지막 흔적이라도 없애려는 듯" 야만족의 자발적 로마화가 광범위하게 이루어졌다. 반면에 제국의 로마화는 시간이 감에 따라 이질적 부족들을 통합시키는 힘으로도 작용하여, 그들로 하여금 자신들 고유의 문화가 아닌 타 문화에 속해 있다는 공통의 대의로 뭉쳐 로마에 맞서게도 만들었다. 미국의 경우에는 이것이 얼마간 미국화라고도 볼 수 있는 세계화가 도리어 미국의 패권에 도전하는 도구로 사용되는 상황과 비교할 수 있을 것이다. 끝으로 대전략의 세 번째 단계인 디오클레티아누스 황제〔재위 285~305년〕 시대에 들어서면 로마는 이제 국경 지역민들이 로마에 도전할 힘을 갖기 위해 정식으로 연합을 결성함에 따라 군대의 비상 출동이 상시화되고, 국가가 모든 지역을 지키는 "심층 방어defense-in-depth" 전략, 곧 대전략을 구사하는 단계에 접어들게 된다. 따라서 이 시기에는 2단계에서도 보유하고 있던 군사적 대응 능력조차 갖지 못해 로마는 상황이 급박한 지역에만 군단을 주둔시켰고, 그로 인해 로마를 두려워하는 적도 갈수록 줄어들었다.[10]

안타깝지만 미국도 현재 이와 놀랍도록 유사한 상황에 처해 있다. 로마제국이 지중해 연안을 안정화시켰듯 미국도 해군력과 공군력으로 모두의 이익을 위해 전 세계 공유지를 지키고 있는 것만 해도 그렇다. 또한 로마 시대에 그랬던 것처럼 이 역시 당연하게 인식되고 있다. 게다가 지난 몇십 년 동안 미군의 주둔 지역은 지나치게 넓어져, 미 육군과 해병대가 지구 곳곳의 반란을 진압하느라 바쁜 상황이 되었다. 미국도 로마가 대전략의 3단계를 쓸 때와 유사한 상황에 접어든 것이다. 따라서 이제는 2단계나 1단계 정도의 지점으로 되돌아갈 때가 된 것이다. 물론 미국은 로마와 같은 속국을 갖고 있지는 않지만, 동맹국 및 견해를 같이하는 나라들에 감동을 주어 미국의 유효한 세력이 될 수 있는 발판을 마련할 필요는 있는 것이다. 하지만 그 목적은 외교를 적극 활용하고 율리우스-클라우디우스 황조 시대에 로마가 누린 것 같은 군사적 대응 능력을 가질 수 있도록 예비군을 증강하되 사용에 제한을 두는 방식으로도 달성할수 있다. 제국의 긴 지속 기간을 고려하면 대전략도 성공적이었지만, 그럼에도 로마가 서유럽에서 쇠퇴하고 어수선하게 소멸한 것은 현대 유럽 국가들의 밑그림이 된 새로운 민족 집단들의 형성에 적응하지 못했기 때문이다. 로마제국이 소멸의 길로 접어들게 된 결정적 요인은 민족 집단들의 형성에 있었다는 얘기다. 그렇기는 하지만 시기적으로도 너무 일렀고, 소멸된 방식 면으로도 아쉬운 점이 있었다.

대전략의 세 번째 단계에서 로마가 저지른 진정한 실책은 내부로부터 썩어 패권국의 위치에서 품위 있게 퇴장하는 메커니즘을 갖추지 못한 데 있었다. 이것으로도 알 수 있듯 한 국가나 제국이 오래도록 힘을 유지하려면, 패권국의 지위에서 명예롭게 퇴장하기 위한 세밀하고—직관에 반하는—계획을 세워둘 필요가 있다. 같은 맥락에서 미국도 세계가 미국의 쇠퇴를 받아들이도록 사전 대비를 시켜두는 것이 유익하다. 그렇게 하면 미국은 단순히 힘 자체를 즐기기보다는 목적을 위해 노력하게 될 것이다.

그렇다면 미국이 지배 세력으로서의 위치를 오래도록 유지하고 역사로부터도 명예롭게 퇴장하려면 어떤 대비책을 세워야 할까? 비잔티움처럼 희생이 큰 개입은 피하고, 외교력으로 적을 물리치며, 정보 자산을 전략적 용도에 이용하는 것도 방법이 될 수 있다.[11] 그렇게 하면 미국은—바세비치가 제기한 문제로 되돌아와—남부 국경지대에서 로마가 북부 유럽에서 당했던 것과 같은 피해를 입지 않을 수도 있다. 미국은 동서쪽으로는 대양[태평양과 대서양], 북쪽으로는 국경지대에 소수의 중산층만 거주하고 있는 캐나다령 북극 지방과 접하고 있다(이렇게 길고 인위적 국경인데도 문제가 되지 않는다는 점에서 미국-캐나다 국경은 세계의 국경지대들 가운데 가장 이례적인 경우에 속한다[12]). 하지만 남서쪽은 이와 달리 미국의 상태가 취약하다. 지리적 응집 단위로서의 미국의 결합력에 의문이 제기되는 관계로, 미국의 국가적, 제국적 경계가 얼마간 긴장 상태에 놓여 있기 때문이다.[13] 미국과 멕시코의 역사적 경계지는 인도 아대륙의 북서 지역과 흡사하게 광대하고 불분명하다. 게다가 그곳에서는 문명적 긴장감마저 표출되고 있다. 스탠퍼드대학교 역사학 교수인 데이비드 M. 케네디도 "미국과 멕시코 간의 소득 격차는" 미국 GDP가 멕시코 GDP의 아홉 배에 달해, "인접한 두 나라 간의 소득 격차로는 세계 최고"라고 언급했다.[14]

미국의 외교정책은 미국 내 사회 조건으로부터 나온다. 그런데 미국 사회에 앞으로 가장 중요한 영향을 미치게 될 것이 바로 라틴인들의 북부를 향한 극적인 이주의 역사다. 멕시코와 중앙아메리카의 인구적 힘이 점점 강해지고, 미국은 그와 불가분의 관계에 있기 때문이다. 멕시코 인구 1억 1,100만 명과 중앙아메리카 인구 4,000만 명을 합치면 미국 인구의 절반이 된다. 북미자유무역협정NAFTA에 따라 멕시코 수출의 85퍼센트가 미국으로 향하고 있고, 중앙아메리카 무역의 절반이 미국과 진행되는 것도 문제다. 중위 연령이 37세에 달해 인구의 노령화 추세를 보이는 미국과 달리 멕시코는 중위 연령도 25세밖에 안 되고, 중앙아메리카는 그보다 훨씬 낮아 과테말라와 온두라스만 해도 20세에 지나지 않는다. 이렇게 보면 미국의 운명은 19세기의 대륙 확장 이론인 태평양에서 대서양까지(**바다에서 빛나는 바다까지**)와 애국적 신화가 아닌 대륙의 북-남 간 상황에 따라 좌우될 수 있을 것도 같다(파나마운하가 예정대로 2014년에 확장되면 카리브해 연안이 동아시아의 대형 선박들에 개방될 테고, 그에 따라 텍사스주에서 플로리다주까지 미국의 멕시코만 항구도시들의 개발도 촉진될 것이라는 점이 그 개연성을 증폭시킨다).[15]

문제는 미국 남부 국경의 절반이 멕시코-미국 전쟁(1846~1848

지리의 복수

년)의 결과 체결된 조약〔과달루페-이달고 조약〕에 따라 사막에 그어진 인위적 경계선이라는 데 있다. 언젠가 나도 멕시코시티에서 버스를 타고 북쪽으로 갈 때 그 국경을 넘어본 적이 있다. 그리고 그 과정에서 요르단-이스라엘 국경과 베를린장벽을 넘을 때와 별반 다르지 않은 충격을 받았다. 멕시코 북부 소노라주의 통관항인 에로이카노갈레스의 부서진 보도에서 나는 걸인들에 둘러싸인 채 국경을 표시하는 미국 국기를 바라보았다. 보행자 검문소는 애리조나주 노갈레스의 조그만 건물 안에 있었다. 그런데 그 검문소의 문손잡이를 건드렸을 뿐인데 나는 어느새 새로운 물리적 세계에 들어와 있었다. 멕시코에서 몇 주 동안 엉성하게 지어진 건물들만 보아서인지 고품질 금속으로 만든 견고한 문손잡이, 깨끗한 유리, 아귀가 정확히 들어맞게 깔린 방 안의 세라믹 타일도 내게는 신선하게 느껴졌다. 출입국 사무소에도 이민국 직원과 세관 직원, 그렇게 단 두 명밖에 없었으나 그들은 서로 간에 대화를 나누는 일조차 없었다. 멕시코나 제3세계에서 그 정도 크기의 방이면 커피나 차를 마시며 왁자지껄 떠드는 관리와 객들로 노상 북적였을 텐데 말이다. 창밖의 차도를 바라보니 그곳에도 주둔병은 많지 않으나 매우 효율적으로 돌아가는 국경 초소가 있었다. 머지않아 나는 녹슨 금속과 싸구려 플라스틱이 아닌 고급 폴리머로 만든 상점 로고와 텅 빈 거리들이 있고, 완벽하게 규격화된 곳이지만 그 못지않게 차갑고 이질적인 환경 속으로 들어왔다. 1억 명이 넘는 멕시코인들이 빚어내는 소란과 반무정부 상태를 겪고 난 내게는 그런 적막한 거리들이 다소 취약해 보이는 것은 물론 부자연스러워 보이기까지 했다. 아널드 토인비가 야만족과 로마에 대해 언급한 대목에서, 고도로 발달한 사회와 후진 사회를 가르는 국경지대가 "발전을 멈추면, 저울이 평형상태를 유지하는 것이 아니라 시간이 가면서 점차 후진적 사회에 유리한 방향으로 기울어진다"고 쓴 것이 연상되는 장면이었다.[16]

멕시코 인구는 1940년 이래 다섯 배 넘게 늘어났다. 1970년과 1995년 사이에 늘어난 인구가 곱절에 이르는 데다, 1985년과 2000년 사이에도 3분의 1이 넘게 늘어났다. 멕시코의 현재 인구는 미국 인구의 3분의 1이 넘는 1억 1,100만 명에 달하고, 증가 속도도 미국보다 빠르다. 그런데도 멕시코에 대한 미 동부 엘리트들의 관심은 상대적으로 저조하다. 멕시코와 국경을 접하고 있는 캘리포니아, 애리조나, 뉴멕시코, 텍사스주와 멕시코 간에 일어나는 일상적 도전, 사건, 거래, 문화적 상호작용은 먼 산 바라보듯 하면서 보다 넓은 세계, 미국이 그 세계에서 차지하는 위치에만 주의를 기울이는 것이다. 실제로 그들의 머릿속에서 멕시코가 차지하는 비중은 이스라엘이나 중국, 심지어 인도보다도 낮다. 이들 중의 그 어느 나라보다 멕시코가 미국의 운명에 큰 영향을 미칠 수 있는데도 말이다. 멕시코야말로 미국 및 캐나다와 더불어 매킨더의 세계 섬 주변을 선회하는 가장 중요한 대륙적 인공위성인 것이다.

멕시코 계곡에는 고대 아스텍 문명의 두 베네치아, 테노치티틀란과 틀라텔로코가 세워졌던 큰 호수가 있었다. 지금은 그 호수 터에 멕시코시티가 들어서 있다. 신세계의 나일강 계곡, 역사학자 헨리 뱀포드 팍스의 표현을 빌리면 남북아메리카 모두에 "문명의 자궁"이 된 곳이었다. 두 대륙에 옥수수 재배법을 전파해준 곳도 그곳이었다. 대서양과 태평양 사이에 위치해 있고 중앙아메리카와 더불어 서반구의 두 대륙을 이어주는 멕시코 계곡과 거기서 발전돼 나온 멕시코는 이렇듯 위대한 문명의 핵심지들 중 하나를 형성하고 있다.[17]

그러나 멕시코는 지리적으로 통합돼 있지 않다는 점에서 이집트와는 다르다. 험준한 중앙 고원 양쪽에 멕시코의 대산계인 시에라마드레옥시덴탈산맥과 시에라마드레오리엔탈산맥이 위치해 있는 것만 해도 그렇다. 멕시코 남부에도 시에라마드레델수르산맥, 시에라마드레데오악사카산맥 등등 대륙을 가로지르는 또 다른 산맥들이 있다. 멕시코는 산맥들을 평평하게 펴면 아시아만 한 크기가 될 정도로 국토의 상당 부분이 산악지대로 이루어져 있다. 유카탄반도와 바하칼리포르니아반도 또한 멕시코의 여타 지역과 분리돼 있어 영토 통합을 가로막는 요인이 된다. 이것이야말로 공표되지 않았고, 대부분 보도되지 않았으며, 미국 남서부와 명백히 통합돼 있고, 그러므로 멕시코의 여타 지역과는 분리된, 멕시코 북부 지역에서 현재 진행되고 있는 현실이다.

멕시코 북부 지역은 인구도 1994년 북미자유무역협정이 체결된 이후 곱절 이상 증가했다. 게다가 멕시코시티로 가는 길목에 위치한 남쪽의 쿨리아칸까지의 지역에서는 이제 미국 달러가 공통 화폐로 사용되기도 한다. 마킬라도라maquiladora(무관세로 들여와 멕시코 공장들에서 조립되어 수출되는 제품)의 87퍼센트, 미국-멕시코 간 무역의 85퍼센트를 차지하는 물건도 북부 지역에서 만들어진다. 멕시코 최대 도시들 가운데 하나인 북동부의 몬터레이도 텍사스주의 금융, 제조, 에너지 산업과 밀접하게 연관돼 있다. 전직 해병대 출신으로 지금은 미국 세관에서 일하고 있으며, 멕시코 북부 지역을 폭넓게 연구하고 멕시코의 6개 국경 주들도 두루 섭렵한 데이비드 다넬로에 따르면, 그곳 사람들은 모두 미국과 이런저런 식으로 하나 이상의 관련을 맺고 있다. 다넬로는 "멕시코 북부에는 국경지대의 노르테뇨들norteños이 스스로를 멕시코시티의 (도회지인들인) 칠랑고들chilangos과 정반대로 인식하는 문화적 양극성도 존재하고 있다"고 말했다. 그렇다고 북부 지역이 지리적으로 통합돼 있는 것도 아니다. 전반적으로 안정된 서쪽의 소노라 지역은 저지대와 사막지대로 이루어져 있는 반면, 동쪽의 리오그란데강 유역은 멕시코 북부에서 가장 발달되고 미국과도—문화, 경제, 수문학적으로—상호 연결되어 NAFTA의 혜택을 가장 많이 보는 지역인 것이다.[18] 그리고 그 중앙에는 무법천지나 다름없는 산지와 스텝이 자리해 있다. 총격전과 연쇄 살인이 난무하는 텍사스주 엘파소 맞은편의 국경도시 시우다드후아레스가 대표적인 예다. 2010년 초의 단 몇 달 동안 시우다드후아레스에서 살해된 사람만도 700명에 달한다. 2009년에도 인구 120만 명의 도시에서 2,600명이 죽고, 20만 명 이상이 도망쳤을 정도로 그곳은 그야말로 멕시코의 살인 수도다.[19] 시우다드후아레스가 속한 치와와주의 살인율도 인구 10만 명당 143명으로, 서반구 최악의 지역들 중 하나로 꼽힌다. 멕시코 북부 산지와 스텝은 예나 지금이나 마약 카르텔, 메노파교도, 야키족 인디언Yaqui Indian 등 멕시코 부족들의 본거지였다. 거친 변경이어서 에스파냐인들도 길들이는 데 어려움을 겪었다. 1880년대에는 제로니모와 그의 아파치족도 그곳을 은신처로 이용했다. 중국 공산주의자들이 거점으로 이용한 산시성, 쿠바 혁명대원들이 은신한 마에스트라산맥, 알카에다와 탈레반이 활동한 와지리스탄 등 반도들에게 피난처를 제공해준 또 다른 외딴 고지들도 생각해볼 수 있다.[20] 멕시코의 마약 카르텔

지리의 복수

은 바로 이런 지리적 전통에서 비롯된 것이었다.

마약과 관련된 살인이 멕시코의 32개 주 가운데 북부의 6개 주에서 집중적으로 일어났다는 사실도 북부와 여타 지역 간의 이질성을 나타내는 또 다른 징표가 된다(동해안 도시 베라크루스와 중서부의 미초아칸 및 게레로주의 폭력도 주목할 만한 현상이기는 하지만 말이다). 그래서 말이지만 보수주의자인 필리페 칼데론 대통령이 지난 2006년부터 군대까지 동원하여 마약 카르텔에 대규모 공세를 펴는 계획이 실패로 돌아가 멕시코시티가 다시금 마약 카르텔과 협상하는 쪽으로 선회하는 경우, 멕시코는 기능적인 면에서 북부 지역에 대한 통제력을 상실하게 될 테고, 그것이 미국에 미치는 여파 또한 상당할 것이다. 멕시코가 1개의 특별구가 포함된 32개 주와 1,500개 이상의 자치 경찰청을 가진 연방국이라는 사실도 개혁을 어렵게 하는 요인이 된다. 미국 마약단속국 국장을 지낸 로버트 C. 보너가 만일 [마약 카르텔과의 전쟁에서] 갱단이 이긴다면 "미국은 중남미의 안정을 위협하는 강력한 초국가적 마약 카르텔의 통제를 받는 마약 국가와 3,200킬로미터 길이의 국경을 공유하게 될 것"이라고 쓴 것에도 그 점이 드러난다.[21]

비상한 통찰력으로 명성을 얻은 새뮤얼 헌팅턴도, 멕시코가 미국에 제기한 도전을 주제로 한 『우리는 누구인가?Who are We? The Challenges to America's National Identity』(2004년)*를 자신의 마지막 저서로 집필했다.[22] 헌팅턴은 이 책에서 라틴아메리카 역사가 인구적으로 북쪽으로 이동하고 있으며, 그것이 미국의 특성을 바꿔놓게 될 것

---

* 국내에서는 『새뮤얼 헌팅턴의 미국』(2004년, 김영사)이라는 제목으로 발간되었다.

이라고 단언했다.[23]

미국이 이민자들의 나라라는 주장에 대해서도 그는 완전한 진실이 아닌 부분적 진실이라는 견해를 나타냈다. 미국은 미국 사회의 철학적, 문화적 등뼈가 돼준 앵글로-신교도 정착민들과 이민자들의 나라라는 말이었다. 헌팅턴은 이민자들이 미국인이 되려면 앵글로-신교도 문화를 받아들여야 된다고도 주장했다. 그러면서 최초의 미국 정착민들이 프랑스, 에스파냐, 포르투갈계 가톨릭교도가 아닌 앵글로-신교도들이기 때문이라는 점을 그 이유로 들었다. 미국인은 태어날 때부터 신교도고, 그러므로 따로 신교도가 될 필요가 없으며, 미국의 고전적 자유주의도 그 사실에서 비롯되었다는 것이다. 헌팅턴은 저항, 개인주의, 공화주의도 궁극적으로는 프로테스탄티즘에서 나온 것이라고 주장했다. "미국의 신조가 신 없는 개신교라면, 미국의 공민 종교는 그리스도 없는 기독교"라고 말한 것에서도 그 점이 드러난다. 그는 미국의 신조가 계몽되기 이전의 라틴아메리카계 가톨릭 집단들의 진출로 알게 모르게 무너질 수 있다고도 보았다.[24] 그는 이렇게 썼다.

> 멕시코인들의 이주는 미국이 1830~1840년대에 무력으로 빼앗은 지역들에 대한 인구적 레콩키스타reconquista[영토 회복 운동]가 되어, 플로리다 남부에서 일어난 쿠바화와 다르면서도 또 유사한 방식으로 그곳들을 멕시코화하는 방향으로 나아가고 있다. 게다가 그것은 멕시코-미국 국경도 흐릿하게 만들어 매우 색다른 문화를 창출해내기도 한다.[25]

보스턴대학교의 피터 스케리 교수는, 미국인들이 다양성을 옹호한다지만 "오늘날의 이주 물결에는 역사상 유례없이 다양성이 적어지는" 현상이 나타난다는 점에서도 헌팅턴의 "놀랄 만큼 독창적이고 논쟁적인" 통찰력의 일면이 엿보인다고 썼다. 그러면서 물론 "비라틴계 이주민들의 다양성은 그 어느 때보다 높아졌다. 하지만 이주민 인구의 50퍼센트를 라틴아메리카인들이 차지하여 전체적으로는 다양성이 크게 낮아졌고, 헌팅턴에 따르면 이 같은 다양성의 감소가 이주민이 〔기존 문화에〕 동화될 개연성을 줄인다"고도 말했다.[26] 데이비드 케네디도 "지난날에는 이주민의 인종과 출신지가 다양하여" 기존 문화로의 동화 과정이 순조로웠으나, "지금은 〔기존 문화에 동화되기보다는〕 단일한 문화, 언어, 종교, 국가적 원천〔멕시코〕을 가진 이주민들이 특정 지역으로 대거 흘러들고 있다……분명한 것은 현재 미국 남서부 지역에서는 과거에는 경험하지 못했던 일들이 벌어지고 있다는 것이다"라고 그것과 맥락을 같이하는 글을 썼다.[27] 아닌 게 아니라 2050년 무렵에는 에스파냐어를 쓰는 미국인이 전체 인구의 3분의 1에 달할 수도 있다.[28]

그리고 이 모든 주장들의 중심에는 바로 지리가 있다. 헌팅턴은 이렇게 썼다. "미국 역사상, 미국 영토에 역사적 주장을 하거나 할 수 있는 이주민 집단은 없었다. 그런데 멕시코인과 멕시코계 미국인들은 그 주장을 할 수도 있고, 또 실제로 하고 있기도 한다." 지금의 텍사스, 뉴멕시코, 애리조나, 캘리포니아, 네바다, 유타주의 대부분 지역이 텍사스독립전쟁(1835~1836년)과 멕시코-미국 전쟁(1846~1848년)이 일어나기 전에는 멕시코의 영토였던 것이다. 멕시코는 미국이 타국을 침략해 그 수도〔멕시코시티〕를 점령하고 그 영토의 상당 부분을 병합한 유일한 나라다. 스케리도 지적했듯이,

멕시코인들이 미국에 들어와 한때는 그들 조국에 속했던 지역들에 정착하고, 그리하여 다른 나라 이주민들에는 없는 "일종의 고향 의식을 갖는" 것도 그래서였다. 멕시코계 미국인들이 3세대를 넘어서까지 다른 나라 출신 이주민들보다 모국어 구사 능력이 월등한 것도 히스패닉계 공동체가 지리적으로 밀집되어 있기 때문이며, 이는 텍사스독립전쟁과 멕시코-미국 전쟁에 대한 인구적 부정否定을 드러내는 것이다. 멕시코인들이 귀화하는 비율도 미국의 모든 이주민 집단을 통틀어 최하위에 속한다. 새뮤얼 헌팅턴이 민족을 "기억된 집단", 다시 말해 역사적 기억을 보유한 집단이라고 말했듯, 실제로 다른 나라의 히스패닉계를 포함하지 않아도 미국 인구의 12.5퍼센트를 차지하는 멕시코계 미국인들은 멕시코에 접한 남서부 지역으로 모여듦으로써 미국 역사상 처음으로 역사의 기억을 바로잡아 가고 있는 중이다.[29]

뉴멕시코대학교 역사학과의 찰스 트루실로 교수는 심지어 2080년 무렵에는 미국 남서부 주들과 멕시코 북부 주들이 합쳐져 "북부공화국La República del Norte"이라는 신생국이 탄생할 것이라고 전망하기도 했다. 그 전망을 뒷받침하듯 2000년 무렵 멕시코와 접경한 미국 주들의 주요 도시 12곳 가운데 히스패닉 인구 점유율이 90퍼센트 이상인 곳은 무려 6곳이나 되고, 히스패닉 인구 점유율이 50퍼센트 미만인 곳은 단 두 도시(캘리포니아주의 샌디에이고와 애리조나주의 유마)에 지나지 않았다.[30]

미국 남서부 국경의 경계가 불분명해지는 이런 상황은 국경의 안전장치들로도 간단히 해결할 수 없는 지리적 현실이 되고 있다. 그러나 학계나 언론계의 다른 인사들이 체면 때문에 건드리지 못하는 미국의 본질적 딜레마를 꺼내 폭로한 헌팅턴의 용기는 높이 사지만 그렇다고 내가 그의 결론에도 전적으로 동의하는 것은 아니다. 미국 사회의 부분적 라틴아메리카화에 맞서 앵글로-신교도 문화를 지켜낼 수 있는 길은 미국 민족주의뿐이라는 점에 그가 확신을 갖고 있었던 것만 해도 그렇다. 내가 보기에는 지리가 미래를 결정하는 요소까지는 못 되겠지만 성취 가능한 것과 가능하지 않은 것의 지표 정도는 제공해줄 수 있을 것으로 생각되기 때문이다. 지리, 역사, 인구적인 면에서 미국과 멕시코가 맺고 있는 유기적 연관성을 고려하면, 헌팅턴의 바람대로 과연 미국 민족주의가 끝까지 순수함을 유지할 수 있을지도 의문이다. 헌팅턴은 또 세계주의(와 제국주의)를 엘리트들의 관점이라며 경멸했지만, 그렇더라도 세계주의는 얼마간 필요하고, 따라서 마냥 비난할 것은 아니라는 것이 나의 생각이다.

내가 볼 때 21세기를 거치는 동안 미국에서는 대서양에서 태평양까지 뻗어나간 온대의 피부색 옅은 인종이 사는 섬, 다시 말해 대륙의 동-서 축이 아닌 캐나다에서 멕시코까지 대륙의 북-남 축이 기준이 된, 메스티소-폴리네시아 문명*이 등장할 개연성이 있다. 이런 다인종 집단이 태평양 북서부의 캐스케디아가 됐든 네브래스카 주의 오마하와 링컨이 됐든, 시각적으로 모습이 차츰 닮아가는 방만한 근교 도시 국가들의 하나를 형성한 채, 기술이 거리를 파괴시킴에 따라 전 세계 도시들 및 교역망과 돈독한 경제 관계를 유지할

---

* 메스티소는 라틴아메리카의 토착 인디언과 유럽인의 혼혈 인종이며, 메스티소-폴리네시아 문명은 다시 말해 캐나다-미국-멕시코의 다인종 혼합 문명을 의미한다.

것이다. 그리하여 미국은 상거래 면에서 세계 유수의 면세 지역, 글로벌 엘리트들이 선호하는 주거 지역이 될 것이다. 또한 로마의 전통에 따라 미국은 세계 최고의 인재들을 끌어모으기 위해 이민법도 계속 가동할 것이고, 헌팅턴이 두려워했던 멕시코인들에게 편중된 이민 인구의 다변화도 꾀하게 될 것이다. 그렇게 되면 민족주의는 필연적으로 약화되겠지만, 그렇다고 미국 고유의 정체성이 파괴되거나 미국 군부가 손상을 입을 정도로까지 약화되지는 않을 것이다. 이것이 뜻하는 바는 결국 미국도 이제 더는 대서양과 태평양으로 보호되는 섬이 아니고, 따라서 기술뿐 아니라 멕시코와 중앙아메리카의 인구가 가하는 압박에 의해서도 세계 여타 지역과 밀접해질 수밖에 없다는 얘기다.

다만 이 관점에는 멕시코가 실패한 국가가 아니라 성공한 국가여야 한다는 선결 조건이 따라 붙는다. 칼데론과 그의 후임 대통령들이 마약 카르텔을 척결(두말할 나위 없이 힘겨운 과업이다)할 수 있을 때만 미국은 중동에서 거둘 수 있는 그 어떤 것보다 전략적으로 큰 성공을 거둘 수 있다는 말이다. 미국이 안정적이고 번영하는 멕시코와 유기적 협조 관계를 유지한다면 무적의 조합을 이룰 수 있을 것이기 때문이다. 마약 척결 이후의 멕시코가 안정화되어 친미적인 콜롬비아(이제는 거의 현실이 되었다)와 연합할 개연성 또한, 두 나라 인구를 합치면 서반구 최대, 개별적으로도 3, 4위를 차지하게 되어 라틴아메리카와 대카리브해에 대한 미국의 지속적 지배를 수월하게 해줄 것이다. 멕시코 문제 해결이 아프가니스탄 문제 해결보다 중요하다고 본 바세비치의 관점은 이 점에서 옳았다.

그러나 바세비치가 주장하듯 대중동의 문제에 전념하느라 미국

　　　　　　　　　　　지리의 복수

이 소홀히 다룬 멕시코는 아쉽게도 파국을 맞을 개연성이 있다. 그리고 그 상태가 계속되면 합법적 이주는 물론이고 특히 불법적 이주가 늘어나 헌팅턴이 우려한 시나리오가 현실이 될 수 있다. 칼데론 대통령이 2006년부터 전개하고 있는 마약 조직 두목들과의 전쟁에서 목숨을 잃은 사람이 2010년 전반기에만 4,000명에 달하는 등 무려 4만 7,000명이나 되는 것도 그렇게 볼 수 있는 요인이 된다. 게다가 마약 카르텔들은 이제 복잡한 함정을 파고 탈출로를 봉쇄하는 등 군대식 공격까지 구사하는 지경이 되었다. 멕시코 보안전문가 하비에르 크루스 앙굴로도 "그들은 군사적 병법을 사용합니다. 조직범죄에서 쓰는 평범한 전략의 단계를 넘어선 거죠"라고 그에 부합하는 결론을 내렸다. 방어와 외교정책 전문가인 카토연구소 부소장 테드 갈렌 카펜터도 "그런 추세가 계속되면 국가로서의 멕시코의 건전성이 크게 위협받을 뿐 아니라, 생존력마저 위태로워질 수 있다"고 썼다. 마약 카르텔이 멕시코 경찰이 사용하는 것보다는 대체적으로 우수하고 멕시코 군대가 사용하는 것에 비견될 정도의 성능 좋은 무기류를 보유하고 있는 것도 문제다. 마약 갱단이 군대식 병법에 더해 우수한 무기까지 소지함으로써, 카펜터의 말을 빌리면, "단순한 범죄 조직을 넘어 골치 아픈 반군이" 될 수도 있기 때문이다. 멕시코의 상황은 유엔평화유지군이 시우다드후아레스나 티후아나보다는 폭력의 정도가 덜한 곳들에 배치되고, 경찰관과 지역 정치인들도 암살될 것이 두려워 갖고 있던 보직을 내놓는 것으로도 짐작할 수 있다. 멕시코의 기업인과 정치 엘리트들도 나라 밖으로 가족들을 내보내고 있으며, 중산층과 중상류층의 미국으로의 탈출도 꾸준히 이어지고 있다.[31]

멕시코는 이렇듯 지금 기로에 봉착해 있다. 마약 카르텔을 잡는 초기 국면에 있는지, 더 깊은 혼란 속으로 빠져들고 있는지, 그도 저도 아닌 상황에 있는지 오리무중인 것이다. 멕시코의 미래가 이처럼 위태로운 상황에 처해 있기 때문에 미국의 역할은 더욱더 중요해질 수밖에 없다. 그런데도 미국의 안보 조직은 멕시코에서 이런 일이 벌어지고 있을 때, 지구 반대편의 부패와 불안정으로 악명 높은 지역들 일에만 골몰해 있었던 것이다. 이라크에 대한 개입은 2011년으로 끝났지만, 아프가니스탄의 경우에는 적어도 2014년까지 미국의 개입이 계속될 전망이다.

두 지역과 달리 멕시코 국경지대에 대한 미국의 군사적 개입은 제법 성공적이었다. 멕시코와의 근접성도 인구적으로는 미국에 위협이 되지만, 국경을 통제하는 면에서는 병참적으로 이득이 된다. 데이비드 다넬로가 지적했듯이, 19세기와 20세기에 미국-멕시코 국경지대의 산적단을 진압하는 데도 양국 간 공조는 큰 역할을 했다. 포르피리오 디아스 멕시코 대통령과 미국 대통령들이 1881~1910년 국경 순찰대를 합동으로 운영한 것이다. 멕시코 루랄레스^{rurales}[지방경찰 조직]와 텍사스 순찰대^{Texas Rangers}가 함께 코만치족을 추격하고, 애리조나주에서는 멕시코 군인과 미국 군인 들이 아파치족을 상대로 공동 군사행동을 전개했다. 지금도 시우다드 후아레스에서 남쪽으로 내려가, 산맥과 스텝으로 이루어진 외지고 험준한 지형에서 마약 카르텔을 소탕하는 일은 군대의 일이 되고 있지만, 멕시코 당국을 은밀히 돕는 정도에 그치고 있다. 19세기에 제정된 미국의 포세 코미타투스^{posse comitatus}[민병대 제도] 법을 엄격히 적용한 것도 일부 요인으로 작용하여, 그런 협력을 제공할 수 있는 법적 기틀이 마련돼 있지 않기 때문이다.[32] 미국은 이렇듯 유라시아의 역사적 결과에 영향을 미치는 일에는 수천억 달러를 펑펑 쓰면서도, 긴 국경을 접하고 있고, 혼란 직전에 있으며, 이라크와 아프가니스탄을 합친 것의 곱절에 달하는 인구를 가진 나라에서 벌어지는 일에는 이상하리만치 수동적 태도를 보이고 있다.

물론 혹자는 국경 통제는 간단히 해결될 일이 아니라는 점을 들어, 기능적이고 민족주의적인 미국과 기능장애를 일으키고 얼마간 무정부적이기도 한 멕시코가 공존할 수도 있으리라는 주장을 펼 수 있을 것이다. 하지만 그것은 단기적으로는 옳을지 몰라도 장기적으로는 그릇된 판단이다. 보다 폭넓은 관점에서 21세기와 그 이후 시대를 고려하면 앞서 인용한 토인비의 지적처럼 선진 사회와 후진 사회 사이의 국경이 평형상태를 유지하지 못하고 후자에 유리한 방향으로 기울기 때문이다. 요컨대 미국은 멕시코가 선진국 위치에 올라서기 전에는 헌팅턴이 만족할 만한 수준의 민족주의를 보전하는 것이 불가능하다는 얘기다. 그와 달리 멕시코가 선진국이 되면 미국에 제기하는 위협도 줄어들고, 그에 따라 두 나라의 융합도 속도감 있게 진행될 것이다. 하지만 어느 경우가 됐든 지구가 강요하는 사실들로 인해 미국과 멕시코는 어떤 형태로든 연합하는 쪽으로 나아갈 수밖에 없다. 다만 그에 필요한 조건과 그 일이 어떤 상황에서 전개될지는 양국의 정책 입안자들이 결정할 일이다. 다시 토인비의 말을 들어보기로 하자.

〔로마의〕 국경 건설은 그것을 세운 사람들에게 재앙이 될 수밖에 없는

사회적 힘으로 작용했다. 국경 너머 야만족과 교류하지 않으려는 것부터가 이미 실효성 없는 정책이었다. 제국 정부가 어떤 정책을 취하든 상인, 선구자, 모험가들이 가진 이해관계가 그들을 부득불 국경 너머로 끌어들일 것이기 때문이다.[33]

토인비는 또 "보편적 국가를 강요하면, 그것을 받아들이는 피지배민들은 혼란 시대의 재앙을 끝내줄 만병통치약으로 간주한다"고도 썼다. 그러고는 이집트의 "중왕국" 신바빌로니아, 아케메네스왕조 시대의 페르시아, 셀레우코스왕국, 로마의 평화, 동아시아〔유교〕문화권의 "한나라에 의한 평화"를 기본적으로 색다른 민족과 종교들이 공통의 이익을 위해 공존했던 사례로 언급했다. 이들 중 특히 로마는 세계도시 로마의 시민이자 특정 지역의 시민이기도 하다는 사실에서 오는 이중 충성의 골치 아픈 문제를 다루는 데 정통해 있었다.[34] 그렇다면 현재 멕시코 북부와 미국 남서부의 국경지대를 괴롭히고 있는 혼란 시대를 끝내줄 미래의 만병통치약도 보편적 국가가 될 개연성이 있다.

국가적 신화와 주권의 개념에 일어날 그런 엄청난 변화는 아무리 과장해도 지나치지 않다. 언론의 관점에서 보면 지질 연대를 건드리는 문제이기도 하여 더더욱 그럴 수밖에 없다. 1970년 나는 히치하이크로 미국 일주 여행을 하면서, 온대에 속한 북아메리카보다 국가 건설에 더 적합한 대륙은 없다는 사실을 몸소 체득했다. 애팔래치아산맥이 18세기 말까지 미국 초기 주들의 서부 경계가 되었던 반면, 그 산맥을 가로질러 흐르는 모호크강과 오하이오강 같은 강계곡들은 정착민들의 서부 진출 길을 열어준 것만 해도 그렇다. 애팔래치아산맥 너머에도 지리적 방해물이 없는 비옥한 농토가 펼쳐져 있었다. 19세기 정착민들은 그곳에서 부를 창출하고 인간적 차이점들을 갈고 다듬어 독특한 미국 문화를 만들어냈다. 내륙 대수로와 대미시시피강 또한 세계의 여타 강들을 합친 것보다도 긴 뱃길을 보유하고 있고, 강에 인접한 경작지도 세계 최대의 규모를 자랑한다. 서부 개척자들을 힘들게 한 벅찬 장애물—로키산맥 동서 양쪽에 위치한 그레이트아메리카사막—도 머지않아 대륙횡단철도로 해결되었다.[35] 스트랫포의 자료에는 "미국의 대서양 연안에는 서반구의 여타 지역을 합친 것보다도 많은 항구가 들어서 있다. 미국인들의 중요성은 그들의 정체성에 있지 않고 어디에 사느냐에 있다"는 내용도 기록돼 있다.[36] 남북전쟁과 산업혁명이 개가를 올리기 전이었던 1849년 미국 대륙을 조사했던 스위스계 미국인 지리학자 아널드 귀요트도 미국을 유럽 및 아시아와 더불어 세계를 지배할 운명을 지닌 "핵심 대륙"의 하나로 간주했다. 그는 아메리카 대륙이 다른 두 대륙을 이끌어갈 것으로도 믿었다. 미국 양편에 대륙을 보호해주는 것은 물론 유라시아와의 상호작용도 가능하게 해주는 "대양의 막"이 쳐져 있을 뿐 아니라, "물이 많은 내륙의 상호 연결성"으로 발전이 보장되기 때문이기도 하다는 것이 그 이유였다.[37] 영국의 지리학자 제임스 페어그리브도 1917년에 이런 글을 썼다.

그리고 이곳에는 **신세계**라는 육지에 한 자리를 차지하고 있는 미국이 있다. 그것도 엄청난 에너지를 비축한 채 대서양과 태평양을 마주하고 있고, 유럽-아시아의 동서 지역과 관계를 맺으며, 요새화된 파나마운하를 통해 두 대양으로 선대를 투입할 채비도 갖춘 응집력 있는 세력으로, 지

금껏 중시되던 [유라시아] 체계의 외곽에 위치해 있는 것이다.[38]

　두 대양을 곁에 둔 웅대한 대륙은 지금도 그곳에 있다. 문제는 그
것이 또 다른 개념적 지리, 다시 말해 에스파냐 탐험가 코로나도가
1540~1542년에 탐험한 멕시코 중서부 지역으로부터 애리조나, 뉴
멕시코, 텍사스, 오클라호마, 캔자스주에 이르는 지역과 겹친다는
데 있다. 그 점에서 루이스와 클라크가 행한 오리건과 루이지애나
탐험(1804~1806년)으로 미국이 대서양-태평양 축의 영토를 얻을
수 있었던 반면—동서가 아닌 남북 방향으로 행한—코로나도의 탐
험은 비록 시기적으로는 루이스와 클라크의 탐험보다 빨랐지만 나
름 포스트모던적이었다고 할 수 있다. 국가 의식 없이 행한 모험이
었는데도 결과적으로 아열대의 멕시코에서 온대의 북아메리카까
지 뻗어나간 미래의 보편적 국가를 지향했다는 의미에서다. 하지만
금, 약탈, 손쉬운 부를 원했다는 점에서는 코로나도도 중세적 사고
방식의 소유자였다. 그러나 북쪽으로 향하고 있는 지금의 히스패닉
계 이주민들은 중세적이지 않다. 그들이 원하는 것 또한 때에 따라
서는 혹독한 육체노동이 수반되기도 하는 일자리이고, 그러므로 물
질적 이득을 위해서는 힘든 일도 마다하지 않는다. 그들은 이렇게
미국의 앵글로-개신교도 문화를 변화시키고 있는 것처럼, 앵글로-
개신교도의 노동 윤리에 의해 변해가고 있다.

　두 나라 사이의 이런 문화적이고 국경을 허무는 상호작용의 질과
유동성이, 미국이 어떤 다른 개별적 힘보다 매킨더의 세계 섬(유라
시아와 아프리카)과 상호작용을 잘할 수 있는지의 여부를 결정짓는

주요 요소로 작용하게 될 것은 자명하다. 외교정책은 향후 몇십 년 동안 미국이 행하는 지혜롭고 어리석은 판단에 따라 오락가락할 수 있겠지만, 미국의 경제, 문화, 도덕적 힘 그리고 정치, 군사적 힘은 미국이 멕시코-캐나다와 2개 국어를 병용하는 초국가적 관계를 응집력 있게 발전시킬 수 있는지의 여부에 상당한 영향을 받게 될 것이기 때문이다. 그것에 실패하면 미국은 나날이 무법천지로 변해가고 역기능을 일으키는 거대한 국경 지역이 야기하는 곤경에 빠져들 테고, 나아가 그것은 미국 내에서 여전히 지배적 위치를 보유하고 있는 앵글로-신교도 문화와 히스패닉 문화 간의 문명적 긴장을 촉발시키기도 할 것이다. 이렇게 보면 헌팅턴이 우려한 내용은 맞지만, 그가 제시한 해법은 부분적으로 틀렸다는 결론이 나온다.

폴 브래큰과 여타 학자들이 말했듯 지구의 정치 지도가 점차 폐쇄되고 밀폐된 체제로 변해가고 있는 것도 유념해야 할 사항이다. 그에 따라 대양을 가로질러 전개되는 문화와 정치적 상호 교환도 더욱 유기적으로 변할 것이기 때문이다. 따라서 언제가 될지 모르지만 미국과 멕시코가 결국에는 현재의 미국-캐나다 관계에 버금갈 정도의 동맹 관계를 구축해야 하는 것도 그래서이다. 멕시코를 세계 정치 무대에서 미국이 신뢰할 수 있는 친밀한 동맹으로 확보하지 못하면, 멕시코와 중앙아메리카 인구 증가율이 미국보다 월등히 높고, 따라서 시간이 감에 따라 멕시코의 중요성이 커질 것이라는 점에서, 미국의 다른 관계들에도 역효과를 내게 될 것이기 때문이다. 지리와 같은 자연적 힘이 시간이 가면서 어떤 작용을 하는지는 16세기의 지중해를 고찰한 작품을 쓴 브로델에 의해서도 이미 명백히 밝혀진 바 있다. 멕시코가 미국이 취할 대전략에서 중요한 역할을 할 수밖에 없는 까닭도 거기에 있다.

미래의 세계를 옛 오스만제국이 시행한 밀레트 제도와 얼추 비슷할 것이라고 가정해볼 수도 있다. 토인비의 표현을 빌리면 "……〔지리적으로〕 분리된 지방 국가들의 짜깁기"가 아닌 "지리적으로 혼합된 공동체들의 네트워크"를 이루게 된다는 말이고,[39] 그렇게 되면 공동체 간의 관계가 타 공동체들에 미치는 영향도 그 어느 때보다 높아지게 될 것이다. 앞서도 살펴보았듯이 앞으로 몇십 년 뒤면 철도, 도로, 파이프라인들이 중앙아시아와 특히 아프가니스탄 허브를 통해 유라시아의 모든 곳들을 연결할 것이다. 그리하여 유라시아가 유기적으로 통합되면 그것과 대비되는 일종의 균형추로, 캐나다령 북극 지방에서 중앙아메리카의 밀림지대까지 유기적으로 통합된 북아메리카를 필요로 하게 될 것이다. 그런데 그 상태에서 만일 미국이, 두 곳 인구를 합치면 미국 인구의 절반에 달하는 멕시코와 중앙아메리카와 밀접한 관계를 유지하지 못한다면, 유라시아가 그 어느 때보다 가까워질 세계에서 멕시코는 물론이고, 어쩌면 남쪽에 위치한 멕시코의 몇몇 우방들마저 미국에 적대적인 외교, 정치적 세력권에 편입될 수도 있다. 미국이 친이란적 베네수엘라와 서반구에서 간혹 출현할 수도 있는 급진적 국가들에 맞서 대카리브 해 연안을 자유무역과 인간 이주 지역으로 감싸안을 필요가 있는 것도 그래서이다. 그렇게 되면 멕시코와 중앙아메리카의 청년층 인구가 인구의 노령화가 나타나는 미국에 노동력을 제공해주어 그곳도 결국엔 미국의 지배 영역으로 들어오게 될 것이다. 물론 이것은 이미 일어나고 있는 현상이다. 따라서 내가 말하려는 것은 인간 교류가 앞으로 더 많아질 것이며, 그렇게 되는 것이 옳다는 얘기다.

지리의 복수

니컬러스 스파이크먼은 "세계 전쟁도 세계 평화와 마찬가지로 모든 전선과 모든 지역이 상호 연관성을 갖게 되는 것을 의미한다. 거리상으로 얼마나 멀리 떨어져 있든 간에 한 지역에서 일어나는 승패는 다른 곳들에 즉각적이고 결정적 영향을 미치기 때문이다"라고 썼다.[40] 그런데 스파이크먼이 죽은 뒤인 1944년에 발표된 이 글이 오늘날에는 더 큰 진실이 되었다. 미래에는 아마 더 큰 진실이 될 것이다. 로버트 슈트라우스-휴페는 "그리스의 역사는 아시아의 주기적 침입에 맞서 살아남기 위한 투쟁이었다"고 말했다.[41] 고대의 그리스와 페르시아가 그처럼 가까웠다면 교통과 통신 혁명까지 일어난 오늘날의 미국과 유라시아는 지척 간이라 해도 좋을 것이다. 그러므로 미국이 먼저 선제적으로 서반구를 통합하면, 동반구의 어떤 세력이 미국을 위협할 목적으로 지배 세력이 되려고 할 때 그것을 저지하는 작업도 한층 수월해질 것이다.

미국은 유라시아에서는 균형화 세력, 북아메리카에서는 통합 세력이 되어야 한다. 하나의 역할을 맡기보다는 두 역할을 병행하는 것이 용이할 것이다. 이 경우 물론 세력 균형의 유지는, 미국의 물리적, 경제적 보호를 넘어서는 특정한 목적을 위한 것이어야 할 것이다. 동반구의 세력 균형으로 확보된 안정을 이용하여, **중부 유럽**의 자유주의적, 지적 대의 못지않은 대의를 지구 전역에 전파시키는 데 목적을 두어야 한다는 얘기다. 『율리시즈』의 등장인물 스티븐 디달로스가 운명에 저항하면서 "지각 있는 합리적 동물로서의 자신의 중요성"을 단언했듯, 미국도 지리에 굴하지는 말되 기본적으로 그것을 인식하면서 더 나은 세상을 추구해야 할 것이다. 이 책의 출발점이 된, 탈냉전의 이상이었던 코즈모폴리턴적 중부 유럽에 대한 열망이 결국은 미국의 목표이기 때문이다. 그 목표가 달성될지는 미지수지만, 바라건대 멕시코를 우방으로 둔 채 힘껏 노력해 볼 가치는 있을 것이다. 매킨더도 균형 잡힌 세계는 자유로운 세계라는 점을 직시하여 해양적 유럽과 심장지대 사이에 활기차고 독립적인 완충국들이 들어서야 할 필요성을 제기하면서 그것을 직관으로 알고 있었듯이 말이다.

머리말 | 국경지대

1 Jeremy Black, *Maps and History: Constructing Images of the Past* (New Haven: Yale University Press, 1997), 85쪽.

2 James C. Scott, *The Art of Not Being Governed: An Anarchist History of Upland Southeast Asia* (New Haven: Yale University Press, 2009), ix쪽.

3 파키스탄의 북서 변경 주는 나중에 카이베르파크툰크와주로 개명되었다.

4 Sugata Bose, *A Hundred Horizons: The Indian Ocean in the Age of Global Empire* (Cambridge: Harvard University Press, 2006), 56쪽.

5 Golo Mann, *The History of Germany Since 1789*, translated by Marian Jackson (London: Chatto & Windus, 1968), 525쪽, 880쪽, 1987 Peregrine edition.

6 Ernest Gellner, *Muslim Society* (New York: Cambridge University Press, 1981), 38쪽, 41쪽, 180쪽, 187쪽.

1부 · 선각자들

1장 | 보스니아에서 바그다드로

1 Francis Fukuyama, "The End of History," *The National Interest*, Washington, Summer 1989. Book version: *The End of History and the Last Man* (New York: The Free Press, 1992).

2 Jonathan C. Randal, "In Africa, Unrest in One-Party States," *International Herald Tribune*, Paris, March 27, 1990.

3 Timothy Garton Ash, "Bosnia in Our Future," *New York Review of Books*, December 21, 1995.

4 Carl E. Schorske, *Fin-de-Siècle Vienna: Politics and Culture* (New York: Knopf, 1980); Claudio Magris, *Danube* (New York: Farrar, Straus and Giroux, 1986, 1989), 268쪽.

5 Timothy Garton Ash, *The File: A Personal History* (New York: Random House, 1997), 51쪽.

6 Michael Ignatieff, *Isaiah Berlin: A Life* (New York: Holt, 1998), 24쪽.

7 Timothy Garton Ash, "Does Central Europe Exist?," *New York Review of Books*, October 9, 1986.

8 W. H. Parker, *Mackinder: Geography as an Aid to Statecraft* (Oxford: Clarendon Press, 1982), 201쪽; K. A. Sinnhuber, "Central Europe-Mitteleuropa-Europe Centrale: An Analysis of a Geographical Term," *Transactions of the Institute of British Geographers*, vol. 20, 1954; Arthur Butler Dugan, "Mackinder and His Critics Reconsidered," *The Journal of Politics*, May 1962, 250쪽.

9 Saul B. Cohen, *Geography and Politics in a World Divided* (New York: Random House, 1963), 79~83쪽.

10 Halford J. Mackinder, *Democratic Ideals and Reality: A Study in the Politics of Reconstruction* (Washington: National Defense University, 1919, 1942), 90쪽.

11 Cohen, *Geography and Politics in a World Divided*, 222쪽.

12 Colin S. Gray, *Another Bloody Century: Future Warfare* (London: Weidenfeld & Nicolson, 2005), 37쪽, 95쪽, 176~177쪽.

13 Michael Ignatieff, "Homage to Bosnia," *New York Review of Books*, April 21, 1994.

14 James Joyce, *Ulysses* (New York: Modern Library, 1922, 1934), 697쪽, 1990 Vintage edition.

15 Timothy Garton Ash, "Kosovo and Beyond," *New York Review of Books*, June 24, 1999. 그는 1940년에 출판된 오든의 시 〈1939년 9월 1일〉의 한 행을 언급한 것이다.

16 Timothy Garton Ash, "Cry, the Dismembered Country," *New York Review of Books*, January 14, 1999.

17 미국의 이 뒤늦은 개입 스토리에는 내 개인 이력도 관련돼 있다. 내 책 『발칸의 유령들Balkan Ghosts: A Journey Through History』(New York: St. Martin's)이, 1993년 빌 클린턴이 군사개입을 하지 않기로 결정하여 결과적으로 나토군의 발칸 파견이 2년 늦춰지는 요인으로 작용한 것은 이미 주지의 사실이다. 『발칸의 유령들』은 1980년대에 발칸에서 체험한 나의 경험담을 기록한 책이다. 베를린장벽이 붕괴되기 전 〈애틀랜틱 먼슬리〉(지금의 〈애틀랜틱〉)에 처음 연재되기 시작하여 1991년 6월에는 그 책의 3장(마케도니아 편)이 잡지에 실렸다. 그런데 〈워싱턴 포스트〉에 인용된 미 국무부 관리의 말에 따르면 그것이 "유엔 평화유지군이 구 유고슬라비아에서 최초로 예방적 전개를 하도록 하는 데" 큰 역할을 했다는 것이다. 유고슬라비아가 해체될 개연성에 대한 경고는 1990년의 미 중앙정보국CIA 보고서에도 포함돼 있었다. 그럼에도 미 국무부는 "그 개연성을 부인하다가…… 잡지에 실린 카플란의 글을 보고는 태도를 바꿨다"는 것이다. 공교롭게도 나중에 보스니아와 코소보에 대한 폭력을 막아준 것도 1,500명의 마케도니아 주둔 유엔 평화유지군이었다. 『발칸의 유령들』은 1993년 3월 책으로 발간되었다. 같은 달 〈리더스 다이제스트〉에는 유고슬라비아와 관련된 나의 기고문이 실렸다. 이런 내용이다. "자결과 소수민족의 권리를 강력하게 지켜주는 방식으로 증오와 복수의 사슬을 끊지 않으면, 냉전의 결과로 얻어진 이득은 무위로 돌아가게 될 것이다. 모든 원조, 모든 외교적 노력, 모든 무력—만일 사용된다면—이, 유고슬라비아의 모든 민족이 폭력으로부터

해방될 권리가 있다는 소박한 개념과 결부되어야 하는 것도 그래서이다."
그 직후 나는 TV 방송에도 출연하여 발칸 개입을 공개적으로 촉구했고,
미국이 참전하기 1년 전이던 1994년 4월 17일에는 〈워싱턴 포스트〉 논평
란에 개입을 촉구하는 글을 발표했다. 『발칸의 유령들』은 남동부 유럽의
냉혹한 인종 관계를 그린 작품이다. 하지만 사람들은 대개 인간의 풍경이
가장 잔혹하게 변하지 않으면 개입의 필요성을 느끼지 못한다. 행동을 취
하기 위해 굳이 인간 풍경을 이상화할 필요는 없는데도 말이다. 나중에
이라크 사태를 통해서도 알게 되었듯이 개입을 하려면 환상 없이 해야 된
다는 얘기다. 클린턴 대통령과 행정부 관리들도 내 책과 기고문들을 읽어
보았다고는 하지만 그들 중 누구도 내 저작과 관련해서나, 책이 나온 뒤
에 제기된 특정 사건과 정책 선택에 그것이 어떻게 적용되면 좋을지에 대
해 내게 연락을 취하지 않았다.

18 Leon Wieseltier, "Force Without Force: Saving NATO, Losing
Kosovo," *New Republic*, Washington, April 26 and May 3, 1999.

19 Leon Wieseltier, "Winning Ugly: The War Ends, Sort of. The Peace
Begins, Sort of," *New Republic*, Washington, June 28, 1999.

20 앞의 글.

21 Leon Wieseltier, "Useless," *New Republic*, Washington, April 17,
2006.

22 Bob Woodward, *State of Denial: Bush at War, Part III* (New York:
Simon & Schuster, 2006), 84~85쪽.

23 Stephen Walt and John Mearsheimer, *The Israel Lobby and U.S.
Foreign Policy* (New York: Farrar, Straus and Giroux, 2007).

24 9/11 사태가 일어났을 당시 이스라엘은 잦은 테러 공격에 시달리고 있었
고, 그러다보니 자연스레 미국의 동정을 받게 되었다. 하지만 나중에는
미국도 이스라엘에 점령 지구에서의 정착 활동을 멈추라고 요구했다. 나
도 미국에서 이라크전쟁에 대한 요구가 비등할 때 부시가 만일 이라크전
쟁에서 승리하고, 그리하여 재선에 성공하면 내가 "특별히 옹호될 수 없
는" 상황이라고 말한 "웨스트뱅크와 가자 지구의 300만 팔레스타인들에
대한 이스라엘 권력자들의 지배 행위"를 끝내야 한다는 취지의 글을 썼
다. "A Post-Saddam Scenario," *Atlantic Monthly*, Boston, November

2002.

25 Robert D. Kaplan, *Warrior Politics: Why Leadership Demands a Pagan Ethos* (New York: Random House, 2002), 84쪽.

26 홉스와 벌린이 위대한 점은 두 사람 간의 미묘한 차이에서 찾을 수 있다. 홉스의 경우 인간성에 대해 우울한 관점을 가진 철학자로 알려져 있지만, 알고 보면 그는 자유주의적 현대주의자였다. 그가 글을 쓸 무렵에는 현대 화가, 리바이어던으로 상징되는 중앙 권력의 수립을 통한 중세 질서의 파괴를 의미하는 말로 쓰였기 때문이다. 같은 맥락에서 자유주의적 인도주의의 화신으로 알려진 벌린도, 가령 충분한 식주食住가 자유의 추구보다 앞선다는 점을 인정했다는 점에서 현실주의자였다.

27 1차 페르시아만전쟁 때 싸운 미군 병력의 선발 부대는 바그다드 반경 150 킬로미터 내에 진입해 있었으나, 그래도 병력 대부분은 쿠웨이트와 사우디아라비아 사막에 주둔해 있었던 것이다.

2장 | 지리의 복수

1 Robert D. Kaplan, "Munich Versus Vietnam," *The Atlantic Online*, May 4, 2007.

2 Hans J. Morgenthau, *Politics Among Nations: The Struggle for Power and Peace*, revised by Kenneth W. Thompson and W. David Clinton (New York: McGraw, 1948, 2006), 3쪽, 6쪽, 7쪽, 12쪽; Thucydides, *The Peloponnesian War*, translated by Thomas Hobbes (1629) (Chicago: University of Chicago Press, 1989); Anastasia Bakolas, "Human Nature in Thucydides," Wellesley College, unpublished; Robert D. Kaplan, *Warrior Politics: Why Leadership Demands a Pagan Ethos* (New York: Random House, 2001).

3 Morgenthau, *Politics Among Nations*, xviii~xix쪽, 37쪽, 181쪽, 218~220쪽, 246쪽, 248쪽; William Cabell Bruce, *John Randolph of Roanoke* (New York: G. P. Putnam's Sons, 1922), vol. 2, 211쪽; John J. Mearsheimer, "The False Promise of International Institutions," *International Security*, Cambridge, Massachusetts, Winter 1994-1995.

4 Thomas Hobbes, *Leviathan*, 1651, Chapter 15.

5   Fareed Zakaria, "Is Realism Finished?," *The National Interest*, Winter 1992~1993.

6   Raymond Aron, *Peace and War: A Theory of International Relations* (Garden City: Doubleday, 1966), 321쪽; José Ortega y Gasset, *The Revolt of the Masses* (Notre Dame, IN: University of Notre Dame Press, 1985), 129쪽.

7   Black, *Maps and History: Constructing Images of the Past* (New Haven: Yale University Press), 58쪽, 173쪽, 216쪽.

8   Halford J. Mackinder, *Democratic Ideas and Reality: A Study in the Politics of Reconstruction* (New York: Henry Holt and Company, 1919), 15~16쪽, 1996, National Defense University edition.

9   Morgenthau, *Politics Among Nations*, 165쪽.

10 Alfred Thayer Mahan, *The Problem of Asia and Its Effect Upon International Policies* (London: Sampson Low, Marston, 1900), 56쪽, 2005 Elibron edition.

11 W. H. Parker, *Mackinder: Geography as an Aid to Statecraft* (Oxford: Clarendon Press, 1988), 93쪽, 130~131쪽.

12 W. Gordon East, *The Geography Behind History* (New York: Norton, 1965, 1967), 120쪽.

13 Nicholas J. Spykman, *America's Strategy in the World Politics: The United States and the Balance of Power*, with a new introduction by Francis P. Sempa (New York: Harcourt, Brace, 1942), xv쪽, 41쪽. 2007 Transaction edition.

14 East, *The Geography Behind History*, 38쪽.

15 *Federalist*, No. 8.

16 Williamson Murray, "Some Thoughts on War and Geography," *Journal of Strategic Studies*, Routledge, London, 1999, 212쪽, 214쪽; Colin S. Gray, "The Continued Primacy of Geography." *Orbis*, Philadelphia, Spring 1996, 2쪽.

17 Mackubin Thomas Owens, "In Defense of Classical Geopolitics," *Naval War College Review*, Newport, Rhode Island, Autumn 1999,

72쪽.

18 Spykman, *America's Strategy in World Politics*, 92쪽.

19 James Fairgrieve, *Geography and World Power* (New York: E. P. Dutton, 1917), 273~274쪽.

20 John Western, Development of Geography, Syracuse University.

21 John Gallup and Jeffrey Sachs, "Location, Location: Geography and Economic Development," *Harvard International Review*, Cambridge, Winter 1998-1999. 두 사람의 이 글은 부분적으로 재러드 다이아몬드의 작품을 추론한 것이다.

22 M. C. Ricklefs, Bruce Lockhart, Albert Lau, Portia Reyes, and Maitrii Aung-Thwin, *A New History of Southeast Asia* (New York: Palgrave Macmillan, 2010), 21쪽.

23 John Adams, *Works* (Boston: Little, Brown, 1850-1856), vol. 4, 401쪽.

24 Robert D. Kaplan, *Warrior Politics: Why Leadership Demands a Pagan Ethos* (New York: Random House, 2001), 101~102쪽.

25 Spykman, *America's Strategy in World Politics*, 43쪽.

26 Murray, "Some Thoughts on War and Geography," 213쪽.

27 Jakub J. Grygiel, *Great Powers and Geopolitical Chage* (Baltimore: Johns Hopkins University Press, 2006), 15쪽.

28 Gray, "The Continued Primacy of Geography"; Murray, "Some Thoughts on War and Geography," 216쪽.

29 Morgenthau, *Politics Among Nations*, 124쪽.

30 Isaiah Berlin, *Four Essays on Liberty* (Oxford: Oxford University Press, 1969).

31 다음 책을 참고하라. Daniel J. Mahoney's "Three Decent Frenchmen," a review of Tony Judt's *The Burden of Responsibility, The National Interest*, Summer 1999; 다음 책도 보라. *History, Truth and Liberty: Selected Writings of Raymond Aron*, edited by Franciszek Draus (Chicago: University of Chicago Press, 1985).

32 Norman Davies, *God's Playground: A History of Poland*, vol. 1, *The Origins to 1795* (New York: Columbia University Press, 2005[1981]), viii쪽.

3장 | 헤로도토스와 그의 계승자들

1   William H. McNeill, *The Rise of the West: A History of the Human Community* (Chicago: University of Chicago Press, 1963), 22쪽, 27쪽.

2   Freya Stark, "Iraq," in *Islam To-day*, edited by A. J. Arberry and Rom Landau (London: Faber & Faber, 1943).

3   Ibn Khaldun, *The Muqaddimah: An Introduction to History* (1377), translated by Franz Rosenthal, 1967 Princeton University Press edition, 133쪽, 136쪽, 140쪽, 252쪽; Robert D. Kaplan, *Mediterranean Winter* (New York: Random House, 2004), 27쪽.

4   Georges Roux, *Ancient Iraq* (London: Allen & Unwin, 1964), 267쪽, 284쪽, 297쪽, 299쪽.

5   McNeill, *The Rise of the West*, 32쪽, 41~42쪽, 46쪽, 50쪽, 64쪽.

6   James Fairgrieve, *Geography and World Power* (New York: E. P. Dutton, 1917), 26~27쪽, 30쪽, 32쪽.

7   McNeill, *The Rise of the West*, 69쪽, 71쪽; Roux, *Ancient Iraq*, 24~25쪽.

8   McNeill, *The Rise of the West*, 167쪽, 217쪽, 243쪽.

9   앞의 책, 250쪽, 484쪽, 618쪽.

10   앞의 책, 535쪽.

11   Arthur Helpss, preface to 1991 abridged English-language edition of Oswald Spengler, *The Decline of the West* (Oxford, UK: Oxford University Press).

12   앞의 책, 249쪽.

13   Oswald Spengler, *The Decline of the West*, translated by Charles Francis Atkinson (New York: Knopf, 1962[1918, 1922]), 324쪽, 345쪽, 352쪽.

14   앞의 책, 177~178쪽, 193~194쪽, 353~354쪽; Arnold J. Toynbee, *A Study of History*, abridgement of vols. 7-10 by D. C. Somervell (New York: Oxford University Press, 1957), 144~145쪽.

15   앞의 책, 451쪽, 539쪽.

16   W. Gordon East, *The Geography Behind History* (New York: Norton,

1967), 128쪽.

17   Arnold J. Toynbee, *A Study of History*, abridgement of vols. 1-6 by D.
     C. Somervell (New York: Oxford University Press, 1946), 123쪽, 237쪽.

18   Toynbee, *A Study of History*, vols. 1-6, 146쪽, 164~166쪽; Jared
     Diamond, *Collapse: How Societies Choose to Fail or Succeed* (New
     York: Viking, 2005), 79쪽, 81쪽, 106~107쪽, 109쪽, 119~120쪽,
     136~137쪽, 157쪽, 159쪽, 172쪽, 247쪽, 276쪽.

19   물론 유럽만 환경적 어려움에 처했던 것은 아니다. 토인비도 기록했듯이
     안데스산맥 고원지대 사람들만 해도 모진 기후와 척박한 땅의 도전을 받
     았고, 남아메리카의 태평양 연안지대 주민들도 더위 및 가뭄과 싸워야 했
     기 때문이다. 그러나 토인비는 말하지 않았지만 유럽은 천혜의 심해 항
     들을 보유하고 있었고, 다수의 교역로 및 이주로가 교차하는 곳에 위치해
     있었다는 점에서도 남아메리카와 달랐다. Toynbee, *A Study of History*,
     vol. 1, 75쪽.

20   McNeill, *The Rise of the West*, 565쪽, 724쪽.

21   앞의 책, 253쪽.

22   앞의 책, 722쪽, 724쪽.

23   앞의 책, 728쪽.

24   Robert Gilpin, *War and Change in World Politics* (New York:
     Cambridge University Press, 1981).

25   Morgenthau, *Politics Among Nations: The Struggle for Power and
     Peace*, revised by Kenneth W. Thompson and W. David Clinton (New
     York: McGraw Hill, 2006), 354~357쪽.

26   앞의 책, 357쪽.

27   McNeill, *The Rise of the West*, 807쪽.

28   앞의 책, 352쪽.

29   Toynbee, *A Study of History*, vols. 1-6, 284쪽.

30   Toynbee, *A Study of History*, vols. 7-10, 121쪽.

31   유럽 중심적 지도 제작의 관례는 Jeremy Black, *Maps and History*, 60쪽,
     62쪽을 참조할 것.

32   Marshall G. S. Hodgson, *The Venture of Islam: Conscience and*

History in a World Civilization, vol. 1: *The Classical Age of Islam* (Chicago: University of Chicago Press, 1974), 50쪽, 56쪽, 60~61쪽, 109~111쪽.

33 앞의 책, 114쪽, 120~124쪽, 133쪽; Marshall G. S. Hodgson, *The Venture of Islam: Conscience and History in a World Civilization*, vol. 2: *The Expansion of Islam in the Middle Periods* (Chicago: University of Chicago Press, 1974), 65쪽, 71쪽.

34 Hodgson, *The Classical Age of Islam*, 154쪽, 156쪽, 158쪽.

35 앞의 책, 151쪽, 204~206쪽, 229쪽.

36 Toynbee, *A Study of History*, vols. 1-6, 271쪽.

37 앞의 책, 268쪽. 아비시니아고원 지대는 그보다도 접근이 어려워 압도적 인 기독교 영향권으로 남아 있었다.

38 Hodgson, *The Expansion of Islam in the Middle Periods*, 54쪽, 396쪽, 400~401쪽.

39 Marshall G. S. Hodgson, *The Venture of Islam: Conscience and History in a World Civilization*, vol. 3: *The Gunpowder Empires and Modern Times* (Chicago: University of Chicago Press, 1974), 114쪽, 116쪽.

40 이 부분에 나오는 모든 인용문은 1987년 시카고대학교 출판부에서 발간 된 데이비드 그린[David Grene]의 번역본을 사용했다. 그 밖에 번[A. R. Burn]과 탐 그리피스[Tom Griffith]의 번역문 서론에 나오는 자료도 이용했다.

41 Boris Pasternak, *Doctor Zhivago*, translated by Max Hayward and Manya Harari (New York: Pantheon, 1958), 43쪽.

42 Hodgson, *The Classical Age of Islam*, 25쪽.

4장 | 유라시아 지도

1 Jakub J. Grygiel, *Great Powers and Geopolitical Change* (Baltimore: Johns Hopkins University Press, 2006), 2쪽, 24쪽; Mackubin Thomas Owens, "In Defense of Classical Geopolitics," *Naval War College Review*, Newport, Rhode Island, Autumn 1999, 60쪽, 73쪽; Saul B. Cohen, *Geography and Politics in a World Divided* (New York: Random House, 1963), 29쪽.

2 Paul Kennedy, "The Pivot of History: The U.S. Needs to Blend Democratic Ideals with Geopolitical Wisdom," *The Guardian*, London, June 19, 2004; Cohen, *Geography and Politics in a World Divided*, xiii쪽.

3 Zbigniew Brzezinski, *The Grand Chessboard: American Primacy and Its Geostrategic Imperatives* (New York: Basic Books, 1997), 37쪽.

4 Hans J. Morgenthau, *Politics Among Nations: The Struggle for Power and Peace*, revised by Kenneth W. Thompson and W. David Clinton (New York: McGraw Hill, 1948), 170~171쪽.

5 Halford J. Mackinder, *Democratic Ideals and Reality: A Study in Politics of Reconstruction* (Washinton, DC: National Defense University, 1919, 1942), 205쪽; W. H. Parker, *Mackinder: Geography as an Aid to Statecraft* (Oxford: Clarendon Press, 1982), 211~212쪽.

6 Mackinder, *Democratic Ideals and Reality*, 155쪽.

7 H. J. Mackinder, "On the Necessity of Thorough Teaching in General Geography as a Preliminary to the Teaching of Commercial Geography," *Journal of the Manchester Geographical Society*, 1890, vol. 6; Parker, *Mackinder*, 95~96쪽.

8 H. J. Mackinder, "The Geographical Pivot of History," *The Geographical Journal*, London, April 1904, 422쪽.

9 앞의 책, 421쪽.

10 앞의 책, 422쪽.

11 Mackinder, *Democratic Ideals and Reality*, 72쪽; James Fairgrieve, *Geography and World Power*, 103쪽.

12 미국도 유럽과 비슷한 운명을 겪었다. 2차 대전 때 유럽, 소련, 중국, 일본은 사회 기반 시설이 결딴나는 피해를 입었는데도 미국만 거의 온전한 상태를 유지하여 이후 몇십 년 동안 정치 경제의 주도권을 잡을 수 있었으니 말이다.

13 Toynbee, *A Study of History*, abridgement of vols. 7-10 by D. C. Somervell (New York: Oxford University Press, 1946), 151쪽, 168쪽.

14 Geoffrey Sloan, "Sir Halford J. Mackinder: The Heartland Theory

Then and Now," in *GeoPolitics, Geography and Strategy*, edited by Colin s. Gray and Geoffrey Sloan (London: Frank Cass, 1999), 19쪽.

15 Kennedy, "The Pivot of History: The U.S. Needs to Blend Democratic Ideals with Geopolitical Wisdom."

16 Parker, *Mackinder*, 154쪽.

17 Gerry Kearns, *Geopolitics and Empire: The Legacy of Halford Mackinder* (New York: Oxford University Press, 2009), 38쪽.

18 Parker, *Mackinder*, 121쪽.

19 Daniel J. Mahoney, "Three Decent Frenchmen," *The National Interest*, Washington, Summer 1999; Franciszek Draus, *History, Truth and Liberty: Selected Writings of Raymond Aron* (Chicago: University of Chicago Press, 1985).

20 Grygiel, *Great Powers and Geopolitical Change*, 181쪽; Raymond Aron, *Peace and War: A Theory of International Relations* (Garden City: Doubleday, 1966), 197~198쪽.

21 Mackinder, *Democratic Ideals and Reality*, 2쪽.

22 앞의 책, 1쪽.

23 Parker, *Mackinder*, 160쪽.

24 앞의 책, 163쪽.

25 Mackinder, *Democratic Ideals and Reality*, 24~25쪽, 28쪽, 32쪽; Parker, *Mackinder*, 122~123쪽; Fairgrieve, *Geography and World Power*, 60~62쪽.

26 Mackinder, *Democratic Ideals and Reality*, 22쪽, 38쪽, 41쪽, 46쪽.

27 앞의 책, 46쪽, 48쪽.

28 Brzezinski, *The Grand Chessboard*, 31쪽.

29 Mackinder, *Democratic Ideals and Reality*, 41~42쪽, 47쪽.

30 앞의 책, xviii쪽, from introduction by Stephen V. Mladineo.

31 Mackinder, *Democratic Ideals and Reality*, 95~99쪽, 111~112쪽, 115쪽; Cohen, *Geography and Politics in a World Divided*, 85~86쪽; James Fairgrieve, *Geography and World Power* (London: University of London Press, 1915).

32 Sloan, "Sir Halford J. Mackinder: The Heartland Theory Then and Now," 31쪽.

33 Arthur Butler Dugan, "Mackinder and His Critics Reconsidered," *The Journal of Politics*, May 1962.

34 Brian W. Blouet, *Halford Mackinder: A Biography* (College Station: Texas A & M Press, 1987), 150~151쪽.

35 Mackinder, *Democratic Ideals and Reality*, 55쪽, 78쪽; Cohen, *Geography and Politics in a World Divided*, 42~44쪽.

36 Mackinder, *Democratic Ideals and Reality*, 64~65쪽.

37 앞의 책, 116쪽.

38 앞의 책, 74쪽, 205쪽.

39 앞의 책, 201쪽.

5장 | 나치의 지정학적 왜곡

1 Robert Strausz-Hupé, *Geopolitics: The Struggle for Space and Power* (New York: G. P. Putnam's Sons, 1942), 48~53쪽; Parker, *Mackinder: Geography as an Aid to Statecraft* (Oxford: Clarendon Press, 1982) 178~180쪽.

2 Strausz-Hupé, *Geopolitics*, 59~60쪽.

3 앞의 책, 60~61쪽, 68~69쪽.

4 앞의 책, 142쪽, 154~155쪽.

5 앞의 책, 85쪽, 101쪽, 140쪽, 197쪽, 220쪽.

6 Holger H. Herwig, "*Geopolitik*: Haushofer, Hitler and Lebensraum," in *Geopolitics: Geography and Strategy*, edited by Colin S. Gray and Geoffrey Sloan (London: Frank Cass, 1999), 233쪽.

7 Brian W. Blouet, *Halford Mackinder: A Biography* (College Station: Texas A & M Press, 1987), 190~191쪽.

8 Strausz-Hupé, *Geopolitics*, 264쪽.

9 앞의 책, 191쪽.

10 앞의 책, 196쪽, 218쪽.

11 Paul Bracken, *Fire in the East: The Rise of Asian Military Power and*

the Second Nuclear Age (New York: HarperCollins, 1999), 30쪽.

6장 | 주변지대(림랜드) 이론

1 Brian W. Blouet, *Halford Mackinder: A Biography* (College Station: Texas A & M Press, 1987), 192쪽.

2 Nicholas J. Spykman, "Geography and Foreign Policy I," *The American Political Science Review*, Los Angeles, February 1938; Francis P. Sempa, "The Geopolitical Realism of Nicholas Spykman," introduction to Nicholas J. Spykman, *America's Strategy in World Politics* (New Brunswick: Transaction Publishers, 2007).

3 Nicholas J. Spykman, *America's Strategy in World Politics: The United States and the Balance of Power* (New York: Harcourt, Brace, 1942), xvii쪽, xviii쪽, 7쪽, 18쪽, 20~21쪽, 2008 Transaction edition.

4 앞의 책, 42쪽, 91쪽; Robert Strausz-Hupé, *Geopolitics: The Struggle for Space and Power* (New York: G. P. Putnam's Sons, 1942), 169쪽; Halford J. Mackinder, *Democratic Ideals and Reality: A Study in the Politics of Reconstruction* (Washington, DC: National Defense University, 1919, 1942), 202쪽; Daniel J. Boorstin, *Hidden History: Exploring Our Secret Past* (New York: Vintage, 1987, 1989), 246쪽; James Fairgrieve, *Geography and World Power*, 18~19쪽, 326~327쪽.

5 Spykman, *America's Strategy in World Politics*, 89쪽.

6 앞의 책, 49~50쪽, 60쪽.

7 앞의 책, 50쪽.

8 앞의 책, 197쪽, 407쪽.

9 앞의 책, 182쪽.

10 Nicholas John Spykman, *The Geography of the Peace*, edited by Helen R. Nicholl (New York: Harcourt, Brace, 1944), 43쪽.

11 Mackinder, *Democratic Ideals and Reality*, 51쪽.

12 W. H. Parker, *Mackinder: Geography as an Aid to Statecraft* (Oxford: Clarendon Press, 1982), 195쪽.

13 Henry A. Kissinger, *Nuclear Weapons and Foreign Policy* (New York:

Doubleday, 1957), 125쪽, 127쪽.

14 Spykman, *America's Strategy in World Politics*, 135~137쪽, 460쪽, 469쪽.

15 앞의 책, 466쪽.

16 Michael P. Gerace, "Between Mackinder and Spykman: Geopolitics, Containment, and After," *Comparative Strategy*, University of Reading, UK, 1991.

17 Spykman, *America's Strategy in World Politics*, 165쪽.

18 앞의 책, 166쪽.

19 앞의 책, 178쪽; Albert Wohlstetter, "Illusions of Distance," *Foreign Affairs*, New York, January, 1968.

20 Parker, *Mackinder*, 186쪽.

21 Geoffrey Kemp and Robert E. Harkavy, *Strategic Geography and the Changing Middle East* (Washington, DC: Brookings Institution Press, 1997), 5쪽.

7장 | 해양세력의 유혹

1 A. T. Mahan, *The Problem of Asia: And Its Effect Upon International Policies* (London: Sampson Low, Marston, 1900), 27~28쪽, 42~44쪽, 97쪽, 161쪽; Cohen, *Geography and Politics in a World Divided* (New York: Random House, 1963), 48~49쪽.

2 Robert Strausz-Hupé, *Geopolitics: The Struggle for Space and Power* (New York: G. P. Putnam's Sons, 1942), 253~254쪽.

3 A. T. Mahan, *The Influence of Sea Power Upon History, 1660-1783* (Boston: Little, Brown, 1890), 225~226쪽, 1987 Dover edition.

4 Strausz-Hupé, *Geopolitics*, 244~245쪽.

5 Jon Sumida, "Alfred Thayer Mahan, Geopolitician," in *Geopolitics, Geography and Strategy*, edited by Colin S. Gray and Geoffrey Sloan (London: Frank Cass, 1999), 53쪽, 55쪽, 59쪽; Jon Sumida, *Inventing Grand Strategy and Teaching Command: The Classic Works of Alfred Thayer Mahan* (Baltimore: Johns Hopkins University Press, 1997), 41쪽,

84쪽.

6   Mahan, *The Influence of Sea Power Upon History*, 25쪽.

7   앞의 책, iii쪽, 8쪽, 26∼27쪽, 50∼52쪽, 67쪽.

8   앞의 책, iv∼vi쪽, 15쪽, 20∼21쪽, 329쪽.

9   앞의 책, 29쪽, 138쪽.

10   앞의 책, 29쪽, 31쪽, 33∼34쪽, 138쪽; Eric Grove, *The Future of Sea Power* (Annapolis: Naval Institute Press, 1990), 224∼225쪽.

11   Norman Angell, *The Great Illusion* (New York: Cosimo Classics, 1909, 2007), 310∼311쪽.

12   James R. Holmes and Toshi Yoshihara, *Chinese Naval Strategy in the 21st Century: The Turn to Mahan* (New York: Routledge, 2008), 39쪽.

13   Julian S. Corbett, *Principles of Maritime Strategy* (London: Longmans, Green and Co., 1911), 87쪽, 152∼153쪽, 213∼214쪽, 2004 Dover edition.

14   U.S. Navy, U.S. Marine Corps, U.S. Coast Guard, "A Cooperative Strategy for 21st Century Seapower," Washington, DC, and New Port, Rhode Island, October 2007.

15   John J. Mearsheimer, *The Tragedy of Great Power Politics* (New York: W. W. Norton, 2001), 210쪽, 213쪽, 365쪽.

8장 | 공간의 위기

1   Paul Bracken, *Fire in the East: The Rise of Asian Military Power and the Second Nuclear Age* (New York: HarperCollins, 1999), 33∼34쪽.

2   앞의 책, xxv∼xxvii쪽, 73쪽.

3   앞의 책, 2쪽, 10쪽, 22쪽, 24∼25쪽.

4   앞의 책, 26∼31쪽.

5   앞의 책, 37∼38쪽.

5   앞의 책, 42쪽, 45쪽, 47∼49쪽, 63쪽, 97쪽, 113쪽.

7   앞의 책, 156쪽.

8   앞의 책, 110쪽.

9   Ibn Khaldun, *The Muqaddimah: An Introduction to History* (1377),

translated by Franz Rosenthal, 93쪽, 109쪽, 133쪽, 136쪽, 140쪽, 1967 Princeton University Press edtion.

10 R. W. Southern, *The Making of the Middle ages* (New Haven: Yale University Press, 1953), 12~13쪽.

11 George Orwell, *1984* (New York: Harcourt, Brace, 1949), 124쪽.

12 Thomas Pynchon, foreword to George Orwell, *1984* (New York: Penguin, 2003).

13 Oswald Spengler, *The Decline of the West*, translated by Charles Francis Atkinson (New York: Vintage, 1922, 2006), 395쪽.

14 Bracken, *Fire in the East*, 123~124쪽.

15 앞의 책, 89쪽, 91쪽.

16 Jakub Grygiel, "The Power of Statelessness: The Withering Appeal of Governing," *Policy Review*, Washington, April–May 2009.

17 Randall L. Schweller, "Ennui Becomes Us," *The National Interest*, Washington, DC, December 16, 2009.

2부 · 21세기 초엽의 지도
—

9장 | 유럽 분할의 지리

1 Saul B. Cohen, *Geography and Politics in a World Divided* (New York: Random House, 1963), 157쪽.

2 William Anthony Hay, "Geopolitics of Europe," *Orbis*, Philadelphia, Spring 2003.

3 Claudio Magris, *Danube* (New York: Farrar, Straus and Giroux, 1988, 1989), 18쪽.

4 Barry Cunliffe, *Europe Between the Oceans: Themes and Variations: 9000 BC-AD 1000* (New Haven: Yale University Press, 2008), vii쪽, 31쪽, 38쪽, 40쪽, 60쪽, 318쪽, 477쪽.

5 Tony Judt, "Europe: The Grand Illusion," *New York Review of*

Books, July 11, 1996.

6   Cunliffe, *Europe Between the Oceans*, 372쪽.

7   Hay, "Geopolitics of Europe."

8   Peter Brown, *The World of Late Antiquity: AD 150-750* (London: Thames & Hudson, 1971), 11쪽, 13쪽, 20쪽.

9   Henri Pirenne, *Mohammed and Charlemagne* (ACLS Humanities e-book 1939, 2008).

10 Fernand Braudel, *The Mediterranean: And the Mediterranean World in the Age of Philip II*, translated by Sian Reynolds (New York: Harper & Row, 1949), 75쪽.

11 Cunliffe, *Europe Between the Oceans*, 42~43쪽.

12 Robert D. Kaplan, *Eastward to Tartary: Travels in the Balkans, the Middle East, and the Caucasus* (New York: Random House, 2000), 5쪽.

13 Philomila Tsoukala, "A Family Portrait of a Greek Tragedy," *New York Times*, April 24, 2010.

14 Judt, "Europe: The Grand Illusion."

15 Jack A. GoldStone, "The New Population Bomb: The Four Megatrends That Will Change the World," *Foreign Affairs*, New York, January-February 2010.

16 Hay, "Geopolitics of Europe."

17 Judt, "Europe: The Grand Illusion."

18 Zbigniew Brzezinski, *The Grand Chessboard: American Primacy and Its Geostrategic Imperatives* (New York: Basic Books, 1997), 69~71쪽.

19 Colin S. Gray, *Another Bloody Century: Future Warfare* (London: Weidenfeld & Nicolson, 2005), 37쪽.

20 Josef Joffe in conversation, Madrid, May 5, 2001, Conference of the Foundación para el Análisis y los Estudios Sociales.

21 Geoffrey Sloan, "Sir Halford Mackinder: The Heartland Theory Then and Now," in *Geopolitics: Geography and Strategy*, edited by Colin S. Gray and Geoffrey Sloan (London: Frank Cass, 1999), 20쪽.

22 Steve LeVine, "Pipeline Politics Redux," *Foreign Policy*, Washington,

DC, June 10, 2010; "BP Global Statistical Review of World Energy,"
June 2010.

23 Hay, "Geopolitics of Europe."

24 Halford J. Mackinder, *Democratic Ideals and Reality: A Study in the Politics of Reconstruction* (Washington, DC: National Defense University, 1919, 1942), 116쪽.

10장 | 러시아와 독립된 심장지대

1 Alexander Solzhenitsyn, *August 1914*, translated by Michael Glenny (New York: Farrar, Straus and Giroux, 1971, 1972), 3쪽.

2 Saul B. Cohen, *Geography and Politics in a World Divided* (New York: Random House, 1963), 211쪽.

3 G. Patrick March, *Eastern Destiny: Russia in Asia and the North Pacific* (Westport, CT: Praeger, 1996), 1쪽.

4 Philip Longworth, *Russia: The Once and Future Empire from Pre-History to Putin* (New York: St. Martin's Press, 2005), 16~17쪽.

5 March, *Eastern Destiny*, 4~5쪽; W. Bruce Lincoln, *The Conquset of a Continent: Siberia and the Russians* (New York: Random House, 1994), xx쪽, 2007 Cornell University Press edition.

6 투르크어족에 속하는 수니파 무슬림인 타타르족은 몽골군에도 다수 포함 돼 있었고, 그런 이유로 몽골족과 구분 없이 사용되기도 한다.

7 March, *Eastern Destiny*, 18쪽.

8 James H. Billington, *The Icon and the Axe: An Interpretive History of Russian Culture* (New York: Knopf, 1966), 11쪽.

9 앞의 책, 18~19쪽, 26쪽.

10 Longworth, *Russia*, 1쪽.

11 Lincoln, *The Conquset of a Continent*, 19쪽.

12 Longworth, *Russia*, 48쪽, 52~53쪽.

13 Robert Strausz-Hupé, *The Zone of Indifference* (New York: G. P. Putnam's Sons, 1952), 88쪽.

14 Longworth, *Russia*, 94~95쪽; March, *Eastern Destiny*, 28쪽.

15 Robert D. Kaplan, introduction to *Taras Bulba*, translated by Peter Constantine (New York: Modern Library, 2003).

16 Alexander Herzen, *My Past and Thoughts*, translated by Constance Garnett (Berkeley: University of California Press, 1968, 1982), 97쪽.

17 Longworth, *Russia*, 200쪽.

18 Denis J. B. Shaw, *Russia in the Modern World: A New Geography* (Oxford: Blackwell, 1999), 230~232쪽.

19 앞의 책, 5쪽, 7쪽; D. W. Meinig, "The Macrogeography of Western Imperialism," in *Settlement and Encounter*, edited by F. H. Gale and G. H. Lawson (Oxford: Oxford University Press, 1968), 213~240쪽.

20 Lincoln, *The Conquest of a Coninent*, xix쪽.

21 Longworth, *Russia*, 322쪽.

22 Colin Thubron, *In Siberia* (New York: HarperCollins, 1999), 99쪽, 122쪽.

23 Lincoln, *The Conquest of a Continent*, 57쪽.

24 앞의 책, 89쪽, 395쪽.

25 북극의 온난화도 문제다. 그로 인해 얼음에 뒤덮인 백해, 바렌츠해, 카라해, 랍테프해, 동시베리아해가 뚫리고, 그리하여 시베리아의 거대 강들이 그곳들로 흘러들면 그 지역에 잠재된 경제적 가능성 또한 극대화될 것이기 때문이다.

26 March, *Eastern Destiny*, 51쪽, 130쪽.

27 Simon Saradzhyan, "Russia's Red Herring," ISN Security Watch, Zurich, May 25, 2010.

28 March, *Eastern Destiny*, 194쪽.

29 Shaw, *Russia in the Modern World*, 31쪽.

30 이때부터 소비에트 유럽 지도에는 유럽권 러시아가 모두 포함되었다. 모스크바를 더는 국외자로 비치지 않게 하려는 지도 제작상의 방책이었다. 우크라이나와 몰도바 같은 소비에트 공화국들이 사실상 새로운 동유럽을 형성하게 됨으로써 동유럽 국가들의 위치도 좀 더 중앙으로 이동했다. Jeremy Black, *Maps and History: Constructing Images of the Past* (New Haven: Yale University Press, 2009), 151쪽.

31 Shaw, *Russia in the Modern World*, 22~23쪽.

지리의 복수

32 March, *Eastern Destiny*, 237~238쪽.

33 Saradzhyan, "Russia's Red Herring."

34 Zbigniew Brzezinski, *The Grand Chessboard: American Primacy and Its Geostrategic Imperative* (New York: Basic Books, 1997), 98쪽.

35 John Erickson, "'Russia Will Not Be Trifled With': Geopolitical Facts and Fantasies," in *Geopolitics, Geography and Strategy*, edited by Colin S. Gray and Geoffrey Sloan (London: Frank Cass, 1999), 242~243쪽, 262쪽.

36 Brzezinski, *The Grand Chessboard*, 110쪽.

37 Dmitri Trenin, "Russia Reborn: Reimagining Moscow's Foreign Policy," *Foreign Affairs*, New York, November–December 2009.

38 Shaw, *Russia in the Modern World*, 248쪽.

39 Trenin, "Russia Reborn."

40 Paul Bracken, *Fire in the East: The Rise of Asian Military Power and the Second Nuclear Age* (New York: HarperCollins, 1999), 17쪽.

41 W. H. Parker, *Mackinder: Geography as an Aid to Statecraft* (Oxford: Clarendon Press, 1982), 157쪽.

42 Philip Stephens, "Putin's Russia: Frozen in Decline," *Financial Times*, London, October 14, 2011.

43 Paul Dibb, "The Bear is Back," *The American Interest*, Washington, DC, November–December 2006.

44 Brzezinski, *The Grand Chessboard*, 46쪽.

45 Richard B. Andres and Michael Kofman, "European Energy Security: Reducing Volatility of Ukraine–Russia Natural Gas Pricing Disputes," National Defense University, Washington, DC, February 2011.

46 Dibb, "The Bear is Back."

47 Martha Brill Olcott, *The Kazakhs* (Stanford: Hoover Institution Press, 1987, 1995), 57~58쪽.

48 Olivier Roy, *The New Central Asia: The Creation of Nations* (New York: New York University Press, 1997, 2000), xiv~xvi쪽, 8~9쪽, 66~69쪽, 178쪽.

49 Andres and Kofman, "European Energy Security."

50 Olcott, *The Kazakhs*, 271쪽.

51 Dilip Hiro, *Inside Central Asia: A Political and Cultural History of Uzbekistan, Turkmenistan, Kazakhstan, Kyrgyzstan, Tajikistan, Turkey, and Iran* (New York: Overlook Duckworth, 2009), 205쪽, 281쪽, 293쪽.

52 Martin C. Spechler and Dina R. Spechler, "Is Russia Succeeding in Central Asia?," *Orbis*, Philadelphia, Fall 2010.

53 James Brooke, "China Displaces Russia in Central Asia," *Voice of America*, November 16, 2010.

54 Olcott, *The Kazakhs*, 273쪽.

55 Hiro, *Inside Central Asia*, 262쪽.

56 Parker, *Mackinder*, 83쪽.

11장 | 중국 패권의 지리

1 H. J. Mackinder, "The Geographical Pivot of History," *The Geographical Journal*, London, April 1904.

2 Halford J. Mackinder, *Democratic Ideals and Reality: A Study in the Politics of Reconstruction* (Washington, DC: National Defense University, 1919, 1942), 46~48쪽, 203쪽.

3 온대에 속한 중국이 2008년 기준으로 인구 10억 3,200만 명, 국내총생산GDP 4조 3,260억 달러를 기록한 반면 북극 지방과 온대 사이에 위치한 러시아는 인구 1억 4,100만 명에 GDP 1조 6,010억 달러를 기록했다. Saradzhyan, "Russia's Red Herring," ISN Security Watch, Zurich, May 25, 2010.

4 John Keay, *China: A History* (London: HarperCollins, 2008), 13쪽.

5 앞의 책, 231쪽.

6 Patricia Buckley Ebrey, *China: The Cambridge Illustrated History* (New York: Cambridge University Press, 1996), 108쪽.

7 John King Fairbank and Merle Goldman, *China: A New History* (Cambridge: Harvard University Press, 1992, 2006), 23쪽.

8   M. Taylor Fravel, *Strong Borders, Secure Nation: Cooperation and Conflict in China's Territorial Disputes* (Princeton: Princeton University Press, 2008), 41~42쪽.

9   Jakub J. Grygiel, *Great Powers and Geopolitical Change* (Baltimore: Johns Hopkins University Press, 2006), 133쪽. 오웬 래티모어는 이런 말도 했다. "중국제국에 유리하게 포함될 수 있는 지역과 민족, 그리고 유리 하지 않은 지역과 민족들 사이의 어딘가에 벽개선이 있었던 것은 분명하 다. 중국이 만리장성을 쌓아 경계선으로 삼은 것도 그래서였다." Owen Lattimore, "Origins of the Great Wall," *Geographical Review*, vol. 27, 1937.

10 Fairbank and Goldman, *China: A New History*, 23쪽, 25쪽, 45쪽.

11 Ebrey, *China*, 57쪽.

12 Saul B. Cohen, *Geography and Politics in a World Divided* (New York: Random House, 1963), 238~239쪽.

13 Keay, *China*, maps 8~9쪽, 53쪽.

14 Ebrey, *China*, 164쪽.

15 Fairbank and Goldman, *China: A New History*, 41~42쪽.

16 지리학자 T. R. 트리기어는 베이징의 지리적 입지가 원나라, 명나라, 청 나라에 이은 현대까지도 중국의 필요를 충족시킬 수 있었던 것은, 베이징 이 중앙에 위치하여 중국 전역을 통치하기에 무리가 없고, 북서쪽의 스 텝 지역을 방비하기에도 충분할 만큼 그곳과 가깝기 때문이라고 썼다. T. R. Tregear, *A Geography of China* (London: Transaction, 1965, 2008), 94~95쪽.

17 "야만족" 침략에 대한 우려는 중국 전문가 오웬 래티모어 작품의 주제이 기도 했다. Owen Lattimore, "China and the Barbarians," in *Empire in the East*, edited by Joseph Barnes (New York: Doubleday, 1934).

18 Keay, *China*, 259쪽.

19 Fairbank and Goldman, *China: A New History*, 109쪽.

20 Ebrey, *China*, 227쪽.

21 "Map of Nineteenth Century China and Conflicts," www.fordham. edu/halsall, reprinted in *Reshaping Economic Geography*

(Washington, DC: The World Bank, 2009), 195쪽.

22 G. Patrick March, *Eastern Destiny: Russia in Asia and the North Pacific* (Westport, CT: Praeger, 1996), 234~235쪽.

23 강 유역의 고대 문명들에는 관개 사업을 벌일 수 있는 대규모 강제 노동력이 존재했고, 수력 사회도 그래서 등장하게 되었다는 이른바 수력 사회이론은, 독일계 미국의 역사학자 겸 중국학자 카를 비트포겔(1896~1988년)이 처음으로 주장했다.

24 Fairbank and Goldman, *China: A New History*, 5쪽.

25 1696년에도 청나라의 8만 대군이 외몽골 북부에서, 티베트 달라이 라마에 충성하던 몽골의 준갈이부 전사 갈단^Galdan(일명 간덴)의 군대를 격파했다. Jonathan D. Spence, *The Search for Modern China* (New York: Norton, 1990), 67쪽.

26 David Blair, "Why the Restless Chinese Are Warming to Russia's Frozen East," *Daily Telegraph*, London, July 16, 2009.

27 Spence, *The Search for Modern China*, 97쪽.

28 Fitzroy Maclean, *Eastern Approaches* (New York: Little, Brown, 1949), 120쪽.

29 Spence, *The Search for Modern China*, 13쪽.

30 Owen Lattimore, "Inner Asian Frontiers: Chinese and Russian Margins of Expansion," *The Journal of Economic History*, Cambridge, England, May 1947.

31 Uttam Kumar Sinha, "Tibet's Watershed Challenge," *Washington Post*, June 14, 2010.

32 Edward Wong, "China Quietly Extends Footprints into Central Asia," *New York Times*, January 2, 2011.

33 S. Frederick Starr and Andrew C. Kuchins, with Stephen Benson, Elie Krakowski, Johannes Linn, and Thomas Sanderson, "The Key to Success in Afghanistan: A Modern Silk Road Strategy," Central Asia-Caucasus Institute and the Center for Strategic and International Studies, Washington, DC, 2010.

34 Zbigniew Brzezinski, *The Grand Chessboard: American Primacy and*

Its Geostrategic Imperatives (New York: Basic Books, 1997), 167쪽.

35 Dan Twining, "Could China and India Go to War over Tibet?," ForeignPolicy.com, Washington, DC, March 10, 2009.

36 Owen Lattimore, "Chinese Colonization in Manchuria," *Geographical Review*, London, 1932; Tregear, *A Geography of China*, 270쪽.

37 Hillary Clinton, "America's Pacific Century," *Foreign Policy*, Washington, DC, November 2011.

38 Dana Dillon and John J. Tkacik Jr., "China's Quest for Asia," *Policy Review*, Washington, DC, December 2005–January 2006.

39 Robert S. Ross, "The Rise of Chinese Power and the Implications for the Regional Security Orders," *Orbis*, Philadelphia, Fall 2010.

40 John J. Mearsheimer, *The Tragedy of Great Power Politics* (New York: W. W. Norton, 2001), 135쪽.

41 M. Taylor Fravel, "Regime Insecurity and International Co-operation: Explaining China's Compromises in Territorial Disputes," *International Security*, Fall 2005.

42 Grygiel, *Great Powers and Geopolitical Change*, 170쪽.

43 Spence, *The Search for Modern China*, 136쪽.

44 James Fairgrieve, *Geography and World Power*, 242~243쪽.

45 James Holmes and Toshi Yoshihara, "Command of the Sea with Chinese Characteristics," *Orbis*, Philadelphia, Fall 2005.

46 Ross, "The Rise of Chinese Power and the Implications for the Regional Security Order" (그의 인용문에 딸린 주석을 보라); Andrew F. Krepinevich, "China's 'Finlandization' Strategy in the Pacific," *Wall Street Journal*, Semtember 11, 2010.

47 Seth Cropsey, "Alternative Maritime Strategies," grant proposal; Robert S. Ross, "China's Naval Nationalism: Sources, Prospects, and the U.S. Response," *International Security*, Cambridge, Massachusetts, Fall 2009; Robert D. Kaplan, "How We Would Fight China," *Atlantic Monthly*, Boston, June 2005; Mark Helprin, "Why the Air Force Needs the F-22," *Wall Street Journal*, February 22,

2010.

48 Holmes and Yoshihara, "Command of the Sea with Chinese Characteristics."

49 Ross, "The Rise of Chinese Power and the Implications for the Regional Security Order."

50 Andrew Erickson and Lyle Goldstein, "Gunboats for China's New 'Grand Canals'? Probing the Intersection of Beijing's Naval and Oil Security Policies," *Naval War College Review*, Newport, Rhode Island, Spring 2009.

51 Nicholas J. Spykman, *America's Strategy in World Politics: The United States and the Balance of Power* (New York: Harcourt, Brace, 1948), xvi쪽. 이 구절은 니컬러스 스파이크먼과 애비 롤린스[Abbie A. Rollins]의 "Geographic Objectives in Foreign Policy II," *The American Political Science Review*, August 1939에 처음 등장했다.

52 인도양과 태평양 연결에 목표를 둔 운하와 육지다리가 결실을 맺으면 특히 그렇게 될 것이다.

53 Spykman, *America's Strategy in World Politics*, 60쪽.

54 Andrew S. Erickson and David D. Yang, "On the Verge of a Game-Changer: A Chinese Antiship Ballistic Missile Could Alter the Rules in the Pacific and Place U.S. Navy Carrier Strike Groups in Jeopardy," *Proceedings*, Annapolis, Maryland, May 2009.

55 Jacqueline Newmyer, "Oil, Arms, and Influence: The Indirect Strategy Behind Chinese Military Modernization," *Orbis*, Philadelphia, Spring 2009.

56 Howard W. French, "The Next Empire," *The Atlantic*, Washington, May 2010.

57 Pat Garrett, "Indian Ocean 21," November 2009.

58 Julian S. Corbett, *Principles of Maritime Strategy* (London: Longmans, Green, 1911), 213~214쪽, 2004 Dover edition.

59 Robert S. Ross, "The Geography of the Peace: East Asia in the Twenty-First Century," *International Security*, Cambridge,

Massachusetts, Spring 1999.

60 Mearsheimer, *The Tragedy of Great Power Politics*, 386쪽, 401~402
   쪽.

12장 | 인도의 지리적 딜레마

1 James Fairgrieve, *Geography and World Power*, 253쪽.

2 K. M. Panikkar, *Geographical Factor in Indian History* (Bombay:
   Bharatiya Vidya Bhavan, 1954), 41쪽. 파니카르에 따르면, "계곡이 아닌 고
   지로 흐르다보니 땅을 기름지게 하는 물이 농촌 지역으로 퍼져나가지 못
   한 것"이 이들 하천의 중요성을 제한한 요인이었다(37쪽).

3 Fairgrieve, *Geography and World Power*, 253~254쪽.

4 H. J. Mackinder, *Eight Lectures on India* (London: Visual Instruction
   Committee of the Colonial Office, 1910), 114쪽.

5 Burton Stein, *A History of India* (Oxford: Blackwell, 1998), 6~7쪽.

6 페르시아어는 12세기에 문어文語로 인도에 전해진 데 이어, 16세기에는
   공식 언어로 자리매김했다.

7 Panikkar, *Geographical Factors in Indian History*, 21쪽.

8 Nicholas Ostler, *Empires of the Word: A Language History of the
   World* (New York: HarperCollins, 2005), 223쪽.

9 André Wink, *Al-Hind: The Making of the Indo-Islamic World,* vol.1:
   Early Medieval India and the Expansion of Islam 7th-11th Centuries
   (Boston: Brill Academic Publishers, 1996), Chapter 4.

10 Stein, *A History of India*, 75~76쪽.

11 Adam Watson, *The Evolution of International Society: A Comparative
   Historical Analysis* (London: Routledge, 1992), 78~82쪽.

12 Stein, *A History of India*, 121쪽.

13 Fairgrieve, *Geography and World Power*, 261쪽.

14 Panikkar, *Geographical Factors in Indian History*, 43쪽.

15 Fairgrieve, *Geography and World Power*, 262쪽.

16 Robert D. Kaplan, *Monsoon: The Indian Ocean and the Future of
   American Power* (New York: Random House, 2010), 119쪽, 121쪽.

17 Panikkar, *Geographical Factors in Indian History*, 40쪽, 44쪽.

18 Kaplan, *Monsoon*, 122~123쪽; John F. Richards, *The New Cambridge History of India: The Mughal Empire* (New York: Cambridge University Press, 1993), 239쪽, 242쪽.

19 Richard M. Eaton, *The Rise of Islam and the Bengal Frontier, 1204-1760* (Berkeley: University of California Press, 1993), xxii~xxiii쪽, 313쪽.

20 George Friedman, "Geopolitics of India: A Shifting, Self-Contained World," Stratfor, December 16, 2008.

21 지리적, 문화적 측면으로 보면 인도와 이란의 관계도 그에 못지않게 밀접하다.

22 '펀자브'는 모두가 인더스강의 지류들인 '다섯 강'을 의미한다. 베아스강, 체나브강, 젤룸강, 라비강, 수틀레지강이 그것들이다.

23 André Wink, *Al-Hind: The Making of the Indo-Islamic World*, vol. 2: *The Slave Kings and the Islamic Conquest, 11th-13th Centuries* (Leiden: Brill, 1997), 1쪽, 162쪽; Muzaffar Alam, *The Crisis of Empire in Mughul North India: Awadh and the Punjab, 1707-1748* (New Delhi: Oxford University Press, 1986), 11쪽, 141쪽, 143쪽.

24 Aitzaz Ahsan, *The Indus Saga and the Making of Pakistan* (Karachi: Oxford University Press, 1996), 18쪽.

25 S. Frederick Starr and Andrew c. Kuchins, with Stephen Benson, Elie Krakowski, Johannes Linn, and Thomas Sanderson, "The Key to Success in Afghanistan: A Modern Silk Road Strategy," *Central Asia-Caucasus Institute and the Center for Strategic and International Studies*, Washington, DC, 2010.

26 Friedman, "The Geopolitics of India."

27 Fairgrieve, *Geography and World Power*, 253쪽.

13장 | 이란의 축

1 William H. McNeill, *The Rise of the West: A History of the Human Community* (Chicago: University of Chicago Press, 1963), 167쪽.

2 Marshall G. S. Hodgson, *The Venture of Islam: Conscience and*

History in a World Civilization, vol. 1: *The Classical Age of Islam* (Chicago: University of Chicago Press, 1974), 50쪽, 60쪽, 109쪽.

3   John King Fairbank and Merle Goldman, *China: A New History* (Cambridge: Harvard University Press, 1992, 2006), 40~41쪽.

4   Geoffrey Kemp and Robert E. Harkavy, *Strategic Geography and the Changing Middle East* (Washington, DC: Brookings Institution Press, 1997), 15~17쪽.

5   앞의 책, xiii쪽. 그러나 타르샌드 및 셰일 매장량과 관련하여 특히 북아메리카에서 최근 발견되고 전개되는 양상으로 보면 이 통계에도 의문이 제기된다.

6   Charles M. Doughty, *Travels in Arabia Deserta* (Cambridge: Cambridge University Press, 1888), vol. 1, 336쪽, 1979 Dover edition.

7   Bruce Riedel, "Brezhnev in the Hejaz," *The National Interest*, Washington, DC, September-October 2011.

8   Alexei Vassiliev, *The History of Saudi Arabia* (New York: New York University Press, 2000), 29쪽, 79~80쪽, 88쪽, 136쪽, 174쪽, 177쪽, 182쪽; Robert Lacey, *The Kingdom* (London: Hutchinson, 1981), 221쪽.

9   Peter Mansfield, *The Arabs* (New York: Penguin, 1976), 371~372쪽.

10   Kemp and Harkavy, *Strategic Geography and the Changing Middle East*, map, 113쪽.

11   Freya Stark, *The Valleys of the Assassins: And Other Persian Travels* (London: John Murray, 1934).

12   Peter Brown, *The World of Late Antiquity, AD 150-750* (London: Thames & Hudson, 1971), 160쪽.

13   앞의 책, 163쪽.

14   W. Barthold, *An Historical Geography of Iran* (Princeton: Princeton University Press, 1903, 1971, 1984), x-xi쪽, 4쪽.

15   Nicholas Ostler, *Empires of the Word: A Language History of the World* (New York: HarperCollins, 2005), 31쪽.

16   Michael Axworthy, *A History of Iran: Empire of the Mind* (New York: Basic Books, 2008), 3쪽.

17 Hodgson, *The Classical Age of Islam*, 125쪽.

18 Axworthy, *A History of Iran*, 34쪽.

19 앞의 책, 78쪽.

20 Philip K. Hitti, *The Arabs: A Short History* (Princeton: Princeton University Press, 1943), 109쪽.

21 Brown, *The World of Late Antiquity*, 202~203쪽.

22 Axworthy, *A History of Iran*, 120쪽.

23 Arnold J. Toynbee, *A Study of History*, abridgement of vol. 1-6 by D. C. Somervell (New York: Oxford University Press, 1946), 346쪽.

24 Dilip Hiro, *Inside Central Asia: A Political and Cultural History of Uzbekistan, Turkmenistan, Kazakhstan, Kyrgyzstan, Tajikistan, Turkey, and Iran* (New York: Overlook Duckworth, 2009), 359쪽.

25 Olivier Roy, *The Failure of Political Islam*, translated by Carol Volk (Cambridge: Harvard University Press, 1992, 1994), 168~170쪽.

26 Marshall G. S. Hodgson, *The Venture of Islam: Conscience and History in a World Civilization*, vol. 3: *The Gunpowder Empires and Modern Times* (Chicago: University of Chicago Press, 1974), 22~23쪽.

27 Roy, *The Failure of Political Islam*, 168쪽.

28 James J. Morier, *The Adventures of Hajji Baba of Ispahan* (London: John Murray, 1824), 5쪽, 1949 Cresset Press edition.

29 Roy, *The Failure of Political Islam*, 172쪽.

30 앞의 책, 174~75쪽.

31 Vali Nasr, *Forces of Fortune: The Rise of the New Muslim Middle Class and What it Will Mean for Our World* (New York: Free Press, 2009).

32 Roy, *The Failure of Political Islam*, 193쪽.

33 M. K. Bhadrakumar, "Russia, China, Iran Energy Map," *Asia Times*, 2010.

34 Axworthy, *A History of Iran*, 162쪽.

35 Robert Baer, "Iranian Resurrection," *The National Interest*, Washington, DC, November-December 2008.

36 Robert D. Kaplan, *The Ends of the Earth: A Journey at the Dawn of the 21st Century* (New York: Random House, 1996), 242쪽.

14장 | 구 오스만제국

1 George Friedman, *The Next 100 Years: A Forecast for the 21st Century* (New York: Doubleday, 2009), 7쪽.

2 William Langer and Robert Blake, "The Rise of the Ottoman Turks and Its Historical Background," *American Historical Review*, 1932; Jakub J. Grygiel, *Great Powers and Geopolitical Change* (Baltimore: Johns Hopkins University Press, 2006), 96쪽.

3 Herbert Adams Gibbons, *The Foundation of the Ottoman Empire* (New York: Century, 1916); Grygiel, *Great Powers and Geopolitical Change*, 96~97쪽, 101쪽.

4 Dilip Hiro, *Inside Central Asia: A Political and Cultural History of Uzbekistan, Turkmenistan, Kazakhstan, Kyrgyzstan, Tajikistan, Turkey, and Iran* (New York: Overlook Duckworth, 2009), 89쪽; Dilip Hiro, "The Islamic Wave Hits Turkey," *The Nation*, June 28, 1986.

5 Hiro, *Inside Central Asia*, 85~86쪽.

6 Robert D. Kaplan, *Eastward to Tartary: Travels in the Balkans, the Middle East, and the Caucasus* (New York: Random House, 2000), 118쪽.

7 Samuel P. Huntington, *The Clash of Civilization and the Remaking of World Order* (New York: Simon & Schuster, 1996), 85쪽, 125쪽, 177쪽.

8 Erkan Turkmen, *The Essence of Rumi's Masnevi* (Konya, Turkey: Misket, 1992), 73쪽.

9 Marc Champion, "In Risky Deal, Ankara Seeks Security, Trade," *Wall Street Journal*, May 18, 2010.

10 Geoffrey Kemp and Robert E. Harkavy, *Strategic Geography and the Changing Middle East* (Washington, DC: Brookings Institution Press, 1997), 105쪽.

11 Freya Stark, *Islam To-day*, edited by A. J. Arberry and Rom Landau (London: Faber & Faber, 1943).

12 Robert D. Kaplan, "Heirs of Sargons," *The National Interest*, Washington, DC, July-August 2009.

13 Georges Roux, *Ancient Iraq* (London: Allen & Unwin, 1964).

14 Adeed Dawisha, *Iraq: A Political History from Independence to Occupation* (Princeton: Princeton University Press, 2009), 4쪽.

15 앞의 책, 5쪽.

16 앞의 책, 286~287쪽.

17 Philip K. Hitti, *History of Syria: Including Lebanon and Palestine* (New York: Macmillan, 1951), 3~5쪽.

18 Nibraz Kazimi, "Move Assad: Could Jihadists Overthrow the Syrian Government?," *New Republic*, June 25, 2010.

19 Michael Young, "On the Eastern Shore," *Wall Street Journal*, April 29, 2011.

20 Franck Salameh, "Assad Dynasty Crumbles," *The National Interest*, Washington, DC, April 27, 2011. 그리고 다음 책도 참고하라. Philip Mansel, *Levant* (New Haven: Yale University Press, 2011).

21 하지만 아쉽게도 아도니스는 시에서 발산되는 희망과 달리 아랍의 봄 초기에는 시리아 대통령 바샤르 알 아사드의 반대 진영에 서기를 거부하여 시위자들에게 실망을 안겨주었다. 그럼에도 그가 시를 통해 혼성 문화를 토대로 한 절충적 시리아를 제창했던 것은 사실이다. Robert F. Worth, "The Arab Intellectuals Who Didn't Roar," *New York Times*, October 30, 2011.

22 Benjamin Schwarz, "Will Israel Live to 100?," *The Atlantic*, May 2005.

3부 · 미국의 운명

15장 | 브로델, 멕시코 그리고 미국의 대전략

1 Fernand Braudel, *The Mediterranean: And the Mediterranean World*

in the Age of Philip II, vols. 1 and 2, translated by Sian Reynolds (New York: Harper & Row, 1949, 1972, 1973).

2 앞의 책, vol. 1, 243쪽, 245~246쪽.

3 H. R. Trevor-Roper, "Fernand Braudel, the Annales, and the Mediterranean," *The Journal of Modern History*, University of Chicago Press, December 1972.

4 Barry Cunliffe, *Europe Between the Oceans: Themes and Variations: 9000 BC-AD 1000* (New Haven: Yale University Press, 2008), 17~18쪽.

5 Jakub J. Grygiel, *Great Powers and Geopolitical Change* (Baltimore: Johns Hopkins University Press, 2006), 17쪽.

6 Michael Lind, "America Under the Caesars," *The National Interest*, Washington, DC, July-August 2010.

7 Grygiel, *Great Powers and Geopolitical Change*, 123쪽.

8 앞의 책, 63쪽, 79~83쪽.

9 Francis G. Hutchins, *The Illusion of Permanence: British Imperialism in India* (Princeton: Princeton University Press, 1967), 196~197쪽; Niall Ferguson, *Empire: The Rise and Demise of the British World Order and the Lessons for Global Power* (New York: Basic Books, 2003), 137~138쪽, 151~153쪽; Robert D. Kaplan, *Imperial Grunts: The American Military on the Ground* (New York: Random House, 2005), 368쪽.

10 Edward N. Luttwak, *The Grand Strategy of the Roman Empire: From the First Century A.D. to the Third* (Baltimore: Johns Hopkins University Press, 1976), 192~194쪽.

11 Edward N. Luttwak, *The Grand Strategy of the Byzantine Empire* (Cambridge: Harvard University Press, 2009).

12 W. H. Parker, *Mackinder: Geography as an Aid to Statecraft* (Oxford: Clarendon Press, 1982), 127쪽; Robert Strausz-Hupé, *Geopolitics: The Struggle for Space and Power* (New York: G. P. Putnam's Sons, 1942), 240쪽.

13 Bernard DeVoto, *The Course of Empire* (Boston: Houghton Mifflin,

1952), xxxii쪽, 1989 American Heritage Library edition.

14 David M. Kennedy, "Can We Still Afford to Be a Nation of Immigrants?," *Atlantic Monthly*, November 1996.

15 Joel Kotkin, "The Rise of the Third Coast: The Gulf's Ascendancy in U.S.," *Forbes.com*, June 23, 2011.

16 Arnold J. Toynbee, *A Study of History*, abridgement of vol. 1-6 by D. C. Somervell (New York: Oxford University Press, 1934, 1946), 10쪽.

17 Henry Bamford Parkes, *A History of Mexico* (Boston: Houghton Mifflin, 1960), 3~4쪽, 11쪽.

18 David J. Danelo, "The Many Faces of Mexico," *Orbis*, Philadelphia, Winter 2011.

19 Jackson Diehl, "The Crisis Next Door: U.S. Falls Short in Helping Mexico End Its Drug War," *Washington Post*, July 26, 2010.

20 Mackubin T. Owens, "Editor's Corner," *Orbis*, Philadelphia, Winter 2011.

21 Robert C. Bonner, "The New Cocaine Cowboys: How to Defeat Mexico's Drug Cartels," *Foreign Affairs*, New York, July-August 2010.

22 Robert D. Kaplan, "Looking the World in the Eye: Profile of Samuel Huntington," *Atlantic Monthly*, December 2001.

23 Samuel P. Huntington, *Who Are We? The Challenges to America's National Identity* (New York: Simon & Schuster, 2004). 나도 단순한 방식으로나마 헌팅턴의 책과 유사한 주제를 제시한 적이 있다. Robert D. Kaplan, *An Empire Wilderness: Travels into America's Future* (New York: Random House, 1998), Chapters 10-13.

24 Huntington, *Who Are We?*, 39쪽, 59쪽, 61쪽, 63쪽, 69쪽, 106쪽.

25 앞의 책, 221쪽.

26 Peter Skerry, "What Are We to Make of Samuel Huntington?," *Society*, New York, November-December 2005.

27 Kennedy, "Can We Still Afford to Be a Nation of Immigrants?"

28 Carlos Fuentes, *The Buried Mirror: Reflections on Spain and the New*

World (Boston: Houghton Mifflin, 1992), 343쪽.

29 Huntington, *Who Are We?*, 115~116쪽, 229~230쪽, 232쪽, 238
    쪽; Peter Skerry, *Mexican Americans: The Ambivalent Minority*
    (Cambridge: Harvard University Press, 1993), 21~22쪽, 289쪽.

30 Huntington, *Who Are We?*, 246~247쪽; *The Economist*, London,
    July, 2001.

31 Ted Galen Carpenter, "Escape from Mexico," *The National Interest
    Online*, Washington, June 30, 2010.

32 David Danelo, "How the U.S. and Mexico Can Take Back the
    Border—Together," Foreign Policy Research Institute, Philadelphia,
    April 2010.

33 Arnold J. Toynbee, *A Study of History*, abridgement of vols. 7-10 by
    D. C. Somervell (New York: Oxford University Press, 1957), 124쪽.

34 앞의 책, 15~16쪽, 75쪽.

35 Kaplan, *An Empire Wilderness*, 14쪽. 이 책의 참고 문헌 면을 참조할
    것.

36 Stratfor.com, "The Geopolitics of the United States, Part 1: The
    Inevitable Empire," Austin, Texas, August 25, 2011.

37 Saul B. Cohen, *Geography and Politics in a World Divided* (New
    YorkL Random House, 1963), 95쪽.

38 James Fairgrieve, *Geography and World Power*, 329쪽.

39 Toynbee, *A Study of History*, vols. 7-10, 173쪽.

40 Nicholas John Spykman, *The Geography of the Peace*, edited by
    Helen R. Nicholl (New York: Harcourt, Brace, 1944), 45쪽.

41 Robert Strausz-Hupé, *The Zone of Indifference* (New York: G. P.
    Putnam's Sons, 1952), 64쪽.

이 책에 대한 착상은 잡지의 기사에서 싹텄으며, 집필에 필요한 동력은 〈포린폴리시〉의 편집인들, 특히 크리스천 브로우즈와 수전 글래서로부터 얻었다. 〈포린폴리시〉는 특히 이 책이 진행되는 도중에 중국 단원의 축약본을 커버스토리로 실어주기까지 했다. 그 점에 대해 제임스 F. 하지 주니어, 기디언 로즈, 스테파니 지리에게 감사드린다. 워싱턴에 소재한 신미국안보센터도 이 책의 인도 단원 축약본을 미리 발표해주었다. 센터의 부사장이자 연구 담당 책임자인 크리스틴 로드에게 감사드린다. 사실 신미국안보센터가 조직 차원으로 지원해주지 않았다면 이 책은 결코 완

성되지 못했을 것이다. 힘써주신 센터의 최고경영자 너새니얼 피크, 사장 존 네이글, 개발담당이사 베닐드 제로니모에게 사의를 표한다. 또한 이 책의 머리말 중 일부는 판권 면에도 나와 있듯, 예전에 발간된 나의 전작들을 재사용한 것임을 밝혀둔다. 책을 편집하

는 과정에서는 존스홉킨스대학교 폴니츠고등국제학대학원의 야쿠프 그리기엘 교수의 도움과 영감을 받았다. 데이브 바노 (퇴역) 육군 준장, 신미국안보센터의 수석고문 리처드 폰테인, 신미국안보센터의 전임연구원 세스 마이어스, 〈애틀랜틱〉의 편집인 제임스 기브니와 이본 롤즈하우젠, 해군사관학교 스티븐 레이지 교수, 윌리엄 앤메리대학교의 브라이언 W. 블루에트 교수도 책의 집필에 도움을 주었다.

랜덤하우스에서는 편집을 맡아준 조너선 자우가 여러 방면으로 노련한 조언을 아끼지 않았고, 케이트 메디나의 격려도 큰 도움이 되었다. 나의 에이전트인 칼 D. 브렌트와 메리앤 무어는 프로젝트를 진행할 때마다 늘 그랬듯이 이번에도 내가 방향을 잘 잡도록 도와주었다. 그 점에 다시 한 번 감사드린다.

지도 작업을 맡아준 조수 엘리자베스 로키어, 언제나 그렇듯 정서적 지원을 아끼지 않은 아내 마리아 카브랄에게도 고마운 마음을 전한다.

지리의 복수

지리의 복수

지은이 **로버트 D. 카플란**^{Robert D. Kaplan}

외교 문제와 여행 관련 저작 14권을 저술한 미국의 저명한 작가 겸 저널리스트. 2011년 〈포린폴리시〉에 의해 '세계 100대 사상가'에 선정되었으며, 시사 월간지 〈애틀랜틱〉의 해외 특파원으로 25년 이상 활동한 제3세계 전문가이기도 하다. 2006~2008년에는 미국 해군사관학교의 특임 객원교수로 국가 안보를 강의했고, 2009년에는 로버트 게이츠 국방장관에 의해 국방정책위원회 위원으로 발탁되어 2011년까지 활동했다. 2008년 이래 워싱턴에 본부를 둔 신미국안보센터의 선임연구원으로 활동한 그는 현재 전략정보 전문 분석업체 스트랫포의 지정학 담당 수석 애널리스트로 재직 중이다. 주요 저서로는 『발칸의 유령들』, 『로버트 카플란의 타타르로 가는 길』, 『무정부 시대는 오는가』, 『제국의 최전선』, 『승자학』, 『몬순』 등 다수가 있고, 이 중 많은 책이 우리나라를 비롯한 세계 각국에서 번역, 출간되었다.

옮긴이 **이순호**

전문 번역가. 홍익대학교 영어교육과를 졸업하였으며 미국 뉴욕주립대학교에서 서양사를 공부하고 석사 학위를 받았다. 『로버트 카플란의 타타르로 가는 길』, 『제국의 최전선』, 『살라미스 해전: 세계의 역사를 바꾼 전쟁』, 『살라딘』, 『위대한 바다: 지중해 2만 년의 문명사』, 『발칸의 역사』, 『완전한 승리, 바다의 지배자: 최초의 해상 제국과 민주주의의 탄생』, 『로마 제국과 유럽의 탄생』, 『비잔티움』, 『현대 중동의 탄생』, 『이슬람 제국의 탄생』, 『다이너스티: 카이사르 가문의 영광과 몰락』 등을 번역하였다.

지리의 복수

발행일 2017년 11월 30일 (초판 1쇄)
　　　　　2021년 11월 15일 (초판 6쇄)

지은이 로버트 D. 카플란
옮긴이 이순호
펴낸이 이지열
펴낸곳 미지북스
　　　　　서울시 마포구 성암로 15길 46(상암동 2-120번지) 201호
　　　　　우편번호 03930
　　　　　전화 070-7533-1848　팩스 02-713-1848
　　　　　mizibooks@naver.com
　　　　　출판 등록 2008년 2월 13일 제313-2008-000029호

책임 편집 이지열, 서재왕
출력　　　상지출력센터
인쇄　　　한영문화사

ISBN　　978-89-94142-73-9 03300
값　　　20,000원

· 블로그 http://mizibooks.tistory.com
· 트위터 http://twitter.com/mizibooks
· 페이스북 http://facebook.com/pub.mizibooks
· 이 책은 한국출판문화산업진흥원의 출판콘텐츠 창작자금을 지원받아 제작되었습니다.